MAIS FORTE
DO QUE NUNCA

MAIS FORTE DO QUE NUNCA

Pelo espírito
Schellida

Psicografia de
Eliana Machado Coelho

LÚMEN
EDITORIAL

Mais forte do que nunca
pelo espírito Schellida
psicografia de Eliana Machado Coelho
Copyright © 2011-2023 by
Lúmen Editorial Ltda.

5ª edição – Fevereiro de 2023

Coordenação Editorial: Ronaldo A. Sperdutti
Assistente editorial: Fernanda Rizzo Sanchez
Preparação de originais: Eliana Machado Coelho
Revisão: Profª Valquíria Rofrano
Correção digitalizada da revisão: Eliana Machado Coelho
Projeto gráfico: Ricardo Brito | Estúdio Design do Livro
Capa: Juliana Mollinari
Impressão e acabamento: Gráfica Bartira

Dados Internacionais de Catalogação na Publicação (CIP)
(Câmara Brasileira do Livro, SP, Brasil)

Schellida (Espírito).
    Mais forte do que nunca / pelo espírito Schellida ; psicografia de Eliana
Machado Coelho. – São Paulo : Lúmen Editorial, 2011.

    ISBN 978-85-7813-048-0

    1. Espiritismo 2. Psicografia 3. Romance espírita
    I. Coelho, Eliana Machado. II. Título.

11-05631   CDD-133.93

Índice para catálogo sistemático:
1. Romances espíritas psicografados : Espiritismo   133.93

LÚMEN
EDITORIAL

Av. Porto Ferreira, 1031 – Parque Iracema
CEP 15809-020 – Catanduva -SP
17 3531.4444

www.lumeneditorial.com.br
atendimento@lumeneditorial.com.br

www.boanova.net
boanova@boanova.net

2023

Impresso no Brasil – *Printed in Brazil*
5-02-23-2.000-56.500

ÍNDICE

1   A caminho dos sonhos, 7

2   A verdade sempre aparece, 24

3   A vida é muito mais, 43

4   Rejeitando o filho, 62

5   Um coração cruel, 79

6   O acolhimento da família, 94

7   A decepção de Rúbia, 115

8   Envolvimento espiritual, 134

9   Cultive a centelha de Deus que há em você, 150

10 O que é realmente a caridade?, 168

11 Conversa esclarecedora, 184

12 A união de Abner e Davi, 210

13 Fazer o bem e vencer dificuldades, 225

14 Homossexualidade é obra de Deus, 244

15 PEDRO CHEGA A SUA CASA, 286

16 É PRECISO AMOR PARA SER FELIZ, 302

17 CRISTIANO NÃO CONSEGUE NEGAR SEU AMOR, 316

18 ALÉM DA MORTE, 331

19 ALÉM DA RAZÃO, 345

20 RESPEITO ENTRE IRMÃOS, 360

21 O ENCONTRO DE DAVI E DO SENHOR SALVADOR, 375

22 A BRIGA ENTRE SAMUEL E CRISTIANO, 391

23 O ADEUS A PEDRO, 406

24 A VERDADEIRA AMIZADE, 422

1

A CAMINHO DOS SONHOS

A SOMBRA do grande edifício em construção deitava-se sobre a luz intensa e radiante daquela manhã ensolarada.

Usando um capacete, empunhando uma prancheta em uma mão e a caneta em outra, o arquiteto conversava com o mestre de obras dando-lhe orientações precisas a seguir.

— Tá certo, doutor Abner. Vou fazer direitinho. Pode deixar.

— Obrigado, senhor Antônio — tornou o arquiteto educado.

Quase os interrompendo, o engenheiro, que visitava a obra junto com o colega, chamou-o:

— Abner! Você viu a fundação das garagens que ficarão sob as piscinas? — perguntou algo nervoso no tom de voz.

— Ainda não. O que tem? — indagou calmo como sempre.

— Teremos de desmanchar duas colunas que foram mal calculadas. Inferno! Juro que vou demitir o Zé. É a segunda vez que coisa desse tipo acontece.

— A que altura as colunas estão?

— Passam de um metro! — respondeu ainda nervoso. — Estão erradas. Eu fui bem claro. Era para calcular as vigas a partir do baldrame, mas ele não fez isso. Odeio gente burra!

— Calma. Vou até lá ver. De repente dá-se um jeito.

— Não tem jeito, Abner!

Tranquilo, o arquiteto foi até o lugar do qual o outro falava e passou a fazer novos cálculos, examinando atentamente as plantas em suas mãos. Enquanto isso, o colega não parava de reclamar, até Abner concordar:

— De fato, Ivan... Você tem razão. A medida está errada. Porém...

— Porém, o quê?! O sujeito é burro!

— Porém alguém deveria tê-lo acompanhado no momento da armação e colocação das ferragens. Ele não é engenheiro nem arquiteto. Só obedece ordens. Não estudou para isso.

— Mas calculou errado! Olha o prejuízo! — enervava-se Ivan.

— Não exija de quem não tem. A obrigação de acompanhar a armação das ferragens era sua.

— Não venha você querer...

— Calma, calma... — pediu em tom tranquilo, espalmando a mão na direção do outro. — Dê-me um dia. Está vendo aquela área ali onde será a rampa de acesso às garagens? — O outro acenou positivamente com a cabeça e Abner continuou: — Como aquela parte não foi feita, acho que tive uma ideia. Vou trabalhar nisso hoje e amanhã lhe trago para dar uma olhada. Acho até que teremos mais luz natural vinda dali — apontou.

O outro fez um ar de desdém, duvidando. Mas nada disse.

Nesse momento, o celular de Abner tocou e ele pediu, afastando-se:

— Com licença. — Em seguida atendeu, dizendo em tom alegre: — Fala, Rúbia! Tudo bem?

— Quase tudo. Você falou com o pessoal daquela empresa? — perguntou a irmã.

— Ainda não. Estou na obra. Daqui vou para o escritório e darei uma ligadinha para aquele meu conhecido.

— Ai, Abner... Não aguento mais ficar em casa. O pai tá uma coisa!...

— Calma, maninha... — riu. — Vou dar um jeito. O que é que eu não faço por você?! — riu novamente.

— É que não aguento mais. Você disse que iria falar com seu conhecido hoje.

Consultando o relógio, o rapaz expressou-se de um jeito engraçado:

— O dia de hoje vai até a meia-noite. Ainda são dez horas da manhã. Acho que tenho muito tempo, não é?

— Você sabe como sou. Estou ansiosa, nervosa... Não sei ficar sem trabalhar.

— Relaxa. Vai dar outra repassada no currículo. Entra na internet... Distraia-se um pouco.

— Desculpe-me por incomodá-lo.

— Você nunca me incomoda, Rúbia. Estou indo agora lá para o escritório. Mais tarde, se eu tiver alguma novidade, ligo para você. Certo?

— Está certo. Vou esperar. Obrigada... Um beijo.

— Outro. Tchau.

Após desligar, o rapaz viu que o mestre da obra parecia aguardá-lo terminar a ligação.

— Seu Abner?

— Sim, senhor Antônio.

— Olha... Acho que o seu Ivan se enganou um pouco — dizia enquanto caminhavam lado a lado.

— Por que acha isso?

— Eu mesmo vi quando ele mandou o Zé furar bem ali para as armações.

— Tem certeza, senhor Antônio?

— Tenho sim. É que o pobre do Zé não tá aqui, se não ele ia confirmar isso pro senhor. — Diante do silêncio do arquiteto, o homem comentou: — Não quero causar problema, mas acho injusto mandar o Zé embora pelo que ele não fez.

Chegando perto de onde seu carro estava estacionado, Abner repousou a mão no ombro do senhor e o tranquilizou:

— Não vai acontecer nada com o Zé. Fique sossegado. É que o Ivan está nervoso.

— É... Ele sempre está nervoso, né, seu Abner?

O outro sorriu, estapeou-lhe as costas e ainda disse:

— Pode deixar, vamos resolver isso. Não se preocupe. Até amanhã, senhor Antônio.

— Até...

Depois de entrar no veículo, colocar no banco ao lado a prancheta e as plantas, o rapaz seguiu para o escritório onde trabalhava e era sócio.

§

No final da tarde, Abner ligou para Rúbia que ficou eufórica:

— Nossa! Não acredito! Você conseguiu!

— Não consegui nada! Somente agendei uma entrevista para você amanhã cedo. Quem tem de conseguir apresentar-se bem para ocupar o cargo à disposição é você.

— Deixa comigo!

— Olha, Rúbia!

— Fala.

— A empresa, pelo que sei, é familiar, do tipo conservadora. Sei que se veste bem. Não me leve a mal dizer isso, mas... Só vou reforçar para que vá sem mostrar as pernas acima dos joelhos, os ombros, o colo... — riu. — Você entende?

— Lógico! Nem precisava falar. Mesmo assim, obrigada pelo lembrete. Não vou nem usar perfume — riu também.

— É... Bem lembrado. Uma colônia bem fraquinha cai bem. Não devemos incomodar os outros com nosso cheiro. Use pouco e quem gostar que chegue perto para sentir melhor o aroma.

A irmã riu gostoso e disse:

— Pode deixar. Sei me apresentar bem.

— Eu sei. Estou certo de que vai conseguir.

— Obrigada, Abner. Não sei como vou te pagar por essa.

— Eu sei! Pode deixar que eu sei muito bem como vai me pagar! — expressou-se em tom de brincadeira e molecagem na voz.

Continuaram conversando animadamente por mais algum tempo. Ela estava muito feliz com a oportunidade e começou a fazer mais perguntas sobre a empresa.

§

Rúbia, que era bem qualificada, conseguiu o emprego tão desejado. Nos últimos tempos, sentia-se realizada e muito feliz.

Era uma moça esperta, com seus vinte e nove anos. Bonita, alta, morena, um tipo de pele suave cuja cor era naturalmente bronzeada. Cabelos longos e cacheados, mas viviam lisos, pois ela gostava assim. Seus grandes olhos castanhos eram bem expressivos. Tinha uma bonita boca carnuda, onde sempre usava um batom marcante que ressaltava ainda mais sua beleza.

Desde o início em seu novo serviço, chegava a sua casa com viva expressão de alegria e animação.

Naquele dia, ao entrar na cozinha, viu Abner fazendo seu prato junto ao fogão, repleto de panelas.

— Oi, sumido! — cumprimentou-o, dando-lhe um beijo no rosto.

— Oi! Você é quem está sumida!

— Voltei a fazer academia, por isso, alguns dias, não chego cedo.

— E lá na empresa? Tudo bem?

Animada, ela respondeu:

— Se melhorar, estraga. Estou adorando. Tem muita coisa para ser feita. Eu gerencio uma equipe de vinte funcionários. A outra gerente que saiu, abandonou aquilo na maior bagunça. O pessoal estava perdido — riu.

Nesse momento, Rúbia levou a mão à panela e pegou um pedaço minúsculo de frango. Ia pôr na boca, quando sua mãe, entrando sem ser vista, estapeou-lhe a mão com força e reclamou:

— Tire a mão suja das minhas panelas!

— Ai, que susto, mãe! Nossa!... — exclamou e riu ao ver o pedaço de frango ir ao chão. — Após pegá-lo e jogá-lo no lixo, no instante seguinte, pediu: — A bênção, mãe.

— Deus a abençoe. Mas não seja porca, Rúbia. Chegou da rua, tá com a mão suja e vai querer comer desse jeito? Tenha dó! Vá se lavar, tomar um banho... Depois você come.

— É que o cheiro está me matando, mãezinha. Não estou resistindo — expressou-se com mimos.

— Então, pelo menos, vá lavar as mãos. O jornal, que seu pai está assistindo na televisão, está terminando e ele já vem jantar. Vamos comer todos juntos. Faz tempo que a gente não se reúne no jantar.

— Tá bom. Já volto — concordou e foi, voltando sem demora. — Estou morrendo de fome. Tomarei banho depois.

O senhor Salvador, já sentado à cabeceira da mesa, esperava dona Celeste acabar de fazer seu prato e reclamava:

— Políticos safados e sem-vergonhas. Prometem isso e aquilo, mas depois gastam o dinheiro do povo com uma comitiva de mais de quinhentas pessoas para viajar para fora do país. Enquanto os governantes de outros países, que também foram para a mesma convenção, levaram uma comitiva de cinquenta pessoas ou menos! Vejam que absurdo!

— Depois que você se aposentou, só sabe ver jornal e reclamar da política, do povo... Fique calmo, homem, e vê se come sossegado — argumentou a esposa servindo-lhe o prato fumegante.

— A comida está tão boa, mãe! Uma delícia. Vou até repetir — elogiou Abner, levantando-se.

Dona Celeste encheu-se de orgulho ao responder, tentando ser humilde:

— Ora, filho... O que é isso? A mãe fez o de sempre.

Ao passar por ela, Abner beijou-lhe o rosto e ficou esperando a irmã terminar de fazer o próprio prato.

Todos estavam sentados quando o rapaz perguntou:

— E lá, Rúbia? Como é trabalhar com o Geferson?

— Muito bom. É um diretor bem tranquilo.

— Conheço-o há pouco tempo. Parece ser uma pessoa bacana — tornou o irmão.

— Todo mundo é bacana pra você, Abner. Todo mundo — falou o pai em tom de crítica.

— É que ele não vê tanta maldade nas pessoas como você, Salvador — retrucou a esposa.

— Gente que não vê a maldade dos outros acaba sendo trouxa. Quebra a cara — replicou o senhor.

— Pai, estamos jantando em paz. Não começa... — pediu Rúbia em tom brando.

— Isso mesmo, vamos mudar de assunto — sugeriu dona Celeste animada.

— Vamos mesmo — concordou o senhor Salvador com a boca cheia. — E lá na empresa nova, você vai ganhar mais do que naquele banco, não vai?

— Quase a mesma coisa, pai. Não posso reclamar nem exigir nada ainda. Estou trabalhando há tão pouco tempo. Devo dar graças a Deus por ter arrumado um emprego tão bom. Fiquei desempregada por quatro meses. Não foi fácil para mim.

— É uma considerável empresa de propaganda e marketing. Grande, muito respeitada no mercado — disse Abner por sua vez.

— Você ganharia mais se não tivesse imposto retido na fonte. É um absurdo o que pagamos de imposto nesse país — tornou o pai, reclamando novamente ao falar de boca cheia.

— Se você deixasse de fumar e de beber, Salvador, pagaríamos menos impostos ainda — retrucou dona Celeste.

— Não enche, mulher. Não enche — resmungou, olhando para a esposa com insatisfação.

— Filha, você tem que ir comigo à igreja para pagar uma promessa que fiz à Nossa Senhora. Se arrumasse um emprego bom, nós duas iríamos lá levar flores no altar para ela. — Rúbia não se manifestou. Alguns minutos e, ao ver o filho se levantar e levar o prato à pia, a senhora perguntou carinhosa: — Quer pudim de leite, Abner? Fiz pensando em você, filho.

— Oba! Quero sim — respondeu ele satisfeito, exibindo largo sorriso.

— É só para o Abner que ela faz as coisas. Só pensa nele — reclamou o marido.

— É que quando eu faço um bolo, uma sobremesa ou qualquer comida pensando nele, não desanda. Dizem que quando fazemos as coisas pensando em alguém e dá certo, a pessoa em quem pensamos tem o coração bom.

— Então por que você não pensou em mim? — tornou o marido.

— Porque se eu fizer um bolo pensando em você, ele não cresce. Vira pedra.

— Ora!... Você é cheia de coisa mesmo. — Observando o filho saciar-se com o doce, pediu: — Vai... Vê um pedaço pra mim.

Dona Celeste deu um sorriso maroto e o serviu; foi quando Rúbia perguntou:

— Mãe, e a Simone? Ligou?

— Liguei para ela. Sua irmã disse que vai ao médico amanhã. Eles estão muito felizes.

— Já pensou, dona Celeste? Quando a senhora tiver o seu primeiro netinho, como é que vai ser, hein? Aí não vai fazer nem um bolo pensando em mim, só vai pensar nele — expressou-se Abner com ênfase, rindo a seguir.

— E você? Quando é que vai casar e nos dar netos? É o único que vai dar continuidade ao meu nome e de seu avô — interrompeu o senhor Salvador com jeito rude.

Tranquilo, o rapaz olhou-o firme e respondeu:

— Não penso em me casar, pai. Isso não está em meus planos.

Dizendo isso, ele colocou o prato de sobremesa sobre a pia e ia saindo da cozinha quando ouviu o pai dizer:

— Pensei que tivesse tido um homem, mas não.

— Salvador! Pare com isso! Já vai começar?! — esbravejou dona Celeste.

— O que querem que eu diga?! Esse cara está com trinta e cinco anos, não quer saber de casar e vive aqui às minhas custas!...

— Posso morar na sua casa, mas viver às suas custas não, pai — respondeu o moço firme e imediato. — Trabalho e ganho muito bem. Se essa casa dependesse só da sua aposentadoria... — Não concluiu a fala. Porém, após a breve pausa, desfechou: — Se minha presença o incomoda, fique sabendo que estou providenciando tudo para sair daqui.

Afirmando isso, virou-se e se foi.

Enquanto o senhor Salvador ainda reclamava:

— Vai para onde? Morar com quem? Pensa que a vida é fácil, é?

— Salvador!

— Pai!

Exclamaram mãe e filha ao mesmo tempo.

Não demorou, Rúbia foi até o quarto do irmão e bateu à porta.

— Entra — disse o rapaz deitado na cama, de costas, trazendo as mãos entrelaçadas na nuca.

Acomodando-se na beiradinha da cama, ao seu lado, de bruços, apoiou os cotovelos na cama e segurou o queixo com as mãos. Ao vê-lo pensativo, perguntou:

— Quando disse que ia sair daqui, você não estava falando sério, estava?

— Estava sim. Estou vendo um apartamento. Algo pequeno. Só para mim. Pretendo alugá-lo até que fique pronto aquele que comprei na planta.

— Se você for embora, quero ir junto. Não vou aguentar o pai. Hoje, viu como ele estava? E olha que não havia bebido. Quando bebe, ninguém o suporta.

— Ele tem razão, Rúbia. Tenho trinta e cinco anos. Sou bem grandinho. Posso me sustentar muitíssimo bem. Não há razão para eu continuar aqui. Na verdade, só não fui embora antes por causa da mãe. Tenho dó dela. Porém... É chegada a hora.

A irmã aproximou-se, encostou o rosto em seu peito e o abraçou pela cintura, dizendo baixinho:

— Terá um lugar para mim no seu apartamento?

— Um lugar fixo não. Você até poderá dormir lá, muito de vez em quando — apesar do tom de brincadeira na voz, foi sincero.

— Ai, Abner! Que egoísta! — reclamou com jeito mimado.

— Definitivamente, quero independência, maninha.

— Vai continuar ajudando aqui em casa financeiramente, não vai? — quis saber curiosa.

— Vou, claro. Mesmo que você os ajude, sei que não será o suficiente. O que o pai recebe de aposentadoria não dá. Não quero vê-los com qualquer dificuldade. Não vou abandonar vocês. Só preciso do meu canto, um espaço, entende?

— Para ser sincera... Às vezes penso em arrumar um cantinho para mim também. A ideia de independência me atrai muito. Contudo, tenho medo de alguma instabilidade financeira. Veja, fui demitida naquele corte de pessoal e fiquei quatro meses desempregada. Vai que alugo um apartamento, me ajeito e, de repente, perco o emprego. Com você é diferente. Sócio da empresa de arquitetura e engenharia que deu tão certo! Uaaauh!... — riu. — Em vez de Administração, eu deveria ter feito faculdade de Engenharia ou Arquitetura. Vejo que ganha tão bem e, daqui por diante, só vai prosperar. — Um momento e comentou: — Ai... eu te admiro tanto... Somos tão diferentes. Você é tão tranquilo, seguro, sabe o que quer da vida... Tudo o que faz dá certo.

— É curioso como os outros me enxergam. Ninguém sabe, realmente, o que se passa dentro de mim. Acham que sou sossegado, que não sofro, não fico triste, não tenho conflitos íntimos... Vocês me veem como se eu não fosse de carne e osso.

Afastando-se do abraço, a irmã sentou-se, olhou-o firme e afirmou:

— Há de concordar comigo que você é a criatura mais tranquila dessa família. Não — corrigiu-se —, é a pessoa mais tranquila e equilibrada que conhecemos.

O celular de Abner tocou nesse instante. Ele sentou-se rapidamente para pegá-lo, mas a irmã alcançou o aparelho antes, olhou o visor e informou ao lhe entregar:

— Davi.

O rapaz pegou o celular, conferiu o nome, mas não atendeu e desligou o aparelho.

— Não vai atender?

— Não. Amanhã falo com ele.

— Acho que o Davi é o único amigo que você tem e não conhecemos. Falando em amigos... O Ricardo está bem sumido, né?

— Devido àqueles problemas pessoais, ele se enterrou no serviço. Porém está bem, recuperou-se muito. Quanto ao Davi... Qualquer dia vão conhecê-lo. Vão gostar muito da mãe dele, a dona Janaína. Ela é um amor de pessoa.

Rúbia se aproximou, beijou-lhe o rosto e disse:

— Obrigada. Acho que ainda não lhe agradeci o suficiente por esse emprego.

— Faria o mesmo por mim — sorriu generoso como sempre.

— Vou tomar um banho e dormir. Amanhã tenho de levantar cedo. — Olhando-o firme nos olhos, disse enternecida: — Obrigada por tudo. Por ser o irmãozão que é — sorriu. — Deus não poderia ter me dado um irmão melhor.

— Pare com isso. — Levando a mão a seus cabelos, desarrumou-os ao brincar.

Ela o beijou novamente, levantou-se e se foi.

Minutos depois, Rúbia ia para o banheiro e passava frente à porta do quarto do irmão, que estava entreaberta, e ouviu-o dizer:

— Sou eu. Oi. Quando ligou minha irmã estava comigo. Não pude atender. — Breve pausa e quis saber: — Foi lá assinar os documentos? — Nova pausa. — É verdade. O pessoal estranha ainda. Não é comum um apartamento em nome de dois homens. É preciso que tudo seja feito em nome de nós dois. Melhor assim. É mais seguro. Contou para sua mãe?

Ao fazer a pergunta, Abner aproximou-se da porta para fechá-la e Rúbia rapidamente se afastou para não ser vista. Porém ficou intrigada. O irmão talvez estivesse falando com Davi. Foi o único que ligou enquanto estavam juntos. Por que a documentação do apartamento seria feita em nome de alguém estranho? Quem era esse amigo que ela nem conhecia? Seria o apartamento que estava alugando ou o outro que ele comprou e estava sendo construído?

Ruminando essas e outras perguntas, ficou planejando falar a respeito do assunto com o irmão. Precisaria encontrar uma oportunidade. Talvez até dissesse que ouviu a conversa sem querer.

❦

A gravidez de Simone deixou todos bem felizes.

Era a filha do meio de dona Celeste. Tinha trinta e dois anos, casada há cinco anos com Samuel.

— Já sabe o que é, filha?

— Ainda não. É muito cedo. Não vejo a hora de confirmar o sexo para fazer o enxoval, decorar o quarto... Aaaaih... Vi em uma loja de roupas infantis, cada coisinha liiiinda! — expressou-se com jeito gracioso, mimoso. — A senhora tem que ver, mãe.

— Essas coisas modernas de saber o sexo da criança só atrapalham. Tiram a surpresa. Antigamente, quando não se tinha nada disso, era bem melhor — opinou o senhor Salvador.

— Ah, pai, será legal fazer o enxoval na cor certa, decorar o quarto, comprar brinquedos...

— É verdade. Há um tipo de brinquedo para menina, outro para menino. Outro dia eu vi uns papéis de parede para quarto de criança que eram tão lindos. Tinha um com carrinhos e pára-quedas com ursinhos para meninos, outros com moranguinhos, casinhas e bonequinhas para meninas. Tinha um que era só uma faixa, não era colocado na parede inteira. Era tão lindo! — animou-se dona Celeste.

— Eu já vi também. Por isso quero saber o que é — disse Simone.

— Se for menina eu vou dar os brinquinhos — tornou a senhora.

A filha riu e comentou:

— Brinco hoje em dia não é só para menina não, mãe.

O senhor Salvador aproveitou e opinou de forma grosseira, como sempre:

— É verdade. Tem um monte de sem-vergonha, que diz ser homem e tá de brinco. Coisa nojenta! Homem que é homem não usa essas indecências. Se eu pegar meu filho de brinco, rasgo as orelhas dele. Deixa, pra ver só!

— Salvador, deixa de ser besta, homem! Como você critica tudo o que vê. Não dá para falar nada perto desse homem, pois ele sempre tem algo ruim para acrescentar.

— É que eu falo a verdade. Por isso não gostam. Pra mim, homem de cabelo comprido, de brinco, não é homem. Só falta usar saia.

— Pai, Jesus tinha cabelos compridos e usava vestido. — O homem silenciou. Pareceu ser pego de surpresa. — A mãe tem razão. O senhor deve pensar que as pessoas não podem ser iguais. Elas têm o direito de ser diferentes. Ser diferente é ser normal. Cada um deve ser feliz a sua maneira, desde que não atrapalhe os outros.

— Não é bem assim. Se eu fosse dono de uma empresa, funcionário meu seria demitido se usasse brinco ou fizesse tatuagem. Isso é coisa de bandido, coisa que se faz na cadeia, coisa de presidiário.

— Pai, concordo que as tatuagens de antigamente, as feitas nas prisões, como o senhor diz, eram coisas de quem não fazia nada. Hoje em dia, existem tatuagens que são obras de arte e tem gente que quer expressar ou expor essa arte em seu corpo. Particularmente, eu não gostaria de ter uma em mim. Até agora, não penso em fazer uma. Não existe nada que eu queria expressar na minha pele pelo resto da minha vida. Quem faz algo desse tipo em seu corpo, deve se lembrar que é para o resto da vida. Não critico aquele que quer exibir, na sua pele, o que vai em seu interior, em sua mente, em seu coração. A tatuagem é como uma obra de arte onde cada artista demonstra o seu interior, suas ideias, seus desejos, sua vontade, sua forma de ver a vida. Só que na tatuagem a pessoa escolhe uma imagem e manda o tatuador fazer o que ela deseja expor.

— Outro dia eu vi uma moça com umas borboletinhas tão lindas nas costas — comentou a senhora.

— Tem pessoas, mãe, que querem demonstrar sua alegria pela vida e se tatuam com borboletas, estrelas, anjinhos, flores, fadinhas, coisas

enigmáticas ou filosóficas como dragões, Buda, símbolos significativos...
Outras, precisam exprimir coisas tribais, pois fazem parte de alguma
tribo, de algum grupo de amigos. Agora, tem gente que quer mostrar
sua revolta pela vida e tatua coisas que consideramos feias como ca-
veiras, bichos horríveis, corpos humanos desesperados entre laba-
redas... Outros chegam a colocar chifres implantados sob a pele da
testa e outras coisas agressivas à natureza humana. Cada um mostra,
em seu corpo, através da tatuagem ou do que quer que seja, o que tem
no coração. Todos, sem dúvida, serão responsáveis pelo que fazem.
Assim como somos responsáveis pelo que falamos e pensamos, somos
responsáveis pelo que exibimos em nosso corpo. Temos o poder de
alegrar, entristecer ou agredir a vida a nossa volta.

— Pra mim, não importa. Tatuagem é tatuagem e pronto — protestou o senhor.

— Venha, Simone. Vamos lá pra cozinha. Deixa o seu pai aí vendo
televisão e assistindo ao jornal. É só assim que esse homem não reclama.
Não critica os outros.

Mãe e filha foram para a cozinha e, acomodada à mesa, Simone
comentou:

— Cada dia que passa o pai parece pior. Tão intolerante!

— Vou passar um cafezinho pra nós.

— O pai não era assim, né, mãe?

— Ele sempre foi reparador. Reparava em todo mundo. Só que,
nos últimos anos, ele começou a criticar, reclamar tanto... Como disse,
cada dia está pior.

— Ele não se ocupa. Quase não sai, não tem amigos, não faz uma
caminhada, não frequenta uma igreja...

— Não, filha. Ele não faz nada disso. Só sabe ficar na frente da
televisão o dia inteiro vendo jornal, tragédia, crime... E no horário que
não tem isso, assiste a filmes violentos. Já falei pra ele que isso faz mal.
Mas seu pai não tem jeito.

— Assistir a um jornal, atualizar-se, faz bem. Mas do jeito obsessivo
que ele faz... Está errado. Gostar de acompanhar notícias de crimes,

violências, sequestros, tragédias e mais tragédias... Credo! Isso é preju- dicial à mente e vai refletir no corpo, certamente. Vamos nos impreg- nando com energias ruins, negativas. Pouca gente sabe que, quando vemos ou ouvimos algo violento, agressivo, o nosso cérebro interpreta como se o ocorrido fosse perto de nós ou conosco, mesmo se é algo fictício como uma simulação, uma invenção. E nosso corpo reage com cargas hormonais violentas e desnecessárias causando grande estresse físico. Com isso, vamos nos desgastando. Daí que, quando acontecer uma situação, verdadeira, que nos deixa nervosos, poderemos ficar extremamente irritados, depressivos e esgotados, pois já nos estres- samos desnecessariamente com coisas e situações simuladas.

— Seu pai não compreende isso. Quisera eu que aparecesse um anjo de bondade na frente dele para fazer esse homem entender e mudar. Depois que se aposentou, não para de fumar, está bebendo quase todo dia. Você viu as cortinas atrás do sofá onde ele senta pra ver televisão? — Antes de a filha responder, ela continuou: — Estão ama- relas, horrorosas. O pior é que o encardido pela fumaça do cigarro não sai nem lavando.

— Acho que é o tipo de tecido.

— Imagine como estão os pulmões de seu pai. O pior é que eu acabo fumando sem ser fumante. Deveria ter uma lei que proibisse fumar dentro de casa, quando outra pessoa que vive junto, não fuma.

— Peça para ele ir fumar lá fora.

— E eu já não pedi? Seu pai não tem jeito. Se vou falar qualquer coisa, começa uma briga.

— Se pelo menos se ocupasse...

— Ele poderia me ajudar com o serviço da casa. Secar uma louça, recolher uma roupa do varal, pôr o lixo para fora, varrer um quintal... Mas que nada! Só ele se aposentou. Eu nunca vou me aposentar. Tem a mulher da limpeza que ajuda, mas você sabe que empregada não faz tudo.

— Já pediu para ele secar uma louça, por exemplo? Quem sabe o pai ajuda.

— Já pedi. Ele responde que está aposentado. Que já trabalhou o que precisava trabalhar. — Breve pausa e dona Celeste ofereceu-lhe uma xícara com café, dizendo: — Está uma delícia.

— Obrigada, mãe. — Bebericou o café e depois confirmou: — Tá uma delícia mesmo.

— Então conta, Simone — pediu sorridente, sentando-se frente à filha —, o Samuel está bobo por causa da sua gravidez, não está?

— Como está! A senhora tem que ver. Já contou para todo mundo lá na faculdade. — Riu ao comentar: — Não quer que eu suba escada, carregue peso... Parece bobo. — Sorriu e contou: — Toda noite, antes de dormir, ele fica conversando com o nenê.

— Você tem um marido muito bom. Acho que até demoraram muito para arrumar um nenê.

— Que nada. Foi tudo no tempo certo. Estou feliz como jamais estive em minha vida — afirmou Simone com um sorriso luminoso. Em seguida, perguntou: — Mãe, o Abner me disse que arrumou um apartamento para alugar e está indo embora daqui. Eu ri, não acreditei. É verdade?

— É sim. Você conhece seu irmão. Ajuda em tudo e a todos, mas é um moço muito reservado. Ninguém nunca sabe, de verdade, o que ele está pensando.

— O Abner sempre foi muito calmo, tranquilo. Só isso.

— Não, filha. Não é só isso. Acho seu irmão muito calado.

— É o jeito dele. Só acho estranho que saia de casa.

— Vai ver quer ter a vidinha dele sem dar satisfação a ninguém. Não é mesmo? — tornou a mãe, tentando encontrar uma justificativa para a situação.

Nesse instante, o senhor Salvador entrou na cozinha e reclamou:

— De lá da sala senti o cheiro de café. Fiquei esperando alguém me levar uma xicrinha, mas que nada. Todo mundo se esquece de mim.

— É impossível esquecer de você, homem. Eu ia levar. Só demorei um pouco — respondeu dona Celeste, pegando uma xícara para servi-lo.

— Eu ouvi você falando do seu irmão. Esse menino me preocupa muito.

— Não reclame dele, pai — defendeu Simone firme. — Até hoje o Abner nunca deu dor de cabeça para o senhor. Sempre trabalhou, estudou, não se envolveu em más companhias...

— Não sei não. Não sei não... Sinto que ele ainda vai aprontar alguma. Tudo tá dando muito certinho com ele. Estudou, se juntou com os amigos e montou a empresa de construção ou sei lá o que... Trabalha, ganha bem... Mas não sei não. Ele precisava era casar e ter filhos. Teria coisa importante para se preocupar. Assim, do jeito que está, sem ocupação na vida pessoal, ainda vai arrumar dor de cabeça.

Dona Celeste, acostumada aos comentários do marido, não deu importância. Serviu-lhe o café e procurou mudar o assunto.

2

A VERDADE SEMPRE APARECE

ALGUM TEMPO havia se passado desde que Rúbia começou a trabalhar no novo emprego. Ela sentia-se satisfeita com o serviço e com os novos colegas. Tudo caminhava bem. Havia estreitado amizade com Talita, uma gerente de outra seção e sempre estavam juntas.

Naquele dia, ao almoçarem, Talita perguntou:

— É hoje que a Silvana vai entregar aqueles cosméticos que compramos, não é?

— Hoje mesmo. Ah! Não vejo a hora de usar aquele batom. É tão bonito, não acha?

— Em uma boca como a sua, Rúbia, tudo fica bem — riu a amiga.

— Deixe-me perguntar uma coisa... — mudou o assunto. — O que você acha do Geferson?

— O diretor?

— É.

— Sei lá... Não o conheço muito bem não. É um homem reservado. Não sabemos muito sobre ele. O que sei dele é...

Foi interrompida.

— Acho que ele é um quarentão bonito — riu de um jeito engraçado.

— Bonitão, ele é mesmo. Acho que a mulher dele deve morrer de ciúme — concluiu Talita sorrindo.

— O Geferson é casado?! — estranhou surpresa.

— Penso que sim.

— Ele não usa aliança nem fala da família, da esposa...

— Ora, Rúbia, você acha que todo homem tem que usar aliança? Cai na real!

— Você acha que ele é...

— O quê? Casado?

— É.

— Por que o estresse, Rúbia? Levou alguma cantada? — brincou.

— Não... Só curiosidade.

As amigas continuaram conversando, porém aquele assunto fervilhava na mente de Rúbia.

Naquele início de noite de sexta-feira, Geferson estava com o carro estacionado em uma rua próxima à empresa onde trabalhava, quando Rúbia, apressadamente, correndo da chuva, abriu a porta do veículo rapidamente e sentou-se ligeira.

— Pensei que não viesse por causa do tempo — disse ele.

— Oi. Tudo bem?

— Tudo — respondeu ele, beijando-lhe rápido. Em seguida, perguntou: — Quer ir a algum lugar especial?

— Antes preciso conversar com você — falou encarando-o. Ela havia pensado muito a tarde inteira e desejava argumentar sobre o assunto de uma forma que ele respondesse exatamente a verdade. Então arriscou: — Eu soube, por uma pessoa da empresa, que você é casado.

Geferson pareceu esperar por aquela descoberta em algum momento. Ele sorriu por um instante e respondeu com tranquilidade na voz:

— Estou me divorciando. — Breve pausa em que abaixou o olhar entristecido, pegou nas mãos úmidas de Rúbia e expressou-se constrangido: — Justamente hoje, eu ia conversar com você sobre isso.

— Então você é casado mesmo! Eu não posso acreditar! — exclamou puxando as mãos que ele segurava e as esfregou no rosto num gesto aflitivo.

— Estou me divorciando, Rúbia. A situação está muito complicada. Eu já deveria ter saído de casa, mas...

— Eu vou embora.

Quando ia sair do carro, Geferson a segurou pelo braço e pediu generoso:

— Por favor, fica. Ouça-me primeiro.

— Não vou ser a outra! Não serei o motivo de sua separação.

— Não é por sua causa que estou me separando. Acredite! Além do mais, você não é a outra. Apesar de viver com ela na mesma casa, dormimos em quartos separados há muito tempo.

— Então por que não se separaram ainda?

— Por problemas com a família. Uma das razões é a minha mãe... Ela... Ela é uma pessoa com certa idade. Muito conservadora e mora conosco. Tem sérios problemas de saúde. Seu coração, principalmente... Eu... Eu... — gaguejava, mostrando-se comovido, vitimado. — Tentei conversar com ela, mas não deu. Tive de socorrê-la todas as vezes. Da última, ficou internada por duas semanas. Teve problemas renais, precisou fazer diálise... Não posso carregar a culpa com grave consequência para ela, por causa de meu divórcio. Você não pode imaginar como é difícil.

— Não posso acreditar nisso, Geferson. Além do que...

— Rúbia, eu te amo! Te adoro! Não esperava experimentar um sentimento tão forte assim por uma pessoa e... Você foi a melhor coisa que já aconteceu em minha vida! — expressou-se como se implorasse por compreensão. Tocando-lhe o rosto com carinho, ele a fez olhá-lo nos olhos e afirmou parecendo sincero: — Se eu sonhasse que iria encontrar uma pessoa como você, já teria me divorciado antes, mesmo com minha mãe sofrendo tanto. Essa minha situação mal resolvida será por pouco tempo.

— Então, primeiro você se divorcia e sai de casa. Depois...

Interrompendo-a, tornou-se sentimental:

— Pensei que me amasse e confiasse em mim, Rúbia.

— Eu te amo muito, mas...

— Peço que confie em mim e me dê um tempo. Dê-me um tempo em nome desse amor! — implorou novamente, afagando-lhe o rosto com as costas das mãos.

Rúbia estava confusa, trêmula e sem saber o que dizer. Seu coração apertava, doía.

Continuar comprometida com um homem que acabava de saber ser casado, era contra seus princípios. Seus valores morais clamavam que se afastasse de Geferson, mas, por outro lado, apreciava sua companhia e sentia-se muito sozinha. Não queria ficar só. Tinha medo de que a vida lhe reservasse a solidão.

Uma angústia apertou-lhe o peito ao dizer:

— Sempre repugnei a outra, a amante... Essa é uma condição detestável.

— Não é a sua condição. Você não é a outra — afirmava convicto. — Não tenho mais nada com ela a não ser uma situação ainda não resolvida no papel. — Alguns instantes e pediu com jeito comovido: — Por favor, Rúbia, acredite em mim. Confie em mim. É só isso o que lhe peço — Sem demora, ele ajeitou-se no banco, levou a mão ao bolso interno do paletó e tirou uma caixinha, declarando-se: — Eu amo você. — Entregando-lhe, pediu: — Abra. É uma prova de meu amor.

— Para mim?! — perguntou, esboçando leve sorriso ao pegar a pequena caixa. Ao abri-la, viu brilhar um lindo anel. Passando alguns segundos, delicadamente Geferson pegou a joia, tomou-lhe a mão fina e macia e deslizou o anel em seu dedo. Foi quando ela murmurou: — É lindo!

— É o símbolo do que sentimos. — Dizendo isso, aproximou-se com leveza e beijou-lhe os lábios com carinho. Em seguida, sugeriu: — Podemos jantar em um lugar muito especial, alongar a noite e...

Rúbia, apesar de estar feliz com o presente, sentia novamente seu peito apertar. Mesmo assim, sorriu e não disse nada. Satisfeito, ele ligou o carro e se foram.

❧

Na manhã do dia seguinte, Abner bateu à porta do quarto da irmã e ela respondeu alto, em meio ao barulho do secador de cabelo:

— Entra! Está aberta!

— Bom dia! Nossa! — admirou-se ele, rindo e abanando o ar para dissipar o calor e o pouco de vapor que havia. — Você é quem está provocando o aquecimento global com esse secador de cabelo e essa chapinha.

— Ah! Não enche! — respondeu rindo e desligando o aparelho. — Se eu não fizer tudo isso, esse cabelo fica uma droga.

— Seus cabelos são bonitos quando naturais. Não exagera.

— Todos podem achar, mas eu não. Prefiro quando estão lisos.

— Vai acabar estragando-os por causa dessa chapinha.

— Não amola, Abner! Veio aqui para falar dos meus cabelos? — riu, passando a prancha quente nos cabelos. Sem esperar que o irmão respondesse, explicou-se: — Não encontrei vaga no cabeleireiro aonde costumo ir. Por isso estou fazendo tudo em casa.

— A mãe, outro dia, estava brava porque você queimou a colcha e o estofado da cadeira.

— Bobeei. Esqueci que estava quente.

— Rúbia... — Aguardou que a irmã o olhasse e comentou: — Vou me mudar hoje. O apartamento está quase todo pronto. Só faltam levar as últimas roupas e livros.

— Hoje?! — surpreendeu-se. — Pensei que fosse ficar mais uma semana.

— Também pensei, mas não. Está tudo arrumado. Só falta o técnico ir ligar o gás encanado. Ficarei sem fogão por alguns dias, mas isso não é problema. Quer ir lá comigo ver como está?

— Quero sim! — animou-se. Porém, pensando um pouco, titubeou: — Só que... Estou esperando uma ligação e...

— E?... Já vi que é namoro complicado — riu o irmão de modo simples.

— Como assim? Por que diz que é namoro complicado? — interessou-se ela, parando com o que fazia.

— Quando o namoro não é complicado, normalmente os dois estão livres nos finais de semana e um não precisa ficar dependendo do outro ligar para confirmar se vão sair ou não.

Rúbia ficou pensativa e com semblante bem sério. Aquele comentário de seu irmão a incomodou muito.

— Às vezes, a pessoa é livre, mas surgem coisas para fazer e... — ela tentou argumentar, mas não sabia o que dizer.

Enquanto Abner, mexendo com simplicidade no que havia sobre o móvel, pegou a pequena caixa com o anel e a abriu, admirando-se:

— Nossa! É de verdade?

— Não. É virtual. Não tem nada na sua mão. Não percebeu? — riu.

— Malcriada! — ele retrucou.

— Ganhei ontem.

— Sei... Ontem você chegou tarde e disse que saiu com os amigos para comemorarem o aniversário de alguém. Por acaso sobrou presente? — sorrindo, perguntou desconfiado.

— Não... É que... — Rúbia não sabia o que dizer, atrapalhando-se.

O irmão sorriu descontraído e pediu:

— Fique tranquila. Não precisa me responder nada. Não tenho nada a ver com sua vida. Só reparei que é uma joia bastante bonita e cara.

Mais relaxada, ela suspirou fundo e contou:

— Estou namorando. Comemoramos três meses de namoro e ele me deu esse anel de presente.

— Se com três meses de namoro o presente é esse... Imagino qual será o de um ano! — olhando-a, brincou. Ao ver a irmã parecer forçar um sorriso, indagou: — Você não está feliz?

— Sim, estou. É que... Sinto-me insegura.

— A insegurança, algumas vezes, é a responsabilidade batendo à porta.

— Como assim? — ela quis saber.

— Quando vamos fazer... ou quando estamos fazendo uma coisa importante e temos muitas questões envolvidas, certos deveres a serem observados e obrigações de responder pelos próprios atos ou obrigações de responder pelos atos daquele que nos acompanha, nós experimentamos a sensação de insegurança, de dúvida. A insegurança também acontece quando fugimos dos nossos princípios.

— É que tudo aconteceu tão rápido...

— Por que diz que foi rápido? Vocês só estão namorando. Não tem nenhum compromisso sério a caminho ou tem?

— Não.

— Então não tem nada rápido. Nós não conhecemos o cara. Você não o trouxe aqui em casa. Não estão marcando casamento... Não há nada rápido nessa história.

— É difícil explicar.

— Ele é do seu serviço?

— É — respondeu simplesmente.

— Só posso lhe aconselhar o seguinte, maninha: quando se tem insegurança ou dúvida em alguma coisa, não se deve ir adiante se isso estiver incomodando muito. Vá devagar. Conheça-o bem, antes. Assim não vai se arrepender de nada que faça. — Por um instante viu-a reflexiva e logo perguntou: — E então? Vamos lá ver o meu apartamento?

— Se você me esperar terminar de arrumar o cabelo... Vou sim — sorriu.

— Está certo. Vou lá acabar de carregar minhas últimas coisas para o carro.

❧

Abner levou suas caixas de livros e roupas para o carro, mas a irmã ainda não havia se arrumado. Então ele foi até a cozinha e tomava uma xícara de café enquanto conversava com sua mãe.

— Faz assim: você vem almoçar e jantar aqui até ligarem o gás no fogão — opinava dona Celeste tentando ajudar.

— Vamos fazer o seguinte, mãe: quando eu vier almoçar aqui, eu ligo, como sempre fiz. Quanto ao jantar... O micro-ondas está funcionando. Eu como um lanche. Não se preocupe. Além disso, será por dois ou três dias.

— Quanto a suas roupas sujas...

— Mãe!... Não se preocupe. Eu sei me virar muito bem. Se precisar, pode deixar que peço ajuda, tá? — Breve pausa e perguntou: — Vem cá! E a Simone? Está sumida. Quase não a tenho visto nas últimas semanas.

— O médico pediu uns exames mais específicos para o nenê. Disse que é só para tirar algumas dúvidas. Nada sério. Porém eles estão preocupados. Acham que o médico viu alguma coisa errada na saúde do bebê e não quer assustá-los.

— Nossa... Essa expectativa é pior do que um resultado rápido. O médico não disse sobre o que suspeitava?

— Não. É isso o que mata. Sua irmã andou tendo crise de choro. Nem foi dar aula na faculdade.

— Se eu não tivesse de acabar de arrumar minhas coisas lá no apartamento, iria lá conversar com ela. Talvez amanhã dê tempo de fazer isso.

— Essa porcaria de apartamento está tirando todo o seu tempo — interrompeu o senhor Salvador, entrando na cozinha.

— Isso é assim mesmo, pai. Enquanto eu não puser tudo em ordem... — explicou Abner paciente.

— Você quase não tem tempo pra sua família. Sua mãe precisou fazer compra no mercado e teve de pegar táxi para vir embora.

— E por que o senhor não foi buscá-la? Seu carro está quebrado? — tornou o filho.

— Não — respondeu a mãe no lugar de seu pai. — Ele estava assistindo ao jornal na TV e se esqueceu de ir me pegar.

— Não foi bem assim — tentou defender-se. — Você não disse a hora certa que era para eu ir te buscar. E eu tava vendo um caso interessante e...

— Caso mais interessante do que eu, claro! — esbravejou a esposa.
— Por isso não se lembrou de ir me pegar.

— A reportagem era interessante sim. Quando envolve o meu dinheiro, quando envolve o que eu pago de imposto para esse governo ladrão, que gasta tudo o que é meu sem que eu tenha um benefício, é interessante sim! Bando de safado e sem-vergonhas. Eu trabalhei a vida toda e dei um duro danado pra criar vocês e não deixar faltar nada em casa. Tive de pagar plano de saúde, porque o atendimento público é péssimo. Paguei dentista porque se fosse depender do governo estavam todos banguelas aqui em casa. Apesar disso, ainda tive de pagar imposto e nem rico sou! Foi por isso que eu e sua mãe decidimos ter só vocês, ou melhor... Era pra ser só você e a Simone, mas a Rúbia acabou vindo por engano. Daí que sua mãe decidiu que era eu quem ia operar. Operei. Meio a contragosto, mas operei. Foi a melhor coisa que fizemos. Onde come três filhos, se tiver quatro ou cinco, todos vão passar fome e necessidade. Não dá para dar boas condições de vida para todo mundo. Aí, a gente vê na televisão que, hoje em dia, mesmo com tudo tão adiantado, aparecem aquelas mulheres igual ratazanas com cinco, seis, sete e até dez filhos! Será que depois do segundo, ela não aprendeu como é que faz para não ter mais filhos? Ou melhor, o que é que tem de deixar de fazer para não se ter mais filhos?

— Salvador! Você não tem nada com isso! — repreendeu a esposa.

— Ah! Tenho sim! A safada fica reclamando que não tem creche, não tem escola pras crianças, que passa fome, que o governo não dá nada... Ela foi perguntar pro governo se poderia arrumar filho, um atrás do outro, pro governo e pros pagadores de impostos sustentar? Sim, porque quem sustenta ela e os filhos são aqueles que pagam impostos. De onde ela acha que vem o dinheiro que recebem com bolsa-família, vale-gás, vale-leite, material escolar oferecido nas escolas públicas, uniformes escolares, construção de creches?... O dinheiro para tudo isso vem do meu bolso e do bolso dos contribuintes! Tenho certeza que ela não paga imposto! Daí, fica gritando, querendo que o governo dê casa, moradia... Quando eu quis, comprei esse terreno e construí às minhas custas! Governo nenhum me ajudou não! Eu tive e tenho que pagar imposto, até hoje, pelo que construí! Esse pessoal quer tudo fácil. É gente que não pensa, só dá despesa pro governo. — Sem oferecer trégua, continuou: — Eu e seu avô erguíamos as paredes desta casa nos finais de semana. Seu avô rebocou tudo e sua mãe era servente de pedreiro. Ela carregou muito tijolo e areia. Até virar massa, ela virou. Todo mundo se esforçou muito para ter tudo o que temos. Hoje se eu preciso de alguém para refazer a calçada, que tá rachada, não acho um pedreiro bom, responsável, que quer trabalhar. Pagando, eu não acho! Mas gente pedindo coisa no portão... Ah!... Isso tem! — A esposa e o filho não se manifestavam. Conheciam-no bem. Sabiam que, se o fizessem, o assunto nunca terminaria. — Sabe o que o governo deveria fazer? — Sem esperar pela resposta, disse: — Colocar anticoncepcional na rede de tratamento de água e dar pra essa gente beber. Ninguém teria filho que não pode sustentar. Daí ficaria todo mundo imunizado.

— Não é imunizado, pai. É estéril. Todos ficariam estéreis para não ter mais filhos... Mas... O que estou falando? — riu de si mesmo. — Que absurdo, pai!

— Absurdo é esse povo ficar reclamando do governo que não dá casa, creche... Então eles constroem barracos em lugares inadequados e quando enche de água ou pega fogo, param uma avenida ou estrada, botando fogo em pneus, incomodando os outros que trabalham e pagam impostos. Bando de sem-vergonhas! Safados! E ainda ficam nos abrigos da prefeitura reclamando das condições. De onde vem o dinheiro que sustenta esses abrigos? Dos impostos que eu e os outros pagamos!

— Pronto! — disse Rúbia ao chegar à cozinha. — Demorei?

— E como! — exclamou o irmão, levantando-se. — Voltamos mais tarde.

— Eu ainda não conheço o seu apartamento, Abner. Quando vai me levar lá? — reclamou o pai.

— O dia que o chamei, o senhor não quis ir. Hoje não dá. Os bancos de trás do carro estão cheios de caixas. Outro dia eu o levo, está bem?

— Isso é porque estou velho, aposentado... Mas se fosse uns anos atrás...

O senhor Salvador encontrou outro motivo para queixar-se, enquanto Abner e Rúbia se despediram rapidamente e se foram.

❧

Já no novo apartamento do irmão, ela reparava:

— Que mesa linda! Adorei! — Olhando adiante, comentou: — Uaaauh! Que TV enorme!

— Entregaram ontem — disse colocando a caixa que carregava no chão. — Gostou?

— Adorei. Era um apartamento desses que eu queria.

— Em menos de um ano, o outro que comprei deve ser entregue. Quem sabe você não aluga este? Se for, sou capaz de deixar muita coisa aqui.

— Quem sabe — sorriu parecendo sonhar. Em seguida, pediu: — Deixe-me olhar a vista do seu quarto. No dia em que viemos aqui, não pude entrar lá. O pintor estava dando os últimos retoques. — Observando, brincou: — Que cama enorme! Precisava ser de casal?!

— Você está parecendo o chapeuzinho vermelho da estória infantil quando pergunta: que TV enorme! Que mesa linda! Que cama enorme! — arremedou. — Só falta perguntar para que serve — riu.

A irmã achou a comparação engraçada e sorriu. Indo até a janela, abriu-a e ficou admirando a vista:

— Muito legal a vista. Não tem aquele monte de prédio na frente. Você não precisa fechar as cortinas para não olhar a sala ou o quarto dos outros.

— Eu acho isso muito importante. Quando for comprar um apartamento, é importante reparar detalhes como esses. Algumas pessoas não se importam, a princípio. Somente com o tempo vão ver o quanto é desagradável olhar e ver um vizinho de outro edifício observando dentro de sua casa. Isso é horrível. Penso muito nisso quando vou desenvolver uma planta. — Nesse momento, o telefone tocou e Abner alegrou-se:

— Inauguraram o telefone! Finalmente! Ele não havia tocado desde quando foi ligado.

Rúbia ficou admirando a vista ampla para o panorama do centro da cidade enquanto o irmão foi atender o telefone.

Não demorou e o rapaz retornou dizendo:

— Era o Ricardo. Ele vai dar uma passadinha aqui e... — Vendo-a reflexiva, perguntou: — Importa-se de vir comigo para o escritório? Quero pôr em ordem os livros que trouxe.

— Vamos lá, se eu puder ajudar...

— Ah... Pode sim! Venha.

Ao mesmo tempo em que arrumavam uma estante, conversavam.

— O pai está terrível. Cada dia que passa critica mais e mais. Porém, algumas de suas observações têm fundamento, apesar de duras. Quando cheguei lá na cozinha, ouvi o que ele dizia — riu, achando graça.

— Ah!... Foi a história de pôr anticoncepcional na água? — riu Abner.

— Foi — riu a irmã. — A imaginação dele é fértil demais. Foi engraçado, mas não disse nada, pois ele iria alongar o assunto.

— Não se pode dizer isso de pessoas em condições difíceis. Não sabemos a razão de passarem por situações como essas.

— Sei lá... Puxa vida! Às vezes penso... Será que não sabem como se prevenir de uma gravidez indesejada? Porque eu acho que, com mais de um filho e passando necessidade, ninguém iria desejar ter mais filhos, não acha?

— Sabe, Rúbia, eu penso que pessoas assim precisam de orientação e não de críticas. Elas não aprenderam diferente.

— Discordo de você. Os meios de comunicação são amplos. Todos sabemos das dificuldades. Tem gente que, hoje em dia, primeiro se junta. Depois que ela fica grávida, faz um puxadinho na casa de algum parente. Após algumas brigas ou mesmo devido às condições naturais hostis, muda-se para algum barraco. Só então ele resolve arrumar emprego. Trabalhar ninguém quer, todos querem estar empregados, receberem seus salários e terem seus direitos para, na primeira oportunidade, porem a empresa no pau, como dizem. Daí descobrem que emprego tá difícil e que não têm qualquer especialização ou qualificação. Aí ficam desempregados, dependendo das bolsas, dos vales do governo e tudo mais. Então o barraco enche de água, ficam sem ter para onde ir, sem creche para deixarem o filho para ela trabalhar também. Quando conseguem uma creche, ela engravida de novo e aí vem a licença-maternidade, licença de filho doente, licença disso e daquilo. É por isso que muita gente pensa muito antes de empregar uma mulher.

— Rúbia, não seja tão exigente. As coisas não são assim. Você tem essa visão porque viemos de uma família que, apesar de ter um pai sem cultura e um tanto grosseiro, é um homem que planejou o futuro, acercou-se de fazer tudo certo e nos ensinou assim. Mas essas pessoas, que vivem em condições tão precárias, não aprenderam isso com seus pais. Se é que tiveram pais para lhes ensinarem alguma coisa. Então, lamentavelmente, será a vida que terá de lhes ensinar através de experiências, muitas vezes, amargas. Não pense que elas gostam, que apreciam viver nessas condições.

— Você, hein... Sempre em defesa dos pobres e oprimidos.

A campainha tocou e Abner foi atender. Logo Rúbia ouviu uma voz dizendo:

— Esqueci minhas chaves aqui ontem.

Um murmurinho, que ela não conseguiu ouvir e, em seguida, seu irmão retornou ao escritório e apresentou:

— Esta é minha irmã, Rúbia e... Este é meu amigo, Davi.

— Prazer, Davi. Finalmente nos conhecemos. Tudo bem?

— O prazer é meu. Realmente... Demorou um pouco para nos conhecermos, mas, enfim...

Tratava-se de um rapaz bonito, de trinta e dois anos, estatura média, mais ou menos um metro e setenta e cinco. Corpo normal, sem músculos ressaltados. Pele branca, cabelos pretos e lisos, teimosos e escorridos. Olhos claros, cor de mel, quase esverdeados, um tipo bem raro de cor. Seu rosto era angelical, bem suave. Barba escassa e bem feita. Tinha uma expressão confiável, alegre e amorosa. Transmitia carinho e felicidade no olhar. Sua voz tinha um tom generoso e muito educado. Seu sorriso, de dentes extremamente alvos e impecáveis, era lindo.

— É bom conhecê-lo.

— Obrigado. Fico feliz com isso. — Observando-a, brincou: — Você é muito bonita! Parabéns! Só que... Você mentiu, Abner! A Rúbia é linda!

— Meu irmão é um... um... — ficou procurando palavras para corresponder a provocação ao gracejo, mas não encontrou.

— Brincadeira, Rúbia. Ele me disse que você é muito bonita sim. Agora sei que não é mentiroso.

— O que é aquilo que você trouxe, Davi? — quis saber o outro.

— Passei em uma padaria e comprei um bolo, isto é, um *brownie* e alguns biscoitos salgados para equilibrar — riu. — Creio que dê para fazer café aqui, não é?

— Dá sim. Eu trouxe a cafeteira ontem — tornou Abner.

Os pensamentos de Rúbia fervilhavam. Então esse era o Davi. O amigo com quem seu irmão não quis conversar por telefone perto dela. Porém, depois, telefonou para ele e conversaram sobre pôr o apartamento no nome deles. Qual o interesse de Abner em colocar o apartamento também no nome de Davi? Seria aquele alugado ou o outro que comprou? Não, o que comprou não poderia ser. Talvez este. Quem sabe ele e Davi dividiriam o apartamento, mas ela só viu um quarto de dormir montado. Um momento e lembrou: "O rapaz disse haver esquecido as chaves. Por que teria as chaves dali?" Foi estranho cochicharem para ela não ouvir. Houve muito mistério para a apresentação daquele amigo. Por quê?

Um pensamento ligeiro passou por suas ideias, entretanto, achou impossível, absurdo e o afugentou de imediato, voltando a atenção para a conversa dos dois.

— Se fosse depender do fogão... — dizia Abner.

— Ainda não ligaram o gás? — indagou o amigo.

— Não. Deixei a chave com o zelador, mas ele disse que o técnico não veio.

— Depender de prestador de serviço é fogo. Nunca cumprem o prometido.

— Nem me diga — tornou Abner indo para a cozinha preparar um café, enquanto Davi o seguia.

Rúbia sorriu e ficou no escritório arrumando alguns livros.

Não demorou e a chamaram.

Sentados à mesa da sala de jantar, a moça observou:

— Nossa! Que lírios perfumados. São lindos!

— A minha mãe disse que lírios brancos trazem alegria, amor e sorte. Então, estávamos no mercado e ela decidiu comprá-los para o Abner. Para trazer prosperidade para a nova casa.

— E como está a dona Janaína? Por que não veio? — quis saber o amigo.

— Ela está bem. Ficou com meu irmão. Reclamou de você por não ter ido lá em casa domingo passado. Você havia prometido.

— Não deu. Você sabe. Aliás... Estou com dois livros dela e os encontrei hoje quando vinha trazendo os meus para cá. Já os li. Quando for embora, não se esqueça de levá-los para ela, por favor. Coloquei-os sobre a mesa do escritório.

— Não se preocupe. Tenho certeza que ela não tem pressa.

— "Emprestar é um prazer. Devolver é um dever", diz o ditado popular. Gosto de ter o caminho aberto quando o assunto é empréstimo, por isso não deixo de devolver nem deixo estragar qualquer coisa que pego emprestado. A propósito, os livros são muito bons.

— Livros de quê? — interessou-se Rúbia.

— Romances espíritas — respondeu Davi. — Minha mãe é espírita e o Abner vinha se interessando pelo assunto. Eu o levei lá na minha casa. Ele e minha mãe ficaram horas conversando sobre tudo. É lógico que a conversa foi regada a café com bolinho de chuva — riram. — Agora, não param mais de conversar.

— Conheço um pouquinho sobre espiritismo, mas não muito. Você é espírita? — ela quis saber.

— Diz-se que o espírita é o frequentador assíduo de uma casa espírita, que faz cursos sobre a doutrina e presta trabalho voluntário no centro. Se você perguntar se sou frequentador assíduo do centro espírita e se, atualmente, faço cursos, a resposta é não. Agora, se perguntar se sou espírita de coração, de alma e em minhas práticas diárias, a resposta é sim.

— Já li inúmeros romances, contos e histórias espíritas. O primeiro que li foi Nosso Lar, de Chico Xavier, pelo espírito André Luiz. Foi minha irmã quem me emprestou. Ela frequentou o centro espírita por um bom tempo.

— Esse livro é um clássico da literatura espírita.

— Eu adorei. — Um momento em que bebericou na xícara de café, ela perguntou: — O que você faz, Davi?

— Sou odontologista, popularmente conhecido como dentista — sorriu.

— Puxa! Estou falando com a pessoa certa. Estou com um dente dando sinal de vida — riu.

— Isso pode se tornar um problema, se não cuidar logo.

— Onde fica o seu consultório?

— Aqui perto. Vou lhe dar um cartão — disse levantando-se e indo até o sofá pegar em uma pasta que havia deixado lá. Voltando, entregou-o à Rúbia.

— Obrigada. Vou ligar e agendar uma consulta.

— Faça isso. Diga à secretária que é irmã do Abner e terá um encaixe rapidinho.

Nesse momento, Abner comentou:

— O Ricardo ficou de passar aqui para me trazer alguns projetos, mas está demorando.

— Tomara que ele chegue logo. Estou esperando um telefonema e talvez precise ir.

Quando Rúbia disse isso, o interfone tocou e Abner foi atender.

Não demorou muito e a campainha soou. O rapaz foi abrir a porta e retornou na companhia de Ricardo e de um garoto aparentando cerca de dez anos.

Ao chegar à sala, o sócio de Abner os cumprimentou e, a seguir, apresentou:

— Este é meu filho, Renan.

Educado, o garoto cumprimentou todos e sentou-se no sofá por sugestão do pai.

O menino trazia nas mãos um pequeno aparelho de jogos eletrônicos e estava atento em um deles.

Ricardo entregou a Abner o que precisava, aceitou a xícara de café oferecida e depois comentou:

— Faz tempo que não nos vemos, não é Rúbia?

— É verdade. Faz alguns meses que não vou à empresa de vocês. Nem você a nossa casa.

— O que tem feito de bom? — tornou ele.

— Consegui um emprego novo.

— Ótima novidade. Isso é bom demais. Parabéns!

— Como foi horrível ficar desempregada. Você nem imagina.

— Faço ideia. Se bem que não ficou desempregada por muito tempo, não é?

— Para quem está acostumada a trabalhar, foi tempo demais.

Virando-se para o outro, Ricardo pediu:

— Davi, diga a sua mãe que não esqueci o livro dela. Estou quase terminando a leitura.

— Pelo que entendi, a mãe do Davi empresta livro para todo mundo — brincou Rúbia. — Quero conhecê-la também.

— Quando você quiser — disse Davi de bom grado. — A dona Janaína adora conhecer gente nova. Receber visitas é com ela mesma.

— Avise, antes de ir lá, que ela vai lhe preparar o melhor bolinho de chuva que já comeu — sugeriu Abner. — Além de fazer um bolo de chocolate que é para comer rezando! Parece ter sido feito por anjos. A dona Janaína cozinha muitíssimo bem.

— Vai sentir falta da comida da mamãe quando vier morar aqui, não é Davi? — brincou Ricardo ao perguntar.

Davi e Abner se entreolharam sem saber o que responder, enquanto Rúbia estranhou a questão. Franziu o semblante e, desconfiada, olhou para o irmão cobrando-lhe uma resposta.

Nesse instante, Ricardo arregalou os olhos e entendeu haver cometido uma gafe.

Não teria como retirar o que falou nem como tentar corrigir-se.

O silêncio reinou. Ele ficou muito sem graça e, visto que não tinha o que dizer, decidiu ir embora.

Abner o acompanhou, deixando sua irmã e Davi na sala.

No *hall*, enquanto aguardava o elevador, ele retratou-se:

— Desculpe-me, Abner. Pensei que já tivesse contado para sua irmã. Eu os vi tão animados e... Você disse que, quando o apresentasse, iria revelar tudo.

— A princípio, era essa a minha ideia — sorriu sem jeito. — Após ela e o Davi conversarem um pouco, pensei em contar, mas não deu. Faltou coragem. Então você chegou.

— Desculpe-me, cara. Por favor — pediu, verdadeiramente arrependido.

— Não se preocupe. Não esquenta não. Talvez eu volte lá agora e conte tudo de uma vez.

— O que fiz foi imperdoável. Procure entender. Não foi por mal.

— Já disse: não esquenta. Nada é por acaso.

— Valeu, então. Deixe-me ir que a Flora está me esperando. Ela vai pegar a estrada ainda hoje.

— Fica tranquilo — despediu-se, apertando-lhe a mão. — Boa viagem, Renan — cumprimentou o garoto, despedindo-se dele também.

Após vê-los pegar o elevador, o rapaz respirou fundo. Sabia que teria de encarar a irmã.

Ao entrar em seu apartamento, viu Rúbia e Davi, em pé, conversando em tom enérgico, quase acalorado.

— Abner, pelo amor de Deus! O que ele está dizendo é mentira, não é?! É uma brincadeira? Estou certa?!

— Rúbia, sente-se. Vamos conversar — pediu o irmão em tom brando.

— Não temos o que conversar! — praticamente gritou. — É um absurdo! — Caminhou alguns passos negligentes, alinhou os cabelos com os dedos e esfregou o rosto. Incrédula, perguntou, forçando um sorriso: — É uma pegadinha?

Olhando-a firme, de modo sério, o irmão respondeu:

— Não, Rúbia. Não é brincadeira. Sou homossexual. Conheço o Davi há cerca de quatro anos. Há um ano e meio, quase dois, namoramos e pretendemos nos unir.

Ela sentiu-se esfriar. Parecia sonhar. Acreditou não ouvir direito. Suas pernas fraquejaram e procurou o sofá, sentando-se lentamente.

Abaixando a cabeça, segurou-a com as mãos e apoiou os cotovelos nos joelhos.

O irmão foi para junto dela, sentando-se ao seu lado.

Davi ocupou um lugar à mesa, de onde os olhava, e permaneceu totalmente em silêncio.

Ao lado da irmã, Abner afagou-lhe as costas carinhosamente. Depois falou:

— Procure entender...

— Eu nunca pensei... Nunca pude imaginar... Estou até me sentindo tonta, enjoada... Não posso crer nisso!

— Não posso negar mais. A verdade sempre aparece, Rúbia...

Ela não o deixou prosseguir e o interrompeu:

— Não quero ouvir mais nada. Vou embora.

— Não do jeito que está. Vamos conversar — insistiu o irmão.

— Não temos muito o que conversar. Temos?! — indagou séria, encarando-o com o semblante carregado e voz quase agressiva.

Diante da cena, Davi decidiu:

— Bem... Vou indo. Acredito ser melhor ficarem sozinhos e conversarem. Minha presença pode atrapalhar. Tchau.

Dizendo isso, foi-se sem alongar cumprimentos.

Rúbia o seguiu com o olhar, medindo-o de cima a baixo até o rapaz sair. Depois, não disse nada por longo tempo.

3

A VIDA É MUITO MAIS

ABNER FICOU acomodado ao lado da irmã por longos minutos. Ninguém dizia nada. Ela parecia bastante nervosa, agitando freneticamente o pé e apoiando-se na ponta para balançar a perna em movimentos bem curtos e rápidos.

Ele decidiu ir até a cozinha e trazer-lhe um copo com água adoçada, oferecendo-o.

A irmã aceitou. Bebeu-o lentamente.

Puxando uma cadeira e sentando-se à sua frente, pôde ver as lágrimas, que não caíam, tremendo em seus olhos tristes.

— Por que está assim tão chocada? Pensei que não fosse preconceituosa.

— Preconceituosa?!... Nesse momento perdi completamente a noção. Estou atordoada, com um sentimento ruim... Tá doendo, sabe... — expressou-se gaguejando, fugindo-lhe o olhar ao abaixar a cabeça.

— Rúbia, você está falando como se homossexualidade fosse uma doença. E não é.

— Quando foi que virou homossexual?

Abner sorriu e explicou calmamente:

— Homossexualidade é uma condição normal de uma parte da população mundial. Antigamente acreditava-se que a homossexualidade era causada por algum trauma de infância ou problema com a família. Hoje se sabe que não é nada disso. A pessoa nasce homossexual. Homossexualidade não é, nem nunca foi, um distúrbio emocional, psicológico. Aliás, é bom lembrar que o Conselho Federal de Psicologia proíbe qualquer psicólogo tentar curar uma pessoa de sua homossexualidade.

— Não foi uma escolha sua? Sei lá... De repente você decidiu ser diferente...

— Ora... Por favor... Ninguém escolhe ter desejo, sentimentos e emoções homossexuais. Ninguém consegue decidir pelo mais difícil ou pelo mais fácil. A vida simplesmente vai acontecendo. Não é fácil admitir essa condição em um mundo tão hipócrita, ignorante e tirano.

— Se é assim... Você sempre foi homossexual? — falava agora de modo mais calmo.

— Sim, sempre. Veja, minha irmã, homossexualidade não é opção, é uma condição. Eu nasci assim. Sou assim. Não escolhi isso como quem escolhe fazer uma tatuagem e viver tatuado pelo resto da vida. Acontece que somos educados e criados para sermos heterossexuais, ou seja, quando nasce um menino, todas as suas roupas e brinquedos são masculinos. Ao nascer uma menina, os pais e parentes escolhem roupas e brinquedos femininos. Até cor é determinação do sexo para alguém. Azul para meninos, rosa para meninas. Ignoram, até, que azul é cor feminina, sabia? — A irmã ficou em silêncio e Abner continuou: — A família sempre espera que o menino, que o garoto se interesse pelo sexo oposto. Assim também é com a menina. Mesmo quando percebem que sua tendência, seus desejos são homossexuais. Os pais não gostam ou não querem admitir que seu filho ou filha é diferente da maioria. É comum ouvir alguém dizer que o fulano virou homossexual. Quando, na verdade, o correto é dizer que o fulano assumiu ser homossexual.

— Como foi que eu nunca percebi? — murmurou ela.

— Talvez porque eu nunca senti vontade de me expressar com trejeitos. As pessoas podem se expressar como querem desde que não ofendam alguém. Expressão é um direito. Alguns *gays* têm necessidade de se mostrarem com gestos, trejeito, roupas, falas e tudo mais. Outros não têm esse desejo. Devemos respeitar isso. Eu, particularmente, assim como o Davi, não tenho vontade de expor-me com trejeitos, falas, roupas... — Diante do silêncio de Rúbia, ele prosseguiu: — Sabe... os gestos, o jeito masculino em uma mulher não quer dizer, necessariamente, que ela seja homossexual. Tão menos o jeito delicado e feminino não indica que um homem seja homossexual. Conheci mulheres com gestos rudes, que alguns diriam masculinizados, mas eram heterossexuais. Talvez fossem assim pela dureza de suas vidas, pelas dificuldades, pelo ambiente em que foram criadas. Assim como conheci homens com um lado feminino bem evidente. Eram gentis, educados, delicados e heteros. Gostavam apenas de mulheres. Da mesma forma que existem homossexuais fortes, aparência máscula, praticantes de artes marciais, tipo *bad boy* — garoto mal — que ninguém diria que são *gays*, mas são. Assim como têm mulheres com fala, jeito, gestos, vestimentas extremamente femininas. Gostam de outras mulheres e se relacionam com outras mulheres.

— E os transexuais? O transexual é o próximo passo após o homossexual se assumir?

— Não seja ignorante — pediu paciente. — Uma coisa não tem nada a ver com a outra. O transexual veste-se, comporta-se e, principalmente, sente-se como pessoa do sexo oposto ao que seu corpo apresenta. Esforça-se extremamente por mudança de nome e por uma intervenção cirúrgica para a mudança de sexo. Hoje o governo oferece, em hospitais públicos, esse tipo de cirurgia. É difícil conseguir, porém é possível, assim como a mudança de nome em todos os documentos. Eu entendo que o transexual masculino é uma alma feminina aprisionada em um corpo físico masculino e o transexual feminino é uma alma masculina aprisionada em um corpo físico feminino. Cada um tem um motivo, uma razão espiritual individual para nascer assim. O transexual não é homossexual. Um é diferente do outro. O homossexual masculino sabe que é homem, entende-se como homem, aceita seu corpo como é, porém gosta de pessoas do mesmo sexo que ele. Apesar de não apreciar é capaz de se relacionar sexualmente com uma mulher. Com a mulher homossexual é a mesma coisa. Já uma transexual não aceita seus órgãos sexuais masculinos. Ela acredita piamente ser mulher e não admite se relacionar sexualmente com uma mulher. As transexuais são pessoas que não optaram por serem assim. Isso não é um desejo. Elas nasceram dessa forma. — Breve pausa e justificou: — Eu disse: as transexuais porque a maioria são homens, têm um corpo de homem.

— Abner, isso não é normal — disse ainda contrariada.

— Rúbia, você e tantas outras pessoas são preconceituosas porque esse assunto trata de sexo e do desconhecido. Veja, falar de sexo é algo delicado e, para alguns, complicado. Falar do desconhecido provoca medo, pois vamos lidar com os mistérios de Deus. Se dissermos que a pessoa nasce homossexual e não que a pessoa decidiu ser homossexual, estamos falando da existência de algo antes do nascimento, estamos falando de reencarnação. Isso nos leva a crer que Deus admite uma pessoa ser diferente para a sua evolução e por inúmeros motivos que nem podemos imaginar. Esse assunto é extenso e nos leva a filosofar muito. Devemos admitir que nem todo mundo gosta de pensar e repensar, pois isso leva a rever conceitos e admitir erros.

— Sem falar de vidas passadas. De repente eu acho que Deus decidiu que alguém deve nascer homossexual para se controlar e pronto. Não seria isso?

— Dentro da sua crença, temos um Deus injusto e tirano que para um oferece uma vida considerada normal, perfeita. Essa pessoa encontra sua alma gêmea, casa-se, tem filhos. — Irônico, acrescentou: — Não vamos esquecer de oferecer saúde, vida longa, dinheiro, viagens e muita alegria para essa pessoa. Em contrapartida, esse mesmo Deus resolve criar uma outra pessoa que é pobre, feia, com dificuldade para aprender, com alguma deficiência, que sofre, é doente, depende dos serviços públicos de saúde, vive desempregada... Ou então esse mesmo Deus, que você acredita, cria alguém que vive em conflito com sua sexualidade por descobrir sua homossexualidade, pois a maior parte da população global é heterossexual pode se relacionar com o sexo oposto o que ele não quer. Ora, por favor! Somos diferentes uns dos outros porque Deus permite sermos assim para nos aperfeiçoarmos, aprendermos com as experiências. Existe uma razão para tudo isso. Essa razão, esse motivo ainda é um mistério. Não temos um Deus injusto e tirano, mas sim um Pai que nos deixa aprender através das diversas experiências de vida.

— E por que não conhecemos os mistérios de Deus? Por que não fica claro para o mundo inteiro que existe reencarnação? Por que não lembramos as vidas passadas? Isso explicaria por que alguém nasce homossexual, por exemplo.

— Sobre a reencarnação... o que posso dizer é que ela é dita em várias escritas, desde Sócrates e Platão, inclusive na Bíblia. Muitas outras religiões e filosofias, não Cristãs, também observam e ensinam sobre a reencarnação, mas muitos não dão importância. Talvez por terem medo de, no futuro, na próxima vida, terem de se harmonizar com tudo que fizeram de errado nessa — sorriu. — Quanto a conhecermos os mistérios de Deus, eu creio que não os conhecemos justamente para evoluirmos, desenvolvermos nosso potencial de pensamentos bons, de justiça, fé, amor, bondade. Nós não lembramos as vidas passadas para não enlouquecermos com as recordações de tantas burradas que fizemos e hoje sofremos por isso, ou pior, imaginarmos como será o nosso futuro para pagarmos os débitos do passado. Ou então, não recordamos da outra vida para não ficarmos vaidosos, vangloriando-nos de algo generoso e correto que tenhamos realizado no passado. Deus permite que não lembremos as vidas passadas para acertarmos, fazermos o que é correto por nossa escolha, por nossa vontade e não por medo. Ninguém deve fazer algo bom por coação, mas sim pelo coração.

— Para mim ainda é difícil entender essa diferença, essa condição. Para mim você não é homossexual. Não parece. Acho que deveria rever o conceito.

— Maninha, isso não é assim. Em vez de falarmos sobre sexo, falemos dos gostos pessoais para entendermos as diferenças. Nos anos sessenta, setenta e meados dos oitenta, tínhamos os hippies. Era um

grupo não-conformista, caracterizado pelo rompimento com a sociedade tradicional, conservadora, especialmente no que diz respeito à
aparência pessoal e aos hábitos de vida e por um enfático ideal de paz
e amor universais. Defendiam uma forma livre e mais liberal de vida.
Por gosto, por vontade usavam roupas largas e coloridas, cabelos ao
vento, com flores... Muitos se drogavam para alcançarem outro estado
de consciência, como diziam. Enfim, eles gostavam de viver assim. Os
hippies se viam livres só por terem aquela aparência. Na mesma época,
e até hoje, existem pessoas que gostam de ser livres, gostam ou, talvez,
aprovem algumas das ideias hippies, só que nem todas, pois essas pessoas não deixam de tomar banho nem usam roupas iguais as deles.
Contudo, com toda a certeza, amam a paz, defendem o amor, a liberdade e ideias semelhantes às deles.

— Entendi o que quer dizer, mas não posso concordar.

— Rúbia, o maior problema, quando o assunto é homossexualidade, é o medo, é a ignorância, os dogmas religiosos, políticos e de
falsa moral.

— Você só está querendo se justificar, arrumar uma desculpa para
o seu novo jeito de viver — disse de forma rude, levantando-se.

— Sente-se, por favor. Vamos conversar melhor. Você é uma pessoa
inteligente. Não sabia que era tão preconceituosa.

— Eu não era preconceituosa. Nunca se é até que se tem um irmão
que, de repente, decide ser *gay*! Você namorou, teve namoradas, como
é que não viu sua homossexualidade antes?!

— Você está alterada. Não gosto de conversar com gente nesse
estado. Não é bom.

— Como queria que eu estivesse?! — perguntou de forma acalo-
rada. Ele não respondeu, por isso continuou: — E se de repente eu che-
gasse e lhe dissesse que gosto de outra mulher. Como iria se sentir?

— A princípio, iria ouvi-la. Mas você não está me ouvindo. Está
tão envolvida com seus medos, preconceitos e ignorância que não me
ouve. Não presta atenção em mim. Não quer entender nem aprender.

— Medo? Ignorância? Eu?!

— Medo sim. Medo de ter de me apresentar como irmão e os outros descobrirem que sou *gay*. Ignorante porque não quer aprender sobre algo novo, diferente e que desconhece, porque, por séculos e séculos, o homossexualismo, em alguns lugares do mundo, foi taxado como doença, desvio psicológico, motivo de ir para a fogueira ou para campos de concentração. A homossexualidade sempre existiu em uma grande parcela da população mundial, em toda parte do planeta. Só que muitos homossexuais não se revelavam por medo de serem diferentes, por vergonha. Eles sempre foram motivos de discriminação, sofreram rejeição da família, dos amigos e conhecidos, sofreram violência de todos os tipos só por não serem como a maioria. O preconceito contra os homossexuais é grande. E isso tem um nome, chama-se homofobia. A homofobia é a causa de muito sofrimento para os homossexuais porque vem repleta de agressão de todos os tipos. Só quem já foi discriminado, rejeitado e humilhado sabe quão grande é essa dor.

— Seu sofrimento, assim como o de muitos que se dizem homossexuais, não é por causa do preconceito, é porque, no fundo, sua consciência não se aceita.

— Você está enganada, minha irmã. Passei a ser mais feliz quando me conheci, quando me entendi e admiti ser o que sou. Não imagina o que é ter uma namorada hoje e outra amanhã só para satisfazer a família e mostrar para os amigos e para a sociedade. É difícil estar ao lado de alguém incompatível, alguém com quem não se quer intimidade. Chega. Já me maltratei demais ao fazer isso. Hoje posso dizer que sou uma pessoa resolvida. Sei quem sou e o que quero. Se os outros não aceitam, não entendem, problema deles. Não estou agredindo ninguém, física ou moralmente. Tenho minha consciência tranquila.

— Não acredito no que estou ouvindo — disse em tom amargo, em voz baixa e revoltada. — Sua próxima fala será qual? A de me dizer que ama o Davi e vai trazê-lo para morar aqui?

— Você disse isso por mim. Não preciso repetir — respondeu firme, encarando-a com ar sereno.

— E sua consciência? Como você se justifica para Deus?

— Não preciso me justificar. Deus é Pai criador de todas as coisas. Deus é amor e bondade. Sabe quem sou e o que sou, porque me criou. Se Ele não entender que eu estou sendo sincero, honesto... Se Ele não entender que sou bom e justo para com os outros e, principalmente, para comigo mesmo ao ser e viver como sou... Se Ele, Pai Criador, não entender, então não é Deus. Porém eu acredito que Ele entende, pois eu existo.

Rúbia respirou fundo, parecia incrédula com o que ouvia.

Pegando sua bolsa, virou-se e, sem dizer mais nada, saiu batendo a porta.

Abner fechou os olhos, levou as mãos ao rosto e passou-as pelos cabelos, recostando-se na cadeira.

Acreditou que aquela conversa com sua irmã seria bem mais fácil. Julgava-a menos preconceituosa e ignorante. Ela estava confusa, insegura e revoltada.

Por um instante preocupou-se.

O que a irmã faria agora? Contaria aos pais? Não falaria mais com ele?

Acreditou ser melhor esperar. Era o que lhe restava. Talvez ela precisasse refletir. Quem sabe procurasse orientação e assim conheceria mais sobre o assunto.

Nesse momento o telefone tocou. Angustiado, o rapaz atendeu:

— Pronto!

— Abner?

— Fala, Simone.

Ela se calou.

Ao perceber que chorava, insistiu:

— Fala, Simone. O que foi? — perguntou, tentando passar serenidade na voz.

— Preciso conversar.

— Fique calma. Vamos conversar.

— Abner... Posso ir aí?

— Agora?

— É... Se eu não for lhe atrapalhar...

— Você tem condições de dirigir até aqui ou quer que eu vá buscá-la?

— Estou aqui embaixo. Em frente ao seu prédio.

— Então suba! Nem precisa pedir. Estou esperando.

O rapaz foi até a cozinha e interfonou para a portaria, autorizando antecipadamente a entrada da irmã no prédio.

Aguardou alguns minutos e Simone subiu. Ao vê-lo à porta do apartamento, nem o cumprimentou e atirou-se em seus braços.

Assim que pôde, ele a chamou generoso:

— Venha... Vamos entrar. — Após conduzi-la para o sofá, foi até a cozinha e lhe trouxe um copo com água adoçada e lhe serviu. Esperou vê-la mais tranquila e perguntou: — Está mais calma?

— Não sei... Estou desesperada.

O irmão sentou-se na cadeira à sua frente e indagou:

— O que aconteceu para ficar assim?

— Eu e o Samuel fomos ao médico e os exames indicaram um problema com o nenê... — chorou. Depois de recompor-se, explicou: — Fiquei aflita quando vi a cara dele ao fazer a ultrassonografia... — Ela não coordenava as ideias e se atrapalhava com o que dizia: — Ele disse que já estava desconfiado, mas agora já podia garantir... — Simone chorava compulsivamente. Quase não se entendia o que dizia. — Eu fiz todos os exames que o ginecologista-obstetra pediu e...

Ao vê-la tão nervosa, o irmão sugeriu gentil:

— Calma, Simone. Respire fundo e conte direito. Do princípio.

— Eu fiz todos os exames que o médico solicitou. Fui lá levar. O Samuel me acompanhou e... Depois de ver os exames laboratoriais, o médico foi fazer o ultrassom e... O meu bebê tem Síndrome de Patau.

Simone descontrolou-se em pranto comovente. O irmão sentou-se ao seu lado, abraçou-a e mesmo sem saber do que se tratava, entendeu ser algo grave para ela estar desse jeito.

Fazendo-lhe um carinho, disse comovido:

— Procure se acalmar. Desespero não vai ajudar nesse momento. — Breve pausa e perguntou com jeito amoroso: — Sabe me explicar o que é Síndrome de Patau?

— É uma falha genética raríssima. Um acidente genético, por assim dizer. O médico disse que é uma anomalia no cromossomo 13, por causa da trissomia. A trissomia é um tipo de alteração cromossômica em que um cromossomo possui três cópias em vez de duas, que é o correto. Então... essa alteração cromossômica, ou anomalia cromossô-mica, promove, proporciona várias... várias má-formações no feto. Ele vai nascer, se nascer... — chorou. — Se ele nascer, terá muitos defeitos físicos. É um problema genético tão grave que pode chegar a ponto de deformar, totalmente, um bebê. É muito triste...

O irmão não sabia o que dizer. Levantou-se, pegou uma caixa de lenços de papel e lhe ofereceu.

Simone secou o rosto, bebeu mais um gole de água, depois contou:

— Você sabe que antes de fazer Economia, fiz Enfermagem — refe-riu-se aos cursos universitários que realizou —, não me lembro de ter estudado isso, mas... Eu pesquisei a respeito e... — tirou um papel dobra-do de sua bolsa, abriu-o e disse ao ler: — A Síndrome de Patau também é conhecida como Síndrome de Bartholin-Patau. Eu entendi que essa síndrome é causada quando não há a disjunção dos cromossomos du-rante a anáfase da meiose, daí geram-se gametas com 24 cromátides. Sendo assim, o gameta possui um par de cromossomos 13, que juntado com o cromossomo 13 do pai, forma um ovo com trissomia.

— Não entendi direito. É um problema hereditário?

— Tudo diz que não é hereditário. É genético. É um acaso, um acidente. Assim como a Síndrome de Down, ou Trissomia do cromos-somo 21, causado por um cromossomo 21 a mais. É um acidente, acon-tece por acaso.

— Então... Não se sabe se é o homem ou a mulher quem produziu a alteração cromossômica?

— Não. Não se sabe. Sabe-se que gametas masculinos portadores de alterações numéricas cromossômicas têm menor viabilidade que gametas normais. Nada é impossível. Não há muita chance de um ga-meta alterado do homem fecundar um óvulo. Já a mulher, por produ-zir apenas um óvulo, se esse tiver alteração... Geralmente ocorre com mulheres com idade acima de trinta e cinco anos, mas pode acontecer com uma de dezoito anos. Tenho trinta e dois...

Cuidadoso, Abner perguntou com jeitinho:

— E... O que podemos entender como... várias má-formações no nenê? O que pode acontecer com ele?

— Anomalias graves no sistema nervoso central, daí... tudo se complica. Apresenta holoprosencefalia, arrinencefalia... — leu e chorava — ...má-formações da linha média cerebral, craniana ou facial. O resultado é uma deficiência no embrião. Essas deformações são variáveis. A prosencefalia — lia no papel — é a forma mais grave. A face fica deformada, pode ser bem feio. Pode ter olhos extremamente pequenos, ou até não ter olhos ou, ainda, ter uma espécie de... um único orifício onde tem os dois globos oculares juntos... — chorava. — Pálpebras alteradas, as orelhas malformadas e deslocadas, deformações nasais de graus variados, deformações faciais leves ou ausentes... As mãos e os pés podem ter um sexto dedo ou o quinto dedo sobrepõe-se ao terceiro ou quarto... O retardamento mental pode ser de moderado ou grave. O nenê geralmente apresenta fissura labial e palato fendido ou até sem o palato, ou seja, a criança não tem o céu da boca. — Chorou compulsivamente, depois contou: — No ultrassom... Dá para ver que o meu filho tem fenda labial. Em uma mão... o punho está fechado, como se os dedinhos não estivessem bem formados e na outra só se vê dois dedinhos. Já dá para ver que a cabecinha tem um formato anormal. — Aflita, desabafou: — Essa anomalia é incompatível com a vida normal. A Síndrome de Patau ocorre uma entre 20.000 nascidos vivos. Quando chegam a nascer, cerca de oitenta por cento morre no primeiro mês de vida. Outros vivem até seis meses. Em casos raros chegam a viver cerca de dez anos. Possuem problemas cardíacos congênitos ou má-formação do coração, problemas renais, mentais, genitais... — Breve pausa e contou: — Apenas dois e meio por cento dos fetos com essa síndrome nascem vivos. — Mexendo novamente em sua bolsa, tirou outros papéis e entregou-os para Abner. Chorando, disse: — Imprimi essas fotos da internet. Veja.

O rapaz se surpreendeu ao olhar fotos tão tristes e ficou impressionado. Após observá-las bem, dobrou-as novamente e as colocou na bolsa da irmã que estava aberta sobre o sofá.

— Pesquisei também a respeito da chance de se ter um segundo filho com a mesma síndrome e... Entendi que a chance é a mesma de uma mulher que nunca teve filhos. Isso é um acidente. Mas...

— Esse diagnóstico sobre o nenê é definitivo? — quis saber o irmão preocupado. — Tipo... Não tem tratamento?

— Não, não existe tratamento. Não se pode fazer nada. Estou angustiada. Não consigo trabalhar. Não consigo me concentrar em mais nada. Só penso nisso. Não esperávamos por nada assim. É nosso primeiro filho! Entende?! — O outro não respondeu e ela continuou: — Planejamos tudo em nossas vidas. Compramos uma casa, depois de colocá-la em ordem nós nos casamos, demos um duro danado... Só após bem estabilizados, decidimos ter um filho. Agora... ele virá com sérios problemas e nem terá muito tempo de vida, se nascer... — Alguns minutos e perguntou lamentosa: — O que eu faço, meu irmão?

— Se você não pode fazer nada, se não há nada que ninguém possa fazer, então deixe acontecer de acordo com a vontade de Deus.

Simone o olhou fixamente, secou as lágrimas com as mãos e comentou:

— Não pensei em aborto. Eu não teria coragem mesmo se o médico falasse a respeito. Mas... Não sei o que faço. Não sei se me apego a ele, se continuo conversando, brincando e contando estorinhas... — Um soluço embargou sua voz. — Tenho medo de sofrer... O médico disse que crianças com esse problema não têm muito tempo de vida e eu não paro de pensar nisso.

Abner respirou fundo, pensou por um momento e respondeu:

— Essa criaturinha aqui — falou ao passar a mão carinhosamente sobre a barriga —, é fruto de seu amor com o Samuel. Não importa qual a dificuldade que esse nenê tenha ou venha a ter. Eu acredito que é um ser querido. Vou dizer que deve ser muito querido para você ter desejado ajudá-lo, dar-lhe abrigo, carinho, amor e até ter querido aprender com ele. Uma criança não vem como filho ou filha se não for para ser amado. Não importa se é para ser gerado, nascer e viver só por alguns dias, meses ou poucos anos. Não importa o tempo que ele deva ficar perto de vocês. Esse filho é para ser amado todo dia, cada momento, cada segundo, como se fosse o único e o último.

— Eu queria que ele fosse perfeito — tornou, expressando-se triste.

— É claro que queria. Lógico. E isso é maravilhoso, pois você deseja o bem para o seu filho. Mas o Pai, que está no céu, sabe o que é melhor para ele. O Pai Celeste sabe do que seu filho precisa para ser uma criatura melhor, para evoluir. A vida não se limita somente aos anos que vivemos aqui na Terra. A vida é eterna. A vida é muito mais do que experimentamos aqui. Pode parecer estranho o que vou dizer, porém é a realidade: essa experiência é para a evolução, é para o crescimento espiritual seu, de seu filho e do Samuel também.

— Eu sei. Acredito nisso. Só que quando uma situação dessas acontece com os outros, é mais fácil entender e encontrar explicações. Quando é com a gente, dói. — Ela estendeu-lhe as mãos e o irmão as pegou, puxando-a com delicadeza para perto de si. Simone recostou-se em seu peito e o abraçou. Enquanto sentia o afago nos cabelos longos e um beijo no alto da cabeça, disse: — Estou muito triste. Decepcionada comigo mesma. É como se eu fosse a culpada pelas condições dele.

— Não diga isso. Você é uma pessoa instruída. Sabe que isso não é verdade.

— É que gostaria que fosse diferente.

— Lógico que sim. Porém é forte o suficiente para lidar com essa situação ou Deus não permitiria a você e ao seu filho que passassem por essa prova. Ele também é forte e, provavelmente, pediu essa experiência.

— Você também acredita nisso? — perguntou, afastando-se do abraço e encarando-o firme.

— Sem dúvida. Sei que você também sabe que os desafios e dificuldades só existem para mostrarmos nossa fé e evoluirmos. — Breve pausa e indagou: — E o Samuel, como está lidando com essa situação?

— Não conversamos a respeito desde quando saímos do consultório médico. Não conseguimos falar sobre o assunto. Às vezes, ele vem, me faz um carinho... Só isso. Nunca mais conversou ou brincou com o nenê. — Lágrimas rolaram em sua face. Dessa vez ela parecia mais calma. Chorava sem desespero.

— Contou para a mãe?

— Não. Não tive coragem. Não sei como contar. — Um instante e falou: — Eu estava fazendo o enxoval... Comprei cada coisinha tão linda... E agora? Continuo? O que você faria no meu lugar?

— Faria tudo o que precisa ser feito, normalmente. Sem exageros, mas faria tudo naturalmente.

— Mas... Ele pode nem chegar a usar.

— Mesmo assim. Veja bem, eu penso que você precisa fazer tudo de maneira normal, como se não soubesse de nada. Afinal, se não fosse pelos exames clínicos e laboratoriais tão modernos, não saberia de nada, não é?

— Sim, mas...

— Simone, cuide-se. Cuide de seu filho normalmente. Trate-o com amor, carinho, bondade. Demonstre todo o seu afeto.

— Fazendo isso, vou sofrer mais quando ele se for — chorou.

— Vai sofrer de qualquer jeito. Mas que seu sofrimento não seja carregado de remorso, dor e arrependimento por não ter sido uma boa mãe nos momentos em que ele mais precisou de você. Entenda que já é mãe dele desde a concepção, e ele sabe disso. Seu filho sente isso. Sofrer você vai, mas não de arrependimento por ter se negado a amá-lo.

— O médico comentou que não sabe como a gravidez está indo adiante tão bem.

— Isso é porque Deus, você e seu filho querem assim. Os médicos não espiritualizados só sabem dizer o que as limitações da ciência lhes mostram.

A irmã havia parado de chorar e estava bem mais calma do que quando chegou.

Abner tinha como conquista espiritual a dádiva, o dom de espargir energias tranquilizantes, principalmente nos últimos tempos, quando começou a entender um pouco mais sobre a espiritualidade.

Simone respirou fundo e ele disse:

— Vamos até a cozinha. Vou fazer um chá para nós. — Ao se levantar e estender-lhe a mão, comentou para mudar de assunto e distraí-la: — A água precisa ser aquecida no micro-ondas — sorriu.

— Não arrumaram o gás do fogão?

— Ainda não.

Já na cozinha, a irmã sentou-se em uma banqueta e contemplou o ambiente. Mesmo sem empolgação, comentou:

— A cozinha ficou bonita.

— Você precisa ver o resto. Depois vamos lá dentro.

— O outro apartamento está prestes a ser entregue. Se vai morar aqui por pouco tempo, por que decorou tão bem?

— Conheço os donos da empresa de móveis planejados. Eles me ofereceram um belo desconto. Sabem que, como arquiteto, eu uso os serviços que prestam e também os indico.

Alguns segundos e perguntou com jeitinho:

— Abner, você precisava mesmo sair da casa da mãe?

Ele silenciou por um instante. Tirou a água quente do micro-ondas e escaldou os saquinhos de chás que estavam nas canecas de louça sobre a bancada. Refletiu, antes de responder:

— Precisava sim. Chegou o momento. Quero ter minha própria vida. O pai, como sabe, vive implicando comigo, com o que faço e deixo de fazer. — Fez breve pausa, adoçou o chá e perguntou: — Você não encontrou a Rúbia quando chegou?

— Não. Ela esteve aqui?

— Saiu e você ligou. Não sei como não se encontraram.

— Que pena... Queria conversar com ela também, mas longe da mãe. Talvez se ela estivesse junto quando eu fosse contar, teria mais força.

— Foi bom não encontrá-la. Nossa irmã estava bastante nervosa.

— Por quê?

— Nós brigamos.

— Você e a Rúbia brigaram?! — alarmou-se. Antes de receber uma resposta, indagou novamente: — Por quê? O que aconteceu?

Abner a olhou firme e disse:

— Sei que tem problemas demais, porém a qualquer momento vai saber e será melhor que seja por mim.

— Saber o quê? Do que está falando?

— A Rúbia está revoltada porque, hoje, eu lhe contei sobre a minha homossexualidade.

Simone parou, olhou-o por longo tempo, depois abaixou o olhar dizendo quase num murmúrio:

— Para mim não é surpresa.

— Como assim?! — intrigou-se preocupado.

— Faz muito tempo eu pensei nisso. — Com uma naturalidade que o irmão não esperava, completou: — Não notei nada no seu jeito de ser. Percebia-o muito quieto e, alguns anos atrás, aparecia com uma namorada que não significava muito para você e, na maioria das vezes, estava só.

— Não vai se zangar, nem ficar revoltada ou brigar comigo?

— Por que eu faria isso, meu irmão?

Ele respirou fundo, ofereceu ligeiro sorriso e desabafou:

— Eu esperava esse comportamento da Rúbia, não de você. Como me enganei — sorriu.

— Para dizer a verdade, quando a ideia de você ser homossexual passou pela minha cabeça, fiquei assustada. Não queria que fosse assim. Depois não me importei mais. A partir de então comecei a me aproximar e ter amizade com outros colegas homossexuais, professores na universidade onde leciono. — Simone sorriu ao admitir: — Percebi o quanto fui tola por ter me afastado de pessoas tão boas, sensíveis e com um coração capaz de entender nossos conflitos mais íntimos, por mais insignificantes que sejam. Pude, então, ter o prazer de observar pessoas geralmente inteligentes, que se dedicam bastante aos assuntos que lhes interessam. São atenciosas, prestativas, amorosas, compreensivas, com uma capacidade incrível de atenção e carinho. São transparentes.

Sabe, um se tornou um grande amigo. É com ele, o Cláudio, que tenho desabafado desde quando soube do problema com o nenê. Ele é tão generoso, me consola, ouve. Fala pra caramba — sorriu. — Fico melhor depois de nossas conversas que me conformam e acalmam. O Cláudio é mais confiável do que muitas amigas que tive. Nossa como é. Aprendi a olhar os homossexuais de forma bem diferente.

— Você aprendeu a respeitá-los.

— Respeitá-los, sempre respeitei. Acho que aprendi a conhecer o que é homossexualidade. Entendi que a pessoa é assim e pronto. Eu já fui muito ignorante, sabe. Lá na faculdade há uma professora de história que é homossexual. Eu não me aproximava dela por achar que iria levar alguma cantada ou coisa assim. Certo dia, em uma reunião, começamos a conversar. Passamos a ser colegas mais próximas. Nunca percebi um olhar diferente ou uma conversa estranha, entende?

— É comum as pessoas se enganarem, como você. Não é porque sou homossexual que vou cantar ou querer sair com todos meus colegas de trabalho ou sócios só por eles serem homens. Isso é um engano. É só pensar um pouco. Por acaso todos seus colegas homens e heteros vivem lhe dando cantada e convidando para sair, pois estão interessados em um relacionamento mais sério ou um envolvimento?

— Não. Lógico que não.

— Então por que o medo de uma mulher *gay* se aproximar e fazer o mesmo?

— Puro preconceito, eu sei. E, se por acaso isso acontecer, eu devo dizer não, como diria a um homem que não me interessasse.

— Exatamente.

Simone ofereceu leve sorriso ao admitir:

— É assim: era muito difícil alguém se revelar ou assumir publicamente sua homossexualidade. Somente nos últimos tempos isso se tornou um pouco mais comum. Mesmo assim, as pessoas ainda têm muita ignorância a respeito e não sabem como agir.

— É simples, deve-se agir normalmente. Sei o quanto pode parecer estranho, mas depois de se ter conhecimento a respeito do assunto, é simples. — Um instante e desabafou: — Eu não esperava a Rúbia ter aquela reação.

— Não foi a forma como você contou?

— Na verdade nem contei. Aconteceu assim: o Ricardo esteve aqui e... — Abner relatou todo o ocorrido e disse por final: — Se ela tivesse ficado para conversarmos melhor, mas não.

— A Rúbia adora você. Nós duas nunca fomos tão unidas como vocês dois. Eu sempre tive ciúme disso. Acho que ela vai refletir e depois irá procurá-lo, com certeza.

— Creio que vai contar para o pai e para a mãe. Ainda bem que já saí de casa.

— Acredito que não contará nada. — Ela aguardou alguns segundos, pensou e quis saber: — Você vai contar ou deixar que descubram? Afinal, pelo que entendi, o Davi deve vir morar aqui, não é?

— Talvez para a mãe eu conte. Quanto ao pai... Melhor deixá-lo descobrir sozinho. Momento esse que nem quero ver.

— Nem eu — admitiu a irmã.

— Sabe, estou muito triste, magoado. Não queria que a Rúbia reagisse como reagiu. Aliás, pensei que você fosse fazer o que ela fez. Será que a mãe vai fazer como ela?

— Mãe sente as coisas a respeito disso, Abner. No fundo ela sabe.

— Às vezes, também penso assim. A mãe me entende, me aceita...

— Quando nós duas conversamos sobre sua mudança pra cá, ela se manifestou de uma forma... diferente, apoiando. Disse que você precisava ter sua vidinha, sem dar satisfação a ninguém. Falou do seu jeito quieto e que nunca sabemos o que está pensando. Por isso, no fundo, eu acho que ela sabe.

— Também sinto que sim — falou com certo desalento.

— Abner, o impacto, a surpresa de uma verdade como essa é só no começo. Depois passa. O tempo cura tudo. — Simone sorriu com simplicidade e disse: — Veja, cheguei aqui aos cacos e olha como estou depois de conversarmos. Sinto uma tristeza tão grande, uma angústia... Tem momento que não aguento e preciso chorar. Porém, pessoas que falem coisas como o que disse, me ajudam muito. Parece que começo a entender e aceitar um pouco mais.

— E o Samuel, onde está?

— Na universidade. Agora que passou a ser diretor do curso de História, está sobrecarregado. O outro diretor deixou uma desorganização enorme. Tem muito aluno reclamando. Então, eu estava em casa sozinha, bateu aquela dor, aquela tristeza e... Liguei para o Cláudio, meu amigo, mas não estava em casa e o celular deu caixa postal. Lembrei-me de você. Eu queria dar um tempo maior antes de contar à família, mas... Achei que você seria a única pessoa que poderia me entender. — Após um tempo, desabafou: — Estou achando meu marido muito estranho, distante.

— Ele deve estar em choque. Assim que possível, aproxime-se dele. Conversem a respeito. Será bom para vocês dois. Ele lhe dará muita força, apoio. É o momento em que precisam um do outro. — Afagando-lhe o braço, afirmou: — Saiba que pode contar comigo. Não importa o dia ou a hora, pode me procurar. Estou nessa com você.

Os olhos de Simone ficaram marejados. Ela pegou a mão do irmão e apertou-a entre as suas. Ele se aproximou e abraçou-a com carinho.

4

Rejeitando o filho

MESMO COM o passar dos dias, Rúbia não se conformava com a revelação sobre a homossexualidade de seu irmão.

Para ela, sempre foi bem fácil aceitar a homossexualidade dos amigos e conhecidos, porém, quando se deparou com a condição sexual de Abner, revoltou-se. Não queria aceitar.

Não suportando, procurou por sua amiga e contou tudo. Depois desfechou:

— Eu não me conformo, Talita. Ele é meu irmão! Como foi que nunca percebi?

— Só lamento por ele ser um gato!... Até tive esperanças.

— Não brinca! — falou brava.

— Não estou brincando, Rúbia. Adorei o Abner desde a primeira vez que o vi. Ele é lindo! Não entendo por que você está assim, tão resistente em aceitar. Veja, amiga, pense da seguinte forma: ele continua e continuará sendo seu irmão querido, amoroso, atencioso, dedicado. Isso nunca vai mudar. Quanto à vida dele... Bem, ele é feliz, sexualmente falando, do jeito dele. Isso não é da sua conta nem da minha. Nem é da conta de ninguém.

— Isso não é certo, Talita.

— O que não é certo? A vida é dele, o corpo é dele. Seu irmão é responsável por tudo o que fizer ou deixar de fazer.

— Deus diz que é errado.

— Onde?! Onde é que Deus disse que gostar de alguém do mesmo sexo é errado? Quero saber. — A outra não respondeu e Talita prosseguiu: — Olha, amiga, fui evangélica por mais de vinte anos. Fiquei bitolada com todos aqueles sermões que os pastores diziam ser a palavra de Deus, a vontade de Deus. Li a bíblia toda, várias vezes. Eu era cegamente evangélica. Até que, um dia, eu estava em uma livraria e me deu uma coisa para pegar uma bíblia católica e dar uma olhadinha. Teria de ser escondido, pois o pastor dizia que o fato de pegar uma bíblia, que não fosse evangélica, era um pecado.

— E tem bíblia evangélica e católica?

— Tem sim. Então peguei e dei uma lida. Observei que a colocação das palavras dava um sentido diferente aos dizeres, aos ensinamentos e, consequentemente, mudava o modo de pensar. Concluí que eram os homens que escreviam aquilo manipulando as palavras e o entendimento. Deixei de ir à igreja. Por gostar de ler, comecei a consumir todos os tipos de livros que falassem sobre protestantismo, catolicismo, espiritismo, hinduísmo, budismo... Tudo que encontrei, li. Criei uma coragem sobre-humana e fui a igrejas católicas, centros espíritas, centros de umbanda, templo budista, sinagogas e outros lugares. Só que fui como observadora, pesquisadora, entende? — A outra pendeu com a cabeça positivamente e Talita continuou: — Menina! Conheci tanta coisa errada em tantos lugares que falavam em nome de Deus! Você nem imagina. Bem... Resumindo, hoje, quando alguém me diz que uma coisa é pecado, que Deus não permite, que a bíblia diz o contrário... Primeiro, tomemos cuidado com a interpretação do que é dito na bíblia, porque ela foi escrita por homens que, talvez, tivessem uma segunda intenção e puderam manipular as palavras quando contavam uma história.

Segundo, dizer que uma coisa é pecado, que não é correto... Não sei não. O que entendemos como pecado? O dicionário diz que pecado é uma transgressão, é contrariar qualquer ordem ou mandamento, regra ou norma religiosa. Eu sei que as religiões foram criadas, ou até inventadas, pelos homens e ainda digo que os homens inventaram as religiões para ajudarem em seus interesses pessoais, políticos... Então uma ordem, uma regra, uma norma religiosa foi inventada por homens e não por Deus. Terceiro, acreditar que Deus não permite algo é absurdo. Deus permite tudo. Deus compreende tudo. Só que a pessoa é e será responsável por tudo o que fizer de sua vida e para a vida dos outros.

— Então você não acredita na bíblia?

— Acredito, entretanto filosofo, penso muito e muito a respeito. Eu não tenho mais uma religião. Jesus não instituiu, não criou nenhuma religião. Ele, de certa forma, substituiu os tão longos Dez Mandamentos pelo seguinte: *Amar ao Senhor teu Deus, de todo o teu coração e sobre todas as coisas e ao próximo como a ti mesmo*. Pare um pouco, todos os dias e reflita sobre essa frase. Pronuncie-a e faça dela sua forma de viver. Pense nela quando precisar tomar qualquer decisão. É o que eu faço, diariamente. Acredito que, por mais que a tradução de uma bíblia tenha sido manipulada, jamais, eu disse, jamais poderão desfazer, mal interpretar o significado de "Amar a Deus sobre todas as coisas e ao próximo como a ti mesmo".

— Nós estamos falando de homossexualidade. Deus é contra.

— Como sabe? Por acaso você foi lá conversar com Ele e Ele te falou que é contra?

— Não brinque, Talita! — zangou-se.

— Não estou brincando — sorriu. — Nunca falei tão sério. — Breve pausa e disse: — Se você não consegue entender ou aceitar a homossexualidade de alguém, use a fórmula mágica que Jesus ensinou: Ame ao próximo como a ti mesmo. Não ofenda, pois você não gostaria de ser ofendida. Jesus também disse que com o mesmo peso que julgar, você será julgada. E mais: *A luz do corpo são os olhos. Se teus olhos forem bons, todo teu corpo será luz. Se teus olhos forem maus, todo o teu corpo será tenebroso*. Não tenha olhos maus a respeito da homossexualidade. — Esperou alguns segundos para a amiga refletir e falou: — Não posso acreditar que Deus seja contra a homossexualidade.

— Por quê?

— Porque Ele nos criou. A homossexualidade sempre existiu desde que o mundo é mundo. Ela existe entre animais racionais, que somos nós, humanos — riu de um jeito agradável — e existe entre os animais irracionais, sabia?

— Não. Sério?!

— Sério. Existe o comportamento homossexual entre várias espécies de animais como girafas, pinguins, baleias, chipanzés, golfinhos e outros. Alguns desses animais escolhem um parceiro do mesmo sexo e a união é duradoura até por toda a vida, mesmo havendo fêmeas disponíveis para acasalamento no mesmo bando.

— Não entendi direito, Talita. O que faz você crer que Deus não seja contra a homossexualidade?

— Porque não é doença. É uma condição da pessoa hoje, nesta vida.

— Você também acredita em outras vidas antes e depois desta?

— Lógico. Depois de tanto buscar a verdade, eu seria louca se não acreditasse. Ou então, eu deveria crer em um Deus cruel, malvado, capaz de fazer sofrer sem fundamento. Se não crer em reencarnação, vou crer que Deus é um carrasco nazista ou da Idade Média, como queira, para provocar tanta dor, tanto sofrimento gratuito. Mas Deus não é assim. Deus é a fonte de energia, de vida e nos socorre quando precisamos. É o Pai que não abandona, mas ampara, assiste e até nos deixa experimentar o sofrimento para aprendermos, para evoluirmos e caminharmos na jornada evolutiva, rumo à verdadeira felicidade.

— Não acredito que o homossexual seja feliz. Se a homossexualidade é uma condição, não seria essa condição um castigo?

— Não. De forma alguma pode ser um castigo. O homossexual não é infeliz porque é homossexual. Lógico que não. Ele pode não ser feliz quando não entende ou não aceita sua condição, sua atração por pessoas do mesmo sexo. Aí é falta de conhecimento, falta de aceitação própria. É uma pessoa mal resolvida. Essa não aceitação pode ocorrer em outra condição de existência como... — pensou. — Ser baixo, ser alto, ser ruivo. Ah! — Lembrou-se: — Conheci um colega que odiava ser ruivo. Também, coitado! O pessoal o chamava de água de salsicha, cabeça de palito de fósforo e assim por diante. Isso doía, maltratava. Ele começou a tingir os cabelos, o que ajudou um pouco e tentou de tudo para se livrar das sardas, o que não conseguiu muito. Esse amigo não se aceitava, se odiava. Demorou muito para ele se aceitar e ver que ser ruivo não atrapalhava sua capacidade. As pessoas que o ofendiam eram pobres coitadas e, certamente, um dia, iriam experimentar a ofensa na mesma medida de dor que ofenderam. No entanto, conheci outras pessoas ruivas que adoravam ser ruivas. Aliás, tem um monte de gente que tinge os cabelos de ruivo porque querem ser assim. O homossexual não é diferente. Primeiro, ele precisa entender, compreender e aceitar sua condição. Depois, decidir o que é melhor para ele, o que é melhor para sua vida. Sob a visão de caminharmos para a evolução. O melhor seria ele não se corromper, não se prostituir, não se transviar, como qualquer outra criatura. Uma vida desregrada não é legal e isso serve para homossexuais e heterossexuais. A maior dificuldade para o homossexual é assumir sua sexualidade, sua condição ou, como dizem, sua orientação sexual. É encarar a família, os parentes e conhecidos. Isso, se ele descobriu com certa idade sua homossexualidade, sua preferência por pessoas do mesmo sexo físico. A maior dificuldade para o *gay* é enfrentar os ignorantes preconceituosos. Fico contrariada com esses infelizes. Uma pessoa preconceituosa, seja com o que for, é uma pessoa infeliz. Esses preconceitos são os causadores das tristezas, das dores, dos sofrimentos, por causa da discriminação, das ofensas com palavras maldosas, das obscenidades no linguajar quando se referem ao homossexual, da violência física, moral e psicológica. É difícil e triste enfrentar a rejeição por ser diferente da maioria. A rejeição é causa maior de sofrimento. O preconceito contra a homossexualidade chama-se homofobia. Fobia significa medo e homo significa igual. É um termo utilizado para determinar a aversão, o preconceito, o ódio, o desprezo contra os homossexuais e, obviamente, contra a homossexualidade. Essa aversão, ódio, discriminação, não aceitação podem ser velados, ou seja, silenciosos, podem ser manifestados de forma sutil, insidiosa, traiçoeira ou vivamente declarada.

— O termo fobia significa medo e é usado como aversão, não é estranho?

— O termo homofobia foi criado usando a palavra grega *phobos*, que quer dizer fobia, com o radical *homo-*, também do grego, que quer dizer igual. *Phobos*, quer dizer medo em geral, um medo irracional ou não, primário, instintivo, muitas vezes, sem explicação. Nesse caso, o termo fobia é usado não só para designar o medo em geral, mas também a repulsa, a aversão sem qualquer motivo. O mais correto seria o vocábulo homofilofóbico, que significa medo de quem gosta do igual. O termo homofobia é motivo de muita discussão. Alguns chegam a dizer que as pessoas homofóbicas têm uma atitude mental de medo de elas próprias serem homossexuais ou de os outros pensarem que elas são. Há ainda os que dizem que as pessoas homofóbicas têm medo daqueles que gostam do igual, por isso não os aceitam. Em todo caso, eu penso que o homofóbico, a pessoa que não aceita os homossexuais, é alguém que ainda não tem conhecimento, é ignorante, não tem controle sobre seus sentimentos e por isso despreza ou agride de alguma forma. A ignorância é mãe de muitos males. Lembra-se da época em que crianças canhotas eram forçadas a fazer as coisas com a mão direita? — A outra acenou positivamente com a cabeça e Talita continuou: — Isso acontecia por ignorância dos pais, professores e religiosos, principalmente. Acreditava-se que a pessoa canhota tinha tendências esquerdistas, ligação com o mal. Tanto que, na Idade Média, eram condenadas à morte. Quanta ignorância — lamentou. — Hoje não se força mais ninguém com esse tipo de condição e o mundo vem se adaptando para os canhotos. Existem tesouras para canhotos, abridores de latas para canhotos e outras coisas para pessoas com mais habilidade com a mão esquerda. Forçar uma criança a escrever com a mão direita, se ela for canhota, pode dar até processo. Pastores, padres, freiras e tantos outros religiosos que consideravam os canhotos como criaturas que tinham pacto com o demônio ou coisa assim, perderam suas batalhas para a ciência. A pessoa canhota nasceu com essa condição. Ela não insiste nem força usar a mão esquerda. Estima-se que cerca de dez por cento da população é canhota ou sinistra, como alguns chamam. A ciência prova que, nos canhotos, o lado direito do cérebro é mais ativo e ainda diz-se que isso é associado à grande inteligência e genialidade, além de habilidade como artista. Albert Einstein era canhoto. Ser canhoto não é um castigo.

Rúbia ficou pensativa e comentou:

— Então como ficam os castigos de Deus?

— Deus não castiga ninguém. É nossa consciência que impõe os castigos. Se homossexualismo for um castigo, ser ruivo, alto demais, baixo demais, gordo demais, magro, negro, branco, feio, também é castigo. O castigo é nossa forma de ver as coisas. O castigo é imposto pela própria pessoa quando ela não se aceita, quando não se compreende, não aceita ser o que ela é. Isso sim, causa um castigo imposto por ela mesma, pois viverá em conflito íntimo e dizendo em pensamento: olha, não fui aceita aqui ou acolá por ser negra, por ser gorda, ser branca demais, por ser *gay*, e assim por diante. A não aceitação de si próprio é um castigo.

— E se alguém não for aceito por isso mesmo?

— Então quem está errado é o grupo que não o aceita. Essas pessoas que não aceitam o outro não devem ser boas companhias. Sabe, às vezes, devemos usar aquele velho ditado: *o que os outros pensam de mim, não é da minha conta*. O que deve importar é a própria consciência com Deus. Podemos mentir para os outros, mas não podemos mentir para nós mesmos nem para Deus. — Ela refletiu por um segundo, depois completou: — Creio que Deus não é contra a condição de ninguém. Porque o Pai, bom e justo, do qual Jesus falou e nos fez acreditar, não seria preconceituoso nem cruel. Sabe, Rúbia, devemos tomar cuidado com a crença sobre o que lemos. Eu creio muito em Jesus e podemos perceber que não há preconceito no Evangelho do Cristo. Com o que leio no Antigo Testamento, na bíblia, tomo muito cuidado. O Antigo Testamento ou Velho Testamento, como alguns chamam, foi escrito por judeus e para os judeus. Isso significa que ele traz uma história e um conceito milenar para um povo milenar, escrita por eles mesmos. Os judeus não são Cristãos, não creem em Jesus como nós, eles não aceitam os ensinamentos do Mestre. Aí caímos novamente no que disse antes: foi algo escrito pelos homens de acordo com as necessidades de um povo. Tanto é que existem erros, contradições no Velho Testamento, justamente onde dizem que é a palavra de Deus. Você acha que se aquilo fosse escrito por Deus, Deus erraria?

— Onde? Nunca ouvi falar.

— Deixe-me ver... — pensou. — Em Êxodo, capítulo 20 versículo 5 diz: *...porque eu, o Senhor teu Deus, sou Deus zeloso, que visito a maldade dos pais nos filhos até a terceira e quarta geração daqueles que me aborrecem.* Então Deus está dizendo que o que os pais fizerem de errado, os filhos irão pagar ou sofrer até a terceira ou quarta geração. Já na mesma bíblia, em Deuteronômio, capítulo 24, versículo 16, diz: *Os pais não morrerão pelos filhos nem os filhos pelos pais, cada qual morrerá pelo seu pecado.* Esse é um exemplo que lembro. — Breve pausa e opinou: — Sabe, amiga, o problema não é termos uma condição. O problema é usarmos nossa condição de forma abusiva, insensata, irresponsável. Por exemplo: pensemos em uma moça muito bonita. A natureza permitiu que ela tivesse uma condição belíssima, porém ela pode usar essa beleza de forma errada. Usa sua condição para seduzir, fazer conquistas, se aproveitar de situações como sair com o diretor de uma empresa para conseguir determinado cargo ou coisa assim. Usa sua beleza para ganhar presente, dinheiro... Então ela está se corrompendo, se prostituindo. Isso não é legal para a consciência dela que um dia irá cobrar.

— Será que o homossexual não deveria se abster do sexo?

— Se ele for feliz abstendo-se, privando-se do sexo voluntariamente, sim. Se a abstinência sexual lhe trouxer paz e felicidade, é o certo para ele. Em matéria de sexo, aliás, em tudo na vida, o problema é o desequilíbrio, a má conduta moral e o abuso. O que pode e,

geralmente, traz algum prejuízo psicológico é o heterossexual envol-
ver-se com alguém do mesmo sexo e ter uma relação homossexual, já
que sua identidade sexual é firmemente estabelecida para o ato sexual
com alguém do sexo oposto. Ele, o hetero, não vai se sentir nada bem
com a experiência. E isso pode ocorrer antes, durante ou depois do ato.
Será muito ruim para o seu íntimo, para a sua heterossexualidade.
Poderá experimentar um sofrimento psicológico significativo. Isso é
comum acontecer quando o hetero participa de situações envolvendo
bebidas, drogas, amizades duvidosas. Eu penso que a prática do sexo
abusivo, promíscuo, irresponsável, inseguro é prejudicial a heterossexuais e homossexuais, moral e espiritualmente falando. Seja a pessoa
hetero ou homo, ela é quem vai ter de prestar conta à própria consciência e a Deus a respeito de tudo que praticou erroneamente. Desde que
não nos agrida ou ofenda, não temos nada a ver com a vida dela. No
entanto, é importante ressaltar que a homossexualidade não é, nem
nunca foi, uma doença, uma opção ou uma escolha. O homossexual não
é um marginal, como algumas organizações, principalmente as religio-
sas e educacionais acreditam ser. O homossexual nasce homossexual.
Essa história de que alguém entrou para determinada organização religiosa, fez tratamento psicológico ou psiquiátrico e deixou de ser homossexual, é mentira. Até acredito que a pessoa nunca foi homossexual
e viveu ou experimentou experiências homossexuais e depois decidiu
não querer mais essa prática. Até aí, acredito. Mas dizer que alguém se
curou do homossexualismo, casou-se com alguém hetero e de outro
sexo e mudou sua vida por causa da religião ou de um tratamento psicológico, ah! Nisso eu não acredito. Quem fez isso, não era homossexual.

— É difícil aceitar. Ele é meu irmão.

— Isso porque nós fomos criados e acostumados a ver homem
unindo-se com mulher e mulher com homem. Não temos orientação,
educação ou conhecimento familiar sobre a identidade sexual das pessoas. Talvez as pessoas mais antigas não comentassem o assunto porque
consideravam algo feio, indelicado. Ninguém podia falar nisso. Nos últimos tempos, as mentes das pessoas estão mais abertas. Hoje se fala mais

sobre sexo, menopausa, menstruação, TPM — tensão pré-menstrual —, andropausa, homossexualidade, heterossexualidade e, mesmo assim, alguns falam com certa reserva, certa vergonha. Pensemos que sexo, e tudo relacionado a ele, faz parte da vida e é bom discutirmos, descobrirmos, conhecermos mais para não ficarmos ignorantes ou preconceituosos e não vivermos no erro.

— Não sei o que digo ao Abner.

— Você acha que precisa dizer alguma coisa? — A outra não respondeu. — Talvez deva falar algo e alertá-lo, se for preciso, para se prevenir contra a promiscuidade, a prática do sexo desprovido de relação pessoal, parceiros múltiplos, sentimento verdadeiro. Sexo casual não é legal pra ninguém, eu acho. Talvez, possa dizer algo a respeito, mas lembrando que a vida é dele.

— Talita, você não acha que, se aceitarmos a homossexualidade, daqui a pouco precisaremos aceitar a pedofilia?

— Uma coisa não tem nada a ver com a outra. A pedofilia é uma doença. A homossexualidade não. Pense bem, a pedofilia envolve a prática de sexo com crianças e essas são criaturas sem orientação, sem noção do que estão fazendo. Isentas de responsabilidades. Pedofilia é algo cruel, desumano. Não misture as coisas.

— Estou angustiada, Talita. Pensei que fosse ver isso só na família dos outros, entende?

— Entendo. Essa angústia vai passar à medida que você compreender que seu irmão é o que é. Ele não está se forçando a nada. Apenas assumiu, admitiu sua condição. — Para não vê-la tão concentrada no assunto, Talita perguntou: — E sua irmã? Como está a gravidez?

— Faz tempo que não vejo a Simone. Nós nos falamos um pouco por telefone. Ela dá aula na faculdade. Nossos horários são incompatíveis.

— Sua mãe não vê a hora da chegada do netinho, não é?

— Nossa! É mesmo! Todos estamos felizes. Muito ansiosos.

Ao consultar o relógio, Talita se alarmou:

— Nossa! Já acabou nosso horário de almoço.

— É mesmo. Vamos.

Rúbia sentiu-se bem melhor após a orientação da amiga. Passou a entender a condição de seu irmão.

🍂

À noite, ao se encontrar com Geferson, Rúbia não conseguiu resistir ao desejo de falar sobre seu irmão e contou.

Após ouvi-la atentamente, o namorado se admirou:

— O Abner?! Não acredito!

— Pois é verdade. Eu mesma não acreditei, a princípio. Agora estou me acostumando com a ideia, mas...

— E os sócios dele, sabem?

— Se todos sabem, não sei. O Ricardo sabe. Eu liguei para ele, lá na empresa.

— Para o Ricardo?

— Sim, foi. Conversamos um pouco. Ele me pediu desculpas por ter falado sobre o assunto. Pensou que eu já soubesse.

— Estou muito surpreso. Nunca imaginei.

— Nem eu, que sou irmã, desconfiei disso.

— E os seus pais?

— Nem imaginam de algo assim. Meu pai vai ter um colapso. Nem quero ver. O sonho do meu pai é que o Abner se case e lhe dê netos. Meu irmão é o único que pode levar adiante o sobrenome do meu avô.

— Não se envolva. Deixe seu irmão levar a vida dele.

— E nós a nossa, não é?

— Claro.

— Falando nisso...

— O que tem?

— Você sabe, Geferson. Não gosto da nossa situação.

— Amor... é por um tempo. Estou tentando resolver a situação com ela. Apesar de não termos mais nada, a Cícera está exigente. Está dificultando o divórcio amigável.

— Então saia de lá. Arrume um apartamento e vá morar longe dela.

— E a minha mãe, Rúbia? Não posso agir assim. A dona Zenaide é sensível.

— Você falou com ela?

— Estou falando. Aos poucos, claro. Mostro a ela que não tenho mais um casamento sólido, que ambos estamos insatisfeitos.

— E seus filhos?

— São adolescentes que não ligam muito para o que está acontecendo. Não param em casa. O Pedro Henrique estuda pela manhã, faz inglês à tarde e à noite fica na internet. O João Victor faz cursinho de manhã, estuda à tarde e à noite, quando não sai com os amigos, fica no computador igual ao irmão. Nos finais de semana vão para a balada e depois passam o dia dormindo. É sempre assim.

— Você deveria arrumar um apartamento, colocar sua mãe e se mudar.

— É nisso que estou trabalhando. — Aproximando-se, beijou-a e pediu: — Vamos falar de coisa boa agora. Gosto de estar com você assim... Só desse jeito. Com você encontro tranquilidade, paz... É tão bom ter paz...

Geferson mudou de assunto e Rúbia sentiu-se angustiada. Mais uma vez ele parecia fugir sobre o que era mais importante conversar.

❧

Era final de semana quando Abner decidiu ir até a casa de seus pais. Precisava muito conversar com Rúbia. Só não imaginava que, naquele dia, sua irmã Simone estaria lá.

Ela havia decidido contar aos pais sobre o problema de saúde do nenê que esperava. Seu marido, Samuel, ainda parecia muito chateado com o fato e se isolava. Não queria falar no assunto nem contar a seus pais ou aos sogros. Mesmo assim, ela resolveu que era o momento.

Ao chegar, Simone soube que Abner estava no quarto de Rúbia. Sentiu-se mais segura, uma vez que o irmão, tão compreensivo e atencioso, encontrava-se lá. Ele lhe daria apoio. Resolveu, então, aguardar. Sabia que ele e a irmã precisavam se acertar. Quando terminassem, reuniria todos e contaria.

Na sala, em companhia dos pais, Simone esperava, enquanto conversavam.

Dona Celeste, mãe observadora, preocupou-se:

— Você está com uma carinha desanimada, filha. O que aconteceu?

— Nada, mãe.

— É a empregada outra vez? — tornou a senhora.

Antes que a filha respondesse, o senhor Salvador comentou:

— Essas empregadas não têm jeito mesmo. Primeiro, chegam dizendo que sabem fazer de tudo. Querem o emprego de qualquer jeito. Depois que começam a trabalhar ficam preguiçosas, não limpam nada direito. Quando vamos mostrar o que não fizeram, elas ainda olham feio, resmungam e até respondem com alguma malcriação. A daqui de casa vive pendurada no telefone celular, falando ou mandando mensagem. Tá certo que é ela quem paga a conta ou aproveita a promoção da operadora. Só que enquanto fica no telefone não faz o serviço direito, para de trabalhar, fica enrolando e não presta atenção em nada. Tudo fica mal-feito. Depois, quando se senta na mesa para comer, não tem um pingo de educação. É gulosa, enche o prato de mistura, ataca a fruteira e acaba com tudo.

— Salvador! Isso é coisa que se diga? — repreendeu a esposa.

— É sim. É minha casa, é minha comida, são minhas frutas! Duvido se na casa dela, quando tem fruta e sobremesa, ela deixa à disposição e oferece pra todo mundo acabar com tudo num dia só. Outra mania que ela tem é de reclamar que está doente. Cada dia reclama que dói um lugar diferente. Isso é porque não quer trabalhar. Quer justificar o serviço malfeito. Vive saindo cedo por causa disso ou daquilo. Claro! Ninguém desconta nada. Mas, se um dia ela trabalha um pouquinho a mais, quer ganhar por isso. Se faz um servicinho que não é dela, quer receber por ele. Agora, o que ela ganha de coisa que não faz parte do salário, aaaah!... Isso ela não vê nem valoriza. Vejo sua mãe fazendo feira e dando pra ela levar fruta e legumes, quando não, até carne pronta ela leva pra casa.

— Já vi que não dá pra conversar aqui. Vamos lá pra cozinha, filha. Vou passar um café.

Ao vê-las levantar, o senhor resmungou:

— Não se esqueçam de mim!

Enquanto dona Celeste e Simone estavam na cozinha, Abner repreendia Rúbia. Falava em voz baixa e enfatizava quase sussurrando:

— No que você está se envolvendo?! O Geferson é casado! Tem filhos já adolescentes!

— Somos amigos — tentou mentir.

— Conversa! Eu vi vocês dois aos beijos. Então é ele o namorado misterioso?

— Não! Não é!

— Por que, então, não trouxe seu namorado aqui em casa? Por que não o conheço? Sempre conheci todos os caras com quem saiu.

— Olha aqui, você não tem nada a ver com minha vida — irritava-se e exclamava num sussurro. — Sou maior e vacinada!

— Você não vê que um cara casado nunca assumirá um compromisso sério? Só quer passar o tempo, te levar pra cama, ter um caso. Só que na hora de ir dormir todas as noites, é do lado da esposa que ele estará. Se fosse pro sujeito ter abandonado a mulher e os filhos, já teria feito isso. Não seria preciso você aparecer na vida dele.

— Ele não vive bem com a mulher. Estão separados de corpos.

— Mentira! Ele está te enrolando! Caia na real, Rúbia! Você se sente bem sendo a outra? Sente-se bem sendo a amante? A destruidora de um lar?

— Quem é você para falar assim comigo?! Cuide da sua vida! Vá fazer um tratamento! Onde já se viu! Saiu daqui para montar um lar com outro homem! Isso sim é anormal, é doentio!

— Cuidado com o que está falando! — advertiu firme.

— Se eu tenho alguém na minha vida, é outro homem. E você? Namorando um homem! Quer viver maritalmente com um homem! É nojento! Como é que vai contar isso pro pai e pra mãe?! Quando terá coragem de dizer aos seus pais que gosta de outro cara? Que é depravado e nojento?

Nesse instante, ambos notaram um vulto à porta do quarto.

Ao olharem, viram o senhor Salvador em pé, parado e calado, olhando para o filho.

O homem estava rubro e suando.

Sem dizer nada, ele foi na direção de Abner e o agarrou pela camisa. Só então gritou, com todas as forças de seus pulmões:

— Desgraçado!!! Seu infeliz!!! Eu sabia!!! Sabia!!!... Bem que desconfiei!!!... — Enquanto berrava, agitava-o pela camisa. Abner, apesar de bem mais alto e mais forte que o pai, não reagiu. Somente equilibrou-se para não cair. O senhor Salvador desferiu-lhe dois socos no rosto e o ofendia com inúmeras palavras obscenas. — Você não é meu filho!!! Não pode ser!!! Vou te matar, seu!...

Rúbia tentava segurar o pai, mas em vão. A gritaria atraiu a atenção de dona Celeste e Simone que chegaram ao quarto e, assustadas, tentaram segurar o senhor Salvador que investia sobre o filho, esmurrando-o.

Em meio ao alvoroço, Abner soltou-se, olhou por um instante a cena deplorável, virou-se e se foi.

O senhor Salvador só demonstrou-se mais calmo ao ver o estado nervoso e fragilizado de Simone, que chorava. Ao lembrar que ela estava grávida, segurou-se, para não continuar com as agressões e gritos. Acreditou que a filha não merecia enervar-se daquele jeito.

Deixando todas no quarto, ele foi para a sala, mas não encontrou o filho.

Enraivecido, olhou para a esposa que o seguiu e teve um acesso de raiva. Pegou uma cadeira da sala de jantar, levantou-a acima da cabeça e, violentamente, bateu-a no chão, quebrando-a.

— O que fiz para merecer isso?!! — berrou, parecendo insano. — Aquele desgraçado não pode ser meu filho!!! Quero que ele morra!!! Morra!!!

Dona Celeste, com lágrimas correndo pela face, não disse nada. Acreditou que ficando ali alimentaria a raiva do marido. Principalmente se tentasse argumentar alguma coisa. Sabiamente virou as costas, deixando-o sozinho. Foi para a cozinha onde se sentou e chorou.

Enquanto isso, Simone e Rúbia permaneciam no quarto. Mesmo nervosa, Rúbia tentava explicar à irmã:

— Não foi culpa minha. Nós... Eu estava falando para o Abner que não é certo o que ele faz, o que ele é.

— Falasse em outro lugar! Você não tem o direito de ofender nosso irmão!

— Ele é *gay*!

— E daí?!

— Não é certo!

— Rúbia, a vida é dele. Sendo *gay* ou não, o Abner é nosso irmão. Sempre foi uma pessoa maravilhosa, de coração bom, atencioso, prestativo. Ele tem inúmeras qualidades. A identidade sexual dele não me importa.

— Admiro ver você falando desse jeito. Sempre foi a certinha da família.

— Eu cresci.

— Você gostaria que seu filho fosse *gay*?

— Aprendi a respeitar a vontade de Deus. Seja como for o meu filho, ele é o que eu preciso que ele seja. Se Deus me enviar uma criaturinha com qual dificuldade for, é porque nós dois, eu e meu filho, temos capacidade e evolução humana para lidar com essa prova. E foi o Abner quem me fez entender isso. — Breve pausa e desfechou: — Você não tem o direito de ofendê-lo. Saiba disso. Aliás, ninguém tem.

Visivelmente nervosa e trêmula, Simone saiu do quarto e foi à procura de sua mãe.

Encontrando-a sentada na cozinha, afagou-lhe as costas e, em pé, ao seu lado, perguntou com voz gentil e meiga:

— Oooooh, mãe... A senhora está bem?

— Tá tudo bem, filha. Não se preocupe comigo — disse, afagando-lhe o outro braço e a barriga. — Você não devia estar aqui. Não pode ficar nervosa... O nenê sente tudo.

— Estou triste, mãe. Não estou nervosa. Preocupada com a senhora e com o pai. — Vendo-a em silêncio, comentou: — Imagino como a senhora deve estar. Não é fácil para uma mãe saber que o filho... — deteve as palavras.

— Ele é meu filho — afirmou convicta, secando o rosto com as mãos. — Ninguém vai fazer ou falar nada que magoe o Abner aqui nesta casa. Não importa o que ele é. O Abner é meu filho — bateu levemente com a mão direita no próprio peito.

— Que bom a senhora pensar assim. Pensei que...

— Pensou errado, meu bem. — Olhando-a nos olhos, confessou: — Eu sabia, filha. Sabia que seu irmão era diferente.

— A senhora viu alguma coisa no comportamento dele?

— Não exatamente. Jeito de mulher, não — falou com simplicidade. — Notei algo diferente nas amizades, de um tempo para cá. Um amigo que sempre liga para ele... Saem sempre... Mas isso não importa. Ele é meu filho. Foi o que Deus me confiou aos cuidados.

— E quanto ao pai?

— Ele deve ter ido pro bar. Quando voltar e o fogo passar, vou falar com ele. — Dona Celeste levantou-se, afagou o rosto da filha. Deu um sorriso forçado e avisou: — Vou fazer um chá de cidreira. A gente precisa se acalmar. Enquanto isso, liga pro seu irmão. Quero falar com ele e saber como está.

Simone tentou fazer a ligação várias vezes, mas o telefone do apartamento de Abner não era atendido e o celular caía na caixa postal.

Dona Celeste fez o chá e serviu à filha. Chamou Rúbia e as três permaneceram sentadas à mesa da cozinha, bebericando a bebida fumegante em total silêncio.

5

Um coração cruel

ERA NOITE e caía uma chuva fria e fina quando o senhor Salvador recuperou-se, parcialmente, do efeito da bebida alcoólica.

Estava lúcido, mas ainda se sentia tonto e com forte dor de cabeça.

— Toma esse chá — ofereceu-lhe a esposa. — Vai ajudar a melhorar o fígado.

Ele sentou-se na cama, pegou a caneca e tomou poucos goles, devolvendo-a.

— Toma tudo — exigiu a mulher com modos firmes.

— Tá amargo — reclamou.

— Tem gosto melhor do que pinga. Vamos, toma — disse enérgica.

Segurando a caneca com ambas as mãos, curvou-se e ficou olhando para o chão do quarto.

No momento seguinte, falou desconsolado:

— Eu não posso crer que tenho um filho marica, sem-vergonha, safado, canalha...

Interrompendo-o, dona Celeste afirmou duramente:

— Eu creio que tenho um marido alcoólatra. Convivo com isso e não quero. Isso é coisa que dá pra mudar e você não muda. Por isso digo que você, sim, é safado e sem-vergonha. Faz algo que pode parar de fazer.

— Cale a boca! Olha como fala comigo!

— Olha você, como fala comigo! Já calei demais minha boca!

— Quem você tá pensando que é?

— Sou sua mulher! Mãe dos seus filhos. Eu sou aquela que limpa seus vômitos, lava suas roupas urinadas, faz chazinho e cafezinho para curar suas ressacas! Estou cansada de ter de cuidar de você com as suas bebedeiras. Olha seu estado agora! Quer reclamar do seu filho? Olha antes quem é e o que faz. Belo exemplo, belo pai foi e é. Que moral você tem para ofender seu filho? Com o exemplo que deu, ele podia ter virado alcoólatra e não virou.

— Mas virou marica!

Dona Celeste, aproveitando-se do mal-estar, que sabia o marido sentir, empurrou-o forte, impondo-se:

— Cale a sua boca! Não vou admitir que o xingue! Você pode ter posto comida dentro de casa, pode ter dado roupa e escola, mas atenção, carinho, amor, compreensão, você nunca deu. Então, agora, não tem o direito de reclamar do que ele é ou deixa de ser.

— Ele não é meu filho!

Dessa vez, ao ouvir isso, ela o empurrou com tanta força que a caneca de louça soltou-se das mãos do marido e espatifou-se no chão. Enquanto ele caiu de lado na cama, ela gritou:

— Não me ofenda! Seu palhaço! O Abner é seu filho e se quiser tem exame que prova. Se disser isso novamente, eu quebro sua cara e te ponho pra fora desta casa! Cansei! Cansei de cuidar de bêbado sem--vergonha, safado que nem você! Cale a boca! — gritou. — Senão, você vai ver o que te faço!

A dor de cabeça era intensa e ele passava muito mal. O senhor Salvador não conseguia reagir. Ficou confuso e até temeroso com a reação que a esposa nunca teve.

❦

Mais tarde, por telefone, em seu apartamento, Abner conversava com Simone e ela dizia:

— Eu fui hoje lá para contar pro pai e pra mãe sobre o nenê.

— Puxa... — lamentou. — Desculpe-me. Fui eu quem começou a discussão com a Rúbia. Querendo que eu parasse de repreendê-la, começou a falar da minha vida. De certa forma, ela tem razão.

— Nossa irmã não tem o direito de ofendê-lo.

— E eu não tenho o direito de me meter na vida dela.

— O que a Rúbia fez?

— Deixa pra lá. A vida é dela... o problema é dela...

— Caso ela esteja fazendo algo errado, acho que está certo chamar sua atenção.

— Agora, pensando melhor, acho que não é da minha conta, Simone.

— Ah... é sim. Se ela fizer algo errado e quebrar a cara, a quem vai pedir ajuda? Para a família, lógico! Porém, se estiver agindo errado, você alertar e ela disser: "você não tem nada a ver com a minha vida, na minha vida mando eu", então, quando ela se der mal, você não tem que ajudar. Sabe, eu penso que se não ouve o meu conselho, não peça minha ajuda.

— É... Mas... Não podemos ser assim. A Rúbia está iludida, ou melhor, iludindo-se.

— Iludir-se aos vinte e nove anos?! Não acha que está um pouquinho madura para isso? A Rúbia é bem grandinha. Sabe separar o certo do errado.

— Bem... Vamos deixar isso pra lá. Quando a poeira baixar, vou falar com ela. — Mudando de assunto, perguntou: — E o Samuel, não quis ir na casa do pai com você?

— Não. Ele parece muito distante. Está fugindo do assunto. Não para em casa. Vive na universidade... Passa a maior parte da madrugada no computador ou assistindo a filmes. Não sei o que fazer. Ele não me acompanha mais ao médico, não quer saber de mim... — sua voz embargou. Respirou fundo, recompôs-se e disse: — Estou sozinha nessa. Ainda não contei nem para os meus sogros.

— Você não está sozinha. Eu estou com você, viu? Quando irá ao médico novamente?

— Na quarta.

— A que horas?

— Às... — pensou. — A consulta está marcada para às dez da manhã.

— Na quarta, às nove e meia estarei aí. Vou com você.

— Não, Abner. Você não tem que...

— Ei! Não queira dizer o que tenho ou não de fazer — falou com um tom amigável na voz. — Quero acompanhar minha irmã e meu sobrinho. E não será você quem vai me impedir, hein!

— Eu agradeço. Estremeço tanto a cada consulta, a cada exame.

— É claro que sim. Você é humana, tem sentimentos. Não poderia ser diferente.

— Desculpe-me se estou ligando muito. É que quando converso com você ou com o Cláudio, sinto-me bem melhor. O Cláudio é meu amigo, não quero perturbá-lo muito. Você — riu — é meu irmão e posso abusar um pouquinho... Caso eu esteja incomodando, avise-me.

— Você nunca me incomoda. — Um instante e perguntou: — Simone, como a mãe está? Como ela reagiu depois de tudo o que ouviu?

— Ela disse que já sabia. Disse que não vai admitir que ninguém o ofenda. Reagiu de um jeito que eu não imaginava, não esperava.

— E a Rúbia? — quis saber ele.

— Ficou completamente calada. Não disse mais nada a respeito, perto da mãe. Só aquilo que contei. Acho que está arrependida por não ser cuidadosa, por ter falado demais.

— Como eu disse, vou deixar a poeira abaixar.

— Deveria ligar para a mãe. Ela quer falar com você.

O rapaz ficou pensativo depois decidiu:

— Acho que vou ligar mesmo. Se o pai foi beber, como disse, a essa hora ele está dormindo ou curtindo a ressaca. É... Vou ligar para ela.

Nesse momento, o interfone tocou.

Abner avisou a irmã, despediu-se e foi atender.

— Pode deixar subir — permitiu ao porteiro e apressou-se até a porta, aguardando apreensivo. Quando a porta do elevador se abriu, ele expressou-se bem admirado, esboçando um sorriso:

— Mãe! A senhora aqui?!

— Oi, filho. Eu tinha que vir. — Abraçou-o por algum tempo. Depois, envolvendo-o pela cintura e ele com o braço sobreposto em seu ombro, entraram.

A senhora sentou-se no sofá, colocou a bolsa de lado e perguntou:

— Você está bem? Seu pai te machucou?

Abner sentou-se em uma poltrona que ficava quase ao lado do sofá. Parecia um tanto confuso. Não esperava aquela visita nem sabia o que conversariam. Mesmo assim, respondeu:

— Estou bem, mãe. Não foi nada.

— Seu rosto está vermelho, seu lábio inchado.

Ela inclinou-se em sua direção e quis tocá-lo. Ele pegou generosamente sua mão, beijou-a e segurou um pouco entre as suas, até a mãe recolhê-la.

— Estou bem. Não se preocupe. Não foi nada.

— Eu vim aqui porque cansei de ligar e... Primeiro, ninguém atendia. Fui fazer minhas coisas, cuidar de seu pai... Sabe como é que ele chega depois que bebe, não é? Tentei de novo e só deu ocupado e ocupado.

— Eu estava conversando com a Simone. Ela me ligou assim que cheguei. Enquanto fiquei fora, dei uma volta para esfriar a cabeça, desliguei o celular. Desculpe-me se a preocupei.

— Quando deu ocupado, decidi vir. Decidi não ficar mais esperando.

O rapaz respirou fundo, olhou-a bem e pediu amável:

— Mãe, eu preciso que me desculpe. Sei o que todo pai e toda mãe esperam de um filho. Eles o criam como homem, dão-lhe toda a educação baseada no sexo do corpo físico, mas... No meu caso, não sou o que vocês esperavam. Tentei, juro que tentei, mas... Quando eu namorei uma menina, foi algo tão contrário a minha natureza... Não sei explicar. Sofri muito, demorei muito para admitir... Foi e está sendo muito difícil para mim. — Sem qualquer expressão, a mãe o ouvia atentamente. Ele prosseguiu: — Imagino como está sendo difícil para o pai, para a senhora... Será muito triste, muito constrangedor encarar os vizinhos, os parentes e amigos que ficarem sabendo e vierem com brincadeiras ofensivas ou mesmo com ofensas diretas. Foi por isso que eu saí de casa. Saí de lá por respeito a vocês, que não têm culpa por eu ser o que sou. Se eu pudesse, iria para bem longe, para os outros não saberem e fazê-los sofrer, passar vergonha por minha causa. — O silêncio reinou absoluto por longos minutos. Ela o observava fixamente e Abner não sabia mais o que dizer. Mesmo assim, tentou se explicar: — Não é culpa do pai nem de ninguém. Essa condição não é consequência de nenhum trauma. Eu já pesquisei a respeito. Conversei com profissionais qualificados na área da saúde mental como psicólogos, médicos psiquiatras... Procurei resposta em religiões...

— Filho — interrompeu-o —, você acha que Deus é mau?

— Não. Lógico que não.

— Sou bem ignorante, Abner, mas quando não entendo muito bem uma situação, deixo o meu coração me explicar. Eu entendo que quando você é uma coisa, vive num estado... Quero dizer...

— Vive uma condição — ajudou-a com as palavras.

— Isso. Quando você vive uma condição, essa condição não é culpa de ninguém. Se for preciso viver assim, esse estado ou essa condição aconteceu com a permissão de Deus. Deixe que os ignorantes culpem Deus pelas condições de quem quer que seja, pois é isso o que os preconceituosos fazem. Quando os preconceituosos xingam, ofendem, discriminam, maltratam alguém por causa da sua condição, eles estão ofendendo e culpando Deus que permitiu alguém nascer desse jeito. Se xingam, ofendem ou discriminam alguém pela cor, pelo sexo, pela diferença, pela necessidade especial, por ser gordo ou magro, alto ou baixo, essa pessoa preconceituosa terá de se entender com Deus. Então deixe que os outros falem. Não se iguale a eles na maldade com palavras. Não ofenda a eles por serem ignorantes. Mas também não se rebaixe. Erga sua cabeça e siga sua vida. Sou ignorante, filho. Não sei como falar direito, mas... Também não agrida nem ofenda as pessoas com o seu jeito de viver.

— Como assim, mãe?

— O mundo está moderno, mas tem coisa que incomoda um pouco, principalmente para alguém da minha idade ou alguém criada como eu.

— O que a senhora quer dizer?

— Outro dia eu estava no *shopping* e vi um rapaz e uma moça se beijando. Filho, aquilo não era um beijo, era... era uma relação sexual! — admirou-se. — Apesar de ser um rapaz e uma moça, a cena tava demais. Fiquei com vergonha. Se fosse um dos meus filhos, eu chamava a atenção. Que dê um beijinho, uma bicota. Até eu já fiz isso em público. Mas daquele jeito que vi aqueles dois... Tava demais. Então, se eu ver dois rapazes ou duas moças se beijando, vou ficar chocada. Penso que a grande maioria das pessoas não estão preparadas para isso. Por essa razão, eu te peço: vigie seu comportamento quando estiver em público. Isso é o que dá motivo para os outros ofenderem pessoas com a sua condição de... de homossexual.

— Hoje em dia, local público onde heterossexuais podem se beijar, é válido também para homossexuais. Não vou dizer que é comum, porém é fácil vermos homossexuais que namoram ou vivem maritalmente juntos, andando um ao lado do outro, de mãos dadas, fazendo compras em lojas ou supermercados.

— Eu sei. Também já vi muitos. E confesso que vi muitos bem educados e respeitosos com os outros a sua volta. Eles pareciam viver como queriam e não incomodavam ninguém. O que falo a você é o que já falei para suas irmãs. Olha, antigamente, a mulher era muito reprimida pelos pais, depois pelo marido. Isso era no meu tempo. Depois, quando a mulher começou a se sentir mais livre, mais à vontade, muitas ficaram à vontade demais. Muitas mulheres se vulgarizaram por andar hoje com um, amanhã com outro... Sei de moças de famílias boas que se prostituíram até para pagar faculdade. No momento em que vira uma mulher vulgar, fácil, sai até com homem casado, essa moça não presta atenção no que está fazendo. Mas depois, com o tempo, com os anos, na consciência dela, vai existir o arrependimento, a dor... Ela vai querer voltar atrás em tudo o que fez e não vai poder. Isso pode resultar em crise nervosa, depressão, dor na alma e esse monte de transtorno que muitas vivem hoje e com tão pouca idade. Normalmente, e isso eu falo por experiência de vida, esses casais que vivem se agarrando, se esfregando, dando beijos escandalosos em público... Esses casais não duram muito. Fazem isso por exibicionismo, para se autoafirmarem. Da mesma forma que não é agradável ver um homem e uma mulher se esfregando e se beijando, também não será agradável ver duas mulheres ou dois homens fazendo o mesmo. Pelo menos é o que eu acho. O mundo ainda não entende o que é homossexual e ficará mais difícil de entender se essas pessoas se impuserem desrespeitosamente.

— Entendi o que a senhora quer dizer. Mas não precisava me orientar sobre isso. Eu não tenho o desejo de me expor. Não dessa forma. Não vou negar que sou *gay*. Já sofri muito por negar o que sou. No entanto, não quero impor minha homossexualidade aos outros.

— Sabe, filho, às vezes, quando vejo aquela *parada gay* e muitos rapazes mostrando o corpo e se expondo tanto, penso que não é diferente daquelas mulheres que se expõem nuas ou seminuas nos desfiles de carnaval. A mim, choca um pouco, tanto um quanto o outro. Não sei dizer se tá certo ou errado. Para mim é desnecessário fazerem aquilo. Acho que é isso que revolta algumas pessoas. Já vi muitos rapazes com aquele jeito de moça, com aquelas falas delicadas, usando pintura, tirando sobrancelhas... Isso é mais comum, aceitável, uma vez que cada um se veste e se arruma como quer. Mas naqueles desfiles de *parada gay*, com gente nua ou no carnaval com aquela mulherada nua... Ah!... Isso eu não aprovo.

— Não me lembro de ter visto gente nua em *parada gay*. No carnaval, é mais comum. Mãe, eu acredito que a *parada gay* é uma forma de pedirem seus direitos e aceitação. Com isso, as pessoas se conscientizam de que existe homossexualismo, que essas pessoas são gente e têm seus direitos como todos. Já foi o tempo em que o homossexual precisava ir para a fogueira, morrer em campos de concentração, no holocausto. Até a década de setenta, os psiquiatras consideravam a homossexualidade uma doença mental. Só no início dos anos noventa que a OMS — Organização Mundial da Saúde — retirou a homossexualidade da lista de doenças mentais. Foi uma vitória, mas tudo ainda é bem recente e tem muita gente mal informada. Acham que o homossexual precisa de tratamento. Hoje se sabe que não é doença mental, não é transtorno psicológico. Inclusive, por lei, é proibida a tentativa de curar alguém de sua homossexualidade por parte dos profissionais da área da saúde. Homossexualidade é um jeito diferente de ser homem ou mulher. Há culturas, como a indiana, que creem na reencarnação, que também creem que a homossexualidade é um terceiro sexo. Tanto que lá, existem três itens em formulários de procedimentos públicos do governo para a pessoa especificar o gênero ou sexo ao qual pertence.

— Como assim?

— Quando a gente faz uma ficha onde precisamos nos identificar e colocar os dados pessoais como tirar a carteira de habilitação, por exemplo, em alguns formulários, aqui e em outros países, existem dois itens para nós colocarmos a qual sexo pertencemos: M para o sexo masculino e F para o sexo feminino. Na Índia, há três: M masculino, para homens; F feminino, para mulheres, e T para Transgêneros. — A mãe nada disse e ele continuou: — Às vezes, penso que estão mais corretos. Pelo menos, mais corretos do que aqueles fanáticos religiosos que criticam e querem tanto curar o homossexual, ignorando sua verdadeira natureza. Aliás, deveria ser proibido, por parte dos religiosos, as propostas de curar, as promessas falsas de converter alguém e fazê-lo virar heterossexual. Eles deveriam ter mais o que fazer. Levar consolo a quem está em hospitais, aos idosos que estão em asilos, alegria a crianças internadas, participar de organizações que arrecadam alimentos e levam educação e cultura a quem não tem, ajudar na inclusão social. Tem tanta coisa a ser feita. Mas não. Eles insistem em divulgar a cura da homossexualidade. Isso é homofobia e homofobia é crime.

— É homo... o quê?

— Homofobia é qualquer tipo de preconceito contra homossexuais. É a não aceitação, o desprezo, as agressões, ofensas físicas ou verbais, constrangimento moral ou psicológico. Há inúmeros casos de homicídios de homossexuais por causa de sua condição ou orientação sexual. Apesar de ser crime, as leis deveriam ser mais rigorosas.

— As leis sobre todo tipo de preconceito deveriam ser mais rigorosas, filho. — Em seguida, o silêncio foi absoluto por algum tempo, até que a senhora justificou: — Abner, eu vim aqui para saber como você estava. Fiquei preocupada com a forma que saiu lá de casa e... E também para dizer que sou sua mãe, seja você como for. Só te peço uma coisa — vendo-o em silêncio, prosseguiu: — Não se prostitua. Não se corrompa. Não se vulgarize. Não vire um qualquer. Seja uma pessoa decente com você mesmo. Eu acho que não é correto a pessoa ser promíscua. Não sei se deseja ir a uma *parada gay* ou não, mas... Pense nisso, filho. Todos podem pedir, protestar por seus direitos. Essa parada deve ser um protesto contra a tal homofobia e para dizer ao mundo que vocês têm direito de ser o que são, de amar quem quiserem, porque Deus deu a vocês o livre-arbítrio. Quanto às doenças que se transmitem sexualmente, elas existem para todos. Isso a gente tem que tomar cuidado e pronto. É preciso lembrar também, filho, que cada um pode se vestir como quiser, falar e gesticular do jeito que quiser, mas é bom lembrar que homossexual não é animal, é gente e gente tem de se valorizar. Eu vi pela televisão, nessas paradas, aqueles que rasgam a roupa e transam ou insinuam que estão transando na rua, como bichos. Isso não é certo. Ninguém precisa se expor a tamanha baixeza para reivindicar seus direitos. Haja como um ser humano civilizado. Pode até, um dia, querer se vestir diferente, mas se vista como gente.

— Eu sei mãe — sorriu. — Não vou fazer isso. Também não sou favorável a esse tipo de atitude, seja para quem for.

Dona Celeste abriu-lhe os amorosos braços, chamando-o para envolvê-lo. Abner aceitou e correspondeu imediatamente, indo a sua direção.

Enquanto se abraçavam, a mãe se emocionou. Nesse instante, a campainha tocou.

O filho se afastou e, um tanto constrangido, comentou:

— Para subir sem ser anunciado, deve ser o Davi.

Imediatamente dona Celeste entendeu de quem se tratava e pediu:

— Vá lá, mande-o entrar. Afinal, eu só o conheço por telefone.

Talvez a senhora não quisesse essa experiência para o filho, mas o que poderia fazer se não aceitá-lo com amor. Brigar, gritar, ofendê-lo, distanciar-se de nada adiantaria. Só lhe serviria de agressão que o faria sofrer imensa negatividade que dificultaria seu caminho.

Cabe-nos, diante de toda circunstância, inclinar amor incondicional através da aceitação. São pessoas como todas as outras, que procuram entender suas dúvidas, seus medos e anseios.

Quem de nós não busca equilíbrio? Quem de nós não busca ser compreendido?

Não somos superiores. Não nos cabe julgar. Devemos medir a parte de responsabilidade que nos cabe diante daqueles que nos surgem no caminho, seja ele um velho, uma criança, uma pessoa especial, um deficiente, um heterossexual, um homossexual, ou quem quer que seja.

Não basta ser heterossexual para dizer que tem equilíbrio e tranquilidade, principalmente no que diz respeito à sexualidade.

Ao abrir a porta, Abner não teve tempo de dizer nada, pois Davi entrou falando:

— Na hora que me ligou, eu estava no mercado com minha mãe. Ela ficou brava porque você não foi pra nossa casa. Mandou essa torta de frango para você e... — deteve-se ao ver a senhora, em pé, na sala de estar.

— Esta é minha mãe, dona Celeste — disse Abner, apresentando-os. — Este é o Davi.

— Olá, dona Celeste. Tudo bem com a senhora? — cumprimentou normalmente, ao se aproximar.

A mulher abriu os braços e, quando ele a abraçou, ela disse:

— Então você é o Davi! A gente só se falou por telefone, não é mesmo? — Ao se afastar, segurou em suas mãos, dizendo: — Você é muito diferente do que eu imaginava, filho — sorriu. — É um moço muito bonito.

— Obrigado, dona Celeste. A senhora é muito amável e simpática. Tem um sorriso lindo. Aliás... sorriso é a minha especialidade.

— Você é dentista, não é mesmo?

— Sou sim. Quando precisar dos meus serviços, é só falar. — Cochichando, disse em tom alegre: — Pra senhora não vou cobrar nada. É só me procurar. Mas não conte a ninguém.

— Olha que vou mesmo, hein! Tô precisando.

— É para ir mesmo. Tome meu cartão — Tirou o cartão do bolso e lhe ofereceu: — É só ligar e marcar. Terei muito prazer em atendê-la.

A senhora olhou o cartão e guardou-o dentro da bolsa.

Abner estava totalmente sem jeito. Jamais havia se imaginado naquela situação.

Logo a senhora disse:

— Já vou indo. Está tarde.

— Não, mãe. Fique — pediu o filho.

— A minha mãe mandou esta torta para o Abner. — Indo até a mesa da sala de jantar, Davi mostrou e disse: — Ainda está quentinha. A senhora não quer comer um pedaço?

— Não vou ter vergonha não, menino. Essa torta está bastante cheirosa. Quero um pedacinho e depois vou embora.

Abner estendeu uma toalha sobre a mesa, abriu um refrigerante, colocou pratos, talheres e serviram-se.

Em seguida, dona Celeste decidiu:

— Já é tarde. Preciso ir mesmo.

— Eu levo a senhora, mãe.

— Vamos em meu carro — propôs Davi. — Está estacionado na rua. Fica mais fácil.

Durante o caminho até a casa de dona Celeste, o filho quis saber:

— E o pai, mãe?

— Você sabe como ele fica depois que bebe. Ressaca, dor de cabeça, de fígado... Tá que não se aguenta. Falei umas coisas pra ele antes de sair.

— Não quero que briguem por minha causa.

— Você me conhece, filho. Não sou de brigar. Sempre deixo seu pai falando sozinho. Porém, quando quero, sei como e o que falar.

❧

Em sua casa, Simone se preocupava com os problemas de sua família, apesar de já ter bastante em sua vida.

Naquele dia, após retornar da casa de seus pais, onde havia ido com a intenção de lhes contar sobre a condição do filho que esperava, ela não encontrou o marido.

Após falar com seu irmão por telefone, ligou para a casa dos sogros, mas Samuel não estava lá. Preocupada, ligou para o celular do marido e estranhou quando ouviu o aparelho tocar no quarto.

Foi até lá, pegou-o, sorriu por um instante e o abriu. Constatou que havia outra chamada não atendida, além da que acabara de fazer.

Puxando pela lista de chamadas não atendidas, verificou um nome: Marrie.

Achou estranho ver um nome que não era comum. Puxando pela memória, lembrou-se de Marrie, uma professora que lecionou na mesma universidade que ela, no semestre anterior, mesma universidade onde o marido era diretor do curso de História.

Recordou tratar-se de uma mulher não tão bonita, porém se vestia bem e sabia se comportar melhor ainda. Ela e Marrie não eram muito amigas e quando a via conversando com Samuel, isso a incomodava de alguma forma.

Alguns meses haviam se passado desde que Marrie deixou a universidade. O que poderia querer com Samuel? Por qual razão teria o número do celular dele? Afinal, se fosse por alguma questão de voltar a trabalhar lá, deveria ligar para a universidade ou ir até lá. Não tinha cabimento telefonar para o celular de Samuel, até porque ele era diretor de outro curso e não do que Marrie era apta a dar aula.

Esperta, Simone decidiu averiguar a caixa de mensagens enviadas e recebidas do celular.

Estranhou. Todos os recados estavam apagados. O marido não era do tipo que se preocupava com isso. Seu telefone celular sempre ficava à vontade e, muitas vezes, era ela quem apagava as mensagens a pedido dele.

Além do que, ele havia apagado as mensagens recentemente, pois, no dia anterior, ela havia lhe enviado uma. Aquilo a incomodou muito.

Tomou um banho, ligou a TV e tentou se distrair com um filme quando o marido chegou.

Samuel, calado, passou pela sala e mal a olhou. Nem para se aproximar e lhe dar um beijinho rápido, como de costume.

— Bem?... — chamou-o. — Aconteceu alguma coisa?

Ele retornou, encarou-a e respondeu:

— Saí com uns amigos. Estava estressado e precisava relaxar um pouco.

— E meu beijo? — perguntou sorrindo como se não estivesse magoada, ressentida com sua atitude fria. O marido se aproximou, beijou-a como sempre e Simone reparou: — Está com uma carinha triste.

— Estou cansado.

— Samuel. — Vendo-o encará-la, contou: — Hoje fui lá à casa dos meus pais, mas... Não deu para contar. O clima estava meio tenso e... Não era um bom momento. Porém, amanhã vamos à casa de seus pais e dos meus. Eles precisam saber sobre o bebê.

— Eu não quero contar nada. Conte você.

A mulher se levantou, aproximou-se e disse em tom brando:

— É sobre o nosso filho. Se você está sofrendo, eu também estou.

— Já sabemos o que vai acontecer a ele, não sabemos? Então o melhor é considerarmos que não temos um filho. Faça de conta que ele não existe. Assim sofreremos menos. Imagine que você está doente e que daqui a alguns meses... Sei lá... Será operada e tudo volta a ser como antes.

Simone não suportou e esbravejou:

— Você é um monstro! Veja o que acabou de falar! Como pode ser tão cruel?! Tão insensível?! Tão?!... Que absurdo, Samuel! O que te deu?!

— Estou sendo realista, Simone. Realista! Sei que, se ele chegar a nascer, terá pouco tempo de vida. Semanas ou meses...

— Tem crianças com essa síndrome que chegam a ter dez anos ou mais.

— E você quer isso?! Tem certeza que quer um filho com sérios problemas mentais, físicos vivendo anos?! Quer mesmo um filho com a fisionomia horrível que dure dez anos?! Eu não quero! — gritou ele.

A mulher ficou em choque e sem palavras. Sentiu-se mal devido à reação insensível e perversa do marido.

Ele se virou e foi para o quarto, deixando-a sozinha.

Confusa e extremamente triste, ao ouvir o esposo ligar o chuveiro, não suportou e telefonou para o amigo Cláudio que a escutou com atenção e confortou com palavras generosas.

Simone e o marido não se falaram mais. Não havia o que dizer um ao outro depois da opinião rude que ele manifestou.

Ela sentia-se magoada, ferida. Estava incrédula, pois ele sempre se mostrou uma criatura gentil, atenciosa, compreensiva. Agora não sabia o que lhe dizer ao descobrir o coração cruel do marido.

6

O ACOLHIMENTO DA FAMÍLIA

NA QUARTA-FEIRA, conforme combinado, Abner estava logo cedo na casa da irmã a fim de acompanhá-la à consulta médica.

Assim que a viu entrar no carro, percebeu-a muito nervosa. Após trocarem beijos, ele quis saber:

— Tudo bem?

Simone respirou fundo e, com os olhos marejados, respondeu em voz baixa:

— Nada está bem. Não estou aguentando mais.

— Foi o Samuel? Ele disse ou fez algo que a magoou?

A irmã contou-lhe sobre a opinião do marido e ainda afirmou:

— Ele arrumou outra. Tenho certeza.

— Imagine se... — desacreditou. — Não. O Samuel não faria isso.

— Tenho certeza, Abner. Peguei ligações não atendidas no celular e ontem vi uma mensagem que ele não apagou. É uma tal de Marrie, foi professora lá na universidade. Uma mulher bastante intelectual, fina, elegante. Não é bonita, mas tem presença marcante. Porém...

— O quê? — perguntou o irmão diante da pausa.

— Não posso julgar, mas... Sabe aquele tipo de mulher que a gente, só de olhar, sabe que não vale nada? — Abner ficou em silêncio, sem expressão alguma e ela continuou: — Nunca gostei de vê-la conversando com o Samuel. Sentia como se a Marrie se oferecesse.

— O que dizia a mensagem que encontrou no celular?

— "Me liga. T. A." Esse T. A., creio que quer dizer: Te Amo. Só estava escrito isso. Estou arrasada. Minha vida acabou. Além de dizer o que disse sobre nosso filho, não respeitando meus sentimentos, minha sensibilidade, ainda arrumou outra. Hoje cedo, eu o lembrei que havia a consulta, mas ele não disse nada. Arrumou-se e foi para o trabalho.

— O Samuel queria muito esse filho. Ficou revoltado com a condição do nenê e não está sabendo lidar com a situação. Não estava preparado.

— Nem eu. — Em seguida, consultou o relógio e alertou: — Vamos. Estamos atrasados.

— Sim, vamos.

Abner a acompanhou na consulta, conforme planejado e não saiu do lado da irmã, amparando-a em todos os momentos. Principalmente quando o médico explicou sobre as condições difíceis e até as características do nenê.

Ela chorou muito e o irmão, vendo-a sem condições, sugeriu ao médico uma licença do serviço, uma vez que, do jeito que se encontrava abalada, não teria condições emocionais de dar aulas. O médico concordou e forneceu a dispensa, pois, além de seu estado emocional muito abalado, havia o risco de aborto espontâneo.

Depois foram para a casa de dona Celeste.

Abner não entrou. Deixou-a lá e foi para o serviço.

A senhora percebeu que a filha não estava bem e a acolheu com carinho.

— Venha, Simone. Sente-se aqui. — Vendo-a acomodada, perguntou: — O que aconteceu para ficar desse jeito?

Simone não resistiu e contou-lhe tudo sobre as condições do bebê. Falou sobre suas pesquisas na internet, sobre a síndrome e até mostrou os papéis que havia imprimido. No final, chorou muito e dona Celeste, abraçada a ela, também.

Sem ser visto, o senhor Salvador a escutou.

Primeiro, o homem ficou atordoado. Depois de algum tempo, tomou coragem e foi até a sala. Sentando-se ao lado da filha, disse:

— É por isso que não gosto desses exames idiotas. Se fosse antigamente, num caso desse, você só sofreria depois de ver seu filho nascer e não antes. Agora, veja só... Vai se torturar até ver a criancinha. Isso tá errado. Esses médicos não sabem de nada. Vem cá... — Puxando-a para que se recostasse em seu ombro, o pai a afagou com carinho. Vendo-a mais recomposta, aconselhou: — Vê se não fica desse jeito. Para de chorar. Seu filho não merece sofrer.

— Mas, pai, ele...

— Ele sente sim. Tem que tratar dele muito bem, viu. Eu já assisti a muitas reportagens que dizem que todo nenê, ainda na barriga da mãe, sente tudo o que se passa com ela e no ambiente. Por não entender nem saber o que é, ele sente susto, medo, rejeição...

— Eu não queria que fosse assim... — tornou chorosa.

— Ninguém queria, filha — disse a mãe. — Mas se foi isso o que Deus permitiu, vamos fazer de tudo para respeitar a vontade Dele e cuidar muito bem desse nenê.

— O Samuel está estranho. Ele não quer se apegar ao filho.

Simone contou, parcialmente, a opinião do marido e o pai falou:

— Então o Samuel, que é um homem estudado, é mais ignorante do que eu. Nunca pensei que... — Não terminou e decidiu: — Então você não volta mais pra tua casa. Pronto. A gente cuida de você aqui.

— Não posso ficar, pai. Tenho minha casa.

— Mas você não falou que o médico te deu licença do serviço? Então... — disse o homem.

Dona Celeste, mais ponderada, opinou:

— Não precisa deixar sua casa totalmente. Pode ficar aqui com a gente durante o dia e, à noite, o Samuel passa aqui e te leva embora. Ficar lá o dia todo olhando pras paredes e pensando besteiras, não será nada bom. Você ia mesmo ficar aqui na dieta, o que vai mudar é que virá pra cá antes.

— Não posso decidir assim. Preciso falar com o Samuel.

— Mas ele não tá nem ligando pra você, muito menos pro filho — resmungou o pai.

— Não precisa falar assim, Salvador — repreendeu a esposa. — O Samuel está confuso. Só isso. Vai passar. — Apesar da dor e da tristeza que sentia por aquela notícia e pelo estado fragilizado da filha, dona Celeste respirou fundo e procurou parecer firme, propondo: — Simone, chega de sofrer. Seu filho é e continuará sendo amado. Isso tudo é triste, mas não muda o que sentimos por ele nem por você. Não é mesmo, Salvador?

— É sim. Aqui terão todo apoio nosso.

— Então, filha, vai lá pra dentro, toma um banho bem gostoso... Vou pegar um roupão da sua irmã pra vestir. Depois vai comer alguma coisa e descansar. Mais tarde a gente liga pro Samuel avisando que está aqui. Tá certo?

— Vou fazer isso mesmo. Estou tão cansada...

Assim foi feito.

Bem depois, enquanto Simone dormia, seus pais estavam sentados à mesa da cozinha em total silêncio até que o senhor Salvador perguntou:

— Será que o nenê é mesmo do jeito que ela falou?

— Nem ela, nem o médico iriam brincar com uma coisa dessas. Hoje, o Abner foi junto com ela e viu o exame de ultrassom.

— Eu ouvi o que ela leu daqueles papéis e vi de longe aquelas fotos... Mas nem quero ver de novo. Fico pensando... Por que será que Deus permite uma criancinha nascer assim? — Por não ouvir resposta, contou: — Já li na bíblia, quando Jesus fala que a cegueira de um homem não era por culpa de seu pai ou de sua mãe. Ele era cego por culpa dele mesmo. Mas se o homem nasceu cego... Onde ele errou ou pecou para ser culpado por sua cegueira?

A esposa, extremamente triste, não o ouviu e lamentou:

— Meu netinho... — chorou. — Meu primeiro netinho... Eu não esperava isso...

— A gente só acha que essas coisas acontecem na família do vizinho. — Levantando-se, o senhor Salvador ficou em pé atrás da esposa e disse, ao afagar-lhe as costas suavemente: — Eu também não queria isso, mas se tem que ser assim... A gente precisa é se unir e dar força pra Simone.

§

Mais tarde, depois de um sono reparador, que há muito não tinha, Simone foi acordada carinhosamente pela mãe.

— Filha, já passam das quatro. Acho que se você dormir mais, não vai dormir direito de noite. — Ela despertou, sentou-se na cama e a mãe sugeriu: — Vamos lá pra cozinha, fiz um chazinho de cidreira pra você.

— Mãe...

— Que é?

— Senta aqui, mãe — pediu espalmando a mão na cama. A senhora obedeceu e a filha contou: — Eu não estou gostando do jeito do Samuel. Ele arrumou outra.

Depois de ouvir toda a história contada pela filha, a senhora opinou:

— Não tire conclusões precipitadas. Você não viu nada. Não o pegou com outra.

— Vou falar com ele. O que a senhora acha?

— Fale, mas fale com calma. Não acuse seu marido.

— E se for verdade? E se ele tiver outra mulher?

— Tenha fé, filha. Você precisa rezar e pedir muita força a Deus pra Ele te sustentar. Reza pra Maria, Mãe Santíssima, pra Ela te proteger e te guardar com o seu manto. — Vendo-a aflita, pediu carinhosa: — Não chore. Não vai passar emoção ruim pro nenê. Isso não é bom. Venha, levante e vamos pra cozinha. Depois a gente dá uma volta no quarteirão e vai ver que esse sentimento ruim vai embora.

Logo após o jantar, Samuel chegou para pegar sua mulher.

Recebido pelo senhor Salvador, ele mal o cumprimentou e acomodou-se no sofá, ficando à espera da esposa.

Sentando-se costumeiramente em sua poltrona, o sogro disse:

— A Simone nos contou sobre o nenê. — O genro não disse nada e continuou olhando firme para a televisão. — Contou também sobre a sua opinião, que é pra ela pensar que está doente.

— Olha, senhor Salvador, esse é um problema muito particular que eu não quero dividir com ninguém. A minha visão é realista. Não quero que a Simone sofra. Devemos encarar os fatos e pronto.

— Você tá fazendo a Simone sofrer mais do que a notícia do filho com problemas. Tem que pensar nos sentimentos dela.

O genro nada disse a respeito. Levantou-se e perguntou:

— Onde ela está? Preciso ir embora logo.

— Lá no quarto da irmã. Tá todo mundo lá.

Samuel, em silêncio, foi até o quarto de Rúbia e entrou chamando:

— Simone, vamos? — Ao vê-las reunidas, cumprimentou-as a distância e disse: — Amanhã preciso levantar cedo.

A esposa não respondeu. Levantou-se e foi pegar sua bolsa. Enquanto isso, dona Celeste explicou com naturalidade aparente:

— O médico deu licença para a Simone. Ela não tem condições emocionais para trabalhar. Amanhã ela disse que vai cuidar da documentação. Então eu falei pra ela ficar aqui em casa. Acho que, sozinha, lá na casa de vocês, será pior pros pensamentos dela.

— A Simone não vai ficar sozinha. Tem a empregada.

— Não é a mesma coisa. Minha filha está sofrendo muito e perto da família vai encontrar conforto. Será melhor.

— Concordo com a minha mãe — disse Rúbia. — Precisamos cuidar do lado emocional da Simone.

— Como quiserem. Pra mim, tudo bem — concordou, mas respirou fundo exibindo insatisfação.

— Então fica assim: você a traz pra cá de manhã e a pega de noite — propôs a senhora.

— Pode ser. Se ela não tiver condições de dirigir, pode ser assim.

— Ela até pode ter condições de dirigir, Samuel, mas ir para casa, à noite, fica difícil — tornou Rúbia. — Você só chega após às onze da noite. Não será legal ela ir embora mais cedo e ficar sozinha. No entanto, se sair daqui após às dez ou dez e meia, é muito tarde. Não é seguro.

Nesse momento, Simone chegou e pediu:

— Vamos.

Ele não respondeu nada a cunhada. Estava contrariado.

Ao vê-la pronta para ir, dona Celeste lembrou:

— Filha, amanhã, não esquece de trazer umas roupas pra ficar mais à vontade.

— Tudo bem, mãe. Vamos ver. A bênção — despediu-se.

— Deus a abençoe.

Dona Celeste os acompanhou até a porta. Depois retornou ao quarto de Rúbia, dizendo:

— Nossa... Não dá para acreditar no que está acontecendo. Nunca vi esse moço tão frio.

— É mesmo, mãe. Como o Samuel está estranho. Não parece o mesmo homem.

— E você nem sabe do pior.

— O quê?

— A sua irmã está desconfiada que ele arrumou outra.

— Outra?!

Dona Celeste contou tudo, depois se irritou:

— Isso é coisa de alguma sem-vergonha, pilantra, que quer se aproveitar da situação! Mulher safada que não tem capacidade de arrumar homem livre e fica destruindo o lar dos outros.

— Pode ser só uma amiga.

— Amiga?! Homem casado não tem amiga! A amizade de uma mulher deve ser com o casal, mesmo assim... Isso é coisa de mulher à-toa que fica à espera de um lar destruído. Urubu, safada! Não disse nada disso pra sua irmã pra não deixar que fique ainda mais magoada, mas...

Rúbia sentiu o coração apertado. Pensou que, de certa forma, sua situação com Geferson era semelhante. Ele ainda vivia com a esposa e os filhos, e ela não passava de alguém que estava à espera da destruição de um lar.

Não sabia o que dizer.

Ficou corroendo os pensamentos tristes e amargurados. Não foi criada para destruir o lar de alguém. Sua família lhe passou princípios morais básicos. O que acontecia em sua vida era contrário a sua educação e moral.

— Rúbia! Estou falando com você! — disse a mãe ao vê-la distante, sem prestar atenção no que falava.

— Desculpe... Eu estava tão longe.

A senhora continuou como se ela tivesse ouvido:

— Como eu disse, quero que converse com seu irmão. Se não pode, se não tem capacidade de compreender o Abner, aceite somente.

— A senhora é favorável ao que ele é?

— Não sou a favor nem contra. Eu só entendo e aceito. É meu filho. Foi isso o que Deus me confiou.

— Só se Deus confiou isso a você e não a mim — protestou o senhor Salvador que chegou sem ser visto. — Eu preferia ter um filho na cadeia ou morto, do que um filho marica, pederasta.

— Você não sabe o que está falando, Salvador! — repreendeu a esposa. — Eu amo e aceito o nosso filho exatamente como ele é!

— Só se for seu filho, porque o meu morreu no dia que eu soube das suas safadezas! Se ele aparecer por aqui, vou quebrar ele no meio! Pra mim ele morreu! Não adianta vir aqui nem quando ele estiver doente. Sim, porque já que virou o que virou, só se pode esperar que pegue essas doenças que têm por aí!

— Deixe de ser ignorante, homem! As doenças que você está falando existem para todo mundo, não só para homossexuais.

— Não me importa. Se ele aparecer aqui...

— Parem, por favor! — pediu Rúbia. — Vão começar a brigar por uma coisa...

O telefone tocou e dona Celeste foi atender, não dando importância ao marido que continuou:

— Eu dou apoio pros meus filhos, mas não vou admitir um filho pederasta e uma filha vadia, mulher à-toa que sai com homem casado ou sai com um e com outro por aí. Isso nunca! — esbravejou e saiu do quarto.

Mais uma vez Rúbia foi invadida por pensamentos que a machucavam muito.

Se seu pai desconfiasse de que ela namorava um homem casado, ele a mataria. Ele a poria para fora de casa e não iria querer vê-la mais. Faria igual ao que fez ao seu irmão.

O comentário de sua mãe e as palavras ásperas de seu pai, a respeito de se ter um romance com um homem casado, não saíam de sua cabeça. Sentia-se amargurada e com vontade de chorar. Precisava decidir o que fazer de sua vida. Não era isso o que queria, mas pensava gostar muito de Geferson.

Se bem que, nos últimos tempos, principalmente quando reclamava a ele sobre não fazer nada a respeito do divórcio, Rúbia o percebia bem insatisfeito, dando desculpas e até um pouco distante.

Ao lembrar do comportamento de Geferson, experimentou um medo nunca sentido antes. Um sentimento ruim, terrível, apertava-lhe o peito e a sufocava. Não suportava os pensamentos causticantes e decidiu ligar para o celular de Geferson, mas só caía na caixa postal.

Sendo assim, precisou suportar calada a angústia dolorosa que sentia.

❧

Com o passar dos dias, Simone começou a dormir na casa de seus pais. Cada dia era por um motivo. Às vezes, estava tarde e Samuel dizia-se cansado demais para passar lá para pegá-la. Outras, ele precisava levantar cedo demais e se a deixasse lá antes de ir trabalhar, teria de acordar ainda mais cedo.

Quando percebeu uma distância significativa do marido, Simone o procurou e foi bem direta ao perguntar:

— Existe outra, Samuel? Você tem outra mulher?

Muito surpreso com a questão, ele tentou dissimular:

— Que isso?! De onde tirou essa ideia?!

— Do seu comportamento estranho e distante. Das mensagens que encontrei em seu celular, as que recebeu de uma tal Marrie.

— Andou vasculhando minhas coisas?... Mexendo no meu celular?

— Não. Foi por acaso. Você havia saído e eu liguei para o seu celular. Só que o aparelho tocou no nosso quarto. Fui pagá-lo e apagar a ligação perdida para não ficar *bipando* a cada cinco minutos. Nisso eu vi uma mensagem e fui ver o que era. Não sou do tipo de cheirar camisas ou vasculhar ligações. Apesar de ter observado que você apagou todas as mensagens e ligações existentes, coisa que não costuma fazer. O marido nada disse e ela insistiu: — E então? Existe outra, Samuel?

Simone sentia-se trêmula por dentro, porém ficou firme até ele dizer friamente, encarando-a:

— Estou confuso quanto ao nosso casamento. Acho que a sua gravidez... — calou-se.

Diante do silêncio, mesmo confusa, disse:

— Nós planejamos tudo em nossas vidas! Não engravidei por descuido.

— Você não está entendendo. Nós não planejamos um filho deficiente e debilitado. Isso mexeu comigo. Eu não estava preparado.

— E você acha que eu estava?! — questionou com firmeza. — Acredita que para mim está sendo mais fácil do que para você?!

— Imagino que não. Se quiser, pode resolver esse problema. O aborto é permitido, no seu caso.

— Não acredito que esteja me falando isso — expressou-se magoada.

— É o que eu penso, Simone. Não estou suportando mais.

— Não está suportando, por quê? — Sem esperar, respondeu por ele: — Porque foi chorar as mágoas para alguma sem-vergonha que o consolou e o fez esquecer que você tem tanta responsabilidade quanto eu para com este filho?

— Quer saber?! — falou rude e bem nervoso: — Encare como quiser. Nunca pensei na possibilidade de ter um filho problemático. Isso me abalou e eu não poderia desabafar sobre esse assunto com você. E mais: a Marrie apareceu lá na universidade na semana em que soubemos. Eu estava pra baixo e conversamos. Desabafei com ela sim. Ela soube me entender e ver a situação do meu ângulo. Quanto a você... Cada vez que a vejo sinto uma cobrança. Não aguento mais.

— Que cobrança?! Nunca o cobrei de nada.

— Ah, não! Hospital, médicos, laboratórios, exames... Não quero acompanhar nada disso!

— Se seu filho fosse perfeito, acompanharia?

— Com certeza! Essa é a verdade. E se quer saber mais: estou decepcionado, com vergonha dessa situação. Não sei como encarar os parentes e amigos, principalmente quando me perguntam sobre sua gravidez, sobre o nenê. Vão sentir pena da gente. Vão nos ver como coitados e muitos só vão querer especular. Odeio especulação!

Simone tremia dos pés a cabeça.

Lentamente a esposa sentou-se no sofá. Incrédula e sem saber o que fazer.

O marido pouco se importou com seus sentimentos, com sua sensibilidade naquele estado tão delicado. Virou indo para o quarto.

Mesmo confusa, ela pegou o telefone e ligou para seu irmão.

— Abner?

— Não. Um momento — respondeu a voz de homem que atendeu. Retornando, disse: — O Abner está no banho. Gostaria de deixar recado, por favor?

— Quem fala? — perguntou com voz estremecida.

— O Davi.

— Por favor, Davi... Aqui é a Simone, irmã dele.

— Tudo bem, Simone? — quis saber educado.

— Não. Não está nada bem e... — silenciou.

Percebendo sua respiração forte, como se estivesse chorando, quis saber:

— O Abner me contou que está grávida. Precisa de ajuda?... Quer que eu vá até aí?

— Preciso que me ajude sim. Por favor, peça para o meu irmão vir me pegar aqui em casa o quanto antes.

— Digo sim. Pode deixar. — Um instante e perguntou: — O que está sentindo? Quer que eu chame uma ambulância? Talvez chegue mais rápido. Ou então... Se quiser conversar comigo...

— Não. Obrigada, Davi. Preciso pegar algumas roupas. Tenho de desligar. Vou aguardar meu irmão aqui em frente da minha casa.

— Está bem. Assim que ele sair do banho, irá até aí.

— Obrigada. Até mais.

— Tchau.

Davi avisou Abner que se apressou.

Enquanto isso, Simone apanhou duas bolsas, colocou algumas peças de roupas e foi aguardar o irmão na calçada em frente a sua casa, sem dizer nada ao marido.

Abner não demorou e chegou em companhia de Davi que desceu rapidamente do carro e foi ao seu encontro, pegando-lhe as bolsas.

Envolvendo-a com um abraço, o irmão a beijou na testa e preocupou-se. Enquanto a conduzia para entrar no carro, indagou:

— O que aconteceu, Simone?

— Depois eu conto. Leve-me para sua casa.

Assim foi feito.

Ao chegar, ela teve forte crise de choro por longos minutos.

O irmão lhe fez um chá e o esfriou. Servindo-a, pediu com um tom afável na voz:

— Bebe um pouco. Vai lhe fazer bem.

Após se recompor, ela contou-lhe tudo o que aconteceu e desfechou:

— Eu não esperava isso do meu marido.

— Pelo que entendi, você saiu de casa e não o avisou, certo? — observou Davi.

— Foi isso mesmo. Eu não tinha mais o que falar. O que poderia dizer?

— Nesse caso, o melhor é silenciar — opinou Abner.

— Contei pro pai e pra mãe sobre o nenê.

— Fiquei sabendo. Fez bem em ter contado.

— Nunca pensei que o pai fosse agir como agiu. Ele foi tão generoso, compreensivo, amoroso... Fiquei surpresa. Ainda tenho de contar para os meus sogros.

— Não acha melhor deixar essa responsabilidade para o Samuel? — propôs o irmão.

— Abner, eu não sei o que fazer. Estou confusa, atordoada. Tem hora que não sei...

— Desculpe-me a intromissão. Sei que não pediram meu palpite, mas...

— Por favor, Davi, pode falar — pediu ela, fixando-lhe o olhar.

— Simone, eu acredito que o momento é bem delicado e por isso você precisa estabelecer prioridades em tudo o que for fazer. Penso que sua prioridade, agora, é o seu bem-estar e o bem-estar do seu filho. Precisa dar atenção, muita atenção, à sua saúde física e mental. Discutir com seu marido não vai lhe trazer paz. Ao contrário. Você percebeu que ele teve uma reação equivocada e bastante dura. Talvez ele não mude de ideia, pois não estava nada, nada preparado para essa experiência.

— Também acho que não devo bater boca com o Samuel para que ele aceite a condição do nosso filho. Isso só iria me desgastar. Mas... O que faço?

— Você precisa de conforto, apoio, proteção. Tem de se fortalecer, mental e psicologicamente para saber lidar com a condição de seu filho. Pode ser que ele precise muito de você. Então... Aproveite todo acolhimento oferecido por sua família e se recomponha. Depois que tudo se acalmar, você e seu marido poderão conversar melhor — tornou Davi.

— Não é justo que uma sem-vergonha qualquer destrua minha família, minha vida. Tenho vontade de procurá-la e... — chorou.

— Será que vai adiantar? Será que tem toda energia e disposição necessárias para procurá-la e brigar, xingar, trocar ofensas? Sim, porque é isso o que vai acontecer se encontrá-la, não acha? — opinou o rapaz cauteloso. Simone silenciou e o encarou reflexiva. E ele completou: — Como eu disse, você tem uma família boa e disposta a acolhê-la com todo o amor e carinho. Busque, junto a seus pais e irmãos, força para a etapa mais importante que é a de receber seu filho. Primeiro isso. Depois, você observa a posição de seu marido. É provável que ele a procure e peça desculpas. O Samuel não teve estrutura para o que aconteceu a vocês e, de repente, ele mesmo pode enxergar isso e se arrepender.

— Não paro de pensar nele com a outra. Como foi capaz de me trair em meio a tudo o que nos está acontecendo?

— Ficará pensando e falando nesse assunto até esgotar um pouco essa energia de raiva, de contrariedade. Isso é normal. Porém, assim que puder, direcione o foco, os pensamentos e preste atenção em outras coisas mais tranquilas e agradáveis. Assista à TV, à novela, oferecendo atenção ao que vê. Saia, caminhe, de preferência em uma praça. Fique observando uma árvore, os pássaros, o céu azul. Isso fará com que desvie a mente de um assunto obsessivo que lhe faz muito mal — aconselhou Davi.

Simone parecia mais calma, embora nada estivesse resolvido em sua vida.

Olhando o rapaz por longo tempo, em total silêncio, parecia pensar muito naqueles conselhos tão importantes. Depois ela ofereceu leve sorriso. Apesar disso, podia-se ver uma tristeza na sombra de seu olhar.

Ele correspondeu ao sorriso, estendeu-lhe as mãos e pediu:

— Levante, respire fundo e lave o rosto. O Abner disse que hoje vai preparar um sanduíche natural delicioso para nós.

— Eu disse isso?!

— Sim! Eu ouvi você acabar de dizer — riu.

Abner sorriu e concordou:

— Vou mesmo. Comprei ingredientes para isso. Se vai dar certo... Isso é outra história.

— Abner — quando o irmão a olhou, completou: —, será que eu posso ficar aqui hoje? Durmo no sofá. Não se preocupe.

— Pode. Claro que pode. Só que vai dormir lá dentro.

— Obrigada. É que não quero ir pra casa da mãe. O Samuel deve ir lá e não quero vê-lo. Depois ligo pra ela saber que estou aqui. Se quiser, poderá contar para ele.

— Fique à vontade, Simone. Minha casa, sua casa.

— Não vou incomodar?

— De forma alguma. Fique tranquila — respondeu, abraçando-a com carinho.

Bem mais tarde, Simone se deu conta de seu pedido e achou que constrangeria seu irmão e Davi.

Pensou que Davi dormiria ali e ela iria tirar a liberdade de ambos.

Na primeira oportunidade de se ver a sós com Abner, comentou:

— Acho que será melhor me levar hoje mesmo lá pra casa da mãe. O Davi pode não se sentir à vontade. Não pensei nisso antes.

— Não estamos morando juntos. Se é o que quer saber.

— Eu pensei que...

— A ideia é essa. Mas não agora.

— Desculpe-me, Abner. O assunto é... delicado.

— É um assunto novo, por isso é estranho ter de comentar a respeito dele para você e para mim. Com o tempo acostumamos.

— Obrigada pela ajuda e pelo apoio.

— Digo o mesmo.

Davi chegou à sala e disse:

— Já está bem tarde. Minha mãe está sozinha. Preciso ir.

— E o seu irmão? — perguntou Abner.

— O Cristiano ainda não chegou e ela está preocupada. Hoje ele não estava muito bem. Quando entra em pânico, ele sai. Sempre faz isso quando não está bem. Foi isso o que fez hoje, mas até agora não voltou. A dona Janaína — referiu-se à mãe — está aflita e já me ligou três vezes, pois não conseguiu falar com ele. O celular só dá caixa postal. Vou amarrar um bip no Cris. Ele vai ver só — tentou brincar para desfazer a preocupação.

— O que seu irmão tem? — interessou-se Simone.

— Meu irmão sofreu um acidente de carro muito violento. Ele, a noiva e o irmão dela. Entregavam os últimos convites para o casamento. O irmão dirigia, a Vitória estava ao lado, no banco do carona, e meu irmão no banco de trás. O carro era bem velho, mas achava-se em boas condições. O Vanilson dirigia em alta velocidade e um outro veículo, que passou com o sinal vermelho, bateu na lateral. O carro capotou várias vezes. A Vitória foi arremessada para longe. Ela estava sem o cinto de segurança e morreu a caminho do hospital. O irmão faleceu no instante da batida. O Cris, que estava com cinto, foi o único que sobreviveu. Ele fraturou o crânio e ficou em estado de coma por mais de um mês. Quando acordou, não se lembrava nem do próprio nome. Aos poucos recuperou a memória, porém começou a ter sonhos estranhos, pesadelos horríveis. Acordava aos gritos... Tinha que ver. Foi então que durante o dia passou a ter fortes crises de choro. Ao se lembrar de tudo, não se conformou com o que aconteceu, principalmente porque foi ele que decidiu ir no banco de trás, pedindo para a noiva se sentar na frente. Meu irmão fez cirurgias, recuperou-se das múltiplas fraturas, inclusive da de crânio. Fez muitas fisioterapias, mas não se recuperou da alma. Até hoje não conseguiu retornar ao serviço. Os médicos dizem que está sofrendo de um estresse pós-traumático, síndrome do pânico. Tem momento em que o vemos praticamente normal, mas tem hora que entra em pânico, depressão e fica péssimo. Quando conversa e fala muito, diz que melhora. Coloco-me à disposição para conversarmos, mas tem hora que ele não quer. Não é fácil entender.

— Ele faz tratamento com médico psiquiatra, psicólogo?... — interessou-se ela.

— Sim, faz. Psicoterapia uma vez por semana e toma remédios tarja preta, indicados por um psiquiatra com quem passa pelo menos uma vez por mês. Além disso, cuida-se com medicina alternativa como homeopatia, cromoterapia, florais. Tudo o que pode. Inclusive passes na casa espírita. Ele vem tendo certa melhora, mas bem lenta. Quem o viu no começo acha que está ótimo.

— Em que ele trabalhava?

— É dentista também. Mas ainda não consegue voltar ao trabalho. Eu insisto que me trate — sorriu. — Até o Abner se propôs como cobaia, mas... Ele entra em pânico e não consegue.

— Mas... O que tem a ver o acidente que sofreu com o pânico que sente ao tentar voltar a trabalhar? Tem explicação?

— Segundo ele e o psicólogo que o trata, chegaram à conclusão de que é o medo de errar, de tomar decisões. Acredita que, quando ele decidiu que a noiva iria sentada na frente, decidiu por sua morte.

— Ele sabe dizer por que estavam em alta velocidade?

— O Cristiano conta que o futuro cunhado começou a correr e ele pediu para que fosse devagar. Depois disso, não sabe dizer o que aconteceu. Só tem um lampejo do momento da batida e mais nada. Com certeza, o impacto foi forte e houve a capotagem devido à alta velocidade. Sabe, não temos pai, ele faleceu há cinco anos. Sou eu e minha mãe que cuidamos dele. Não é fácil. Nos últimos tempos, depois que se recuperou das fraturas com muitas fisioterapias, o Cris está tendo crises de pânico. Ele disse que melhora assim que sai para andar. Então sai de casa, anda a pé dez ou quinze quilômetros, depois volta. Isso nos preocupa. Quando acontece e não estou, minha mãe fica desesperada achando que algo aconteceu. Piora quando ele esquece ou não atende o celular. Não está sendo fácil.

— Você tem que ver, Simone — interrompeu Abner. — Conversando com o Cristiano, ninguém diz que está vivendo um transtorno tão sério, tão preocupante. Mas quando entra em crise, fica irreconhecível.

— Ele gostava muito da Vitória. Até hoje chora bastante por ela. — Em seguida, decidiu: — Agora preciso ir.

Foi então que Abner falou:

— Sua mãe me chamou para almoçar lá amanhã, mas será melhor deixarmos para outro dia. Diga a ela.

— Não. De jeito nenhum — decidiu a irmã. — Você me deixa na casa do pai e vai lá almoçar.

Virando-se para ela, Davi convidou:

— Eu gostaria muito que você conhecesse minha mãe. Quer ir lá amanhã? Será um prazer imenso para nós.

— Bem... — ela titubeou.

— Vamos, Simone. Você vai gostar da dona Janaína — insistiu o irmão.

— Mas não para almoçar. Vou só dar uma passadinha para conhecê-la.

Abner e Davi se entreolharam e sorriram. Sabiam que não seria só uma visita rápida. E o irmão apoiou:

— Então está bem. Só uma passadinha.

— Até amanhã — despediu-se Davi, aproximando-se de Simone e beijando-a no rosto. Olhando-a nos olhos, afagou-lhe a face com carinho, depois recomendou: — Cuide-se, hein! E cuide também desse garotão.

Oferecendo um sorriso singelo e triste, agradeceu:

— Obrigada por tudo. Você me ajudou muito.

— Então se cuide, querida — reforçou.

Após Davi ir embora, o silêncio reinou por algum tempo até ela observar:

— Tem certeza que vocês dois são homossexuais?

O irmão riu com gosto e perguntou:

— Por que diz isso?

— Porque não parece. Não parece mesmo. Eu seria capaz de apresentar uma amiga a você ou querer que a Rúbia namorasse o Davi.

— Homossexuais não precisam ter trejeitos.

— Vocês dois são tão bonitos — expressou-se com voz suave e jeito meigo. Abner achou graça e ela comentou: — Você saiu ao pai, só que bem mais alto. Pele clara, olhos cor de mel, cabelos castanho-claros... Já eu e a Rúbia puxamos à mãe. Somos mais morenas... — Ao vê-lo sorrir sem dizer nada, perguntou: — A mãe dele sabe de vocês?

— Que somos homossexuais? Sim. A mãe, o irmão e alguns parentes sabem sim. E que namoramos também.

— Não houve nenhuma discriminação ou preconceito por parte da família dele, quando assumiu ser homossexual?

— O Davi conta que foi bem difícil no começo. O pai era vivo e não queria falar no assunto. Apesar disso, respeitava-o, tratava-o igual ao irmão. Mas não queria conversar a respeito. Quando o assunto surgia, o pai se retirava. A dona Janaína, acho que como a maioria das mães, nesse caso, foi mais compreensiva. Nunca o desrespeitou. É uma mulher muito amorosa.

— E quando foi que vocês dois... Como eu posso dizer... começaram a namorar?

— Eu frequentava o consultório dele e do irmão. Nós nos tornamos colegas. Depois fiz as plantas de arquitetura para a reforma do consultório. Comecei a frequentar a casa deles... Ficamos amigos. A dona Janaína gosta muito de mim. Nunca falamos nada a respeito de nosso relacionamento com a família dele. Nunca ninguém presenciou qualquer intimidade entre nós. Só fomos aparecendo sempre, um em companhia do outro. Os mais chegados, que sabiam que éramos homossexuais, deduziram estarmos juntos, conhecendo-nos melhor, namorando.

— Creio que seja mais difícil quando a pessoa é homossexual e parece hetero.

— Também acho. Quanto mais tarde a pessoa se descobre ou assume ser homossexual, maior o impacto para ela e para os outros. Quando se tem jeito, fala, vestimenta, aparência diferente desde a infância ou adolescência, parece que fica mais fácil, ninguém se assusta quando o vê com alguém do mesmo sexo.

— Confesso que é bem estranho ouvir isso de você. Justamente pela falta de trejeitos, algo nunca apresentado. — Breve pausa e quis saber: — Se a família dele sabe, Então... me conta, como vocês foram se apresentando para eles? Houve preconceito?

— Foi assim: nós nos conhecemos, ficamos colegas, amigos e logo após o acidente com o Cristiano, nós começamos a aparecer mais vezes juntos e todos foram notando, principalmente a mãe dele. Ninguém nunca nos criticou ou fez algum comentário, pelo menos na nossa frente não, pois não demos motivos para que o fizesse. Com o tempo, foram se acostumando conosco.

— Abner, desculpe minha curiosidade, é que quero conhecer melhor você. — O irmão sorriu e ela perguntou: — Você namorou antes com outro rapaz?

— Namorei sim — respondeu simplesmente.

— Então, se tiver certeza do que quer... Falando em termos de sentimento... — Ela não sabia como se expressar, mas organizou as ideias e indagou: — Se houvesse a união estável entre homossexuais, o chamado casamento *gay*, você se casaria?

— Casaria sim. Existe um sentimento muito forte entre nós dois. Isso nos leva a não querer desamparar um ao outro, em qualquer circunstância. Acredito que seja importante os homossexuais terem deveres e direitos perante eles mesmos e à sociedade. A homossexualidade sempre existiu desde que o mundo é mundo. Por séculos pessoas vêm se maltratando, sofrendo, sentindo-se culpadas por terem nascido com essa orientação sexual, com essa condição sexual. Escondem-se para não serem rejeitadas, assassinadas, ridicularizadas, humilhadas. Nos últimos tempos, com muitos grupos reivindicando liberdade e direitos, chegou a hora de nos libertarmos e também exigirmos nossos direitos. É preciso acabar com o preconceito e com a discriminação contra GLBT — *Gays*, Lésbicas, Bissexuais e Transgêneros. — Da mesma forma como existem leis contra o preconceito racial, contra o preconceito por pessoas portadoras de deficiência e outros. Somos todos seres humanos. Uns diferentes dos outros, criados por um único Deus, o mesmo Pai. É preciso acabar com o *bullying*[1] na escola, com o preconceito no trabalho, com as discriminações na rua, seja pelo que for. Chega de sofrimento para todos. Saiba que não é uma situação confortável para nós, homossexuais, ver que somos rejeitados por pessoas por conta de suas ignorâncias, rejeitados por irracionais dogmas religiosos e pessoas que se dizem conservadoras repletas de concepções de falsa moral. Sabe... eu comecei a estudar um pouco a

---

1. (Nota da Autora Espiritual — *Bullying* é um vocábulo em inglês empregado para descrever atos de violência física ou psicológica, propositais, intencionais e repetidos, realizados por um ou mais indivíduos, com a intenção de intimidar, humilhar ou agredir o outro ou outros que não têm condições de se defenderem).

Doutrina Espírita e se todos procurassem conhecer um pouquinho sobre reencarnação, não haveria preconceito. Hoje nascemos homem; amanhã, mulher. No passado, pode-se ter sido homossexual e hoje heterossexual. Pode-se ter sido negro, hoje branco, índio. Não sei. Alguém que foi rico e abusou do que possuiu, espezinhou, usurpou, foi fraudulento, mesquinho, ganancioso, hoje nasce pobre e sem condições de melhorar de vida, vive dependendo de doações dos outros e das concessões do governo como vale-isso e aquilo, bolsa aquela e outra.

— E alguém que mutilou, maltratou, foi carrasco ou maltratou o próprio corpo com drogas e outros abusos, pode nascer com o corpo doente, sequelado... Como o meu filho — disse triste.

Abner foi para junto da irmã e, acomodando-se ao seu lado, falou em tom brando:

— Não tente descobrir agora o motivo de isso ter acontecido. Só vai lhe causar sofrimento. Se fosse para saber, já saberia. Se for um resgate, pense que já estamos resgatando. Sabe, Simone, acredito que sou homossexual por precisar reparar algo do passado. Ou cheguei ao ponto de compreender e sentir amor por todos, independente do sexo. Não sei. Pensei, no início, que eu deveria me abster do sexo, sublimar essa energia. Refleti muito sobre isso e concluí o seguinte: não sou um homossexual promíscuo, não me prostitui nunca. Quando apareceu alguém, pensei: e agora? Nós nos damos bem, nos gostamos. Então decidi ter uma boa moral, ter integridade. Não vou sair por aí com um e com outro. Porém tenho o direito de ser feliz com alguém que eu amo, que me ama. Nós nos respeitamos. Por alguma Lei de Deus, que desconheço, se for para eu me abster do sexo, sinto muito, hoje, nesta vida, ainda não consigo. No entanto, vou ter a consciência tranquila por não me prostituir. Não vou pensar no passado nem no futuro. Vou viver o melhor para minha consciência, agora. Respeitando a mim mesmo acima de tudo.

— O mais importante é cada um cuidar de si mesmo e deixar a vida dos outros em paz.

Abner sorriu e a envolveu com carinho, beijando-lhe o alto da cabeça.

7

A decepção de Rúbia

NO DIA IMEDIATO, Abner e Simone chegaram à casa de Davi onde foram recebidos com muito carinho.

Dona Janaína era uma senhora muito simpática, estatura baixa, mulher miúda, bem magrinha, muito ágil e animada para os seus sessenta e dois anos. Cabelos curtos e bastante grisalhos para sua idade, bem tratados, pois os fios brancos tinham um suave azulado que lhe davam um tom clássico, todo especial. Seu rosto bonito e alegre era marcado pelas linhas de expressão, sinais do tempo e das experiências de vida.

Após as apresentações, Abner perguntou:

— Eu ia telefonar ontem para saber, mas fiquei conversando com minha irmã e, quando olhei no relógio, já estava bem tarde. E o Cristiano, chegou bem?

— Chegou bem. Agora está no banho. Ontem esse menino sumiu e me deixou doida. Fiquei tão preocupada! Ele sempre me avisa, mas, ontem, não me avisou e demorou muito.

— Quando eu cheguei aqui em casa, o Cris chegou junto comigo. Nem precisei chamar a polícia ou o exército — brincou Davi.

Mudando de assunto, dona Janaína quis saber, falando em tom agradável:

— E quanto a você, filha. Está bem? A gravidez está bem?

— Estou bem, graças a Deus.

— Já sabe o que é?

— Um menino... — ao responder, seus olhos ficaram marejados e sua voz embargou. Olhou para o irmão como um pedido de socorro.

— Eu disse algo errado? — tornou a senhora ao ver sua reação.

— Não. De forma alguma — afirmou Abner. — É que ela está um pouco sensível e...

— Está tudo bem com o nenê? — interessou-se a mãe de Davi, novamente.

Simone não suportou e recostou o rosto no ombro do irmão que a envolveu e explicou:

— O nenê apresenta a Síndrome de Patau. É um problema genético que traz sérias consequências para sua saúde física e mental.

— Sinto muito — lamentou a senhora aproximando-se e afagando-lhe o braço.

— Está sendo muito difícil para mim. Não só o problema do meu filho, mas... a não aceitação do meu marido. Como o meu irmão disse, estou bem sensível, preocupada, e ainda não tenho o apoio que esperava do Samuel. Entre outras coisas. O pior de tudo é que as crianças com essa síndrome que chegam a nascer vivas têm uma expectativa bem curta de vida. A Síndrome de Patau é muito triste para a criança e para os pais.

— Bom dia — cumprimentou Cristiano, de modo tímido e com voz baixa, ao chegar à sala. Era o filho mais novo de dona Janaína. Tratava-se de um rapaz alto, com seus 1,80 cm de altura, corpo bem torneado, pele branca, cabelos pretos, lisos, teimosos e escorridos. Olhos escuros, barba bem cerrada que, escanhoada, dava-lhe um tom azulado na face alva. Ele experimentava sérios transtornos de origem psicológica desde o acidente que sofreu. Por essa razão, apresentava-se sem sorrir e um tanto constrangido. Após os cumprimentos e as apresentações, o rapaz perguntou de forma simples: — Que criança nasceu com Síndrome de Patau?

— Ainda não nasceu — respondeu Simone olhando-o com semblante triste. — Como pode ver, estou grávida e meu filho tem essa síndrome, que é muito rara. Você a conhece ou já ouviu falar?

— Sim, conheço sim. De fato é uma síndrome rara. Fui voluntário em uma instituição que cuida e assiste crianças com essa e outras deficiências. Eu prestava tratamento odontológico lá. Realmente é algo que choca os que não estão preparados.

— É meu primeiro filho. Não está sendo fácil para mim.

Ao vê-la triste, dona Janaína animou-se em mudar de assunto.

— Estou fazendo uma lasanha especial para nosso almoço. Você é a primeira pessoa da família do Abner que vem nos conhecer, por isso merecemos um almoço bem especial.

— Não quero incomodar nem dar trabalho.

— Não é incomodo algum.

Apesar de um tanto constrangida, Simone gostou da recepção e do acolhimento de todos. Sentiu-se bem em companhia da senhora tão amável.

Após o almoço agradável, a conversa salutar a fez até se esquecer de suas dificuldades. Bem depois, ela ocupou um lugar no sofá reclinável e adormeceu assistindo à televisão.

Sobressaltou-se quando sentiu uma leve mantinha recostar em sua pele.

— Desculpe-me. Não quis assustá-la — pediu Cristiano que a cobria.

— Não... Não devo dormir. Preciso ir embora.

— O Abner, minha mãe e meu irmão estão resolvendo um problema no encanamento da pia da churrasqueira. Acho que vai demorar — sorriu e brincou, coisa difícil de vê-lo fazer nos últimos tempos: — Os três são técnicos altamente qualificados para o serviço. Por isso nem fui ajudá-los.

Ela sorriu e perguntou:

— Você é dentista e tem consultório junto com o seu irmão, não é?

— Sim, é... mas... Não estou atuando.

— Disse que tratou de crianças com Síndrome de Patau?

— Foi por uns três ou quatro anos somente. Depois precisei parar.

— Eu admiro muito o trabalho voluntário. Se ouvi falar dessa síndrome, não me lembro. Não devo ter dado importância. Tomei um susto enorme. Pensei em tratamento, cura, mas descobri que não existe nada que a amenize. Isso acabou comigo, com meu marido e até...

— Até?... — quis que continuasse.

— Acabou até com o meu casamento. Meu marido não aceitou. Está revoltado e foi procurar consolo nos braços de outra.

— Nossa!... — exclamou com voz grave e em tom baixo. — Imagino o quanto deve ser difícil, contudo devemos aceitar e fazer a nossa parte quando não temos nada a acrescentar.

— Cristiano — interessou-se ela —, minha primeira faculdade foi de Enfermagem, mas não abracei a profissão. Desisti. Ao terminá-la, fui fazer Economia. Algo completamente diferente. Desliguei-me totalmente da área da saúde. Já vi crianças com problemas especiais, mas nunca vi, pelo menos não me lembro de ter visto, especificamente, uma criança com Síndrome de Patau, a não ser pela internet quando pesquisei a respeito. Eu entendi que você conheceu bem de perto uma criança com essa síndrome e... — Estava nervosa. Queria perguntar, porém temia a resposta. — Sabe me dizer se é muito difícil ou... Como é a vida de uma criança assim e a vida de seus familiares?

— Eu não sei dizer se o termo certo é grau. No entanto, para nos entendermos, eu diria que existem diferentes graus no que diz respeito a essa síndrome. Algumas nascem com muitas deficiências que são bastante comprometedoras. Tanto que não têm muito tempo de vida. Isso você sabe.

— Sei.

— Outras, com menor grau de comprometimento, vivem por mais tempo. A grande maioria tem fenda labial e palato fendido, isso provoca sérios problemas na arcada dentária, se houver, quando atingem certa idade.

— O que você chama de certa idade?

— Nos que conseguem chegar à idade para a primeira dentição e, se houver, uma segunda dentição precoce. Os dentes são prejudicados, bem fracos e o tratamento odontológico é bem difícil. É preciso sedar a criança.

— Diga-me uma coisa, se é que você sabe. Essas crianças são como vegetais? Ou entendem alguma coisa?

— Eu creio, piamente, que todas entendem e sentem sim. Em diferentes graus, lógico. Entretanto, sem dúvida, todas entendem. Eu percebia que, apesar do retardamento mental, elas tinham noção do que acontecia e eram capazes de nos reconhecer, de nos sentir. Além disso, passavam seus sentimentos e desejos. Todas tinham vontade própria.

— Meu marido acha que não sentem nada. Ele diz que não devemos nos apegar. Chegou a comentar que era para eu considerar essa gravidez uma doença e que em alguns meses eu iria me recuperar e... — sua voz embargou e conteve o choro.

— É uma vida. É um ser que cresce e, quando nascer, precisará de cuidados, de alimento e, consequentemente, precisará de amor e atenção. Ainda digo que é necessário amá-lo desde agora.

— Eu gostaria de entrar em contato com crianças assim. Você acha aconselhável?

— Por que você quer isso? — surpreendeu-se.

— Para saber, desde já, com o que vou lidar. Quero ter uma noção mais viva, prática e real de como é ter nos braços uma criancinha assim.

— Não vejo nada de errado, se estiver preparada. Como eu disse, não é algo fácil, pois não é comum de se ver.

— Mas eu vou ter de ver, encarar e lidar com meu filho, não é mesmo?

— Será que isso não a fará sofrer antecipadamente?

— Será que sou capaz de sofrer mais? — Diante do silêncio, Simone pediu: — Você pode me dar o endereço dessa instituição?

— Posso até ir lá com você, se quiser.

— Quero sim. Se alguém estiver comigo, vou me sentir mais segura.

— Amanhã posso telefonar para lá e confirmar o horário de visita. Faz algum tempo que não entro em contato com eles. De repente, teve alguma alteração.

— É longe?

— Não. Fica no bairro vizinho. Perto de onde temos o consultório. Você pode deixar o número do seu celular? Assim que eu tiver qualquer informação, ligo para combinarmos um horário. — Cristiano pegou seu celular, anotou o número do telefone de Simone e salvou, prometendo:

— Pode deixar que eu ligo e agendo para irmos.

— Isso vai me ajudar muito.

— Espero que sim. Está sendo muito corajosa. Lá vai encontrar também crianças com outras síndromes e deficiências. Todo trabalho realizado é muito bom. Eles têm atividades físicas, para os que podem. Jogos, brincadeiras, fisioterapia, psicomotricidade, terapia ocupacional e muitas outras coisas. A maioria dos que abraçam a tarefa são voluntários: médicos, dentistas, pedagogos, professores, psicólogos, mas isso não exclui tarefeiros voluntários preciosos que não têm formação universitária. Esses auxiliam com alguns cuidados, brincadeiras, leituras... Na maioria das vezes, são aposentados ou pessoas com algum tempo livre. Ou ainda gente de boa vontade que faz questão de tirar algumas horas de seu tempo para ajudar o próximo.

— As crianças que estão lá são internas?

— Algumas sim. Trata-se daquelas que foram abandonadas pela família, infelizmente. Outras têm família, mas sem condições de lhes oferecer os tratamentos e os cuidados necessários. Como o transporte de ir de casa para a instituição fica difícil e dispendioso, essas crianças vão para junto da família somente nos finais de semana e feriados, pois os pais trabalham. Somente um número muito reduzido chega lá pela manhã e vai para casa no início da noite, pois moram mais perto.

— Eles ficam todos juntos?

— Não. São separados por idade e também pelas necessidades, pelo tanto que dependem de outras pessoas.

— Interessante. Nunca conheci trabalho assim.

— Existe e é um trabalho lindo.

— Por que se afastou? — perguntou com simplicidade.

— Sofri um acidente. Estou em tratamento psicológico ainda. Não consegui superar totalmente o trauma. É algo involuntário, pois sempre gostei do meu trabalho, mas não consigo realizá-lo. Quando tentei, entrei em pânico, passei mal e não consegui.

— Tentou voltar quantas vezes?

— Duas, três... Quando insisti, passei tão mal que entrei em uma crise de pânico muito intensa. Quase desmaiei. Depois entrei em depressão. Foram sintomas psicossomáticos que demoraram meses para aliviar, por isso temo tentar novamente. Não sei o que aconteceu comigo. Sempre gostei do que fiz.

— Já pensou em fazer outra coisa?

— Estou pensando nisso. Matriculei-me em um curso de paisagismo e jardinagem.

— Paisagismo e jardinagem?! — Admirou-se e sorriu. — Nossa! Que área diferente. Para quem fez odontologia...

— Sempre gostei. Acho que vou fazer para ocupar o meu tempo. Estou cansado de tratamentos médicos, psicológicos e de fisioterapia. Sabia que fiz mais de duzentas sessões de fisioterapia até agora?

— Está brincando?!!

— Não mesmo. Acho que já fiz fisio para o corpo inteiro.

— Você parece tão bem.

— Mas não estou nos meus cem por cento. Ainda tenho limitações. Passei por quatro cirurgias após o acidente. Fico apavorado só de pensar em hospitais e médicos.

— Entendo... E o seu trabalho também é na área da saúde.

— Verdade.

O assunto de ambos foi interrompido pela conversa dos que se aproximavam.

— E aí? Consertaram tudo? — perguntou ela ao ver o irmão.

— Nem pensar. O encanamento está vazando dentro da parede. Mas isso é simples — respondeu Abner.

— Simples para quem entende do assunto, tem as ferramentas e materiais apropriados — disse Davi em tom alegre.

— No meio da semana, eu trago um dos rapazes que trabalham com hidráulica na obra e ele faz o serviço.

— Obrigado, filho — agradeceu dona Janaína. — Faz tempo que aquilo está com problema. Por isso o registro de água daquela torneira fica fechado o tempo todo. Só que isso me deixa sem água na outra torneira do quintal também.

— Ah, mãe, já disse para a senhora chamar alguém. Não sei mexer naquilo nem gostaria de tentar. Não posso machucar minhas mãos. Preciso muito delas. Da última vez que me meti a fazer um serviço desse tipo, acabei com um corte enorme e fiquei quase três semanas sem poder trabalhar. Por sorte, na época, o Cristiano tratou dos meus pacientes que não podiam esperar. — disse Davi.

Abner olhou para a irmã e chamou:

— Vamos?

— Sim, vamos.

— Está cedo. Fiquem mais um pouquinho. Vou fazer um cafezinho e um bolo.

— Não, dona Janaína. De jeito nenhum. Comi muito hoje. Não aguento mais nada — falou Simone. Levantando-se, aproximou-se da senhora e agradeceu: — Muito obrigada por tudo. Passei uma manhã e um início de tarde muito bons. O melhor dos últimos meses. Senti-me muito bem em sua casa e adorei a senhora e seus filhos. Aliás, o Cristiano vai me acompanhar até a instituição onde prestou assistência a algumas crianças e, se for possível, no dia em que formos lá, darei uma passadinha aqui para vê-la.

— Você vai lá?! — expressou-se a mulher admirada e preocupada.

— Vou sim. Eu preciso — tornou convicta.

Dona Janaína olhou para Cristiano, que considerou:

— Ela quer conhecer. De repente, vai lhe fazer bem.

Vendo o mesmo assombro no rosto do irmão, Simone disse:

— Não se preocupe comigo. Estou querendo me preparar para receber meu filho. Não quero surpresas. Preciso viver a realidade, seja qual for. — Ninguém disse nada e, após um instante, decidiu: — Bem... Preciso ir. Obrigada a todos por me proporcionarem um dia tão agradável.

— Volte quando quiser, filha. Precisamos conversar mais. Ah! Tenho umas receitas de casaquinhos e sapatinhos de lã que são lindas. Vou fazer algo para o seu nenê. Deixe comigo.

Comovida, Simone ofereceu singelo sorriso e a abraçou novamente.

Em seguida, despediram-se e se foram.

Ao se ver a sós com Davi, a mãe demonstrou-se surpresa e comentou:

— Não acredito que o Cris vai acompanhar a Simone lá na instituição.

— Nem eu. Todas as vezes que o convidei para voltarmos lá, ele passou mal. Teve um dia que chegamos até a porta e quase desmaiou. Tivemos de voltar. Minha intenção era que o Cris se animasse em prestar alguma assistência, coisa que gostava tanto. Trabalhos voluntários, em casos como o dele, ajudam muito o estado psicológico.

— Sei disso. Foi estranho, agora há pouco, quando olhei para o seu irmão, ele estava tão seguro. Que estranho.

— De repente, chegou o momento de ele reagir e, talvez, para isso não precise do nosso apoio. Talvez, até necessite estar no comando, no controle da situação. No caso, ele é quem vai, sozinho, levar a Simone que está fragilizada, sensível. Isso será ótimo, pois é ele quem terá de ser forte para dar a ela o exemplo, controlar a situação.

— É mesmo. Então não vamos dizer nada.

🍎

A caminho da casa de seus pais, Simone não parou de elogiar dona Janaína e os filhos.

Abner ouviu-a com satisfação e acrescentou comentários generosos àquela família.

Ao chegarem frente à casa de seus pais, ela chamou:

— Vamos entrar.

— De jeito nenhum.

— Abner, a mãe vai gostar de vê-lo.

— Mas o pai não.

— Quer dizer que nunca mais vai visitar a mãe de novo?

— Não sei. Nunca é algo muito definitivo. Digamos que, por enquanto, não dá. — Beijou-lhe o rosto, sorriu e desceu do carro para pegar as bolsas com as roupas da irmã. Quando estava em frente ao portão, ele perguntou: — Você quer que eu fale com o Samuel?

— Não. Não faça isso. Por favor.

— Talvez, quem sabe... Uma conversa pode ajudar.

— Não, Abner. O que vou fazer é procurar pelos meus sogros e lhes contar tudo. Preciso fazer isso o quanto antes.

— Outra coisa... Tem certeza que quer ir à instituição com o Cristiano?

— Tenho toda a certeza do mundo. Quero sim. Se eu não quiser ver outras crianças, como vou olhar par o meu filhinho? Vou lá sim. Com o Cristiano ou sem ele. Amanhã ou depois vou a minha casa pegar meu carro, para não depender de ninguém e tomar uma atitude quanto a minha realidade. Não sei o que me deu hoje, senti-me bem fortalecida depois das nossas conversas, depois que conheci dona Janaína. Eles lamentaram a condição do meu filho, mas não o viram como coitado. Nem me trataram como coitadinha. Admirei quando a dona Janaína disse que iria fazer casaquinho e sapatinhos para ele... Tratou-o de modo normal. Não ficou pensando se nasceria vivo, como nasceria ou por quanto tempo viveria.

— Isso se chama viver o momento. É importante não lamentar o passado que não foi bom ou fazer dele um baú de lembranças boas que se foram e não voltam mais, vivendo-o constantemente para fugir da realidade. Também é importante não viver ansioso, preocupado com o futuro, com situações que ainda não aconteceram e, provavelmente, não vão acontecer. A pessoa é mais equilibrada e mais feliz quando vive o presente, um dia de cada vez, procurando acertar. Fazendo o melhor por si e pelos outros hoje, no aqui e agora. Não acumulando tarefas para o amanhã nem vivendo do passado.

— É verdade. Acabei de entender bem isso. Obrigada, Abner. Obrigada por tudo — ela abraçou-o com força e muito carinho.

— Quando precisar de mim... Sabe onde e como me encontrar.

— Obrigada.

§

Após entrar na casa de seus pais e lhes contar tudo o que aconteceu entre ela e o marido, Simone decidiu ir para o quarto da irmã.

Parada à porta, viu Rúbia sentada em sua cama, com os cotovelos apoiados nos joelhos. Segurava o celular com uma das mãos, usando a outra para abafar a voz. Estava com os cabelos caídos nas laterais do rosto e falava quase sussurrando:

— Precisamos conversar! O que está acontecendo para você agir assim?! — Breve pausa em que ouviu, depois perguntou: — É sua mulher, não é? É ela quem está pegando no seu pé? — Outra pausa e falou: — Você disse que viviam na mesma casa, mas que estavam separados de corpos. Não interessa! Você tá diferente! Cadê o divórcio que ia agilizar? Precisamos conversar com urgência! Preciso falar com você. É sério! — Novo silêncio. — Geferson, preste atenção: eu não vou segurar essa barra sozinha! Onde estão os seus sentimentos por mim? Onde está a sua jura de amor? — Silêncio. — Sou capaz de fazer uma loucura! Conto tudo para a sua mulher!

Simone sentiu-se gelar ao deduzir sobre o que a irmã falava.

— Geferson?! Geferson?! Alô!

— Com quem você estava falando? Com quem falava desse jeito? — Simone perguntou firme, encarando-a com olhar repressor ao aproximar-se e rodeá-la.

Após o sobressalto, a irmã demonstrou-se nitidamente nervosa e se descontrolou.

— Não vem não, Simone! O que você quer?

— Quero saber com quem conversava. Por que disse que ia contar tudo para a mulher dele? É o que estou pensando?

Rúbia viu-se acuada. Não sabia o que dizer. Não tinha como mentir ou disfarçar e começou a se desesperar.

Trêmula, foi até a porta, fechou-a e, nitidamente abalada, contou:

— Comecei namorar um cara. Ele é diretor onde trabalho. Foi com ele que o Abner falou para conseguir uma entrevista para mim. — Alguns segundos e prosseguiu com jeito aflito ao torcer as mãos. — Eu não sabia, juro que não sabia... Até que uma amiga me contou que ele era casado. Então... Ele não vive bem com a mulher e já estão separados. Só vivem na mesma casa.

— Separados que vivem sob o mesmo teto?! — falou insatisfeita, contrariada.

— Sim, mas...

Simone nem a deixou terminar e perguntou irritada:

— E você caiu nessa?! Eu não acredito! — caminhou alguns passos negligentes, passando as mãos na cabeça de modo inconformado.

— Não é o que está pensando. A mãe dele é doente e não aceita a separação. Eles só dividem a mesma casa e...

— Duvido! Duvido muito! Quando acaba o amor, duvido um homem e uma mulher viverem na mesma casa, principalmente com a condição financeira dele. Afinal, é diretor da empresa, ganha bem. A esposa deve trabalhar e... Rúbia! Você ficou louca?!

— Você não entende!

— Lógico que não! Não entendo como você, uma moça esperta, inteligente, foi cair nessa! Um homem que está casado e vive com a mulher sob o mesmo teto não vai terminar o casamento por sua causa nunca! Se fosse para se separarem, se divorciarem, já o teriam feito!

— Não é assim.

— Como não é assim?! Esse cara só quer te levar pra cama, te enganar, sair com você por exibição, te usar. Só que depois de te usar como bem quiser, ele vai te descartar e voltar para a mulher. É com ela que ele dorme todas as noites! Você não passa de um objeto. Não passa de ser a outra, a leviana. Não passa de ser alguém vulgar com quem ele varia o cardápio. Sendo assim, esse cara nunca vai querer um compromisso oficial com alguém vulgar.

Expressavam-se nervosas, quase gritando. Porém tentavam abafar a voz para não serem ouvidas.

— Não diga isso! Não é verdade!

— Você está sendo vulgar! Como pôde se prestar a um papel tão baixo, tão pobre, tão nojento! — revoltou-se. — O meu casamento está sendo destruído por uma outra que não é diferente de você.

— Você está me ofendendo!

— Você é quem não se valoriza. Deveria ter tido coragem e dito não, no momento em que descobriu toda a sujeira em que se meteu. Fomos criadas com boa moral, com princípios. — Inconformada, caminhou sem rumo pelo quarto, mas não conseguiu se conter e prosseguiu: — O sujeito é um cafajeste, um safado... Garanto que ele deve viver muito bem com a esposa e até com os filhos. — Pensou e perguntou: — Ele tem filhos?

— Dois.

— Rúbia! O que deu em você?!

— Não fale assim comigo. Não sabe como tudo aconteceu. Nós nos amamos.

Com jeito e tom irônico, Simone questionou indignada:

— Ah, é! Se amam?! Você está dizendo que se amam para convencer a quem? Convencer a mim ou a você? — Nenhuma resposta. — Do jeito que a vi falando com ele, ainda há pouco, como é capaz de me dizer que existe algum sentimento de respeito entre vocês dois? — Sem ouvir a irmã se defender, após concatenar as ideias, perguntou: — O Abner sabe disso, não é mesmo? Ele sabe e foi chamar sua atenção. Por isso o ofendeu e acabou deixando o pai saber sobre ele, não é mesmo?! — foi firme.

— Ele soube sim — tornou Rúbia agressiva. — Quem é ele para dizer se estou certa ou errada?

— Ele é alguém que tem moral. Nosso irmão não é leviano, cafajeste ou canalha como você e o tal de Geferson estão sendo.

— Ah, não?!

— Não! No caso dele não existe uma esposa traída, filhos enganados, lar destruído. Se nosso irmão se envolveu com alguém, nenhum dos dois é comprometido, não tem ninguém sendo traído ou ferido nessa história. E quanto a você? Como pode ir pra cama sabendo que está usando um homem que é de outra e, assim que te deixar, vai voltar a dormir e a se relacionar com ela?

— Cale a boca!

— Não vou calar não! Como é que não fica imaginando os dois juntos após ele te deixar? Estou com nojo de você! Traição magoa e sempre faz alguém se sentir um lixo. Enquanto vocês dois estão rindo e se divertindo, jantando fora e passeando, a esposa dele está lá cuidando da casa, dos filhos, administrando a vida de toda a família. Imagine-se como esposa de um homem e, de repente, aparece uma vagabunda para tirá-lo do lar, para destruir tudo o que construíram, destruir sonhos, conquistas... Destruir um lar! Pensa e se põe no lugar da outra e vai saber o que é se sentir trouxa, idiota! Se bem que você já está sendo a trouxa e a idiota por perder o seu tempo e a sua juventude. — Breve pausa e perguntou: — Sabe qual é o pior em tudo isso? — Não ouviu resposta e prosseguiu: — O pior em tudo isso é que, se ele faz isso com a esposa, com quem tem um compromisso perante a lei e diante de Deus, imagina o que não fará com você, que não passa de uma qualquer, de uma aventura leviana?! O que ele faz com a esposa, fará bem pior com você, se um dia ficar ao seu lado.

— Sai do meu quarto! Fora daqui!

— É lógico que eu vou, para que fique sozinha com sua consciência triste e infeliz. Duvido que possa se sentir bem com o que fez e está fazendo.

Dizendo isso, Simone virou-se e saiu deixando a irmã sozinha.

Confusa, decepcionada consigo mesma, Rúbia pegou o travesseiro, jogou-o longe, atirando-se de bruços sobre a cama.

❦

Com o passar dos dias, Rúbia não se conformava com o comportamento estranho de Geferson e começou a pressioná-lo. Não suportava mais ficar envolvida em uma situação tão instável e desagradável.

— Você está me enganando, está me usando, fazendo com que eu perca minha juventude. Só está me fazendo perder tempo.

— Pare com isso. Estou cansado das suas exigências.

— Exigências?! Você disse que ia pedir o divórcio, mas, até agora, nada. Disse que iria contar para a sua mãe, mas não contou. Sempre arranja uma desculpa. Eu já avisei que não quero ser a outra. Isso está me incomodando.

— Você não está sendo compreensiva.

— Não mesmo. Chega! Não podemos mais continuar desse jeito!

— Se acha isso mesmo... — Geferson levantou-se de sua mesa e saiu da sala, deixando-a sozinha.

Rúbia sentiu-se muito mal. Seus irmãos tinham razão. Ela não passava de uma aventura. Indignada, voltou para sua seção. Na manhã seguinte, sem que esperasse, foi chamada ao setor de Recursos Humanos da empresa onde soube que foi demitida.

Incrédula, fez tudo o que precisava e foi até sua seção pegar suas coisas pessoais.

— Demitida?! Você?! — perguntou Talita alarmada.

— Não me diga mais nada. Não quero chorar.

— Erga a cabeça e respire fundo. É uma surpresa desagradável, mas vai superar.

— Espero que sim. Estou arrasada, desorientada. Não sei o que fazer.

— O melhor é ir para casa e descansar — orientou Talita.

— Amanhã devo fazer os exames médicos... Vou embora agora.

— Nem sei o que dizer, amiga. Porém o melhor a fazer é ir para casa e descansar — disse, verdadeiramente angustiada, pois gostava da colega.

— Você me liga à noite? Pra conversar um pouco...

— Ligo.

Despediram-se e Rúbia se foi.

Ao chegar a sua casa, não foi agradável encarar os pais e lhes dar a notícia sobre sua demissão, principalmente pela pergunta pertinente:

— Por qual motivo te demitiram?

— Ora, pai... Eles nunca dizem.

— Você estava fazendo tudo certinho, não tava?

— Estava. Agora preciso de um banho. Estou péssima. Quero descansar.

Entretanto o pior de tudo para sua situação, ainda estava por vir.

Rúbia realizou os exames médicos exigidos no momento da demissão e descobriu que estava grávida.

Procurando por Geferson, sentiu-se muito mal e humilhada ao ouvir:

— Livre-se dessa gravidez o quanto antes, entendeu?! Você é uma irresponsável! Ou, então, uma espertinha, oportunista!

Aquele golpe foi duro demais. Ela não acreditou que fosse suportar.

Sem dizer nada, deixou-o sozinho no restaurante e se foi.

Chegando a sua casa, Rúbia foi para o seu quarto e não saiu mais de lá. Não queria conversar com ninguém. Também não foi atrás da documentação na empresa para saber como ficaria sua situação, a partir de agora.

— Filha, pelo amor de Deus, o que você tem?

— Nada, mãe. Quero ficar sozinha.

— Precisa se alimentar, sair desse quarto... Perder o emprego não é o fim do mundo — dizia dona Celeste, procurando consolá-la. — Olha, toma essa sopinha que fiz pra você.

— Não quero.

— Está acontecendo mais alguma coisa além da demissão?

A filha começou a chorar.

Nesse instante, Simone entrou no quarto e sentou-se na cama ao lado da irmã. Afagando-lhe os cabelos, perguntou:

— O que está acontecendo? Podemos ajudar. Somos sua família e a amamos.

— Ninguém pode me ajudar — balbuciou a outra.

— Conte o que está se passando com você, filha — insistiu a senhora.

Ela percebeu que não poderia esconder aquele fato de sua família. Não por muito tempo. Sentou-se na cama, secou o rosto com as mãos e contou num murmúrio:

— Estou grávida.

Dona Celeste procurou por um lugar e, sentando-se lentamente, balbuciou:

— Grávida? Filha...

— Você tem certeza? — tornou Simone.

— Tenho.

— E o seu namorado, filha? Nós nem conhecemos esse moço — disse dona Celeste.

— Ele não quer o filho. Disse para me livrar da gravidez.

— Meu Deus! Ele tem que assumir o que fez. Isso não pode ficar assim — preocupou-se a senhora.

Nervosa, Rúbia confessou em meio ao choro:

— Ele é casado... Não vai assumir nada.

— Minha Nossa Senhora! — alarmou-se a mãe.

— Calma, mãe. Não é o fim do mundo — falou Simone. — É uma situação difícil, mas não é o fim.

— E o seu pai? Como vai ser quando ele souber?

Rúbia chorava e Simone respondeu:

— Ele vai ficar nervoso, bravo, mas terá de aceitar.

— Seu pai não vai aceitar. Deus do céu! — enervava-se a mãe. — Filha! Como deixou isso acontecer?! Com um homem casado?! O que você tem na cabeça?!

— Pare, mãe. Pare com isso. Agora eu já sei. Está feito e não posso mudar nada.

Atordoada, a senhora saiu do quarto e, ao passar pela sala, o marido perguntou:

— E a Rúbia, comeu?

— Não. — Dona Celeste o observou por alguns instantes e decidiu contar antes que se acovardasse ou se torturasse por mais tempo. — A Rúbia está arrasada. Não só por causa da demissão. Ela descobriu que está grávida.

— Ela está o quê?!!!

— Foi isso o que ouviu. A Rúbia está grávida!

O senhor Salvador ergueu-se do sofá, encarou a mulher e perguntou furioso:

— Cadê o desgraçado do namorado?!!!

— Ele não quer assumir o filho. Ele é... Ele é casado — praticamente sussurrou.

— Eu mato a Rúbia!!! — berrou. — Safada! Sem-vergonha!

Furioso, ele xingou vários palavrões e foi em direção ao quarto da filha.

Simone, vendo-o tão alterado ao entrar, pôs-se na frente do pai ou ele iria agredir sua irmã.

— Eu não criei uma filha para ser safada, vadia, leviana!!! Você não é digna de morar nesta casa!!! — Depois de muito gritar e ofender, exigiu aos berros: — Suma daqui!!! Suma!!!

Simone e dona Celeste tentavam contê-lo e arrastá-lo para a sala de onde ele gritou:

— Eu vou sair, mas se eu voltar e essa safada estiver aqui, eu mato ela!!! Eu mato!!!

Deitada em sua cama, Rúbia chorava encolhida e apavorada, ouvindo tudo.

Conforme falou, o senhor Salvador virou as costas e saiu.

Dona Celeste arrependeu-se de ter contado, mas já estava feito. Sabia que o marido reagiria daquela forma de qualquer jeito.

De volta ao quarto, ao ver Simone sentada na cama ao lado da irmã afagando-a nas costas, acreditou que precisava acalmá-las e decidiu ir fazer um chá.

Na cozinha, enquanto a água fervia e lavava alguns ramos de erva--cidreira que apanhou no jardim, pensava aflita no que fazer. Precisaria ser firme com seu marido, não iria admitir que expulsasse a filha, ainda mais naquele estado. Já bastava Abner não ir mais visitá-la. Sentia falta do filho, sentia-se mal com aquela situação.

Nesse instante, Simone chegou à cozinha, puxou uma cadeira e sentou-se à mesa.

Secando as mãos em um pano, a senhora aproximou-se per- guntando:

— Filha, você está bem?

— Estou nervosa, mãe. Tremendo.

— Oh, meu Deus... Você não pode passar nervoso. O chá de cidreira está quase pronto e...

— Pensei que o pai fosse bater na Rúbia.

— Só não bateu por causa da gente. Eu não deveria ter falado nada agora.

— Uma hora ou outra teria de contar.

— Como ela está?

— Chorou aquela hora que a senhora viu, depois ficou quieta. Não disse mais nada.

— Como sua irmã pôde se envolver com um homem casado?! Vocês tiveram uma boa criação. Tiveram princípios, religião... Será que ela ficou desorientada porque eu não paguei aquela promessa que fiz para que arrumasse um emprego?

— Ora, mãe, que absurdo! Nossa Senhora não seria cruel para proporcionar um castigo só por não lhe ter pagado uma promessa. Só me preocupo com uma coisa.

— O quê?

— Como vai ser quando o pai voltar?

— Deus vai ter de me dar forças para enfrentar seu pai. Ainda mais embriagado, como ele vai voltar. Ele não vai expulsar a Rúbia daqui de casa. Não mesmo. — A senhora levantou, pegou o chá, que esfriava, adoçou-o. Apanhou as xícaras e serviu Simone, dizendo em seguida: — Vou levar esta xícara para sua irmã.

Chegando ao quarto da filha, para sua surpresa, não a encontrou.

Chamou-a no corredor, procurou-a no banheiro e em toda a casa. Nem sinal dela.

— O que aconteceu, mãe? — quis saber Simone que foi ao seu encontro.

— Sua irmã sumiu.

8

ENVOLVIMENTO ESPIRITUAL

AO SE ENVOLVER com um homem compromissado como Geferson, Rúbia não imaginava a amargura e as energias espirituais inferiores atraídas para si.

Não reconheceu os sinais espirituais chegados através da angústia, do incômodo na consciência cada vez que se lembrava que Geferson era casado. Aqueles sentimentos eram um alerta, sinalizando o caminho infeliz trilhado.

Além disso, ignorava as companhias espirituais que se sustentavam de sua aventura no falso prazer e sua fuga às obrigações espirituais de contribuir com valores morais elevados para a ascensão do espírito humano. Eram espíritos de baixo valor moral, levianos desejosos de alimento energético e maior número de encarnados a se juntarem a eles pelas exigências mais baixas.

Sofrendo a influência desses espíritos, recebia os estímulos deles por meio dos centros de forças — chacras — onde se situam o sexo e o estômago. Quando fez sua escolha e decidiu ser adúltera, escolheu, mesmo sem saber, por companhias que desejava espiritualmente.

Acreditou poder viver uma falsa felicidade, pois Geferson a iludiu e ela se deixou iludir, deixou-se enganar.

Ninguém nos ilude sem a nossa permissão. Isso aconteceu por não ter opinião própria, por não renunciar o lado inconsequente, por não ter se posicionado moralmente.

Não se é feliz, verdadeiramente, quando existe alguém traído, enganado ou prejudicado. Não se é feliz quando se é irresponsável com a vida e com a felicidade alheia.

Um dia, certamente, o lado inconsciente da moral e da responsabilidade vai lhe bater à porta e a consciência vai lhe chamar para harmonizar o que desarmonizou.

Agora, após tanta decepção, resolvendo abandonar a conduta inadequada que teve, Rúbia tinha novas companhias espirituais, diferentes das anteriores.

Eram personalidades vulgares apegadas aos recursos energéticos inferiores, criados pela inevitável vibração de seus pensamentos e pela energia de tudo o que aconteceu.

Os obsessores do momento exigiam-lhe postura que nem mesmo eles puderam, em experiência terrena, praticar para a elevação moral e espiritual.

Eram espíritos adúlteros vivendo no círculo das aflições. Julgavam-se educadores daqueles que se afastavam do melhor caminho a seguir. Porém, negavam-se aos ajustes dos quais necessitavam com a própria consciência, acreditando que, ao punirem e fazerem sofrer os que se desviaram como eles, eles se livrariam do terror consciencial das cobranças, das harmonizações que precisavam.

Achando-se desamparada, Rúbia caminhava sem rumo.

Não podia ouvir, mas sentia na alma tudo o que os espíritos inferiores lhe desejavam.

Sua mente, então, insegura e fragilizada, imprimia-lhe tremendos conflitos e ideias mórbidas por causa das sugestões espirituais.

— Safada! Cachorra! Vai, idiota! Viu o que deu sair com homem casado?!

— É mesmo, vadia! — dizia outro, além de outros nomes ofensivos, deploráveis e impronunciáveis. — Agora tá aí, carregando um bastardo! Safada! Você deveria morrer!

— Isso mesmo! Sem-vergonha como você precisa morrer para encontrar a gente aqui! Aí sim vai aprender! Vadia! Morra, infeliz! Morra!!!

— Seu pai vai te matar! Você não tem mais casa, nem lar, nem ninguém. Aquele miserável traidor só soube te embuchar e te dar um pé!

— Morra, imbecil!

Essas e outras inspirações eram direcionadas à Rúbia que tinha, cada vez mais, pensamentos confusos e ideias conflitantes.

— Desgraçada! Se ela tivesse sido enganada por ele, mas não foi. Sabia e adulterava junto! Queria construir a felicidade em cima da desgraça do lar alheio!

— É! Ele não tinha abandonado a família para ela ficar com ele! É uma imunda! Tipo de mulher que não vale nada! Não tem moral!

❧

Em sua casa, junto à igrejinha que tinha e onde colocava algumas imagens de santos católicos, dona Celeste acendeu uma vela à Mãe Santíssima e começou a orar.

— Minha Nossa Senhora, socorra minha filha. Traga essa menina de volta, minha Nossa Senhora. A Senhora é mãe e sabe o que eu tô sentindo. Sabe o que é bom para os nossos filhos. Ilumine a mente dessa minha filha...

Mesmo tendo o coração apertado, a mulher continuou em prece sentida, rogando luz e envolvimento para sua filha por longo tempo.

❧

Rúbia não se importava em saber onde estava.

Havia caminhado muito quando a noite e uma garoa fina e fria começaram a cair.

Em meio a pensamentos confusos, surgiam ideias infelizes, inspiradas pelas companhias espirituais do momento.

"Seria melhor eu morrer. Isso resolveria tudo. Acabaria com todo esse sofrimento. O que vou fazer sem emprego? Sem família? Vou viver nas ruas? É melhor eu morrer." — pensava.

Ela caminhava por uma ponte que se sobrepunha a uma avenida importante e com um trânsito bem movimentado, principalmente de caminhões.

Aproximando-se da mureta, apoiou os braços nela e ficou observando.

"Seria melhor eu pular o quanto antes. Se não morrer na queda, um caminhão resolve tudo... Tem que ser muito rápido... sem problemas. Somente assim darei sossego a todo mundo, principalmente para o meu pai que, agora, tem tanta vergonha de mim. Ele morrerá de remorso pelo que me falou... O Geferson... Cachorro, desgraçado... Me enganou, me abandonou... Acabou com a minha vida... Quero que ele morra de remorso pelo que fez comigo." — pensou, imaginando a reação das pessoas.

As energias pela prece sentida de dona Celeste serviam como força protetora manipulada por entidades amigas para distanciar o alvoroço feito pelos espíritos inferiores que vibravam na mesma sintonia de Rúbia e alimentavam aqueles desejos.

Sua mentora a envolvia, inibindo a ação daquelas personalidades malignas. Contudo, os pensamentos inferiores continuavam por conta da falta de fé em Deus e esperança nas manifestações divinas que mudam toda uma trajetória quando decidimos nos erguer e agir melhor.

Vendo-a com ideia fixa naquele propósito infeliz, de por um fim em tudo, a mentora de Rúbia precisava agir rápido. E assim o fez com a ajuda de outros amigos espirituais. Aproveitando-se de um transeunte de boa índole que passava por ali, entrou em sintonia com o protetor espiritual dele e, rapidamente envolveram o encarnado a uma ação quase involuntária, inesperada. Resultando que o homem incomodou-se com a postura de Rúbia diante da mureta e seu olhar perdido para o panorama de veículos que passavam em alta velocidade lá embaixo.

Sem pensar muito no que fazia, o desconhecido aproximou-se dela e perguntou:

— Moça... Tudo bem?

Ela sobressaltou-se com leve susto. Olhou-o surpresa, porém não disse nada.

— Tudo bem com você?

— Está — murmurou.

— Desculpe incomodar. É que está pálida, se segurando aí... Posso chamar ajuda, caso não esteja passando bem.

— Só estou um pouco confusa... Perdi o emprego. Não sei o que fazer — calou-se.

— Quer me acompanhar? Acho que vamos para o mesmo lado. Não tem muita gente passando por aqui por causa do frio e da garoa. Caso não se sinta bem, pode cair e vai demorar para alguém te ajudar. Venha — propôs o homem.

Ela não refletiu e o seguiu mecanicamente.

No trajeto para percorrerem o resto da ponte, espíritos amigos que a envolviam com energias benéficas, principalmente as energias recolhidas pelas vibrações de sua mãe durante a prece, procuravam protegê-la, mas era difícil resguardá-la dos próprios pensamentos.

— Estou indo para a igreja — contou ele, puxando conversa. — Hoje é dia de novena a Nossa Senhora e eu tenho muito para agradecer. — Um momento e contou: — Sabe, fiquei desempregado e em uma situação bem difícil. Adoeci e não arrumava emprego. Minha esposa me levou na igreja e fez uma promessa a Nossa Senhora. Naquele dia, eu senti que algo aconteceu comigo. Fiquei muito emocionado. Recuperei a saúde e, logo em seguida, arrumei um emprego. E, diga-se de passagem, um emprego muito bom. — Riu e comentou: — Por ser bom eu correspondo à altura. Procuro ser o melhor funcionário. Desde então sou devoto da Mãe Santíssima e todo o dia de oração em devoção a Santa Maria, na igreja do outro lado da praça, eu venho agradecer. Me sinto tão bem! — Breve pausa. Depois contou: — Era para minha mulher estar comigo, mas ela é enfermeira e teve plantão hoje no hospital, por isso não deu pra vir. — Vendo-a muito calada, entendeu que sofria por algo e tentou confortar: — Sei como se sente. Também pensei um monte de coisa ruim quando perdi o emprego, fiquei doente e tive de ser sustentado por minha mulher por muito tempo. Sabe, moça, tem coisa ruim, mas tão ruim que acontece na vida que a gente pensa que é o fim, que não dá mais pra aguentar. Pensa um monte de besteira. Porém, essas coisas ruins que nos acontecem são para o nosso bem no futuro. O que acontece nos fortalece. Sempre tem uma saída.

— E quando não se tem emprego, nem família, nem o apoio de quem a gente acreditava e ainda não se tem para onde ir e se está grávida?

O homem, com toda sua nobre simplicidade, parou, olhou-a e respondeu:

— A gente reza. Procure a casa de Deus e vá orar. O Pai não desampara. — Um momento e propôs: — Estou indo para a igreja agora. Venha comigo e ore. Vai te surgir uma solução ou uma ideia. Tenha fé e acredite.

Atordoada, com os pensamentos cansados e fragilizados, Rúbia o acompanhou sem nada dizer.

Ao chegarem à igreja, havia certo número de pessoas reunidas antes do início do culto de orações endereçadas a Nossa Senhora.

No plano espiritual, sem que os encarnados pudessem ver, havia imenso jorro de luz, vibrações celestiais e energia salutar que banhavam a todos como se fosse a garoa fina que caía lá fora.

A harmonia das pessoas saturava o ambiente de doce magnetismo, apesar de haver somente algumas dezenas de encarnados. Ao contrário do plano físico, eram centenas os companheiros espirituais que ali estavam repletos de prestatividade e amor. Candidatos ao serviço de socorro, de envolvimento sublime, higienização magnética e todo tipo de trabalho de auxílio e amparo aos irmãos encarnados presentes para orar, pedir ou agradecer, naquele dia agendado com antecedência.

Não demorou muito e iniciaram o culto com agradáveis e animadas canções de devoção e agradecimento. Imediatamente cada um dos mentores aproximou-se de seus protegidos e lhes doou energias edificantes. Com isso aliviavam-se os pensamentos preocupantes e os sustentavam aumentando-lhes a fé em Deus e em um futuro melhor.

Quando as orações começaram, apesar de nem todos os presentes estarem concentrados na prece, uma luminosidade intensa fez-se de cima para baixo e, ao chegar ao centro do local, transformavam-se em ondulações magnéticas que cariciosamente envolviam cada um dos presentes suprindo-lhes inúmeros recursos dos quais necessitavam.

Entidade superior fez-se presente e fluidos mais radiosos balsamizavam o local com generosa força.

Era uma cena imponente e bela, embora serena, humilde e majestosa. Indescritível para o plano dos encarnados.

No decorrer das orações, os pensamentos de Rúbia serenaram e ficaram sem as impregnações dos antigos obsessores.

Trazia a mente cansada, causticada pelas preocupações inúmeras, mas agora ligada a um fio de esperança.

Entidade delicada, como uma forma de luz que pairava no espaço, aproximou-se de Rúbia com ternura e humildade. Sentindo as irradiações superiores, Francisca, sua mentora, deu-lhe lugar.

— Toda prece é ouvida e estou aqui a pedido de sua mãe — dizia o elevado espírito. — A porta da salvação é a estreita, a dolorosa, a mais difícil de passar. Na maioria das vezes, o ser quer transpô-la em vez de fazer grande esforço para superar as dificuldades. É preciso resignar-se e seguir. Pensar em desistir do desafio é querer seguir pela porta larga, a porta da perdição, em que o caminho leva ao mal, às ruínas do espírito. Chega de seguir pela porta larga, pelo caminho das más paixões. Assuma um compromisso com responsabilidade a fim de se harmonizar com a própria consciência.

Serenamente, impôs-lhe a mão luminosa e formoso jorro de luz radiante se fez sobre Rúbia que se emocionou e chorou por alguns minutos sem saber a razão.

Com fisionomia angelical, o nobre espírito sorriu para a mentora Francisca e seguiu adiante para próximo de outro encarnado.

Com olhos fixos no altar, Rúbia, totalmente esgotada por travar batalha fervorosa com os próprios pensamentos, concluiu:

"Errei muito, meu Deus. Não posso culpar os outros por minhas escolhas erradas. Devo assumir que metade da culpa é minha. Errei tanto ou mais do que o Geferson, pois eu sabia não ser certo estarmos juntos. Querer morrer, sumir, matar meu filho como pensei, será mais um grande problema em meio de tantos que já tenho. Eu não devia ter deixado isso acontecer, mas agora... Agora depois de tudo o que aconteceu, devo ser responsável e fazer a minha parte. Dê-me forças, Pai! Faça com que eu encontre uma saída. Ajude-me!"

Ao abaixar o olhar, encontrou caído no chão um panfleto litúrgico da igreja onde se transcrevia a passagem evangélica de Jesus e a mulher adúltera. Ela o tomou nas mãos e ao lê-lo sentiu-se tocada, emocionou-se com o socorro do Mestre Amigo que defendeu a mulher quando todos queriam apedrejá-la e uma frase destacou-se: Vá e não erres mais.

"Se Jesus soube compreender o erro da mulher adúltera naqueles tempos... Por que me abandonaria agora? Acho que é como aquele homem disse — referiu-se a quem a levou até ali. — Quando não se sabe o que fazer, deve-se rezar. Consciente de ser digna de receber os benefícios da prece e realizar o que Jesus orientou: ir e não errar mais." — Após esses pensamentos, Rúbia começou uma prece que mais era uma conversa com Deus, pedindo amparo e luz. Que soubesse o que fazer naquela condição. Que recebesse ajuda e com isso se comprometia a corrigir seus erros e seguir com perseverança e fé, com moral elevada, dando o melhor de si.

Apesar de extenuada mentalmente, no final, mecanicamente, envolveu-se na prece que os presentes proferiam e notou-se bem melhor, rendendo-se ao chamamento irresistível de amor.

Apesar de tudo, ainda se preocupava. O que fazer? Para onde ir? Estava sem dinheiro e só com a roupa do corpo. Poderia pedir ajuda a seu irmão, mas achou que não deveria, sentia-se envergonhada, pois não o compreendeu quando foi preciso. Voltar para casa não poderia por causa de seu pai. Ele havia saído, provavelmente estava embriagado. Se quando sóbrio não a aceitou, sob o efeito do álcool seria pior. Pensou em Simone, mas a irmã estava tendo problemas com o marido e dormia na casa de seus pais.

Algum tempo decorrido e percebeu o celular vibrar no bolso de sua calça. Era estranho. Nem se lembrava dele ali.

Pegou o aparelho e olhou. Era uma daquelas mensagens de texto enviada pela operadora para milhares de clientes.

A essa altura o culto já tinha se encerrado e alguns se reuniam ainda.

Rúbia saiu de onde estava. Passou por entre os bancos. Foi até o corredor central, virou-se de frente para o altar, dobrou levemente os joelhos e fez o sinal da cruz, agradecendo mentalmente.

Indo para fora da igreja com o aparelho celular nas mãos, ligou para o celular de Abner, só que a ligação caiu na caixa postal. Tentou telefonar para o apartamento do irmão, mas ninguém atendeu.

Novamente aquela sensação de vazio, de abandono, de não saber o que fazer.

Não poderia ficar ali, na porta da igreja. Desceu os degraus da escadaria e chegou à calçada quando o mesmo homem que a levou até ali aproximou-se.

— Moça! — chamou. Ao vê-la parada, alcançou-a e perguntou: — Você está bem?

— Sim. Obrigada. Estou melhor do que quando cheguei. Apesar de ainda eu não saber o que fazer.

— Desculpa por não ter como ajudar...

— Ajudou muito. O senhor não imagina.

— Olha, o Padre José deve estar na casa paroquial. Se você não tem para onde ir... Podemos conversar com ele. Mas não sei se ele vai ter como te ajudar.

— Obrigada, mas... Não sei se deveria. Quero tentar falar com meu irmão. Acho que ele não vai negar ajuda. É que ele não está em casa agora.

Enquanto estavam ali parados, caía a mesma garoa fina e fria de antes. Permaneceram por alguns minutos sem saber o que fazer. Tempo suficiente desejado pelos amigos espirituais, pois, no mesmo instante, um carro que passava vagarosamente parou, abriu o vidro do lado do passageiro e ouviu-se uma voz chamando:

— Rúbia?! — Ela olhou surpresa e viu Ricardo, amigo e sócio de seu irmão. Sentado no banco do motorista, praticamente deitava-se sobre o banco do passageiro para perguntar: — O que está fazendo aqui nessa garoa a essa hora? — Sem esperar resposta, quis saber: — Quer carona?

— É amigo do meu irmão — ela disse ao homem em tom mais animado.

— Veja se ele não pode te ajudar! Vamos! Vai! — incentivou animado.

Aproximando-se, curvou-se próximo do veículo e pediu:

— Pode me levar para o apartamento do Abner? Estou sem carro.

— Vamos, entra aí! — concordou Ricardo, abrindo a porta para que entrasse.

Virando-se para o homem que a ajudou, Rúbia agradeceu estendendo a mão.

— Muito obrigada, senhor. Obrigada mesmo. Acho que foi Nossa Senhora que o colocou no meu caminho.

— Que é isso moça, não fiz nada...

— Qual é o seu nome?

— Jorge.

— Meu nome é Rúbia. Muito obrigada, senhor Jorge. Que Deus o proteja e abençoe.

— Vá com Deus. Que Nossa Senhora te cubra com o seu manto.

Após sua entrada no carro, Ricardo a cumprimentou e reparou:

— Você está toda molhada e só com essa blusinha! Não está com frio, não?

— Um pouco.

— E o seu amigo? Para onde ele vai? Será que não quer carona?

— Não sei... Eu o conheci indo para a igreja. Não é meu amigo, apesar de ter agido como um.

— Qual o nome dele?

— Jorge.

Ricardo dirigiu o carro lentamente até perto do homem e o chamou:

— Jorge! — Ao vê-lo olhar, perguntou: — Quer uma carona? Mora aqui perto?

— Moro sim. E agradeço se me levar — disse indo até a porta do veículo. Ao entrar, comentou: — A garoa está engrossando e hoje não achei que fosse ficar assim. Vim sem guarda-chuva.

— Onde você mora? — quis saber o outro.

— Segue por essa avenida e vira lá embaixo no segundo farol.

— É perto. Vamos lá — animou-se Ricardo.

Durante o curto trajeto, Rúbia, constrangida, agradeceu mais uma vez:

— Obrigada, Jorge. Eu não conhecia o poder da prece. Nunca fui religiosa... Estava tão aflita quando me encontrou.

— Não me agradeça. Retribua a outra pessoa de alguma forma, em algum momento e quando puder.

— Achei estranho ver você ali na igreja. Está tudo bem, Rúbia? — perguntou Ricardo.

— Tudo bem... não está...

Ao ver o carro entrar na rua que desejava, Jorge pediu:

— Pode dar uma paradinha por aqui mesmo.

— Aqui está bom? — indagou o outro.

— Está ótimo. Moro ali — apontou para uma ruazinha sem saída. — Na quinta casa. Muito obrigado. Eu chegaria encharcado se não fosse a carona.

Despediram-se e após vê-lo descer, Rúbia pediu novamente:

— Ricardo, pode me levar até o apartamento do meu irmão?

— O que aconteceu? Tudo está bastante estranho. Não que seja da minha conta, mas...

— Estou me sentindo péssima. Aconteceu muita coisa... É até vergonhoso contar.

— Vergonhoso, por quê?

— Fui demitida.

— E por acaso isso é vergonhoso? Ora, Rúbia — sorriu generoso.

— O que vem por trás disso é vergonhoso. Agora, depois de tudo, não tenho emprego, meu pai me expulsou de casa, só estou com a roupa do corpo e... — Ela fechou os olhos, recostou a cabeça no encosto do banco e murmurou: — Estou grávida.

— A situação pode ser difícil, mas não é vergonhosa.

— É que estou grávida de um homem casado.

O amigo respirou fundo, pensou e disse:

— A situação continua sendo difícil, mas não vergonhosa. A vergonha não está no erro cometido, a vergonha está em insistir no erro. É o caso?

— Como assim?

— Você está com esse homem? Vai insistir em ficar com ele?

— Não! Lógico que não!

— Então não se envergonhe. Agora... Vamos sair daqui. Vou levá-la para a casa do seu irmão e no caminho a gente conversa.

Durante o trajeto, Rúbia contou-lhe exatamente tudo o que lhe aconteceu, até encontrar-se ali, em frente à igreja onde ele a pegou.

Diante do prédio onde Abner morava, informaram, na portaria, que ele não estava. Insistiram em telefonar para seu celular, mas não foram atendidos.

— Espere... — pediu Ricardo, pegando seu próprio celular. — Acho que tenho o telefone da dona Janaína, mãe do Davi. Deixe-me ver... — Tenho sim! — alegrou-se. Ao telefonar, foi atendido pela senhora que o tratou muito bem. Depois, a pedido, passou o telefone para o filho. Após os cumprimentos, Ricardo perguntou: — Davi, você sabe do Abner? Estou tentando falar com ele, mas não atende ao telefone.

— Ele foi para um Congresso de Construção Civil, Arquitetura e Urbanismo, em Joinville, Santa Catarina. Voltará só semana que vem. Esqueceu?

— Puxa. É mesmo! Agora me lembrei. É que ele me falou sobre isso há uma semana e havia me esquecido.

— Algo urgente?

— Não... Posso falar com ele depois. Obrigado, Davi.

Despediram-se e depois de desligar, Ricardo virou-se para Rúbia, que se mostrava muito ansiosa e apreensiva, e contou:

— O Abner está em Joinville, Santa Catarina. Eu havia me esquecido.

— Meu Deus... O que faço? — Pensou um pouco e pediu: — Pode me dar o telefone do Davi? Vou ver se ele tem a chave do apartamento do meu irmão. — Refletindo um pouco, pediu: — Se você falar com ele por mim, agradeço. Não fui muito gentil quando conversamos pela última vez.

Ricardo telefonou novamente e explicou:

— Oi, Davi. Sou eu de novo. Olha, é o seguinte: a Rúbia teve um problema familiar. Não quer voltar para casa e não tem onde ficar. Será que você tem a chave do apartamento do Abner? Creio que ele não vai se importar se ela passar a noite aqui. Estamos em frente ao prédio dele.

Davi pensou por instantes. Preocupado, decidiu:

— Ricardo, vou lhe pedir um favor: traga a Rúbia até aqui em casa. Tenho a chave do apartamento do Abner sim. Mas não vou dar. Não diga nada a ela. Faço questão de que fique aqui na minha casa. Não sei o que aconteceu, mas vamos ajudar.

— Mas... Davi...

— Preste atenção, não diga nada. Sei que está ao seu lado. Não vou ficar tranquilo sabendo que a Rúbia está sozinha naquele apartamento. Pense comigo: se ela teve problemas e não pode voltar para a casa dos pais, algo bem sério aconteceu. E deve ter sido sério mesmo, pois sei que a última pessoa do mundo a quem pediria ajuda, seria para o Abner, uma vez que eles estão brigados. Sendo assim, não é bom que fique sozinha, principalmente no apartamento dele. Nunca se sabe o que uma pessoa nervosa, sem saída é capaz de fazer. Traga-a para cá. Tenho certeza de que minha mãe não vai se importar. Vamos conversar e lhe dar todo o apoio.

— Pensando bem... Você está certo. Estou indo aí — Desligou. Virando-se para a amiga, comentou: — Vamos até lá.

Rúbia pensou que iriam até a casa de Davi só para pegarem a chave, pois Ricardo não lhe disse nada.

Ao chegarem à casa de dona Janaína, ela os recebeu com muita satisfação.

— Então você é a irmã caçula do Abner! Prazer! Sou a mãe do Davi. — Cumprimentaram-se e, ao se acomodarem na sala, a senhora observou: — Menina, o que aconteceu? Você está toda molhada. Não está com frio?

— Um pouco — respondeu constrangida.

Davi chegou à sala, cumprimentou os dois, sentou-se em uma poltrona e perguntou, direto e com jeito simples:

— Rúbia, desculpe-me querer saber, mas... O que aconteceu para você precisar ficar no apartamento do Abner?

— Muita coisa. Entre elas... Meu pai me expulsou de casa. Perdi o emprego e... — calou-se, abaixando o olhar.

— Por perder o emprego o seu pai a expulsou de casa? — preocupou-se Davi.

Olhando-o nos olhos, revelou quase chorando:

— Estou grávida. Ao saber, meu pai não aceitou. Saí de casa com a roupa do corpo.

Davi respirou fundo e observou ponderado:

— Uma gravidez sempre muda os planos de todos, quando não foi planejada. — Um instante reflexivo e decidiu: — Vejo que você está nervosa, confusa e desorientada. Eu tenho a chave do apartamento do Abner, mas não acredito que seja boa opção você ficar lá sozinha e do jeito que está. Já é tarde e, com as preocupações que tem, a solidão não será boa companhia para seus pensamentos. Hoje você fica aqui. Será muito bom para você e melhor ainda para nós, não é mãe?

— Claro! Ela fica com a gente. — Levantando-se, a mulher foi a sua direção e disse indicando: — Você está molhada e pode pegar um resfriado. Vamos lá pra dentro tomar um banho quente e pôr uma roupa limpinha. Depois, tomamos uma sopa que fiz e que está uma delícia.

— Mas... — Rúbia tentou dizer algo, mas não sabia o quê.

Ela olhou para Ricardo como pedindo ajuda. E ele respondeu:

— Também acho que é melhor ficar aqui. Terá companhia e... Pelo que me contou, não deve ficar sozinha agora. Tenho certeza de que vai adorar a dona Janaína. Espere pra ver — sorriu.

— E você também, menino — disse a senhora para Ricardo. — Fique para tomar a sopa com a gente. Ninguém jantou ainda. O Cristiano não desceu do banho.

Nesse instante, o filho mais novo chegou à sala e os cumprimentou.

Ao apertar a mão de Rúbia, que foi apresentada como irmã de Abner, reparou:

— Nossa! Como você é parecida com sua irmã!

— Minha irmã?... Conhece minha irmã?

— Conheço. Seu irmão a trouxe aqui e passamos uma agradável tarde juntos.

Rúbia estranhou, mas nada disse.

Nada mais foi dito e procuraram mudar de assunto.

— Vamos, vamos! — animou a senhora. — Vamos lá em cima. Vou procurar um agasalho dos meninos que te sirva. Você toma um banho quentinho e nós jantamos.

Envolvida em névoa de constrangimento e ainda atordoada, Rúbia não pensou direito e, sem alternativa, seguiu-a:

— Ricardo, bem à vontade, decidiu:

— Não perco essa sopa por nada. Azar de vocês sua mãe ter me convidado — disse rindo e esfregando as mãos.

🍎

Rúbia alimentou-se pouco, apesar da insistência de dona Janaína. Todos conversaram animadamente e, após o jantar, Ricardo disse:

— Vou fazer igual cachorro magro. Acabar de comer e ir embora.

— E o seu filho, Ricardo? Como está? — perguntou Davi.

— O Renan está bem. Vai para um acampamento nas próximas férias e está muito ansioso. Não vê a hora. É a primeira vez que viaja sozinho.

— A mãe é quem deve estar preocupada. Filho único!... — comentou a senhora.

— Ela está sim. Conversamos muito a respeito. Apesar de muito apreensivo também creio que é o momento do Renan se ver sozinho e longe de casa, do pai, do padrasto com a mãe, dos parentes e em meio a amigos e coleguinhas. Isso será bom para sua independência.

— Será mesmo — opinou Davi.

— Bem, pessoal... Eu agradeço muito a recepção, a ótima sopa... Aliás, foi a melhor que já tomei na minha vida! Agradeço tudo. Por mim, ficava, mas tenho de ir.

Levantando-se, Ricardo despediu-se.

A senhora e Davi o acompanharam até a saída e, ao retornar, a mulher generosa propôs:

— Vamos ver televisão, filha? É bom para distrair um pouquinho.

— E a louça do jantar? Vou ajudar a senhora.

— Não! Hoje é dia do Cris e do Davi arrumarem a cozinha — riu. — Não perco essa mordomia por nada. Venha. Depois vou arrumar uma cama bem quentinha para você dormir.

— Isso mesmo, Rúbia. Vá lá, fique tranquila — incentivou Davi enquanto Cristiano permaneceu calado.

O filho mais novo não soube a razão da moça estar ali. Não entendeu nem se interessou em saber. Ele se fechava em seus próprios pensamentos e, na maioria das vezes, ficava quieto.

Indo para a sala, Rúbia pediu:

— Eu gostaria de ligar para minha mãe e avisar que estou bem. Ela deve estar muito preocupada comigo.

— É mesmo. Ligue sim.

Assim foi feito. Após dizer para sua mãe que estava bem e entre amigos, Rúbia aceitou o convite da senhora para ver TV, apesar de não conseguir prestar atenção em nada que via.

9

Cultive a centelha de Deus que há em você

NA MANHÃ seguinte, Cristiano preparava uma vitamina de frutas batidas no liquidificador, quando Rúbia, vagarosamente, chegou à cozinha.

— Bom dia — cumprimentou timidamente, não querendo assustá-lo, pois não tinha sido vista.

— Bom dia. Espero não ter lhe acordado com esse barulho.

— De forma alguma. Aliás, nem dormi direito.

— Aceita um pouco? — ofereceu-lhe a vitamina.

— Não, obrigada.

— Seria bom tomar. Fará bem a você. Ficará mais disposta. Toma um pouco — insistiu, pegando outro copo.

Quando ia colocar a vitamina em um copo, ela disse:

— Não, por favor. Obrigada. Não quero mesmo.

— Se é assim...

Após alguns minutos, Rúbia perguntou:

— Então você conhece minha irmã?

— Conheço sim. Uma pessoa muito agradável, por sinal — Pegando uma xícara no armário, ofereceu-lhe e mostrou onde havia café fresco e leite quente.

— Obrigada — aceitou. — A Simone está passando por momentos difíceis. Porém bem diferente de mim. Ela não procurou a dificuldade, eu sim. Estou envergonhada por estar aqui. Nunca pensei que alguém como seu irmão, depois de tudo o que eu falei a ele, ainda fosse me acolher.

— Bom dia — cumprimentou Davi, chegando à cozinha. Os dois responderam e ele perguntou: — E a mãe?

— Foi comprar pão — respondeu o irmão. — Deixou o café passando e saiu. Acho que encontrou alguém para conversar.

Olhando para Davi, com certo constrangimento, Rúbia agradeceu:

— Obrigada. Obrigada por tudo o que está fazendo por mim. Nunca pensei em passar por uma situação dessa e ser tão bem acolhida, principalmente depois daquele dia que conversamos lá no apartamento do meu irmão.

— Esqueça aquilo e não me agradeça. Eu só fiz o que gostaria que fizessem a mim.

— Você não quer mesmo me dar a chave do apartamento do Abner? Tenho certeza de que ele não vai achar ruim.

— Não vai achar ruim mesmo. Porém faço questão de que fique aqui. Como eu disse, não será bom ficar sozinha agora.

— Demorei muito? — perguntou dona Janaína sorridente ao chegar.

— Já sei! A senhora foi ajudar a assar os pães! — brincou Davi, beijando-lhe o rosto.

— Encontrei uma amiga e ficamos conversando. Combinamos de ir ao centro hoje à noite. Vai ter uma palestra tão boa.

— Pena eu não poder ir. Tenho paciente até tarde.

— Faz tempo que não vai ao centro, hein, filho.

— Eu sei, mãe, mas no momento não está dando. Não é má vontade. Mas tenha certeza de que Deus vive nas minhas ações.

— Hoje vou com a Simone lá na instituição — comentou Cristiano. — Vou convidá-la para ir ao centro. Será que ela aceita?

Rúbia não entendeu sobre o que ele estava falando. Em rápidas palavras, Cristiano explicou, depois ela opinou:

— Ela vai aceitar sim. A Simone já frequentou centro espírita. Fez até curso. Largou tudo por causa do marido. O Samuel não gostava nada, nada. Aliás, ele não tem religião alguma. Acho que é por isso que agiu daquele jeito quando soube do filho com problema. — Passados alguns instantes, comentou: — Só não estou entendendo por que ela quer ir a essa instituição. Já não é o bastante saber o que o nenê tem? Será que precisa mesmo ver outros no mesmo estado?

— A vontade dela deve ser respeitada. É ela quem quer. Se chegar lá e quiser desistir, se no meio da visita não quiser continuar, tudo bem. Voltamos. Não será obrigada a nada — disse Cristiano com simplicidade.

— Ela virá aqui? — tornou a outra.

— Combinei de ir buscá-la. Irei de ônibus até a casa dela, pois não estou dirigindo ultimamente. Você quer ir junto?

— Não. Não estou preparada.

— Também acho que não é um bom momento para você, filha — manifestou-se a senhora. — Mulher grávida fica bem sensível e não deve se forçar a certas situações.

— Você está grávida? — perguntou Cristiano.

— Estou.

— Desculpe-me pelo convite a instituição. Eu não sabia.

— Se quiser, pode ir ao centro comigo hoje à noite. Disseram que a palestra será ótima — tornou a mãe dos rapazes.

— Apesar da minha irmã já ter insistido muito, nunca fui a um centro espírita. Mas gosto de ler romances espíritas.

— Em romances nem sempre aprendemos muito. O melhor é frequentarmos uma casa espírita. E sempre tem a primeira vez. Não sei por que, mas tenho certeza de que você vai gostar — opinou Davi sorridente.

— Sobre o que será a palestra? — quis saber Rúbia.

— Um palestrante estuda um tema do Evangelho de Jesus e fala sobre ele — disse dona Janaína.

Para que Rúbia entendesse melhor, Davi exemplificou:

— Por exemplo: no Evangelho de Jesus, segundo Mateus, Capítulo V, versículo 44 a 48, tem a passagem onde o Mestre Jesus nos fala sobre sermos perfeitos. Então Jesus fala: *Mas eu vos digo: Amai os vossos inimigos, fazei o bem aos que vos tem ódio e orai pelos que vos perseguem e caluniam. Para serdes filhos do vosso Pai que está no céu; o qual faz nascer o Seu sol sobre bons e maus, e vir chuva sobre justos e injustos. Porque se vós amais senão os que vos amam, que recompensa haveis de ter? E se saudares somente os vossos irmãos, que fazei nisso de especial? Sede vós perfeitos, como também vosso Pai Celestial é perfeito.*

— Decorou bem, hein? — brincou Cristiano.

— Decorei sim. Adoro essa passagem. Então essa passagem do Evangelho, na palestra, possivelmente ele explicará da seguinte forma: Jesus diz para nos esforçarmos para evoluirmos. Ele ensina que não adianta eu ficar só com a minha turma, só com os meus amigos e não dar a mínima importância às pessoas que não pertencem ao mesmo grupo social, religioso, filosófico que eu. Se começarmos a fazer o bem a um desconhecido, ajudar sem qualquer interesse, ajudar mesmo que o outro pertença a outro grupo social, religioso, filosófico etc. vamos chegar mais perto de Deus. Estaremos mais ligados a Ele. Quando nós fazemos o bem a quem nos tem ódio, ou seja, quando amamos os inimigos, oramos por aqueles que nos caluniam, nós estamos praticando a maior de todas as virtudes: a caridade.

— É difícil orar por alguém que nos calunia — disse Rúbia.

— Só é difícil no começo, mas depois é tão bom — tornou Davi. — A gente se sente bem. Não fica com aquela angústia que vem com o sentimento de ódio, raiva. Orar por uma pessoa que fala mal de nós e lhe desejar todo o bem, toda a luz, toda a paz, todas as bênçãos do Pai, é uma prática de caridade que dinheiro nenhum paga. Oração com amor, dinheiro nenhum compra. Quando você pratica a caridade da oração de amor por um inimigo, ele deixa de ser seu inimigo, mesmo que o seja na cabeça dele. Fazendo isso, você se eleva, pois com esse tipo de caridade, que é a prece, livra-se de dois gigantescos vícios: o egoísmo e o orgulho.

— Egoísmo e orgulho? Como assim? — interessou-se a jovem.

— Normalmente somos egoístas, pois não oramos se não por nós mesmos, pedindo todas as bênçãos do mundo só para nós mesmos. E só fazemos isso quando precisamos, do contrário nem lembramos de Deus — sorriu. — Somos orgulhosos ao oramos só pelos parentes, amigos bem próximos, acreditando, consciente ou inconscientemente, que o inimigo não merece nossas preces, nosso amor, nossa compaixão. É como se o estranho, o diferente, aquele que não compartilha da nossa opinião, não merecesse paz. Nós só começamos a ser perfeitos e nos elevamos quando amamos o próximo, mesmo ele sendo um desconhecido, mesmo sendo aquele vizinho chato que liga o rádio no último volume, não respeitando a sua necessidade do momento, seja ela uma dor de cabeça, o estudo para uma prova importante ou a simples necessidade de silêncio para reflexão. Se esse vizinho não tem educação, se ainda vive na ignorância e na estupidez, eleve-se você e ore de todo o coração, para que ele tenha paz e conheça, o quanto antes, o amor ao próximo, se exibido respeitoso, por meio do som baixo.

— Você há de concordar comigo que é difícil compreender o vizinho que liga o som alto ou faz barulho nos perturbando. Não só o vizinho, mas também aquela pessoa na rua que liga o som do carro no último volume incomodando todo o mundo — comentou Rúbia.

— Sim é difícil, mas pense: se ele faz barulho tão alto, se liga o som no último volume, é porque ele mesmo não se aguenta. Ele deve ser aquele tipo de pessoa que precisa fazer barulho por não suportar os próprios pensamentos, pois todos que têm ideias boas, pensamentos alegres, bons, saudáveis, não gostam tanto de barulho, de som alto. Essas pessoas sentem prazer em ficarem com suas próprias ideias, com seus próprios pensamentos. Quem faz isso, geralmente, tem problemas, sente-se perturbado. Por isso devemos orar para que a pessoa tenha paz consigo mesma.

— E se a pessoa não tem esse tipo de problema e resolve fazer barulho, ligar o som mesmo assim?

— Se ela não tem problemas e faz isso a ponto de irritar os outros, então se deduz que não é evoluída, é alguém mal-educado e precisa também de compaixão, de prece para que ilumine sua consciência e pense no direito de paz dos outros. — Ao vê-la pensativa, completou: — Sabe, no dia a dia, temos incontáveis oportunidades para a prática da caridade a caminho da perfeição. Quando vamos atravessar uma rua e um motorista quase nos atropela, em vez de chamá-lo de desgraçado, infeliz, e desejar que bata o carro, pense que ele pode ter sérios problemas, pois, para fazer isso, tem problemas mesmo. Então peça, em pensamento, que a luz de Jesus ilumine sua consciência, para ele ser uma pessoa melhor, mais educada. Quando um outro carro fechar o seu, pela ignorância do motorista infeliz e apressado, ore, em rápidas palavras: "Deus, oriente essa pessoa, dê-lhe paz". Faça somente isso. Assim não cria, em você mesma, energias negativas, ruins, pesadas que vão impregnando sua mente e, consequentemente, adoecendo o seu corpo. Todas as doenças e probleminhas de saúde que nos acontecem são culpa dos nossos pensamentos negativos. E não pense que pensamentos negativos são só aquelas ideias de que algo não vai dar certo. Não é só isso. Pensamento negativo é você xingar o cara do metrô que a empurrou ou a espremeu, desejar que o vizinho morra porque varreu o lixo para a frente da sua casa, irritando-se com isso. Querer que o outro bata o carro porque foi agressivo ao volante e, de alguma forma a agrediu ou a assustou. Desejar que o colega de serviço se dane, seja mandado embora só por causa de um comentário infeliz que ele fez ou algum comportamento que a tenha desagradado. Tudo isso e muito mais, é pensamento negativo, ideias contrárias à essência Divina que está dentro de você. Se Deus nos criou, nós temos, com certeza, algo Dele em nós. A esse algo, podemos dar o nome de centelha de Deus. Essa centelha, essa chama tende a crescer, a se dilatar à medida que se pratica o bem, a caridade. E saiba que a maior prática do bem, a maior prática da caridade está em nossas vibrações de amor, em nossos desejos de paz aos nossos irmãos desconhecidos, ou aos que não compartilham dos nossos gostos.

— Nossa Davi... — sorriu Cristiano após refletir. — Que lição. Dias atrás eu tinha ficado com muita raiva de um cara que apareceu na TV por causa de um crime que cometeu e... Comecei a raciocinar diferente agora.

— Mude imediatamente qualquer pensamento ruim ou infeliz que tiver a respeito de alguém. Corrija-se quando desejar o mal do outro. Pense que aquela pessoa é doente. Se não for doente de corpo, de mente, é doente da alma e infeliz para ter feito o que fez, mesmo que não saiba disso ainda. Então, ore rapidamente, desejando que o amor nasça em seu coração. Só isso. É simples assim. Desse jeito não se impregna com as energias pesadas de vibrações tristes. Se desejar o mal, não vai corrigir uma pessoa nem corrigir o mundo, mas, certamente, estará diminuindo a chama dessa centelha de Deus em seu coração, causando sofrimento a você mesmo.

Rúbia aproveitou a oportunidade e perguntou:

— E quando sabemos de um assassino cruel? Se ele usou de muita maldade para matar alguém, houve sofrimento, tortura, não podemos querer que sofra como fez o outro sofrer?

— A justiça cabe a Deus. Somente a Deus. Se você quiser que o outro sofra o que fez alguém sofrer, de que forma esse sentimento de ódio, de aversão vai ajudá-la ou ajudar o outro? — Ela não respondeu.

— De que adianta vibrar negativamente para alguém? Afinal, se crê em Deus, sabe que Ele providenciará justiça no tempo certo do entendimento daquele indivíduo. Ao contrário, deve-se pedir em pensamento: "Deus, ilumine a mente dessa criatura com paz e amor, para que seu coração aprenda a se enternecer e amar ao próximo". Se fizer isso, só isso, essa vibração boa, antes de ser endereçada a outra pessoa, vai passar por você, como se fosse uma antena que recebe a bênção do Pai para direcionar ao outro, ser tão necessitado. A energia recebida é de Deus e, se Deus estiver com você, minha amiga, ninguém, encarnado ou desencarnado, vai poder ser contra ti. Só te acontecerá algo de acordo com a vontade do Pai. Agora, se desejar o mal, a vingança, quiser que o outro se dane... Tenho certeza de que Deus não estará contigo. Quando se é alguém gerador de energias amargas, tristes, angustiosas, sofridas, quando você deseja o mal, seja em qual grau for, não será Deus nem seu anjo da guarda que estarão ao seu lado, e sim, espíritos infelizes, sofredores, que vibram na mesma frequência, impregnando-a com energias inferiores causadoras de inúmeros sofrimentos, físicos e emocionais.

— Então não devo desejar o mal nem para um assassino que tenha vitimado alguém cruelmente? — insistiu Rúbia.

— Em vez de se concentrar no assassino, por que não endereçar uma oração, de todo o coração, para o alívio da vítima? Afinal, ela é quem mais necessitada de paz, de alívio. Além disso, sinto lembrar que Deus não erra. Se essa vítima experimentou tanto sofrimento, ou ela era um espírito evoluído e, por alguma razão, aceitou passar pelo que passou, ou era um espírito que precisou sofrer o que sofreu para harmonizar o que fez no passado. Nada é por acaso. Vou lhe dar um exemplo clássico: Jesus sofreu o que sofreu por uma causa. Jesus tinha um objetivo quando se deixou prender e ser levado a julgamento e ao calvário. Um espírito elevado como Ele, só poderia procurar algo muito dramático, em uma época em que a criatura humana era tão rude, para chamar atenção para uma causa tão nobre. Veja, Ele tinha muito conhecimento e era elevadíssimo. Outros que sofreram na cruz, como ele, só foram parar lá por crimes que cometeram, passaram o que fizeram outro passar. Não eram inocentes, mas espíritos que, encarnados, precisavam de uma experiência triste e dolorosa para aprenderem a não fazer aos outros o que fizeram. Eu não posso acreditar que um inocente vá experimentar consequências dolorosas ou tristes, vá enfrentar um sofrimento muito intenso, pois eu acredito em um Deus bom e justo. Assim sendo, Ele não iria deixar que eu ou você sofrêssemos o que não necessitamos.

— Muitas vezes só aprendemos com o sofrimento — concluiu reflexiva.

— Isso mesmo — Em seguida, Davi olhou no relógio e se surpreendeu: — Nossa, pessoal! Preciso ir. Estou atrasado.

Levantando-se, passou perto de sua mãe e a beijou. Curvando-se diante de Rúbia, beijou-lhe também o rosto. Em seguida, passou a mão nas costas do irmão, despedindo-se e foi se trocar para ir trabalhar.

Davi tinha toda a razão. Os nossos pensamentos negativos são piores do que todos os nossos inimigos juntos tentando algo contra nós.

Rúbia ficou impressionada com a explicação tão clara. Vendo por aquele ângulo, os acontecimentos da vida começavam a fazer sentido. Tudo o que experimentamos tem uma razão de ser. Necessitamos evoluir, mas só evoluímos quando praticamos a caridade do desejo no bem e harmonizamos situações que desarmonizamos.

✍

Naquela tarde, conforme combinado, Simone e Cristiano foram até a instituição que cuidava de crianças com necessidades especiais.

Ela estava apreensiva. Mesmo assim, insistiu em visitar o lugar.

A recepcionista, delicada e educadamente, questionou:

— A senhora tem certeza de que quer conhecer todas as nossas alas? Desculpe-me perguntar, mas não é comum uma gestante nos visitar. Aliás... Acho que nunca recebemos visita de gestante. Não que eu saiba — falou com jeitinho, sorrindo generosa.

— O meu nenê, que vai nascer... espero, tem Síndrome de Patau. Fiquei desesperada quando soube. Eu desconhecia essa síndrome. Agora, depois de muito choro e desespero, entendi que devo encarar a realidade. Afinal, vou ver meu filho, cuidar dele, amá-lo e fazer de tudo por ele, conforme Deus quer. Então decidi que quero conhecer outras crianças com essa e outras síndromes. Quero conhecer a realidade, pois, para mim, esse é o jeito de eu criar uma estrutura para a vida. Uma estrutura firme e real.

— Se é assim... Vamos — sorriu, contendo a admiração pela firmeza da outra. — E o senhor, doutor Cristiano, faz tempo que não vem nos visitar, não é mesmo?!

— É sim. Sofri um acidente e, desde então, ficou um pouco difícil de vir aqui.

— Fiquei sabendo.

O assunto prosseguiu até entrarem nas alas onde ficavam as crianças, começando pelas mais novas.

Em dado momento da visita, Simone, sem se dar conta, segurou no braço de Cristiano e apertava-o.

Ao passarem pelos bercinhos, ela ficou impressionada com o que via.

O rapaz sobrepôs o braço em seu ombro e, com voz generosa, perguntou educado, quase sussurrando:

— Quer voltar daqui? Não tem problema nenhum. Podemos voltar agora, se quiser. A Bete vai entender muito bem — referiu-se à funcionária que os acompanhava.

— Não. Vamos continuar — determinou-se.

No decorrer da visita, Simone fazia algumas perguntas quanto ao tratamento, à alimentação, aos cuidados básicos para algumas necessidades e tudo mais, parecendo um pouco mais à vontade, mais segura.

Depois de algum tempo, já no final da visita e próximos da saída, perguntou:

— Você me apresentou aquelas senhoras voluntárias. Como se faz para ser voluntária aqui?

— A pessoa tem que preencher uma ficha junto à direção da casa. Lógico que não podemos aceitar qualquer voluntário. Precisamos prezar pela segurança e bem-estar das nossas crianças, por isso existe uma avaliação rigorosa. É preciso ter boa vontade, pontualidade, bom ânimo e outras qualidades necessárias para auxílio ao próximo.

— Entendo.

— Na maioria das vezes, são senhoras que se dispõem à conservação do lugar, ou seja, a limpeza ou cuidados mais específicos de higiene local. As que já trabalharam como enfermeiras, babás, professores, principalmente professores do jardim de infância, merendeiras ou auxiliar de serviços de educação e outras tarefas, especialmente com crianças, podem ajudar em tarefas específicas como alimentação, preparação dos alimentos, atividades com brincadeiras para aqueles que têm melhores condições. Sempre há uma ala necessitando de alguém para ajudar e sempre há alguém necessitando ser voluntário para se ocupar.

— Eu vi a dona Matilde, a dona Josefa e outras consertando as roupas doadas e que têm condições de serem aproveitadas na instituição. Achei o trabalho tão bonito!

— Foi a dona Matilde quem começou com esse serviço aqui — sorriu ao contar. — Ela estava com depressão. O marido havia falecido e seu mundo acabou. Depois de muito tempo em um estado horrível de depressão, pânico e muitos sintomas psicossomáticos, ela nos contou que o seu psicoterapeuta orientou que fizesse algo, que se dedicasse a alguma tarefa. Muito abatida, ela nos procurou. Não podíamos colocá-la, no estado em que se encontrava, junto das crianças. Então, uma das cozinheiras propôs que ajudasse na cozinha. Dona Matilde começou, mas mostrou-se alguém muito triste, tinha crises depressivas e chorava. Um dia, quando ela passava pela recepção para ir embora, viu uma mulher doando muitas roupas de crianças, porém avisou que estavam sujas e outras precisavam de consertos. A moça da recepção disse que a lavagem não seria problema, mas não tínhamos o serviço de costura. Então, dona Matilde se prontificou. Levou as roupinhas para sua casa, lavou-as e começou a consertar. Distraiu-se com o serviço e quando duas amigas foram visitá-la... Não sei como explicar... mas as amigas gostaram de costurar as roupinhas, pois muitos dos serviços eram à mão. Aí tudo começou. A casa de dona Matilde não tinha espaço, então arrumamos a sala onde trabalham até hoje. Chegaram outras voluntárias. Hoje, elas fazem os consertos de todas as roupas e ainda confeccionam panos de prato bordados, toalhas de mesa e banho bordadas para venderem no nosso bazar e arrecadarem fundos para a instituição.

— Nossa! Eu a vi tão animada. E a depressão e a síndrome do pânico? — interessou-se Simone.

— Que depressão, que pânico, que nada! — riu gostoso. — Tudo acabou. Hoje é uma pessoa alegre, animada e produtiva. Muito produtiva. Cheia de ideias e boa vontade.

— Eu vi. É difícil acreditar. A depressão é algo tão degenerativo — tornou a outra.

— Eu que o diga — murmurou Cristiano. Depois admitiu: — Sou eu que preciso vencer a depressão e o pânico para voltar à ativa.

— Isso vai passar, doutor. Vai passar — Bete incentivou.

— É... Vamos ver. Não é fácil — suspirou e forçou um sorriso.

— O doutor Alcides andou perguntando pelo senhor esses dias. Está nos fazendo muita falta.

Olhando para Simone, contou:

— O Alcides é o médico que acompanha o tratamento odontológico, pois algumas crianças precisam ser sedadas.

Conversaram mais um pouco e se foram.

No caminho, Cristiano perguntou:

— Quer tomar um suco. Ali tem uma casa de suco ótima.

— Não sei... Só se você quiser.

— Vamos — insistiu. — Será bom para que se distraia um pouco mais antes de voltarmos. Além do que, está muito tempo sem se alimentar. Precisa se preocupar com o nenê.

— Então está bem — sorriu, concordando.

Ao chegarem à casa de suco, Cristiano fez os pedidos e ficaram aguardando, acomodados a uma mesa na parte da frente do lugar.

Olhando para os fundos do estabelecimento, ela não acreditou no que via. Começou a empalidecer e não prestava atenção ao que o outro dizia, até que o rapaz percebeu.

— Simone? Tudo bem?

— Lá no fundo... Naquela mesa... — O amigo olhou e ela disse sussurrando, com voz trêmula: — É o meu marido. É o meu marido que está pegando na mão daquela mulher e dando-lhe beijos... É o Samuel — falava como se estivesse em choque.

— Meu Deus... — lamentou o rapaz num murmúrio, sem saber o que fazer. Abaixando a cabeça, pensou um pouco e sugeriu: — Vamos embora.

— Não. Vamos ficar. — Determinou-se. Estava pálida e tremia visivelmente.

A garçonete trouxe os sucos. Ela mal tocou a boca no copo por duas ou três vezes e Cristiano, preocupado, nem tocou na bebida.

Não diziam nada. Simone não conseguia evitar olhar para os fundos e ver seu marido sorrindo, afagando e, às vezes, beijando a mão e os lábios da outra.

— Você não me parece bem. Vamos embora — tornou Cristiano.

— Você não vai tomar o suco? — quis saber ela, tentando impor um jeito frio na fala.

— Não. Desculpe-me por tê-la trazido aqui. Agora, vamos.

— Não quer mais o suco mesmo? — insistiu no mesmo tom.

— Não, por quê? — estranhou.

— Então podemos ir, mas antes... — Levantou-se e foi à direção da mesa de Samuel, que se assombrou ao vê-la ali, em pé, ao seu lado. — Boa tarde! — disse ela em tom enérgico.

— O que você está fazendo aqui?! — perguntou o marido, afastando-se da outra.

Olhando para um, depois para o outro, Simone percebeu Cristiano ao seu lado e apresentou:

— Este é o Cristiano, amigo do meu irmão e, agora, meu amigo também. Ele me acompanhou para eu ter mais informações de como pode nascer nosso filho, que tem Síndrome de Patau. Filho que Deus confiou a nós dois, Samuel. Não só a mim! — Um instante e perguntou: — E você? O que faz aqui aos beijos e carícias com essa aí?

— Simone, não vá...

— Não vou nada, Samuel. Tenho dó de você. Lamento ter me enganado, pensando ter me casado com um homem, quando, na verdade, casei-me com um covarde, um pobre coitado. Eu sofro, mas pelo menos entendo e aceito meu sofrimento. Você nem sabe o que te espera. — Dirigindo-se à mulher que o acompanhava, comentou com desprezo: — Quanto a você, Marrie... Nem adianta eu dizer nada. Vejo que está tão distante de mim, está tão baixa, tão inferior que não vai entender nada do que eu lhe diga. — Voltando-se para o amigo, pediu: — Vamos, Cristiano. Por favor.

Viraram-se e o rapaz a conduziu até o carro.

Ambos tentavam disfarçar o nervosismo, mas, ao acomodar-se no banco do passageiro, Simone não suportou e teve uma crise de choro.

Cristiano ficou em silêncio até ela se recompor e só então disse:

— Desculpe-me, por favor. Foi minha culpa tê-la trazido para este lugar.

— Não, não foi, Cristiano. Eu já sabia... Só vi com meus olhos. Agora... Quero ir embora... Leve-me daqui, por favor.

O rapaz tomou um susto. Não dirigia desde o acidente que sofreu, entretanto não tinha como recusar. Afinal, a amiga não parecia em condições de conduzir um carro.

Ele fechou os olhos por um momento, respirou fundo e, mesmo com as mãos trêmulas, ligou o carro e saiu dali.

Quando se deu conta, havia estacionado o veículo frente a sua casa. Nem sabia como fez o caminho de volta. Ao vê-lo, dona Janaína exclamou, incrédula, para Rúbia:

— Meu Deus! É o Cris e... dirigindo!

— É o carro da minha irmã!

Procurando manter a calma, a senhora abriu o portão da casa e foi recebê-los de modo bem natural.

— Que bom que vieram! Fiz um bolo de mandioca delicioso.

— Oi, dona Janaína. Tudo bem? — cumprimentou Simone ainda atordoada.

— Tudo, filha. E você?

— Bem.

As irmãs se abraçaram e se cumprimentaram por longo tempo.

Olhando para o filho que contornava o veículo, ela perguntou de modo enigmático:

— Tudo bem, Cris?

Cristiano, sério, não respondeu. Beijou-a como sempre, porém se notava nervosismo em seus gestos.

Percebendo o rapaz trêmulo e pálido a mãe chamou:

— Vamos entrar. Eu e a Rúbia estávamos no jardim procurando hortelã. Fiz café agora, mas achei que ela não deveria tomar por causa da cafeína. Então vim procurar hortelã. Vou fazer um chazinho bem gostoso para nós. Hortelã acalma. Acho que estamos precisando.

Em seguida, entraram na casa e Cristiano seguiu sua mãe até a cozinha. Sabiam que as irmãs desejavam ficar a sós.

Acomodadas no sofá, ficaram abraçadas até Simone perguntar:

— Você está bem?

— Agora estou. E a mãe? E o pai?

— A mãe ficou mais calma ao saber que está aqui. Eu disse que conhecia a dona Janaína e... Contei quem eram. Tinha certeza de que estava sendo bem cuidada. Quanto ao pai... Sabe como ele é. Bebeu, falou muito e está inconformado. Mas... Isso passa.

— Não sei o que fazer da minha vida. Pensei tanta besteira... — Rúbia confessou.

— Tem coisa que só o tempo traz a solução. — Breve pausa e mencionou: — Acabei de encontrar o Samuel rindo, brincando, trocando beijos e carícias com a Marrie.

— Tá brincando?!

— Não. Gostaria de estar. O Cristiano estava comigo e viu tudo.

— E você?! O que fez?! — quis saber a irmã assustada. Simone relatou o que havia feito e, quando Rúbia ia ofender o cunhado, lembrou-se do que Davi lhe falou naquela manhã e considerou: — O Samuel ainda não acordou. Ele está fora da realidade. Coitado.

— É... — suspirou a outra. — Você tem razão. Obrigada por ver dessa forma e não me deixar com raiva. Fiquei com vontade de dar na cara dele, mas não. Pensei no meu filho. De alguma forma o nenê vai sentir e se prejudicar pelo meu nervosismo.

— O que vai fazer agora?

— Vou pensar em mim, no meu filho e fazer o mais improvável para o Samuel.

— O quê? — tornou Rúbia.

— Vou voltar para casa. Contratar um advogado e pedir o divórcio. Com sorte, posso me separar antes do nenê nascer.

— Simone!

— É isso mesmo — sorriu um sorriso amargo. — Que Deus me ajude, me dê forças.

Cristiano chegou e disse:

— Minha mãe está chamando para tomar café.

Elas levantaram e foram até a cozinha, onde todos se sentaram à mesa.

— Hoje é um dia de vitória para o Cris — alegrou-se a senhora.

— Ah, mãe... Para com isso — pediu, insatisfeito e constrangido.

— Por quê? — interessou-se Simone.

— Desde o acidente o Cris não foi mais à instituição e, hoje, foi. Também não dirigia desde o acidente e, hoje, dirigiu. Também não o via interessado em nada e hoje estou vendo. Temos muito que agradecer a Deus.

Cristiano sentiu o rosto corar e Simone perguntou:

— Pelo que soube, não era você quem estava ao volante naquele acidente. Mesmo assim, não queria dirigir?

— Não. Não queria dirigir. Desde o maldito acidente, eu entro em pânico para todas as situações, ou a maioria delas em que eu tenha de tomar decisões ou ser responsável. Dirigir é uma delas.

— Eu não sabia... Desculpe-me — murmurou Simone.

— Mas agora consegue, não é filho?

— É... — concordou inseguro. — Minha preocupação é voltar a trabalhar como dentista, pois é preciso eu ter muita responsabilidade com a saúde e até com a vida dos pacientes. Temo por uma situação inesperada, de risco.

— Você não conseguia ir à instituição e foi. Isso mostra que, aos poucos, vai vencer esses medos que nunca teve antes.

— Por que não me disse? — quis saber Simone.

— Ao pensar naquelas crianças, vinha uma tristeza enorme, um desespero inexplicável. Apesar de eu ter tratado delas incontáveis vezes, sem qualquer outro sentimento que não fosse o de amor e vontade de ajudar. Então, quando veio aqui e a vi com coragem para ir lá, no seu estado, com todas as dificuldades que está vivendo... Eu disse a mim

mesmo: tome coragem! Vá junto! Enfrente o medo! — sorriu e revelou:
— Não vou lhe dizer que não estremeci quando chegamos lá. Assim como me abalei quando precisei dirigir para sairmos da casa de suco, mas continuei e vi que posso.

— Eu não queria incomodá-lo. Desculpe-me, Cristiano — pediu Simone com voz singela.

— Ora... você me fez um favor. Foi instrumento na minha vida. Não posso viver como estou. Preciso aproveitar as oportunidades e me superar.

— Ele já fez grandes progressos nos últimos tempos — disse a mãe em tom de elogio.

O telefone tocou e o rapaz pediu:

— Deixe-me atender. Com licença.

Ao vê-lo ir para a sala, dona Janaína comentou:

— Nunca vi o Cris tão bem como nas últimas semanas. Principalmente depois que te conheceu, Simone. A sua força de vontade, a sua disposição para superar as dificuldades, mexeram com ele. Parece que deu ânimo ao meu filho. Ele nem sorria assim meses atrás. Até diminuiu suas saídas e aquelas caminhadas, sozinho, que me deixavam muito preocupada.

— O que aconteceu exatamente com ele? — interessou-se Rúbia.

Dona Janaína contou e ainda disse:

— Assim que se recuperou, ele saía para caminhar e dizia que isso lhe dava alívio. Conta que sente um desespero, algo insuportável e que, quando andava, aliviava bastante. Mas isso diminuiu muito.

— O que ele sente é uma espécie de tensão. Essa tensão é uma energia e quando ele se movimenta, anda, consegue gastar essa energia e sente-se menos nervoso, menos tenso — explicou Simone.

— Quando o Cris saía para caminhar, ele parecia imensamente triste, perturbado. Eu ficava com tanto medo. Essas saídas não tinham hora nem dia. Orei muito e minhas preces foram ouvidas. Nas últimas semanas, só tem caminhado com o irmão, que é atleta de fim de semana — riu.

Ao retornar, Cristiano comentou:

— Era uma amiga querendo saber como estou. Foi bom ter ligado, ela me lembrou da palestra de hoje. — Virando-se para Simone, convidou: — Venha ao centro espírita conosco. Sabemos que o palestrante desta noite é ótimo.

— Hoje?!

— É.

— Vou sim. Eu aceito. Faz tempo que não vou ao centro.

— Ai, que bom! Adoro ter gente aqui — alegrou-se a senhora. — Vou preparar um jantar bem gostoso e depois do jantar, nós vamos.

— Não, dona Janaína, não aguento comer mais nada! — disse Rúbia.

Eles riram e continuaram a conversa.

10

O que é realmente a caridade?

AQUELA NOITE foi bastante proveitosa para o envolvimento espiritual de todos que abriram suas mentes ao tema tão importante: *Amar ao próximo como a ti mesmo*. O cumprimento dessa máxima é a maior caridade. É a expressão mais completa da caridade, pois fazemos aos outros o que desejamos que seja feito a nós, quando no lugar dele. Essa prática é o fim do egoísmo e do orgulho. Se não amamos ao próximo como a nós mesmos, não conseguimos amar a Deus sobre todas as coisas. Ao amarmos o próximo como a nós mesmos, apesar desse próximo ainda viver na prática da desarmonia com a Natureza e com o Pai, em muitos casos, estamos exercendo a benevolência, a fraternidade, a compreensão e nos elevando em espírito. O amor é a essência divina que existe em nós.

Como nos é ensinado em *O Evangelho Segundo o Espiritismo*: *amar aos inimigos é um absurdo para os incrédulos. Aquele para quem a vida presente é tudo, só vê no inimigo uma criatura perniciosa, a perturbar-lhe o sossego.* Para aqueles que creem nos ensinamentos de Jesus, e deveria ser, principalmente, o espírita, amar ao próximo é compreender que precisamos espiar o passado, pensar que desconhecemos o que fomos em outras vidas. Talvez criaturas até piores do que o desafeto de hoje. Lembrar também que há um futuro e nunca sabemos o que o amanhã nos reserva. Ignoramos o quanto aquele nosso inimigo de hoje pode vir a nos ajudar e nos amar.

Assim sendo, não podemos reclamar das provas que experimentamos por conta do que os outros nos fazem. Não devemos nos queixar daqueles que nos servem de instrumento para desenvolvermos a paciência, o amor, a resignação, a oportunidade de oração. Essa forma de agir e pensar nos leva ao perdão. Sentimos, então, mais vontade de sermos generosos, prudentes, consequentemente, elevamo-nos e ficamos longe das energias negativas, inferiores, que poderiam nos atingir.

Alguns dizem não poder ou não conseguir fazer caridade, pois não têm muito o que partilhar. A verdade é que a caridade pode ser realizada de muitas maneiras: em ações, palavras edificantes e pensamentos bons ou uma prece. E ninguém é tão pobre que não possa praticá-la através de um pensamento, de uma prece com desejo no bem, na prosperidade. Isso é impossível de não se fazer, a não ser que não se queira. Aí mostramos o quanto egoístas somos.

Não importa quem somos, o que somos, o quanto temos, em quais condições vivemos, o que conta é o amor que temos e direcionamos diariamente a todos os irmãos do caminho, principalmente o amor que endereçamos naturalmente com nossos pensamentos. Toda a Doutrina de Jesus resume-se em amor.

A palestra foi magnífica. Fez com que muitos refletissem sobre seus sentimentos e suas ações.

Dona Janaína, sentada entre Cristiano e Rúbia, curvou-se para o lado do filho e perguntou à Simone:

— Gostou do tema de hoje? — sussurrou.

— Adorei — cochichou. — Essa passagem do Evangelho foi muito bem explicada.

Cristiano virou-se para Rúbia e comentou:

— Agora é hora de receber os passes. As pessoas que desejarem receber os passes ficam naquela fila — apontou. — Elas serão conduzidas à câmara de passe onde há os tarefeiros passistas. O intuito é de o passista aplicar, ou seja, transmitir as energias salutares que recebe dos espíritos amigos que trabalham aqui em nome de Jesus. Não haverá nenhum contato físico, só imposição das mãos. Gosto de lembrar que os passistas buscam fazer o mesmo que o Mestre Jesus quando estendia as mãos sobre os necessitados e amenizava suas dores, principalmente as da alma. Alguns chegavam a se curar. O intuito do passe aplicado aqui é esse. Você quer recebê-lo?

— Quero sim — sussurrou, empolgada. — Adorei tudo o que vi, ouvi e senti aqui. Não me sinto tão bem há muito tempo.

Quando se levantaram e se encaminharam para a fila do passe, foram surpreendidos pela aproximação de Davi, todo de branco, pois tinha vindo direto do consultório odontológico.

— Filho, você veio — alegrou-se a senhora.

— Cheguei no comecinho da palestra, mas não tinha lugar perto de vocês e fiquei ali atrás. — Logo cumprimentou Rúbia e Simone e contou: — Um paciente da tarde faltou e o outro chegou mais cedo e... Não tive aula hoje... Enfim, acabei tendo um tempinho e vim direto pra cá.

Após os passes, dona Janaína explicava às duas irmãs os trabalhos existentes na casa espírita e elas ouviam com atenção.

— Então fazem cestas básicas, enxovais para gestantes necessitadas, dão aula de pintura em tecido, bordado, crochê e outras coisas. Todos que ensinam aqui são voluntários. Tem aqueles que também ajudam na cantina ou trazem alguns salgados para serem vendidos. O que é arrecadado ajuda a pagar algumas das contas da casa espírita como água, luz, telefone, material de limpeza, papel para banheiros, material para oficinas... Também temos cursos de estudos espíritas. É sempre importante conhecer e entender melhor a Codificação Espírita.

— Eu não imaginava que existia tudo isso — admirou-se Rúbia. — Não tinha a menor ideia.

Repentinamente, dona Janaína olhou e viu um amigo, que também era tarefeiro da casa e estava a certa distância, caminhando em direção a eles. Nesse instante, a senhora virou-se para Davi e recomendou:

— Filho, lá vem o senhor Raimundo. Deixe que ele fale o que quiser, sozinho, viu?

— Fique tranquila, mãe. Sei como lidar com ele.

Tratava-se de um homem de grande porte, alto, quase sisudo. Parecia sempre insatisfeito quando tecia seus comentários, principalmente no que se referiam às críticas.

— Boa noite — disse o senhor ao se aproximar.

Todos responderam e dona Janaína apresentou:

— Estas são nossas amigas, Rúbia e Simone. É a primeira vez que vêm aqui. Este é o senhor Raimundo, companheiro daqui do centro.

— Prazer — disse o homem ao apertar a mão de cada uma, na sua vez. — Pelo jeito deve apresentar a casa não só a elas, pois tem gente que não vem há muito tempo aqui. Não deve se lembrar de mais nada — disse em tom irônico, olhando para Davi.

— É que estou com muito trabalho, senhor Raimundo — respondeu Davi educado.

— Sabe que não devemos só pensar no trabalho, meu caro. Não podemos depender só do dinheiro. Isso é ganância e até egoísmo, orgulho, arrogância de certa forma, pois acha que não tem nada para aprender aqui.

— Não me julgue, senhor Raimundo. Tenho um compromisso humano. Fiz um juramento e devo atender aqueles que precisam dos meus préstimos. Afinal, meus pacientes estão cuidando da saúde, através de mim. Seria falta de caridade, da minha parte, eu dizer que não posso atendê-los porque vou à casa espírita. Faço pós-graduação três dias por semana, à noite, por isso só me restam duas noites para atender aqueles que só têm disponível esse horário. Um desses dois dias que me restam coincide com o dia de palestra aqui no centro.

— Será que os irmãos espirituais, ou melhor, será que Deus entende sua suposta dificuldade?

— Ah... Deus entende sim. E os espíritos entendem porque, se são amigos espirituais, estão vendo tudo o que faço. E quanto a Deus, Ele entende porque é Deus. — Olhando para sua mãe e para os demais, Davi chamou: — Vamos?

Não houve tempo de resposta, pois o homem, muito crítico, pareceu bem insatisfeito com a resposta de Davi e decidiu arrumar um jeito de criticar, imediatamente, alongando o assunto:

— Você pode fazer um milhão de coisas, meu caro, mas está em débito com sua presença na casa de Deus. Precisa comparecer mais vezes, participar mais, executar alguma tarefa, estudar, doar-se aqui. Levando a vida que leva... Será vítima de si mesmo, daqui a pouco.

— Senhor Raimundo, estou tentando ser gentil para que me entenda. Esse momento que vivo é uma fase. Agora, estudando e trabalhando, eu não posso estar presente na casa espírita.

— Principalmente sendo o provedor lá de casa. Não estou trabalhando — lembrou Cristiano, interferindo em favor do irmão.

— Então, Davi, não pode dizer que é espírita e que frequenta uma casa espírita. Você está longe da casa de Deus.

Davi respirou fundo, abaixou o olhar, depois encarou o senhor arrogante e disse em tom brando e educado:

— Senhor Raimundo, é muito comum, em meio a um grupo espírita, ouvirmos a pergunta: que centro espírita você frequenta? Eu sempre quis responder a essa indagação como vou fazer agora para o senhor. Para se responder à pergunta: qual casa espírita você frequenta? É preciso fazer algumas outras questões como: É possível limitar a Divindade a alguns míseros metros quadrados circundados pela fria alvenaria? É possível reduzir, compactar a mensagem do Evangelho redivivo, a tal ponto que um simples espaço físico o comporte? Se a pergunta for de tal forma restritiva, creio que a resposta será simplesmente: não frequento centro algum. Mas se quem interroga crê que a mensagem consoladora do Evangelho é algo sublime, nascida do coração de Deus e tão imensa quanto o Seu amor, creio que a resposta vai mais além. Kardec afirma claramente que o verdadeiro espírita se reconhece pelos esforços que empreende em tornar-se uma pessoa melhor, mas de forma alguma circunscreve o campo desses esforços às quatro paredes de um centro espírita.

Nosso corpo — continuou tranquilo —, residência temporária de nossa individualidade espiritual, este sim deve ser consagrado ao intenso e ininterrupto trabalho de autoaperfeiçoamento, como um templo de louvor e adoração ao único Deus. Assim sendo, cada palavra, cada gesto, cada atitude perante a vida e perante o semelhante, deve ser um hino de gratidão ao Deus eterno, que não nos ampara apenas no centro espírita ou nas igrejas, sinagogas e outras casas de oração, mas sim em cada momento de nossa vida; na ilusão da felicidade efêmera ou entre as garras da tristeza desesperadora. Deus nos ampara todo instante.

Seria menosprezar a Divindade — prosseguiu no mesmo tom, encarando o outro com olhar generoso —, tentar imprimir-lhe nossas imperfeições meramente humanas, tentar reduzir o Criador do Universo à mediocridade do antropomorfismo, buscando dedicar, muitas vezes, para redimirmo-nos, perante nossa consciência, algumas horas das que nos sobram após a faina diária, àquele que nos envolve em seu Amor Infinito, desde o nosso primeiro sopro de vida, migalhas de tempo oferecidas em um altar de pedra, nunca no altar dos nossos corações.

Mesmo assim, mesmo sabendo que Deus importa ser adorado em espírito, muitos ainda, como o senhor, sentem-se plenamente quites com o Criador, por dedicarem o mínimo do seu tempo ao serviço religioso, seja ele qual for.

Pobre ser humano que agradece a abundância com que Deus lhe provê com migalhas. Pobres servidores, que se julgam fiéis, enquanto cerram os olhos para uma prece e pensam nas tarefas que os aguardam ao chegar a sua casa ou no que precisam fazer no dia seguinte.

Frágil religiosidade, que o menor sopro da adversidade põe abaixo, expondo a verdade sob sutil camada de piedade... O senhor não acha? — O homem nada disse e Davi continuou: — Olhe ao seu redor. Tente abranger com um único olhar a grandeza da criação Divina. Ouça o cantar dos pássaros, veja a luz do amanhecer e o brilho das estrelas a iluminar a imensidão da abóbada celeste. Pense no ar que respira e que muitos insistem em poluir. Bilhões de vidas vegetais trabalham incessantemente para limpar o que o ser humano insiste em poluir irresponsavelmente. E nós, pequenos seres humanos, podemos, de alguma forma, retribuir a Deus sequer um átomo do oxigênio de que nosso organismo tanto necessita? Poderíamos pagar, se nos fosse cobrado, uma gota de água potável? E com que pagaríamos ao Criador do Universo? De que moedas utilizaríamos para negociar com Aquele que, nas palavras de Moisés, autointitulou-se como Eu Sou? — Total silêncio na breve pausa e prosseguiu: — Ousa barganhar com os míseros minutos que lhe sobram com Aquele que é o Criador e Mantenedor da Vida, o alfa e o ômega, o princípio e o fim de tudo o que existe, existiu e há de existir?

E é esse Deus, esse Pai soberanamente justo e bom, que lhe oferece com fartura tudo de que necessita. O Seu Amor não se mede pelas restritivas concepções humanas. Se quer, de alguma forma, agradecer ao Criador por tudo aquilo que receber, se quer dedicar algo Àquele que lhe deu tudo, não dedique minutos. Dedique a sua vida em toda a plenitude. Faz de seu lar, de seu trabalho, da rua por onde caminha, de todo e qualquer lugar onde esteja, um templo onde possa adorar ao seu Criador com o mais puro amor de sua alma, vertido no cálice de seu coração. Que cada gesto, cada palavra, cada ato seu seja realizado como se estivesse de joelhos perante Aquele que o criou, não importa onde esteja nem com quem.

Segue os passos de Jesus, que foi Cristo em cada momento de sua vida e poucas vezes esteve no templo.

Pode conceber exemplo maior do que o Dele?

Pode conceber Jesus restrito entre frias paredes de pedra, seja lá em que religião for?

Por isso, senhor Raimundo, não tente reduzir o brilho do sol ao mísero bruxulear de uma vela. Busque Deus nas tarefas do cotidiano, na conversa com os amigos, no trabalho que lhe possibilita a manutenção da vida, pois é isso o que eu faço a cada dia, em cada minuto, onde quer que eu esteja.

E quando o senhor compreender, quando tiver a certeza de que o universo é a casa de Deus e cada criatura nele existente é seu irmão, toda a sua vida estará imbuída dos preceitos cristãos.

Então vai conseguir viver em perfeita harmonia consigo, e em permanente comunhão com o Plano Maior. Daí por diante, suas palavras serão preces, seus pensamentos serão luz e adorará ao Senhor teu Deus de todo o teu coração, de toda a tua alma, de todo o teu entendimento e amará ao próximo como a ti mesmo, onde quer que esteja e seja qual for o teu próximo e onde quer que ele esteja.

Sim, meu irmão — suspirou e sorriu com brandura —, onde quer que esteja. O homem só criou o templo porque esqueceu que Deus reside dentro de si.

Dizendo tudo isso, Davi, com expressão singela, ficou parado olhando-o nos olhos.

O senhor estava corado e sem saber o que dizer.

Dona Janaína tocou o braço do filho, mas Davi ainda disse:

— A propósito, amar ao próximo como a ti mesmo, foi o tema da palestra de hoje. Se eu estivesse tão equivocado, como o senhor, tão arrogante, egoísta, orgulhoso, eu gostaria de ouvir de alguém o que lhe disse agora. Eu iria parar, refletir e me reformar intimamente. E, sem dúvida, agradecer muito ao amigo que me amou e foi verdadeiro comigo, alertando-me das minhas falhas. Lembrando ainda que a crítica é um vício terrível, senhor Raimundo, ela é mãe da discórdia, do preconceito, do ódio e de tantos outros males do mundo.

— Filho... — murmurou dona Janaína, chamando-o.

— Um minuto, mãe. — Virando-se para o senhor, ainda disse: — Não deixei de ser espírita em meu coração e em minhas práticas. Também não estou longe da casa de Deus, pois faço do meu mundo a casa do Senhor. — Voltando-se para sua mãe, chamou: — Vamos. Já está tarde. — Em seguida, despediu-se: — Foi um prazer conversar com o senhor. Até outro dia, senhor Raimundo.

— Até... — retribuiu cabisbaixo, apertando-lhe a mão.

Ao saírem pelo corredor do centro, dona Janaína perguntou de modo a repreendê-lo:

— Davi, o que foi aquilo?

O rapaz parou, virou-se para a mãe e explicou com suave sorriso e ternura na voz:

— Eu poderia tê-lo ofendido, apontado todas as suas falhas, falado de suas críticas destrutivas, mas não. Falei calmamente, educadamente tudo o que ele precisava rever. Não o ofendi em nenhum momento. Não foi mesmo?

— Vamos embora — chamou a senhora, parecendo brava, insatisfeita com o filho, mas sem fazer alarido.

Davi trocou olhar com o irmão e ambos sorriram.

Quando estavam próximos dos carros, Ricardo os chamou:

— Oi, pessoal! Pensei que não fosse alcançá-los — disse ofegante cumprimentando-os.

— Onde você estava? Não te vimos — quis saber dona Janaína.

— Vendendo lanches na cantina. Eu não podia sair de lá e não teve como chamá-los.

— Você é voluntário aqui? — perguntou Simone, sorridente.

— Sou. Há pouco tempo peguei a tarefa. — Sorriu e contou: — Hoje, durante a palestra, eu estava no fundo e os vi, mas estavam longe, lá na frente. — Virando-se para Rúbia, interessou-se: — E você, como está?

— Melhor do que ontem.

— Falou com seu irmão?

— Só consegui ligar hoje, na hora do almoço. Ele também achou melhor eu não ficar sozinha no apartamento. Pediu que o esperasse na casa da dona Janaína.

— Isso mesmo. Será bom para você. Além do que, não tem lugar melhor do que a casa dessa criatura tão amável — elogiou, sobrepondo um braço no ombro da senhora e puxando-a levemente para junto de si. Riram. Ao se ver sem assunto, Ricardo decidiu: — Melhor irmos. Já é tarde. — Despediu-se e prometeu: — Sábado à tarde dou uma passadinha na casa da senhora, dona Janaína, isso é, se não tiver nenhum problema.

— De jeito nenhum. Vá lá. Estaremos te aguardando.

— Combinado.

Assim que Ricardo se foi, as irmãs se despediram. Após prometer que voltaria à casa da senhora para levar algumas roupas para Rúbia,

Simone decidiu ir para sua casa, pois estava determinada resolver sua situação com Samuel.

§

Ao chegar a sua casa, percebendo que o marido não havia chegado, Simone ligou para sua mãe avisando onde estava e contando sobre o ocorrido naquele dia.

Terminada a conversa, foi para seu quarto e tomou um banho.

Demorou muito e Samuel chegou.

Ela o aguardava sentada no sofá da sala, estranhamente calma, segura do que devia fazer.

Ao contrário, o marido surpreendeu-se muito ao vê-la:

— Simone?! Você aqui?!

— Claro. É minha casa, não é?

— Sim... É que... Sobre hoje...

Interrompendo-o, ela esclareceu:

— Não quero qualquer explicação sobre o que eu vi hoje. Nada do que me diga vai mudar minha opinião. Aliás... O que disser pode me ferir, me magoar ainda mais. Por isso, por favor, não me diga nada.

— Então?...

— Então — interrompeu-o novamente —, vim aqui para, simplesmente, tomar conta do que é meu, por direito, até um juiz decidir, por nós, quem vai ficar com o quê.

— Você quer dizer que...

— Divórcio. — Uma lágrima rolou em seu rosto. Nunca pensou em dizer essa palavra para o marido. Firme, parecendo austera e sem demonstrar emoção, continuou: — O melhor agora é o divórcio. Sei que, se for amigável, será rápido e menos doloroso.

Samuel andou pela sala alguns passos negligentes, pensou um pouco e perguntou:

— Você não vai lutar por mim?

— Lutar por você?! — sorriu com certa ironia. — Lutar por um homem que me abandonou no momento em que mais precisei de

um amigo, de um ombro, de um companheiro? Só se eu estiver dese-
quilibrada. Isso é um absurdo. Quando meu mundo desmoronou, você
ainda foi capaz de jogar uma bomba em cima e me pisotear. Não foi
capaz de respeitar meus sentimentos. Nem teve uma gota sequer de
consideração, de respeito por mim. Esse filho não é só meu. Deus o
confiou a nós dois, como eu já disse, mas você mostrou-se uma criatura
tão cruel, tão perversa que virou as costas para nós dois. Covarde! Com
medo de enfrentar a realidade, mesmo que triste, foi procurar conforto,
para o seu coração egoísta, nos braços de uma leviana. Se essa safada
tivesse um pingo de moral, de decência, iria mandá-lo de volta para sua
casa, para sua família que sou eu e seu filho, para juntos nos ampararmos,
nos fortalecermos e seguirmos adiante cumprindo a vontade de
Deus. Mas não foi isso o que aconteceu. Tenho pena de você, Samuel.
Seus títulos universitários não alfabetizaram sua moral, nem seu espírito para o amor de Deus. Não abriram seus olhos para as responsabilidades de sua existência. Materialista e orgulhoso, só seria capaz de
exibir seu filho se ele parecesse normal. Isso não é amor.

— Não vou admitir que me diga isso! — irritou-se.

Ela pareceu não o ouvir e prosseguiu:

— Não adianta uma bela residência, dois belos carros na garagem.
Tudo muito lindo... Não adianta termos planejado tudo em nossa vida,
o principal não planejamos. O principal era termos um ao outro, a
amizade, o amor, o respeito para os momentos difíceis. Eu errei, errei
muito. Vi em você um homem trabalhador, estudioso, que se interessa
muito em se atualizar para estar sempre de acordo com as necessidades
do mercado de trabalho... Mas, infelizmente, esqueci de ver se você tinha,
dentro de si, amor e respeito a Deus, ver se você tinha um coração
misericordioso, respeito ao semelhante, amor ao próximo e tantas outras
virtudes que fizeram muita falta para nós em um momento tão importante como este.

— O que queria que eu fizesse?

— Ficasse ao meu lado, ao lado do nosso filho com amor e fé! Só
isso! — Breve pausa e, observando-o, continuou: — Tem hora na vida
em que o dinheiro não é nada. Precisamos de Deus no coração para

ampararmos um ao outro. Precisamos é ter alguém ao lado que nos ame incondicionalmente e nos respeite. Isso dinheiro não compra.

Samuel abaixou a cabeça e o silêncio foi absoluto por um bom tempo. Incomodado, ele perguntou:

— E agora? O que vamos fazer?

— Não vou abrir mão do que me pertence. Lutei muito, assim como você também, para termos o que temos. Estou grávida, por isso, agora, mais do que nunca, preciso do conforto e da segurança da minha casa. O nosso filho vai nascer e precisa de um lar. E a nossa casa, o nosso lar é aqui. Portanto, não vou sair daqui e você pode ficar o quanto quiser. Só que no outro quarto. Amanhã você procura um advogado e vamos nos divorciar.

— Assim? Friamente?

— Exatamente. Não há como ser diferente.

— Então você voltou para cá para ficar com a casa?

— Voltei para dar ao nosso filho o que é dele. Não é justo eu sair daqui, ficar na casa da minha mãe sendo que tudo pelo que lutei para conseguir, a fim de vivermos melhor, está aqui. Todo o que tem aqui é meu e do nosso filho e vamos usar. A não ser que um juiz diga o contrário, o que duvido. Não fui eu quem se afastou dos deveres morais que nos unia.

— Tem certeza de que quer o divórcio?

— Sem qualquer dúvida. Quero sim.

— Então vou providenciar e também exigir o que é meu. Metade de tudo aqui me pertence — respondeu, virando-lhe as costas e indo para o quarto.

Enquanto o marido tomava banho, Simone providenciou a arrumação da cama, que havia em outro quarto, para ele. Assim que terminou, ela mostrou:

— Você pode ficar aqui — apontou para o quarto com a porta aberta que dava para ver a cama arrumada.

Samuel não disse nada nem quando percebeu que a roupa que vestiria no dia seguinte, também estava lá, pronta para que usasse. Entrando no quarto, fechou a porta e deixou-a sozinha.

Ao se ver a sós, na suíte de casal, Simone sentiu o coração apertado e triste.

Por um momento pensou se estava fazendo o que era certo para ela e para o filho.

Uma profunda amargura a invadiu como nunca. Jamais imaginou experimentar uma situação como essa. Precisava conversar com alguém. Pensou em ligar para sua mãe, mas não queria deixá-la mais preocupada. Ela já estava angustiada por Abner, Rúbia e por ela. Os três filhos viviam momentos problemáticos. Não queria levar mais inquietação além das que já possuía. Quis telefonar para Cristiano, mas ficou temerosa, a amizade era recente e o rapaz já tinha seus próprios desafios. Lembrou-se de Cláudio, o seu colega, professor da mesma faculdade.

Seu coração apertava em desespero e uma angústia a dominou. Não resistindo, pegou o telefone e ligou:

— Cláudio? Sou eu...

Chorou. Não aguentou o peso por tudo o que lhe acontecia.

— Calma, amiga — pediu o outro com compaixão. — Preocupe-se com o nenê. Ele precisa sentir que você está tranquila. Relaxa, respira fundo e pense em uma coisa muito boa. — Ao ouvi-la em silêncio e percebendo-a serena, sugeriu com voz terna: — Imagine um lindo jardim florido, um céu azul com nuvens fofas, branquiiiinhas... Uma brisa suave tocando seu rosto e aliviando toda a tensão. Agora você está mais leve. Sua respiração está calma, suave... Seu corpo relaxado...

Seu relato se alongou até Simone sentir-se bem calma e dizer:

— Estou melhor. Obrigada. Desculpe-me por te ligar a essa hora. Mas eu tinha de conversar com alguém.

— Não peça desculpas. Um dia posso precisar de você também e não vou olhar no relógio — riu. — Vamos, diga o que aconteceu para você estar assim.

Simone contou sobre o seu dia, desde ter ido à instituição até o pedido de divórcio e emocionou-se quando relatou a frieza do marido durante a conversa.

— O melhor que fez, diante dessa situação, foi voltar para casa. Não sei por quantas andam as leis, porém é bom garantir seus direitos e os direitos do seu filho.

— Eu disse que quero o divórcio, Cláudio.

— Lógico que quer! Foi o que sentiu ao ver a traição. Pior do que saber que se é traída, é pegar o companheiro no flagra, com a outra, como viu. Seria bem difícil, depois de tudo, você aceitar e ficar numa boa com seu marido como se nada tivesse acontecido. Como estaria sua consciência ao dormir ao lado do cara que você sabe que esteve com outra? Certamente seria a coisa mais triste e infeliz de se fazer.

— Eu não consigo mais ficar ao lado dele. Não quero que me toque. Entende?

— Totalmente. Respeite a sua vontade. Sei o quanto está sensível pelo seu estado. Mais emotiva ainda pelas preocupações com o nenê. Não importa o que os outros digam, a prioridade agora é respeitar-se, fazer o que é melhor para você mesma.

— Acha que agi certo?

— Se não quer dormir ao lado de alguém que não a respeita, não a ama, não é amigo, então fez a coisa mais certa desse mundo. Não se preocupe. Agora o que deve fazer é rezar. Rezar com toda a força e com todo o amor que tem no coração.

— Fui ao centro espírita hoje. Te falei, né? Me senti tão bem... Pena ter deixado de frequentar uma casa espírita por causa dele.

— Sempre é tempo de voltar. Se se sentiu bem, aproveite. Lembre-se daquele momento de paz. Para ter se sentido bem, deve ter recebido muita força, luz e paz de Deus. É o que vai receber agora com uma oração bem bonita, com uma conversa bem sincera com Deus. — Breve pausa e contou: — Não sou espírita, sou simpatizante. Já fui, vez e outra, a algum centro e gosto de ler romances espíritas. Por isso agora, estou lembrando uma história que me veio à mente. Foi contada por um palestrante. Essa história diz que, certa vez, lá no centro espírita onde Chico Xavier fazia as reuniões, chegou uma mulher, entre tantas outras. Ela foi cumprimentar o querido Chico e reclamou de estar com uma forte dor de cabeça. O Chico, como sempre, muito bondoso, pediu que a senhora se sentasse ali, junto à mesa. Disse o palestrante que a reunião correu normalmente. Após os primeiros minutos, a mulher disse a um dos companheiros que sua dor de cabeça estava passando e ficou muito feliz. Momentos depois, a dor passou totalmente. No final, muito melhor, completamente diferente de quando chegou, a mulher estava alegre. Agradeceu, despediu-se e foi embora feliz da vida. Então o Chico, humilde, virou-se para os outros companheiros e contou que aquela senhora, antes de ter chegado ali, havia tido uma briga muito feia com o marido. Ele a ofendeu muito e teve vontade de agredi-la com um tapa no rosto. Disse que o homem não a agrediu por pouco, mas sua vontade foi tão intensa que a energia rancorosa, de ódio, entrou por seu ouvido e se alojou na cabeça. Chico contou que, mesmo psicografando, o espírito Emmanuel, seu protetor, pediu para que visse a energia ruim que o espírito doutor Bezerra de Menezes tirava do ouvido da senhora porque ela estava em prece verdadeira, desejando o bem e vibrando amor. — Um instante e Cláudio disse: — Eu fico muito impressionado quando me recordo dessa história e me lembro dela toda vez que começo a sentir raiva ou ficar magoado com alguém. Penso que, certamente, a pessoa também ficou com raiva de mim. Então eu mudo minha vibração. Entro em prece, a princípio por mim mesmo, para que meu coração fique mais brando e eu possa entender o outro. Depois eu oro, com todo o amor, desejando paz e luz na mente da outra pessoa para que ela possa se elevar e me entender.

— Você acha que o Samuel está com raiva de mim?

— Não sei se é raiva, mas satisfeito ele não está. Pense que seu marido não é uma criatura evoluída o suficiente para se fazer forte, assumir o papel de homem da casa, do patriarca, do mantenedor, dar segurança e confiança. Ele pode ter vários títulos acadêmicos, mas ainda é pobre de espírito. Vamos combinar, amiga, que não dá para exigir de quem não tem, certo? Tanto ele quanto a Marrie não estão satisfeitos com você. Por isso reze, amiga. Reze pedindo a Deus que lhe dê força e amor suficientes para amar e desejar o bem àqueles que não a entendem, que a magoam, que a prejudicam. Deseje o bem dos dois, que tenham paz e luz na consciência a fim de seguirem o caminho certo, sem prejudicar ninguém. Fazendo isso não terá perto de você as energias ruins, desgastantes, tristes e dolorosas de algum sentimento negativo que qualquer pessoa possa lhe desejar. Lembra-se de que a mulher se livrou da dor de cabeça, gerada pela energia de ódio do marido que lhe desejou o mal, porque vibrava no bem, no amor. Ela estava em prece, por isso os espíritos a ajudaram.

Simone respirou fundo e disse ao amigo:

— Não é fácil, Cláudio.

— Mas não é impossível, querida. Comece a rezar. Seu anjo da guarda se juntará a você e tudo começará a fluir naturalmente. Pense ou diga as primeiras palavras de desejo no bem e vai saber o que é amar ao inimigo como Jesus ensinou. O importante é começar, o resto, o amor que você tem em seu coração, vai se manifestar.

— Obrigada, Cláudio. Essa conversa me fez muito bem.

— Sou eu que agradeço. Ligue quando quiser.

— Obrigada.

Em seguida, despediram-se e desligaram.

Apesar dos desafios a resolver, Simone sentia-se bem melhor, mais confiante. Conforme o amigo a orientou, ela orou, verdadeiramente, por si, pelo marido e por Marrie. E foi assim que afastou de si energias pesarosas que poderiam se impregnar em seu corpo espiritual ou físico e até se manifestarem em forma de doença.

11

CONVERSA ESCLARECEDORA

AO CHEGAR de viagem, Abner surpreendeu-se com a novidade sobre Rúbia.

Estavam em casa de dona Janaína e ele conversava com a irmã a sós no quarto.

— Foi isso o que aconteceu — disse ela após ter contado tudo. — Eu não sei o que fazer. Não tenho onde ficar, perdi o emprego... A Simone trouxe algumas das minhas roupas... Não tenho mais nada.

Rúbia estava abatida. Sua aparência revelava grande preocupação, por mais que tentasse disfarçar. Não parecia tão animada nem tão arrumada como era. Os cabelos cacheados estavam presos, feito um rabo e sem qualquer tratamento. A ausência de maquiagem e as sobrancelhas crescendo davam-lhe um aspecto quase doentio no rosto sem brilho e sem o sorriso de antes.

Observando-a bem, o irmão respondeu:

— É lógico que poderá ficar no meu apartamento. Sem dúvida. Quanto ao emprego... Não podem demitir uma mulher grávida, a não ser por justa causa. O que não é o caso.

— Mas eu não quero ir mais trabalhar! Não sei como enfrentar isso! Com que cara vou aparecer lá? Vou me demitir — falou quase desesperada.

— Isso você pode fazer, mas não é o correto. Vamos pensar em uma coisa de cada vez. Primeiro, vamos lá para minha casa. A dona Janaína e os filhos são criaturas maravilhosas, mas não devemos aborrecer os outros por muito tempo com os nossos problemas. Segundo, eu vou ter uma conversinha com o Geferson.

— Não! Você não vai fazer isso!

— Vamos lá para casa, Rúbia. Depois vemos o que fazer, certo?

— Só se me prometer que não vai falar com ele.

— Aqui não é um bom lugar para discutirmos. Vamos embora. Depois resolvemos isso.

Decidido assim, Abner a levou para seu apartamento, instalando-a no quarto onde havia feito um escritório. Providenciou uma cama de solteiro e colocou lá.

Naquela noite, ao sentarem novamente para conversar sobre o assunto, Rúbia afirmou:

— Não quero por meus pés naquela empresa. Não quero ver a cara do Geferson.

— Pense bem. Trabalhando você terá direito à licença-maternidade, médico, plano de saúde, terá seu dinheiro e tantas outras coisas que só empregada vai conseguir. Não seria nada bom ficar sem trabalho agora. O que pensa em fazer? Afinal, tem um filho a caminho e... Para ser sincero, posso ajudá-la, mas ficará bem difícil para eu sustentá-la em tudo, principalmente no que diz respeito aos gastos com médicos e hospitais de qualidade. Não será agradável para mim nem para você, depender de serviços públicos.

— Não sei o que fazer — admitiu desconsolada. — O pai não me quer em casa e você não vai poder me sustentar o tempo todo. Afinal, tem sua vida. Conquistou sua independência. Eu não tenho o direito de estragar tudo.

Talvez, Rúbia tenha dito isso para ouvir do irmão que ela não seria incômodo algum e que ele iria ajudá-la em tudo e pelo tempo que precisasse. No entanto, Abner foi honesto fazendo-a enxergar a realidade e assumir suas responsabilidades. Em determinadas situações, muita ajuda provoca acomodação. Por isso o rapaz respondeu:

— Você disse bem. Posso ajudá-la por um tempo, mas tenho a minha vida. É por isso que aconselho a não deixar o emprego.

— É como se eu não tivesse forças. Sinto uma fraqueza quando penso em aparecer no serviço e... O Geferson não quer a gravidez.

— Você não vai fazer o que ele quer mais uma vez, vai?

— Não. No momento do desespero, quando o pai me mandou embora e eu não tinha para onde ir, cheguei a pensar nisso. Quis morrer... Mas depois... Não posso deixar que o Geferson determine o que eu devo fazer para se ver livre de encargos. Eu nunca me perdoaria. Não teria paz na consciência pelo resto da minha vida.

— Veja bem, eu posso imaginar o quanto seria difícil voltar ao trabalho. Porém será uma situação chata ou talvez constrangedora só no começo. Depois você acostuma e o pessoal perde o interesse e para de lhe fazer perguntas.

— Ninguém sabe que eu e o Geferson tivemos um caso. O pessoal vai querer saber quem é o pai do meu filho.

— Se não quiser que eles saibam, é só você ser firme e não contar. Antes de eu perguntar algo sobre a vida de alguém, eu me pergunto: o que vou fazer com essa informação? Para que preciso saber disso? Se a informação não me serve para nada, então estou sendo indiscreto e inconveniente. Sendo assim, não pergunto nada. Quando alguém lhe perguntar algo de sua vida particular, pergunte-se: o que essa pessoa vai fazer com essa informação? Se não serve de nada para ela, que prevaleça o seu direito de não revelar nada sobre a sua particularidade.

— E o que digo se alguém perguntar quem é o pai?

— Responda: Eu sei muito bem quem é o pai. Você não conhece. Não adianta falarmos disso. Aliás, não é um bom momento para essa conversa, você não acha? — pensou e acrescentou: — Quando se responde a uma pergunta indiscreta com outra pergunta, desarmamos a pessoa.

— Não é fácil.

— Rúbia, pense bem, você quer abrir mão do dinheiro que vai receber pela licença-maternidade, quer abrir mão de plano de saúde, hospital, médicos para você e seu filho e outros direitos por causa dos outros? Ora!... Por favor!... Que se danem os outros. Tem que pensar em si mesma.

— Não quer que eu fique aqui, não é?

— Não foi isso o que eu disse. É lógico que poderá ficar aqui o tempo que precisar. Mas não acho certo que se acomode e se enclausure neste apartamento. Quero que se organize para ser independente e, para isso, deve se movimentar desde já. A forma mais prática e rápida de fazer isso é enfrentando a situação que você mesma provocou. A verdade, Rúbia, é que procurou por isso. Não foi por falta de aviso que se deu mal. Agora precisa assumir a responsabilidade de seus atos, de suas escolhas.

A irmã sentiu-se envergonhada, pois sabia que ele tinha razão. E desabafou:

— Não está sendo fácil para mim.

— Eu sei. Imagino que não esteja. Porém deve ter o controle da situação, da sua vida. Não ir trabalhar, demitir-se é fugir da responsabilidade, é perder o controle de tudo.

— E se o Geferson me pressionar?

— Procure evitá-lo, a princípio. Se não tiver jeito, seja firme. Diga que não vai abrir mão de seus direitos trabalhistas e vai assumir seu filho. Que, por enquanto, não tem nada para falar com ele nem com mais ninguém a respeito desse assunto.

— Abner... Estou tão confusa. Sinto-me tão fraca.

— Reze. Peça força e inspiração para saber como agir bem. Rogue por clareza nos pensamentos.

— Você disse que iria falar com ele, eu te peço, por favor, não vá.

— Como está me pedindo, por enquanto, não vou.

O silêncio reinou por alguns minutos enquanto ela refletia.

Logo Rúbia disse constrangida:

— Desculpe-me por tudo o que lhe disse.

— Como assim? — não entendeu.

— Da última vez que nos falamos, bem... Eu o ofendi. No entanto, agora, é a única pessoa que pode me ajudar. Se não fosse você, eu não teria ninguém. Não teria nem onde ficar. Desculpe-me pelo que eu disse. — Vendo-o com olhar baixo e calado, perguntou: — É lógico que se magoou comigo, não foi?

— Não sei se magoado é a palavra certa. Lógico que fiquei triste. Sempre fomos muito ligados e talvez eu esperasse de você uma reação diferente. Imaginei que fosse mais compreensiva.

— Desculpa... me perdoa — pediu, tocando-lhe a mão.

Erguendo-lhe o olhar, Abner confessou:

— Não é fácil assumir para si mesmo a homossexualidade. Não é fácil assumir para os amigos, para a família, para a sociedade. Os dramas, os conflitos íntimos são gigantes, dolorosos, por ser diferente da maioria. Pelo menos, foi isso o que aconteceu no meu caso.

— O homossexual é infeliz?

— Não. De jeito nenhum. Não fico triste por ser homossexual. Fico triste por causa das reações preconceituosas, pela não aceitação das pessoas. É tão bom viver bem, é tão bom ser recebido bem. A homossexualidade é uma coisa natural, a pessoa nasce assim, como eu já disse. O problema é que muita gente acha isso uma aberração, o fim do mundo.

— Quando o Geferson começou a me tratar diferente e eu descobri que estava grávida, pensei muito em tudo isso.

— Como assim?

— Fui tão contra a sua homossexualidade. Não aceitei. Achei absurda... No entanto fui leviana, sem caráter, sem moral por aceitar ter um caso com um homem casado. Eu estava consciente. Não é igual ao seu caso. Eu poderia ter evitado. O que vivi foi uma falsa felicidade. Sabia que toda noite ele voltava para casa, para a esposa. Eu tinha que me contentar com as migalhas, com o resto dele, com as sobras. Fui orgulhosa. Não quis ouvir seus conselhos quando tentou me alertar. Vaidosa, egoísta. Achava que eu era boa o suficiente para tirá-lo do lar, da esposa, dos filhos. Não achava que se o tivesse tirado de casa para ficar comigo, teria algum remorso. Hoje, vendo com outros olhos, entendo que ninguém pode ser feliz quando destrói a felicidade de alguém. Ninguém é feliz totalmente quando destrói um lar, magoa, trai, engana... Ninguém é feliz sendo egoísta. Se ele tivesse deixado a família para ficar comigo e com nosso filho, eu poderia me sentir falsamente feliz no momento, mas, com o tempo, certamente eu iria arcar com a responsabilidade da tristeza que causei para a esposa e para os filhos que ele tem com ela.

— Você iria atrair uma série de consequências dolorosas para sua consciência — disse o irmão.

— Hoje eu entendo isso e consigo enxergar dessa forma, mas quando estava com ele...

— A verdade é que não errou sozinha. Tenha certeza de que ele errou também. Porém pode corrigir tudo a tempo. Não sei se corrigir é a palavra certa, mas... Penso que você pode harmonizar o que desarmonizou. E pode fazer isso agora. Continue trabalhando. Tenha seu filho e cuide bem dele. Sabendo o tipo de homem que ele é, indigno de ser chamado de pai, se eu fosse você, não lhe pediria nada. Esse é um bom começo.

— Vou confessar uma coisa: ainda não acredito que esteja grávida. Não me vejo como mãe. Não me sinto mãe.

— É que está com outras coisas fervilhando em sua cabeça. Daqui a pouco isso passa e vai pensar no seu filho de modo diferente.

— Por que será que é preciso sofrer para aprender?

— O sofrimento faz parte da nossa evolução, quando não queremos aprender de forma branda. A pessoa que não sofre, não chora, não é sensível está longe da evolução, longe de entender os sentimentos, longe de amar a si mesmo e aos outros. Vamos lembrar que até Jesus chorou. Quanto mais rude, atrasado o espírito for, menos sensível ele é e a sensibilidade dos outros o incomoda. A tolerância, a paciência mostra a evolução de cada um. Toda crítica é ausência de tolerância. Quando criticarmos alguém, e isso acontece por força do hábito, devemos nos corrigir imediatamente. Depois pensar que se aquela pessoa faz aquilo, certamente tem algum motivo dentro da evolução dela. E nós, que estamos criticando, temos a oportunidade de nos elevarmos, primeiro, modificando o pensamento, corrigindo-nos. Segundo, desejando que aquela pessoa se acerte na vida, corrija-se, eleve-se para parar de fazer o que faz.

Tudo o que fazemos — prosseguiu — tem um propósito, tem uma razão, pois tudo o que realizamos é de acordo com o nosso crescimento moral, espiritual. Lembre-se de que sempre iremos ser chamados para prestarmos contas de nossos atos e pensamentos.

Rúbia ficou pensativa.

Estava mais calma e também mais consciente da suas responsabilidades. Apesar do orgulho ferido, do medo do futuro incerto, iria dar o melhor de si, encarando a vida de frente, fazendo conforme as palavras do Mestre, no folheto que encontrou na igreja: *vá e não erres mais*.

❧

Em sua casa, o senhor Salvador não se conformava com a situação de seus filhos.

Simone, a filha que deveria estar bem, tinha de ser forte para enfrentar o problema com o filho e isso era injusto aos seus olhos. Ele não aceitava o que Rúbia, sua caçula, havia feito. Além de se envolver com um homem casado, deixou-se engravidar. Isso era inaceitável. Não foi essa a educação nem o exemplo de vida que lhe deu. Quanto a Abner, estava inconformado. Seu único filho assumiu a homossexualidade e ele nunca iria perdoar-lhe por isso.

Principalmente quando bebia, tinha a companhia espiritual que o deixava ainda mais irritado.

— A vida é ingrata mesmo — dizia para a esposa. — Trabalhei todos esses anos. Lutei feito um condenado para criar meus três filhos... Agora, deu no que deu.

— Problemas e dificuldades não são privilégio dos nossos filhos não. Todo mundo enfrenta isso. Se você amasse os seus filhos, não teria feito o que fez a eles.

— A Simone tem todo o meu apoio, não fiz nada pra ela. Quanto a amar, eu amo. Só que do meu jeito. Não sou obrigado a aceitar pouca-vergonha, safadeza de ninguém. Não foi isso o que eu ensinei para eles. Deixaram de ser meus filhos quando começaram a viver no erro.

— Vivendo no erro ou não, ainda são meus filhos. Apesar de tudo de bom que ensinei para eles, se quiseram se desviar... ainda são meus filhos. Não vou apoiar coisa errada, mas vou respeitar e orientar no que eu puder.

O senhor Salvador nada disse. Continuou inflexível.

Com o passar dos dias, Rúbia retornou ao serviço.

Como orientada pelo irmão, ela procurava evitar o assunto sobre sua gravidez com os colegas. Estava constrangida e percebeu que ninguém sabia que o filho que esperava era de Geferson.

Certo dia, chamando-a para conversar, ele exigiu:

— Você é uma irresponsável! — exclamava em tom de sussurro para que outros não ouvissem. — Quer acabar com a minha vida! O que tem na cabeça? Livre-se dessa gravidez. Ainda está em tempo. Se quiser, eu pago tudo do melhor.

— Não vou fazer isso. É contra meus princípios. Não vou matar uma criança, principalmente sendo meu filho.

— Já sei! — disse irônico, irritado. — Quer pensão e se garantir pelo resto da vida. Você é bem espertinha.

— E você é um canalha! — atacou no mesmo tom.

Aproximando-se, sem que ela esperasse, pegou-a pelo braço e apertou com força, dizendo entre os dentes cerrados:

— Livre-se dessa gravidez, ou...

— Ou o quê? — reagiu puxando o braço, encarando-o.

— Vou perder a cabeça com você, Rúbia. Não sei do que sou capaz.

Ela sentiu-se estremecer. Um medo a invadiu, provocando-lhe uma sensação desagradável. Procurando ser firme, olhou-o com desprezo, virou-se e se foi.

Ao chegar ao banheiro, encontrou Talita.

— Tudo bem? — perguntou a amiga ao vê-la pálida.

— Estou tão... — calou-se. Abriu uma torneira, passou água no rosto e respirou fundo.

— Quer conversar, amiga?

Pegando toalhas de papel, a outra secou o rosto, encarou-a e desabafou:

— Não aguento. Deveria ter pedido demissão. Não suporto encontrar o Geferson.

— Por quê?

— Ele é o pai do meu filho — revelou.

Para Talita não foi tão grande surpresa. Ela já havia desconfiado do caso dos dois. Mesmo assim, admirou-se pela confirmação da verdade.

Aproximando-se da outra, fez-lhe um carinho, passando a mão em seu braço. Com voz suave e comovida, perguntou:

— Ele não quer o nenê, é isso?

— Isso mesmo. Além do que, eu queria me demitir, mas o Abner ficou me lembrando sobre as necessidades que vou ter com médico, hospitais, licença-maternidade... Por outro lado, meu irmão me fez ver que não posso ser um encargo para ele.

— Como assim?! Você está no apartamento dele?! — Rúbia relatou-lhe tudo e Talita se expressou: — Nossa! Que barra! — Após titubear um pouco, contou: — Você não é a primeira que o Geferson engana. Um tempo atrás ele fez o mesmo com outra funcionária. Eu soube que ela ficou grávida, mas depois tirou o nenê e foi demitida. O cara é um covarde.

— Estou com medo dele.

— Se você se sentiu ameaçada, acho melhor prestar queixa na delegacia.

— Ficou louca?!

— Não. Estou tentando abrir seus olhos.

— Ele não será louco a esse ponto.

— Rúbia, você pode não gostar de ler jornais, pois seu pai já lê e assiste a todos por você, mas é impossível não saber dos casos de

grande repercussão na mídia. Mulheres que morreram ou desaparece-
ram por culpa de seus amantes, namorados, maridos... Acredito que
elas também, assim como você, não consideraram o risco que corriam.
Aguentaram uma ameaça hoje, outra amanhã... Acho bom ficar esperta.
Homem assim é capaz de coisas terríveis, quando contrariado. Se eu
fosse você, iria à delegacia prestar queixa. Se está com vergonha, vá à
delegacia da mulher.

— E depois? Aí sim ele me mata.

— Se prestar queixa e disser que se sentiu ameaçada, o Geferson
vai ser chamado e interrogado a respeito. Não vai poder negar o que te
disse nem que apertou seu braço. Olha a marca — mostrou à amiga que
nem tinha visto. — Pode ser que ele fique com raiva, mas vai ficar esperto. Saberá que, se alguma coisa te acontecer, será o primeiro suspeito.

— Não tenho coragem de fazer isso.

— Precisa ter coragem para proteger sua vida e a vida de seu filho.
Converse com seu irmão. Acho que o Abner vai te orientar melhor.

— O clima aqui na empresa está péssimo. Todos perguntam, me
olham... Sinto uma coisa quando passo pelo Geferson... Nem consigo
trabalhar direito.

— Imagino. Porém penso que não deve se importar com o terro-
rismo que ele pode fazer. Pense em você, nos seus direitos trabalhistas.

— Não consigo me concentrar no trabalho.

— Procure fazer o que der. Será bom se esforçar, assim se distrai
e não fica com a mente fervilhando coisas inúteis.

— Por favor, Talita, não comente nada com ninguém sobre mim e
o Geferson nem sobre ele ser o pai.

— Lógico que não. Você é minha amiga.

❦

Envergonhada, Rúbia não prestou queixa sobre a ameaça e a agressão que sofreu.

Porém, com o passar dos dias, novamente sentiu-se intimidada.
Foi ameaçada. Teve o braço apertado e sofreu leve empurrão.

Chegando ao apartamento, contou ao irmão que a convenceu denunciá-lo e a acompanhou até a delegacia da mulher.

Mesmo constrangida, e até contrariada, ela registrou queixa contra Geferson, que ficou furioso ao saber, pois foi chamado para prestar esclarecimento. Contudo essa atitude de Rúbia o fez se afastar dela.

ॐ

Alguns dias se passaram e as irmãs conversavam calmamente no apartamento de Abner.

— Então foi isso. Ele ficou uma fera, mas se afastou de mim.

— Você vai procurar a esposa dele para contar tudo? — perguntou Simone.

— Pensei nessa possibilidade. Depois considerei que ela não tem nada com isso. Por que eu deveria procurá-la?

— O que pretende fazer? Registrar o filho no nome dele? Exigir pensão?...

— A princípio eu não queria nada. Porém pensei melhor e entendi que eu não fiz esse filho sozinha. O Geferson também tem sua parcela de responsabilidade. Além disso, eu não posso negar ao meu filho os direitos que ele tem. Não posso também esconder a sua origem e seu sobrenome. Devo fazer tudo às claras. Porém... Tem hora que penso em mim. Em cuidar da minha vida longe desse sujeito e quanto mais distante dele, melhor. Se fizer tudo o que a lei me permite: registrar em nome dele e pedir pensão, ficarei eternamente ligada ao Geferson. Isso eu não quero.

— É uma decisão bem séria. — Após refletir, perguntou: — E quanto ao pré-natal? Está fazendo direitinho?

— Estou — sorriu. — Ainda não dá para ver se é menino ou menina. Nossa! É tão emocionante escutar o coraçãozinho e vê-lo bater... Acho que foi aí que me dei conta de que sou mãe — deu uma risadinha e fez um gesto mimoso, encolhendo o ombro. Em seguida, indagou: — E o seu nenê? Como vocês estão?

— Bem, na medida do possível. O médico disse que só saberemos mesmo, quando ele nascer.

— E o Samuel?

— Cada vez mais distante, principalmente, depois que saiu de casa. A última vez que o vi foi no escritório do advogado há cerca de vinte dias. Nem para ligar e querer saber se eu estou bem. Isso dói tanto. Depois de todos esses anos juntos, creio que merecia mais consideração. Estou tão estressada, Rúbia. Minhas noites são inseguras, repletas de medo e muita solidão. Cada dia parece pior... Fico pensando tanto... Imaginando se terei forças para suportar tudo sozinha até o final. Seria bom ter o Samuel do lado, ajudando, incentivando, dando forças... Com certeza, tudo seria mais leve, menos triste. Sinto uma dor pior do que se eu tivesse ficado viúva, pois isso seria pela vontade de Deus. Entendi que perder alguém não ocorre só com a morte. Perder alguém é ter o outro distante sem estar preparada. Perder alguém é quando o outro vai embora e leva a segurança, a alegria, o apoio, a felicidade, a fé na vida, o amor, o equilíbrio. Perder alguém é ter um vazio enorme que nada preenche. É ter medo do amanhã. Isso é horrível. Pior do que a morte. Ao lembrar que o vi com outra, pensar que teve a capacidade de me trair, sinto-me um lixo, o que não sou. E a Marrie, tão baixa, tão leviana, por ser capaz de destruir um lar, fazê-lo me abandonar nessas condições. E quanto a ele... Uma criatura tão fraca, pobre... Hoje entendo que meu casamento já estava destruído, mesmo que eu não tenha percebido. Porém, diante das circunstâncias em que tudo se deu, acho que, pelo meu estado, pelo estado do nosso filho, ele poderia ter tido um pouco de bom senso, consideração comigo...

Simone estava sensível e emocionada. Acariciava levemente a barriga enquanto desabafava com olhar perdido em algum ponto do chão.

Nesse momento, Abner chegou em companhia de Davi, Cristiano, dona Janaína, Ricardo e seu filho Renan.

Surpresas, interromperam o assunto. Cumprimentaram a todos com expressiva alegria e Abner disse:

— Vamos a uma pizzaria e viemos buscar vocês.

— Eu já estava pensando em ir embora... — disse Simone.

— Para quê? Ficar sozinha. Nada disso. Vai conosco sim! — animou-se Davi, puxando-a para um abraço.

A noite foi animada e divertida.

Conversaram muito, o que deu uma trégua às preocupações e tristezas.

Simone acabou dormindo na casa do irmão, pois retornaram bem tarde.

No dia seguinte, ficou combinado de almoçarem na casa de dona Janaína. Rúbia e Simone se prepararam para chegar mais cedo a fim de ajudar a senhora.

— Não precisavam ter vindo cedo. Vou fazer algo bem simples. Nada trabalhoso.

— Mesmo assim, seria falta de educação não ajudá-la. Além do que, é muito prazeroso ficar em sua companhia — disse Simone.

Após o almoço, Abner, Davi, Cristiano e Ricardo começaram a jogar dominó em uma mesa no quintal, perto da churrasqueira. Estava um dia ensolarado e fresco, bem gostoso para se ficar à vontade.

Reunidas na sala, que estava com a televisão ligada, dona Janaína comentou:

— Gosto de ver minha casa assim movimentada. Isso traz muita alegria.

— O Cristiano parece bem melhor, não é mesmo? — observou Rúbia.

— Graças a Deus. Muito melhor — tornou a senhora. — Ele se abateu demais depois do acidente. Meu filho não era assim.

— Qual a idade do Cristiano? — quis saber Rúbia.

— O Cristiano tem vinte e nove e o Davi trinta e dois.

— Que curioso! — Rúbia achou graça. — Eu tenho vinte e nove e a Simone tem trinta e dois.

— É mesmo! Que coincidência — concordou Simone.

— O Cris é novo. Tenho certeza de que vai encontrar o prazer de viver novamente. Às vezes, eu acho que ele era muito apegado à Vitória. Namoravam desde o ensino médio. Fizeram faculdade juntos. Uma vez eles se separaram por um ano e meio. Nesse tempo, o Cris namorou outra menina, mas não deu certo. Voltou a namorar a Vitória. Ficaram noivos. Montaram uma casa e decidiram casar. Tudo aconteceu quando entregavam os convites de casamento. Meu filho nunca foi dependente. Tomava decisões sozinho. Era um homem completamente diferente. Logo após o acidente, ele nem se lembrava do próprio nome. Fiquei louca quando não me reconheceu. Foi tão difícil. Achei que nunca mais fosse se recuperar. Durante a parte mais árdua do tratamento, cirurgias, fisioterapias e um pouco depois, ele ficou muito depressivo. Não parecia meu filho. De uns tempos para cá, melhorou bastante. Agradeço tanto a Deus por isso.

— Dona Janaína, como espírita, a senhora já pensou na possibilidade de ser o espírito da noiva que o incomodou ou incomoda? — supôs Simone com jeitinho.

— Já pensei nisso sim, filha. A Vitória era uma moça espiritualizada, mas não sei não...

Enquanto conversavam, não podiam ver, mas o espírito Vitória estava presente.

Quando encarnada, foi uma moça alegre, espirituosa, interessava-se por assuntos espíritas e espiritualistas. Tinha conhecimento da Doutrina Espírita. Porém, muitas vezes, a prática é diferente da teoria. Ao desencarnar subitamente, o espírito Vitória foi socorrido e levado a um posto de socorro na espiritualidade, onde despertou confusa. Ficou extremamente triste ao entender que estava desencarnada.

Inconformada, não conseguia pôr em prática tudo o que havia aprendido no espiritismo. Tamanha foi sua incompreensão que se atraiu para junto dos encarnados, mais especificamente, para perto de Cristiano.

O rapaz, muito chocado com o ocorrido, sensível pelo trauma sofrido, deixou-se envolver pelas vibrações tristes e desorientadas do espírito Vitória. Isso fez com que os fluidos pesarosos e confusos desse espírito o desorientassem e o arrastassem para profundo desequilíbrio, tornando-o temeroso, inseguro para tomadas de decisões, gerando o pânico e o estado depressivo, tão doloroso e difícil de se libertar.

Cristiano perdeu a esperança por causa da tristeza que Vitória lhe passava, dizendo que nada valeu a pena, que tudo o que haviam feito foi perdido, não teve valor.

Quando o rapaz quis ajudar Simone, pois se comoveu com sua situação, ele como que quebrou a redoma de energias pesarosas na qual se permitiu colocar. Nesse momento, desviou os pensamentos das aflições psíquicas, emocionais e se concentrou no auxílio ao próximo.

Para isso, precisou vencer a si mesmo. Vencer a resistência que criou para algumas situações. Em outras palavras, Cristiano encarou o medo, a insegurança e agiu, apesar do que sentia.

Não era fácil para ele, porém insistiu. Queria libertar-se das amarras, da prisão mental que o escravizava com tanto desespero e dor, que só ele sabia.

Mesmo assim, o espírito Vitória ainda se prendia ao plano dos encarnados, junto a ele.

— Estão falando como se eu não estivesse aqui. Tudo o que dizem do plano espiritual não é verdade. Aqui não se liberta das dores, do desgosto, das amarguras. A angústia é imensa... É muita dor. Não tenho para onde ir nem com quem ficar. Eu queria estar aí, com vocês.

Enquanto isso, dona Janaína dizia:

— Eu comecei a orar muito por Vitória. Ela sempre foi uma boa menina. Mas não sei... Oro sempre por ela. Peço luz para o seu entendimento e amor ao seu coração.

— Eu tenho amor. Amo o Cris — tornou o espírito Vitória como se pudesse ser ouvida.

— Se ela está ao lado do meu filho, é preciso que entenda sua nova condição e aceite seguir em frente. Cheguei a conversar com os pais dela, mas eles acham que a Vitória e o Vanilson, irmão dela que também morreu no acidente, estão bem, em lugar elevado.

— São espíritas? — interessou-se Simone.

— Sim, são. Por mais que se tente ter uma ideia de como é, não sabemos a dor que se experimenta quando se perde um filho. Entendo que eles desejem e imaginem, intensamente, que seus filhos estejam bem. Aprendemos com Allan Kardec, o codificador da Doutrina Espírita, mais especificamente em *O Livro dos Espíritos*, que para o desencarnado Deus não criou lugares predeterminados como céu, inferno ou purgatório. Sabemos sobre a capacidade mental que todos temos, encarnados e desencarnados. Para o espírito desencarnado, mais ainda, pois está livre da pesada e complicada matéria corpórea. Basta ele pensar para se locomover no espaço ou manipular fluidos espirituais com o emprego da vontade, do pensamento, para modelar e formar o que desejou consciente ou inconscientemente. Assim sendo, independente do conhecimento obtido quando encarnado, um espírito, insatisfeito com seu desencarne, ou que se prende a alguma situação não resolvida aqui, não consegue ir para planos mais elevados. Não evolui. Não aprende nem se aperfeiçoa e sofre.

— Eu li no livro Nosso Lar, psicografado por Chico Xavier, pelo espírito André Luiz, que os espíritos podem ficar no Umbral ou em colônias. O autor do livro fala inclusive de Postos de Socorro, na espiritualidade. Agora a senhora me diz que a Doutrina Espírita explica que Deus não criou lugares predeterminados como céu, inferno ou purgatório. Então, o que é dito no livro Nosso Lar não vai contra o que o codificador nos mostrou? — interessou-se Simone.

— O espírito André Luiz jamais disse que o Umbral, as Colônias espirituais ou mesmo os Postos de Socorro foram estruturas criadas por Deus e que são lugares destinados para penas ou recompensas de um espírito. André Luiz descreveu esses lugares como aglomerados de sintonias mentais. Em outras palavras, é a união de mentes, espíritos ou personalidades simpáticas, com as mesmas ideias e pensamentos, com a mesma energia, com as mesmas intenções. Logo o Umbral não deixa de ser a reunião de mentes que ainda sofrem. São criaturas que se prenderam ao corpo físico ou ao plano material, ou ainda são inconformadas com o que deveriam ter deixado para trás. Trata-se de criaturas intolerantes, preconceituosas, egoístas, orgulhosas, sem fé em um Deus bom e justo. Assim, como as colônias mais evoluídas, como é o caso da Colônia Nosso Lar, são coletividades criadas por espíritos mais esclarecidos, bondosos, amorosos, interessados em evoluir e auxiliar os necessitados, os desorientados — explicou, sabiamente, a senhora.

— Mas o espírito André Luiz relata que a colônia Nosso Lar tem muros de proteção, tem prédios... Ele, verdadeiramente, descreve uma cidade com água e tudo mais — tornou Simone. — Como isso é possível? Afinal, as construções que temos aqui na Terra são feitas pelas mãos dos homens e o que não é feito pelo homem é proporcionado pela Natureza como a água, por exemplo. O ser humano só a recolhe e trata, nada mais.

— Se você se interessa mesmo... — A senhora se levantou, foi até a estante, pegou *O Livro dos Espíritos* e voltou. — Quer ver... Estive lendo ontem mesmo... — procurou um pouco e disse: — É aqui. A pergunta 279 diz: *Todos os espíritos têm acesso, reciprocamente, uns junto aos outros?* E a resposta é: *Os bons vão por toda parte e é necessário que assim seja para que possam exercer sua influência sobre os maus. Mas as regiões habitadas pelos bons são interditadas aos imperfeitos, a fim de que não levem a elas os distúrbios das más paixões.* Veja que interessante, aqui, em *O Livro dos Espíritos*, afirma que existem regiões, no plural. Isso quer dizer que não há um lugar, mas sim vários lugares habitados pelos bons espíritos e essas regiões são interditadas aos espíritos imperfeitos. Essa interdição, essa proibição, tem que ser feita de alguma forma, com muros, por exemplo. Nada mais natural do que a existência de uma barreira, como os muros, para se fazer entender o limite, a proibição aos espíritos imperfeitos ainda.

— Desculpe-me, dona Janaína, sei bem pouco sobre espiritismo. Se puder me explicar... Entendi que pode haver muros ou limites para os espíritos não evoluídos. No entanto, como podem esses muros, a água e outras coisas serem feitas, confeccionadas na espiritualidade? — insistiu Simone, desejosa em aprender.

— Bem, minha querida, eu penso que você acredita existir um Fluido Universal que nem sempre nós, encarnados, podemos ver. Esse fluido é fluido. Também, aqui, em *O Livro dos Espíritos*, nos é ensinado que esse fluido existe em várias modificações. A questão

27-a, nos ensina que a eletricidade, por exemplo, é uma modificação do fluido universal e que este é uma matéria mais perfeita, mais sutil. Em outro livro da Codificação Espírita, *A Gênese...* — levantou-se, pegou o exemplar e retornou ao seu lugar, continuando — Está aqui. No capítulo XIV — item 14 — diz que: *Os Espíritos atuam sobre os fluidos espirituais, não os manipulando como os homens manipulam os gases, mas empregando o pensamento e a vontade. Para os Espíritos, o pensamento e a vontade são o que é a mão para o homem. Pelo pensamento, eles imprimem àqueles fluidos tal ou qual direção, os aglomeram, combinam ou dispersam, organizam com eles conjuntos que apresentam uma aparência, uma forma, uma coloração determinadas; mudam-lhes as propriedades, como um químico muda a dos gases ou de outros corpos, combinando-os segundo certas leis. É a grande oficina ou laboratório da vida espiritual. Algumas vezes, essas transformações resultam de uma intenção; frequentemente, são produto de um pensamento inconsciente. Basta que o Espírito pense uma coisa, para que esta se produza, como basta que modele uma ária, para que esta repercuta na atmosfera.* Mais à frente continua: *"Por efeito análogo"*, ou seja, por semelhança, *o pensamento do Espírito cria fluidicamente os objetos que ele esteja habituado a usar. Um avarento manuseará ouro, um militar trará suas armas e seu uniforme; um fumante, o seu cachimbo; um lavrador, a sua charrua e seus bois; uma mulher velha, a sua roca. Para o Espírito, que é, também ele, fluídico, esses objetos fluídicos são tão reais, como o eram, no estado material, para o homem vivo.* Então veja, se um espírito bastante imperfeito consegue criar mentalmente seu ouro, suas joias, as armas com que matava, uma haste de madeira para se enrolar um fio, imagine um espírito consciente, elevado, instruído? Uma entidade desse nível é capaz de mentalizar coisas muito mais importantes e necessárias para o bem-estar coletivo como muros de proteção, descarga elétrica, água, moradias, abrigos...

— Nossa! Que aula! Isso explica tudo — disse Simone sorrindo. — Sempre tive curiosidade a respeito disso tudo, mas nunca encontrei quem me explicasse ou me mostrasse, na Codificação Espírita, justificativa perfeita.

— É bom lembrar que são os espíritos elevados os capacitados para as grandes obras coletivas, a fim de auxiliarem os demais. No caso da colônia Nosso Lar, eram preciso muralhas para que os espíritos inferiores e não esclarecidos não perturbassem os que estavam ali para serem socorridos, esclarecidos e a trabalho em prol da humanidade. Nas colônias espirituais, também é necessário a água e o alimento. Penso que ninguém, psicologicamente falando, seja capaz de entender que não precisa de água nem comida do dia para a noite, só porque morreu, desencarnou. Os espíritos desencarnados também têm necessidades energéticas, fluídicas, assim como o corpo de carne tem necessidade de proteínas e outros nutrientes. Por isso, acredito que a água existente em Nosso Lar e outras colônias elevadas, seja criada por espíritos elevadíssimos, uma vez que precisa ser pura, saudável, medicamentosa, salutar. Somente uma mente pura e saudável é capaz de tal criação.

— Entendo — sorriu satisfeita. — É que ouvi uma colega espírita dizer que não concordava com outros companheiros espíritas que acreditavam na criação de objetos, água, roupas e outras coisas, na espiritualidade, porque o codificador, Allan Kardec, não mencionou nada a respeito. Nunca viu um trecho de Kardec falar sobre construções e alimentação.

— Essa sua amiga ignora muita coisa. Ela precisa estudar a Doutrina melhor antes de falar coisas assim. Isso mostra sua ignorância. — Enquanto revirava as folhas de um caderninho que estava entre os livros, dona Janaína encontrou o que procurava e disse: — O estudo da Doutrina Espírita não pode se limitar aos cinco livros da Codificação. Eu e outros companheiros de estudos lá do centro temos algumas anotações importantes, principalmente para casos de pessoas espíritas que dizem não existir menções de Kardec sobre a existência de tudo o que o espírito André Luiz relatou no livro Nosso Lar. Veja... Aqui está. Allan Kardec fez uma coletânea chamada *Revista Espírita*. Hoje temos todas as Revistas Espíritas, de Kardec, editadas em livros desde o ano de 1858 a 1869. Cada uma respectiva ao ano de suas pesquisas, experiências, acontecimentos... E na *Revista Espírita* referente ao ano de 1859 — mês de setembro, existe a "Confissão de Voltaire", e um comentário do célebre cardeal inglês, Wolsey, do tempo de Henrique VIII, em que o cardeal Wolsey relata: *Foi assim, já disse, como zombeteiro e lançando um desafio, que abordei o mundo espírita. A princípio fui conduzido longe das habitações dos Espíritos e percorri espaço imenso. A seguir foi-me permitido lançar o olhar sobre as construções maravilhosas, habitadas pelos Espíritos e, com efeito, pareceram-me surpreendentes. Fui arrastado aqui e ali por força irresistível. Era obrigado a ver, e ver até que minha alma ficasse deslumbrada pelos esplendores e esmagada ante o poder que controlava tais maravilhas.* — Leu pausadamente para que se compreendesse. Olhou-a atenta, depois prosseguiu: — A respeito da existência de alimento e flor, nas obras de Kardec, é na *Revista Espírita* de 1861 — mês de Março — sobre Henri Murger, em uma seção espírita, com colegas da Sociedade. O relato foi: *Maior é o espaço dos céus, maior a atmosfera, mais belas as flores, mais doces os frutos e as aspirações são satisfeitas além mesmo da ilusão.* Esses relatos nós podemos encontrar nas publicações de Kardec, na *Revista Espírita*, onde lemos a respeito de construções, flores, frutos doces... Tudo o que encontramos no livro Nosso Lar, do espírito André Luiz, psicografado por Francisco Cândido Xavier. Talvez sua amiga não conheça muito as obras de Kardec, mas não importa, acredite na evolução e ela chegará lá — sorriu.

— Ai!... Estou maravilhada — sorriu Simone. — Não sou do tipo de ter fé cega. Li o livro Nosso Lar, li *O Livro dos Espíritos, O Evangelho Segundo o Espiritismo* e achei que conhecia o suficiente. Porém, entre os comentários de alguns espíritas, ficava com dúvidas sobre esse assunto.

— Falta humildade em algumas pessoas. Por isso discutem. Talvez queiram ficar por cima, mas, infelizmente, não têm bastante conhecimento. O mais importante não é o que temos nos livros , é o que temos nos nossos corações. Por isso é necessário, antes de combatermos qualquer coisa, termos conhecimento profundo sobre ela. No caso da Doutrina Espírita, é fundamental lembrar que ela é ciência e filosofia como nos ensina Allan Kardec na introdução de *O Livro dos Espíritos*. Devemos, então, lembrar que toda ciência começa pequena, pois a ciência sempre nasce com uma quantidade de conhecimento limitada, na época em que surge. Só depois de muita exploração, ela cresce, amplia e se desenvolve. Veja o caso da Medicina, por exemplo, quando surgiram algumas descobertas, eram grandiosas para a época, mas, nos dias de hoje, sabemos que os conhecimentos eram pequenos e até falhos. Com o decorrer dos anos e dos séculos, após experimentos e pesquisas, muitas coisas se modificaram na Medicina. Novidades apareceram e tudo foi aperfeiçoado e sabemos que ainda há o que se aperfeiçoar. O espiritismo é uma ciência, portanto, ele também tende a experimentar descobertas como as que o espírito André Luiz e tantos outros nos trazem. O que o codificador da Doutrina Espírita, Allan Kardec, trouxe foi a ponta do *iceberg* de tudo o que existe no mundo invisível. Os próprios espíritos que colaboraram com as obras da codificação, em outras palavras, disseram-nos que havia coisas que nossa capacidade estava longe de entender. ·

— É interessante o que a senhora me diz. Agora, pensando melhor, não entendo, por que alguns espíritas não querem que a ciência do espiritismo se amplie e desenvolva-se com novas descobertas sobre o plano espiritual?

— Alguns querem provas materiais sobre o mundo sutil da espiritualidade, mesmo tendo aqui, no plano físico, coisas que não conseguimos estudar ou entender.

— Coisas como o quê?

— A eletricidade, por exemplo. Outro dia, no grupo de estudos espíritas do qual participo, falamos muito a respeito disso. Eu entendi que não conseguimos isolar em um tubo de ensaio e guardar, simplesmente, a eletricidade, para ser estudada. No entanto, ela existe. Eu digo que nós a vemos e sentimos — riu —, e como sentimos. Mas não podemos engarrafar essa força, esse fluido. Assim como não podemos pôr em um microscópio para estudar, o que existe no mundo dos espíritos. Sabe filha, não devemos ficar discutindo com pessoas por causa disso ou daquilo. Muitas vezes, um quer ter mais razão do que o outro.

Tomemos como exemplo nosso querido Chico Xavier, que nunca discutiu por nada nem com ninguém. Ele só cumpriu sua missão. O que vale é a confiança de fazer e sentir a coisa certa, amando a Deus e aos nossos irmãos.

— Eu entendo que o plano espiritual não é diferente daqui.

— Não, Simone. Lá, o mundo é real. Não dá para sermos falsos. Não podemos esconder quem realmente somos nem o que pensamos nem o que temos como desejo em nosso coração. Não podemos ser egoístas ou orgulhosos, descobrimos que precisamos uns dos outros até para evoluir.

— Começamos esse assunto por causa da Vitória — disse Rúbia, que até então ouvia atentamente. — Também li o livro Nosso Lar e entendi que alguns espíritos que não estão preparados para a morte, como o André Luiz, vão para o Umbral. A senhora acha que a Vitória está no Umbral?

A mulher suspirou fundo, ofereceu suave sorriso, refletiu e respondeu com a mesma serenidade de sempre:

— A palavra Umbral significa soleira, portal. Esse termo não foi usado na Codificação Espírita, mas sim pelo espírito André Luiz, a partir de seu primeiro livro, Nosso Lar, para nós podermos compreender o que ele falava. Eu entendo, por Umbral, o limite entre os dois mundos: o dos vivos — dos encarnados — e o dos espíritos — dos desencarnados. A Doutrina Espírita diz que todos, ao desencarnarmos, passamos por um estado de perturbação; uma espécie de confusão mental. Alguns espíritos ficam nesse estado por alguns minutos; outros, por horas e outros, por anos. Eu entendo que estar no Umbral tem muito a ver com esse estado de perturbação de que a codificação nos fala. Penso que, ao desencarnar, quando o espírito está nessa soleira, nesse portal, e não entende ou não aceita sua nova condição, ficando em um estado de perturbação, ele está em uma espécie de portal ou umbral, pois está bem próximo da crosta terrestre, mas não está encarnado. Então ele permanece entre esses dois mundos. Por estar contrariado com seu desencarne, não ter esclarecimento, fé em Deus, nem acreditar em vida após a morte, ele sofre e, às vezes, sofre muito. Alguns espíritos, como o caso do espírito André Luiz, que enviou inúmeros relatos bastante esclarecedores, contam que o sofrimento em demasia é gerado pela consciência da própria criatura que se cobra, exatamente, tudo o que ela fez ou deixou de fazer. As Leis de Deus são imutáveis para todos. O Pai não protege um mais do que ao outro. O orgulho, o egoísmo, a falta de caridade e todas as nossas ações erradas vão se transformar em dores na alma e, muitas vezes, no corpo espiritual. Esses espíritos se aglomeram por atração psíquica, em certa região, e ali padecem, se punem. São regiões extremamente tristes. Outros espíritos que não fizeram nada de mal, porém não se espiritualizaram o suficiente, mesmo tendo oportunidade para isso ou ficaram inconformados com seu desencarne, também podem se prender na crosta terrestre, geralmente junto da família. Experimentam grande dor mental. Não se elevam. Provavelmente, não vão para aglomerados ou regiões extremamente tristes e de sofrimento, porém não deixam de estar, de certa forma, perturbados no Umbral, na soleira entre os dois mundos, pois não podem mais viver encarnados, como querem e não têm condições psíquicas de elevação para irem para uma colônia mais elevada. O que pode acontecer, então, é o espírito ficar muito ligado à família ou a um encarnado que goste muito. Sendo assim, ele suga as energias fluídicas do encarnado, gerando fluidos pesarosos, ou seja, energias negativas que são captadas e entendidas pelo encarnado como uma vibração de dor, de infortúnio. Isso dá origem a pensamentos profundamente tristes. Origina, de uma forma mais intensa, o desespero, o pânico, a ansiedade, a depressão, as neuroses e outras coisas. Se o encarnado não reagir, não se elevar, não mudar os pensamentos, não atuar e se entregar a ideias inferiores, essa ligação com o desencarnado pode lhe causar doenças no corpo físico que surgirão por causa dos fluidos espirituais manipulados, inconscientemente, pelo desencarnado, que fica lamentando seu destino e sua condição.

— É por isso que não devemos reclamar da vida ou de doenças — disse Simone.

— Exatamente, filha. Quando adquirimos o vício de reclamar atraímos até desencarnados que nunca conhecemos e gostam de reclamar, gostam de tristeza, de dor, de falar sobre coisas tristes, tragédias, desgraças e tudo o que é ruim. Isso é atração mental.

— Então a senhora acha que a Vitória está no Umbral? — insistiu Rúbia.

— Como eu disse, é uma ótima menina. Tinha conhecimento espiritual, mas não tanta atenção à vida espírita como poderia. Isso é comum por causa da pouca idade. Era uma moça que tinha sonhos. Pensava muito no futuro. Estava empenhada no casamento e, provavelmente, tudo isso deixasse seu coraçãozinho longe de Deus. Penso que ela pode ter se revoltado com o irmão que, talvez, tenha sido imprudente. Se bem que não podemos julgar o rapaz, pois não estávamos lá para ver. Quem sabe ela também não se conformou por ter a ideia de um futuro cheio de prosperidade, afinal, tinha uma boa profissão, ia se casar em menos de um mês... Isso tudo pode ter deixado essa menina muito descontente ou até revoltada.

— Apesar do conhecimento que tinha? — tornou Rúbia.

— Sim. Talvez ela acredite que desencarnou cedo demais. É provável que esteja ao lado do Cris e se apegando a ele que também, triste e contrariado com o que aconteceu, ofereceu a vibração perfeita para Vitória continuar no estado em que está.

— Não sei se entendi — disse Rúbia.

— Filha, é assim: se você está orando, pedindo a Deus muita luz e paz no seu caminho, no caminho de outras pessoas, espiritualmente falando, quem você acha que está ao seu lado nesse momento de prece?

— Seria muita pretensão eu pensar que é Deus ou meu anjo de guarda?

— Você está certa. Não é pretensão alguma. Algum emissário de Deus vai estar ao seu lado, com certeza. Agora, se você está triste, chorando, reclamando, sentindo raiva, desejando vingança, desejando o mal, acha que seu anjo de guarda ou algum espírito esclarecido e elevado vai estar ao seu lado?

Ela sorriu e respondeu:

— Não. Lógico que não.

— Provavelmente seu mentor ou anjo da guarda esteja ao seu lado nesse momento tentando protegê-la, pois ele respeita o seu livre-arbítrio. Certamente um espírito elevado e amigo lhe enderece bons pensamentos, boas vibrações, esperando que reaja às más tendências, mas ele não vai ficar muito tempo ao seu lado se insistir em ideias e pensamentos inferiores.

— Nesses últimos dias, junto da senhora e dos seus filhos, aprendi muito — tornou Rúbia, esboçando leve sorriso. — Eu estava tão desorientada quando os conheci. Era fácil odiar, esbravejar, pensar tudo de ruim. No entanto, aprendi que devo amar ao próximo, desejar o bem aos inimigos, ter bons pensamentos. — Ofereceu um sorriso irônico e concluiu: — Bem... pelo menos aprendi, pôr em prática é outra coisa. Mas vou tentar.

— Bons pensamentos são muito importantes, filha. Acho que o principal culpado por Cristiano estar assim, é ele mesmo. Com certeza, meu filho não aceitou o que aconteceu. Ficou revoltado consigo mesmo por ter pedido que a noiva usasse o banco da frente. Culpou o irmão dela pelo excesso de velocidade. Isso tudo mostra falta de fé nos desígnios de Deus. Sei que é difícil aceitar, mesmo assim devemos considerar que o Pai não falha. Não erra. Se não acontecesse naquele dia, naquelas circunstâncias, seria em outro momento. Era para acontecer. Deus não dorme. O que precisamos, vamos experimentar.

A aproximação de Abner e dos demais interrompeu a conversa.

Ricardo, abraçado ao filho, decidiu:

— Precisamos ir.

— Vou fazer um café.

— Não para mim, dona Janaína. Obrigado. Eu e o Renan vamos ao *shopping*. Ele quer um tênis novo e, talvez, até dê para pegar um cinema.

— Nós também precisamos ir — disse Abner.

— É mesmo. Tenho algumas coisas para arrumar. Amanhã é segunda-feira... — concordou Simone.

— Na semana, vou novamente visitar a instituição — comentou Cristiano olhando para Simone.

— Gostei muito do trabalho realizado lá. Eu até gostaria de ir novamente... — tornou ela com sorriso simpático, como se aguardasse o convite.

— Se quiser me acompanhar... — tornou ele.

— Você me liga um dia antes? Se não tiver nada agendado, eu vou. Estou aguardando o advogado me ligar para cuidarmos de alguns detalhes do meu divórcio. Talvez eu tenha de ir até o escritório dele.

— Entendo. Não sei em que dia vou. Pode deixar que ligo sim.

Todos decidiram que era hora de ir. Despediram-se e se foram.

12

A união de Abner e Davi

APÓS TODOS irem embora, Cristiano sentou-se em uma poltrona na sala e passou a assistir à televisão em companhia de sua mãe.

O programa exibia feitos espetaculares, incluindo veículos e motocicletas que subiam por rampas e saltavam sobre carros. Recordes de distância eram batidos. Em dado momento, um automóvel fez uma manobra mal calculada, saiu da rampa e capotou. Para a sorte do piloto, nada aconteceu de mais grave a não ser o susto.

Nesse momento, o espírito Vitória, junto a Cristiano, recordou:

— Foi algo assim que aconteceu com a gente. Isso nos separou. Acabou com a nossa felicidade e... — chorou agarrada a ele. — Íamos nos casar. Teríamos tanta coisa para fazermos juntos. Tantos planos...

Imediatamente Cristiano experimentou uma sensação desagradável. Lembrou-se do acidente, da noiva, das cirurgias, das dores da recuperação, enquanto um medo pavoroso o invadiu.

Sentando-se rapidamente na beirada da poltrona, abaixou a cabeça colocando os cotovelos nos joelhos e entrelaçando as mãos frente ao corpo. Achou que fosse desmaiar. Um desespero o dominou e esfregou o rosto num gesto aflitivo.

— Tudo bem, filho? — perguntou a senhora mansamente.

— Fazia algum tempo que não me dava isso... — murmurou. — Acho que foi por causa do acidente que vi na TV.

— Não sou entendida disso, mas acho que não pode fugir de tudo quando se sente mal. Para vencer o medo de voar de avião, deve-se voar para perder esse medo. Se você se impressiona com cenas de acidente, não deve evitar ver TV e, ocasionalmente, assistir a uma cena dessa.

— É que dá um desespero tão grande. Estou suando. Sinto um tremor horrível. Um medo incontrolável.

Ele se levantou. Ia para o quarto quando a mãe sugeriu:

— Vamos dar uma volta, Cristiano? Não vá se enfurnar naquele quarto. Precisa reagir e agir quando te der essa coisa. Assim seu cérebro vai entender que deve trabalhar normalmente quando vir algo que o lembre do acidente ou o entristeça pelos planos que foram interrompidos. Vamos caminhar um pouco — insistiu a mãe.

— Vamos sim. Vou por um tênis.

— Eu também — disse a senhora.

Enquanto caminhavam, dona Janaína puxava um assunto e outro ocupando a atenção do filho com conversa corriqueira e salutar. Depois de algum tempo, comentou:

— Filho, quando começou a reagir, ir até a instituição, voltou ao centro espírita e até dirigiu! — riu ao enfatizar. — Você melhorou. Reparou nisso?

— Reparei sim — sorriu concordando. — Naquele dia em que precisei dirigir o carro da Simone — sorriu —, pensei que fosse me dar um colapso.

— Mas não deu colapso algum. Você enfrentou seu medo. Quando enfrentamos o que nos assusta, descobrimos que somos mais fortes e ficamos satisfeitos.

— Não sei por que, andar me faz bem quando entro em pânico. Embora a minha vontade seja de correr para o quarto e ficar sozinho.

— Eu penso, filho, que quando você anda, ocupa sua mente com coisas que vê e te distraem, te dão ideias. Talvez um espírito que esteja te passando pensamentos tristes, não consiga te acompanhar.

— A senhora acha que eu posso estar com esse estresse pós-traumático, essa síndrome do pânico, por causa de algum obsessor?

— Não exatamente. Eu acredito que o acidente deixou você aterrorizado. Depois extremamente triste e infeliz pela morte da Vitória, por seus planos interrompidos... Teve de fazer cirurgias dolorosas, enfrentar a recuperação lenta e também dolorosa. De alguma forma, decepcionou-se com tudo. Perdeu a fé. Ficou contrariado com a vontade de Deus. A verdade é que ficou confuso, desgostoso e em conflito.

— Por que diz que fiquei em conflito?

— Porque precisou enfrentar o dilema de não saber o que fazer quando viu seus planos lançados por terra. Veja, filho, você sempre achou que Deus era bom e justo. Sempre teve uma vida boa. De repente, achou que o Pai falhou, ao se ver sem saída. Isso é um conflito. Chamam o que sente de estresse pós-traumático, síndrome do pânico, dão o nome de transtorno disso ou daquilo, porém eu penso que isso desarmonizou sua mente. Você ficou confuso, contrariado, descontente. Foi o desespero que deixou sua mente doente. Assim como o nosso estômago pode ficar doente por causa de uma gastrite; os pulmões, doentes por uma pneumonia, a nossa mente fica doente por excessos de sentimentos e pensamentos ruins como a raiva, o ódio, a contrariedade, os conflitos, o desespero. Pense comigo, quando comemos o que não devemos e adoecemos o estômago ou o intestino, nós corrigimos a nossa alimentação. Tomamos cuidado com o que vamos ingerir, pois só assim vamos nos recuperar. Quando adoecemos dos pulmões ou comprometemos as vias aéreas, para nos curarmos tomamos cuidado com a friagem, com ar poluído, com os fungos e ácaros que podemos respirar. Esses cuidados fazem com que nos curemos. Agora, se sua mente está doente qual é o alimento, qual é o cuidado que você deve tomar para recuperá-la?

— O alimento para a mente é o pensamento bom, tranquilo, harmonioso...

— Além disso, filho, tem a fé em Deus. Acreditar que tudo o que te aconteceu é para você se elevar, crescer moral e espiritualmente é importante. Não foi Deus que fez isso com você. Foi você mesmo que se colocou nesse estado.

— Por que eu me colocaria neste estado, mãe?

— Para mudar sua forma de agir e pensar. Para ser mais brando, tranquilo, harmonioso. Eu creio que, quando há fé inabalável, nós não temos depressão, síndrome do pânico, ansiedade, neuroses e tantas outras doenças da alma.

Cristiano ficou refletindo por longo tempo enquanto caminhavam em silêncio absoluto.

Bem depois, perguntou:

— Mãe, a senhora não respondeu. Acha que estou tendo esse pânico por causa de um obsessor?

— O obsessor sozinho não é capaz de fazer esse estrago todo nem em você nem em ninguém. A pessoa é quem baixa sua própria vibração. É ela quem entra no desespero, deixa de ter fé e amor em Deus e se iguala à mesma faixa vibratória do obsessor ou de um espírito contrariado, revoltado, que não precisa ser, exatamente, um obsessor.

— Nunca pensei em contar isso, mas... — Breve pausa e desabafou: — Algumas vezes cheguei a pensar que a Vitória não aceitou muito bem tudo o que aconteceu e está me induzindo a ter algum pensamento que dispara essas sensações, esse desespero, esse pânico e ansiedade que sinto. Nunca fui assim.

— Se ela não aceitou e está desesperada, triste, com certeza, você está no mesmo nível dela. Por isso, quando entram em sintonia, você fica assim. Quando saiu da sintonia, reagindo, indo à instituição, ajudando a Simone, dirigindo, enfrentando a vida, apesar do que sentia, você saiu da sintonia, da vibração, dos pensamentos ruins. Se isso for provocado pela Vitória, a culpa também é sua, pois está no mesmo nível.

Cristiano parou, abriu um largo sorriso e declarou:

— Nenhuma sessão de terapia me fez tão bem ou me deixou tão esclarecido como essa conversa. Obrigado, mãe.

— Não quero jogar um balde de água fria na sua animação, porém é bom lembrar que você não ficou assim depressivo, em pânico só por causa do acidente. Com certeza, antes do acidente, você tinha muitos conceitos errados sobre a vida. Achou que nada de ruim, nunca, iria acontecer para perturbar sua felicidade. Isso é arrogância, ou falta de visão sobre a vida. Não será assim, de repente, que vai sair desse estado. Vai precisar mudar sua forma de pensar, de agir e de reagir. Lembre-se de que muita gente sofre acidentes graves e isso não significa nada. Para essas pessoas será mais uma história para contar aos amigos. Você precisa mudar, filho. Nada muda se você não mudar.

— Entendi. Quando vier a sensação de depressão, pânico, ansiedade ou aquela impressão de que alguma coisa vai acontecer, devo medicar-me, mentalmente, orando, tendo fé, procurando fazer coisas úteis.

— Isso mesmo, Cris. Além disso, ore muito pela Vitória.

— A senhora acha que...

— Não acho nada, Cristiano. Mas a prece é sempre algo muito bom. Ela nos liga a espíritos elevados. E nunca vai fazer mal a ninguém nem a quem recebe ou a quem faz essas vibrações boas de uma oração.

Cristiano animou-se. Sorriu e enlaçou o braço no ombro da mãe, beijou-lhe rapidamente a cabeça e continuaram andando.

❧

Samuel, já havia saído da casa onde morava com a esposa. Então, para não ficar sozinha e vendo que sua irmã não estava tão à vontade no apartamento de Abner, Simone decidiu chamá-la para viver em sua casa.

Em conversa, enquanto lhe indicava o quarto e onde colocar suas coisas, dizia:

— Pode usar essa parte do armário. Esse lado aqui — mostrou —, ainda tem algumas coisas do Samuel.

Rúbia parou, sentou-se na cama de solteiro e falou meio desconsolada:

— Uma vez eu estava conversando com o Abner e, aproveitando uma crítica do pai, fui contra as mulheres ou os casais que não planejam filho e os coloca no mundo sem antes terem uma casa, um bom emprego... Agora, veja minha situação. Certamente após eu ter o nenê, vão me demitir. Não tenho casa nem sei o que fazer depois.

— Não há como fugir do que precisamos experimentar. Veja o meu caso: planejei tudo. Hoje estou sem marido, à espera de um filho com as incertezas de nascer ou não, de ter problemas... — seus olhos lacrimejaram. Simone respirou fundo e desfechou: — Isso não estava no meu controle. Não planejei. Entendo que devemos e precisamos planejar nossa vida para termos um futuro mais estabilizado, porém tem situações que precisamos experimentar. Temos de provar. Isso mostra que não temos o controle de tudo. Precisamos é ter fé em Deus em momentos assim.

— Você está vivendo um momento delicado. No entanto, ainda bem que planejou sua vida até onde pôde. Imagine se não tivesse estudo, não tivesse uma profissão, um emprego, uma casa... Seria bem mais difícil e bem mais complicado. Hoje, lamento por não ter pensado em tudo isso, não ter dado atenção aos conselhos do nosso irmão e aos seus. Que idiota eu fui!

Simone sorriu e tentou brincar:

— E eu que disse ao Abner que se você não quis ouvir os meus conselhos, que não pedisse minha ajuda.

— Disse isso e me convidou para vir pra cá? — riu.

— Viu como o coração sempre fala mais alto do que a razão? Você é minha irmã. Não importa o que eu digo e sim o que eu sinto e faço por você.

Simone aproximou-se e a abraçou com carinho.

— Obrigada, minha irmã. Obrigada por tudo.

— Ora, Rúbia... Pare com isso. Agora vamos, temos muito que fazer.

Mudaram de assunto e Rúbia comentou:

— Estou gostando tanto da visão que estou tendo sobre a vida através da ótica espírita. A parte sobre amar ao próximo me fez bem.

Nossa, eu estava com tanto ódio no coração e esse sentimento estava me fazendo tão mal.

— É muito importante termos uma filosofia, uma maneira de pensar saudável, como a da dona Janaína e dos filhos. Com a forma de pensar que principalmente ela tem a gente sofre menos diante do que nos contraria.

— A dona Janaína disse que o Cristiano melhorou muito depois que começou te ajudar.

— Estou descobrindo que o auxílio ao próximo é o remédio para os nossos males. É pena não ter descoberto isso antes.

Rúbia sorriu de um modo maroto e disse:

— Estou achando que o Cris melhorou não só pelo auxílio que prestou. Não acha que ele está interessado demais em te ajudar?

— O que você está insinuando? — perguntou séria.

— Aaaah... — fez jeito mimoso. — Não sei não. Ele olha para você de um jeito diferente...

— Pare com isso, Rúbia. Sou casada, ou melhor... Ainda tenho marido. Estou grávida e tenho um filho que precisa de mim. O Cristiano me vê como amiga.

— Sim, mas... Além de amiga, acho que ele a vê como mulher, não é?

— Pare com isso — zangou-se de verdade. — Além do meu filho, não quero outro homem na minha vida. Nunca mais!

Lembrando-se do que ouviu do irmão, certa vez, a outra respondeu:

— Nunca mais é muito tempo.

— Por favor, Rúbia. Não começa — tornou firme, sem achar graça.

— Tudo bem. Desculpa, tá? — Algum tempo depois, comentou: — Agora sozinho, você acha que o Abner vai levar o Davi para morar com ele?

— Acho que sim.

— Para mim isso ainda é estranho. Não me acostumo com o homossexualismo dele.

— Deixe-me falar uma coisa: prefira usar o termo homossexualidade e não homossexualismo — orientou Simone.

— Por quê? Não é a mesma coisa? — interessou-se a outra.

— Não exatamente. As pessoas homossexuais preferem usar o termo homossexualidade para a sua condição. O termo homossexualismo foi criado por aqueles que acreditavam que os homossexuais sofriam de uma patologia, de uma doença e, para essa doença, foi criado o termo homossexualismo. O correto é evitar esse conceito negativo de doença, distúrbio ou coisa assim, pois antigamente as pessoas e até a ciência não conheciam certos aspectos a respeito da sexualidade. O termo homossexualidade é uma das possibilidades da sexualidade humana.

— É bom saber disso. Então... Ainda não me acostumei com a homossexualidade do nosso irmão — corrigiu-se.

— Quando você aceitar que homossexualidade é uma condição, é a orientação sexual de uma pessoa e não uma opção, não um distúrbio psicológico e muito menos uma doença, vai começar a entender melhor e aceitar.

— E se ele estiver errado no que faz?

— Não é da sua conta. Se o Abner estiver errado, é a Deus a quem deve satisfação, não a mim ou a você. Pense o seguinte: ele não está nos prejudicando em nada, por isso deixe-o viver a maneira dele.

— Isso mesmo. Deixe-me cuidar da minha vida, pois nem disso estou dando conta.

Elas riram e seguiram com outro assunto.

◆

O tempo foi passando.

Após alguns meses, Abner telefonou para sua mãe pedindo que fosse até seu apartamento, combinando de ir buscá-la.

Para isso, ele preparou uma boa mesa com um bom café e, após conversarem prazerosamente sobre vários assuntos, decidiu contar:

— Mãe, eu chamei a senhora aqui porque... Bem, eu quero que saiba por mim que... — constrangeu-se.

Inteligente, dona Celeste deduziu:

— Você está morando com o Davi, seu amigo?

— Não. Ainda não. É isso que eu quero contar para a senhora. É que decidimos que ele virá morar aqui. É muito difícil eu lhe falar sobre isso, mas não quero que fique surpresa ou chocada quando vier nos visitar e encontrá-lo aqui. Entende?

— Sim, filho. Eu entendo. — Breve pausa em que se entreolharam firmes e ela desabafou: — Não era isso o que imaginei, o que sonhei para você quando pequeno. Porém, Abner, se é essa a sua vida, a sua condição nesta vida, se é esse o jeito de você ser feliz, então seja feliz, filho. Estarei ao seu lado sempre que precisar.

— Mãe, quando eu entendi minha condição homossexual, quando vi que não tinha jeito, pensei seriamente em me abster de qualquer tipo de relacionamento. Pensei até em virar padre, fazer juras de celibato. — A senhora sorriu docemente e ele continuou: — Deve ter percebido que fiquei muitos anos sem namorar, sem ninguém... Disse para mim mesmo que não precisava de ninguém. O tempo foi passando e... Quando eu e o Davi nos conhecemos, ficamos amigos. Descobri que ele também era homossexual e foi... — calou-se e abaixou o olhar.

— Foi inevitável, não é filho?

— Isso mesmo. A senhora não imagina como foi difícil para mim. Eu pensava muito na senhora, no pai, nas minhas irmãs e até no resto da família. Como seria quando vocês descobrissem? Como seria encarar a sociedade?... Sabe, não é tão fácil assim para mim... Não é porque eu quero.

— Entendo. Entendo sim. — Pegando sua mão por sobre a mesa, perguntou sorrindo, para não vê-lo tão constrangido: — Quando o Davi vai se mudar para cá?

— Ele vai falar também com a mãe dele e com o irmão e... Talvez daqui uns quinze dias.

— E o que a mãe dele diz disso tudo?

— Ela é como a senhora. Aceita. Ama o filho.

— Está enganada comigo, Abner. Não estou aceitando só por amor a você, não senhor — sorriu. — Não sei por que, mas de alguma forma eu entendo. Entendo mesmo.

— É que a senhora é um espírito evoluído. As pessoas não evoluídas são preconceituosas, têm o coração duro. Outra, como a senhora, pode nem entender muito bem, mas respeita. — Um instante e disse: — Eu também queria falar sobre outra coisa...

— O quê?

— O Davi e eu compramos, juntos, aquele apartamento. Nós dois estamos pagando tudo e... isso é porque não tem lei que nos dê segurança a esse respeito ainda. Já vimos casos em que dois homens ou duas mulheres homossexuais vivem juntos, dividem tudo e, em caso de separação ou de morte, um sai prejudicado só porque o imóvel estava em nome de um só. Como estamos dividindo tudo, nenhum de nós dois ficará no prejuízo.

— Está certo, filho. Faça como quiser. Eu respeito.

— Mãe... E o pai? Vai contar para ele?

— Com o tempo, vou sim. Diga uma coisa, Abner: tem como eu conhecer a família do Davi?

— Tem sim. Lógico. A dona Janaína vai gostar. Ela adora a Simone e a Rúbia. Vai gostar também da senhora — animou-se. — Vou falar com ela e, um dia desses, marcamos e vocês duas vêm aqui.

Abner ficou satisfeito com a compreensão de sua mãe. Esperava que ela o entendesse, mas não imaginava que se interessasse em conhecer a família de Davi.

Mãe e filho continuaram conversando amigável e prazerosamente por mais algum tempo.

❦

Abner e Davi fizeram uma pequena recepção marcando a união de ambos.

Nessa ocasião, dona Janaína e dona Celeste se conheceram e conversaram como se se conhecessem há muito tempo.

Respeitosas com o assunto que, para ambas, era delicado, em momento algum comentaram sobre os filhos. Aliás, nem falaram sobre a decisão de morarem juntos, participando da confraternização como se fosse algo bem comum às duas.

Nessa oportunidade, dona Janaína convidou e insistiu para dona Celeste ir visitá-la e esta prometeu ir.

❧

Com o passar dos dias, dona Celeste telefonou para a mãe de Davi e combinaram passar uma tarde juntas.

Após mostrar sua casa, especialmente seu jardim e suas plantas, dona Janaína convidou a mãe de Abner para se acomodar na sala. Foi então, por estarem a sós, que a anfitriã comentou:

— Pois bem, Celeste, acho que não é comum duas mães se encontrarem em caso como o nosso. Pelo menos, não conheço nenhuma situação igual ainda.

A outra sorriu ao concordar:

— É verdade. Não é nada comum... Mas... Estamos aqui. Sempre imaginei o mais comum, ou seja, conhecer a mãe da minha nora, não a mãe do meu genro, no caso do Abner — riu, timidamente.

Dona Janaína também achou graça e lembrou:

— São nossos filhos. Eu acredito que se nasceram com essa condição sexual foi porque Deus permitiu que fosse assim.

— Sabe, para mim não foi um susto quando eu soube do Abner ser *gay*. Você sabe, mãe sente. Eu sabia que ele era diferente. Quando conversamos a respeito disso, pedi para meu filho que eu não gostaria de ver um comportamento extravagante. Para isso ainda não estou bem preparada. Talvez por ele ter se comportado sempre do jeito comum a um homem.

— Até hoje vi um comportamento muito discreto e respeitoso dos dois aqui em casa. Se eu visse algo comprometedor, na minha casa, eu chamaria a atenção. Acho que pensamos assim por eles, desde pequenos, não terem trejeitos. O Cristiano, meu outro filho, namorava e, um dia, eu o vi agarrado com a Vitória, você entende. Sou das antigas. Não gostei e falei para ele. Se fiz isso com o Cris e a namorada, faço com o Davi também. Sabe, Celeste, os trejeitos, o jeito masculino ou feminino de alguns homossexuais também não é opção. O jeito de falar, andar e de se expressar não são forçados. É algo o normal para a psique deles.

— Será, Janaína?

— Com certeza. Eles não fazem isso por gosto, por provocação.

— É que, antigamente, não era tão comum pessoas assim se assumirem homossexuais.

— É que o preconceito era tão imenso que eles reprimiam. Hoje, apesar de ainda muitas pessoas não aceitarem a homossexualidade, a sociedade tornou-se um pouco mais flexível e os homossexuais mais corajosos. Sabe, Celeste, eu acho que nós devemos respeitar o que as pessoas são. Em muitos casos, o respeito é sinônimo de paz, de amor. Vamos respeitar nossos filhos, respeitar as diferenças das pessoas. Desde que não nos agridam, não nos ofendam, elas têm direito de serem o que são.

— É verdade. Você tem razão.

— Tive uma situação bem delicada aqui dentro de casa. A Vitória, ex-noiva do Cristiano, era contra a homossexualidade. Seja de quem fosse. Quando ela soube que o Davi era *gay*, nossa! Você nem imagina. Fiquei impressionada. Era jovem e todo jovem costuma ter a mente aberta, ser mais tolerante. Mas não era o caso dela. A Vitória se distanciou, diminuiu suas visitas a esta casa e deixou de conversar com o Davi. Não esperava tanta intolerância, tanto preconceito. Pensamos que fosse só no início, mas não.

— Ela ainda está distante?

— Ela faleceu.

— Ah... — lamentou. — Desculpa. Agora que falou, lembrei que minha filha, a Simone, contou que a noiva do seu filho havia falecido e ele ainda se recuperava do trauma do acidente. Havia me esquecido.

— Isso mesmo. Saiba que, depois da Simone ter se tornado nossa amiga, o Cristiano melhorou muito. Foi por causa dela que ele retomou algumas atividades. Está até ensaiando voltar ao consultório.

— E saiba você também que essa amizade tem feito muito bem para minhas duas filhas. Elas me contam tudo. Graças as suas conversas, a Simone encontrou forças e se estrutura para enfrentar a difícil situação com o marido e com o filhinho. Tenho muito que agradecer a vocês por terem acolhido a Rúbia também. Nossa! Como tenho de agradecer.

— Fiz o que gostaria que alguém tivesse feito por meus filhos. Quando auxiliamos alguém, na verdade, é a nós que ajudamos. Eu sabia disso. E pude confirmar quando vi o Cris reagindo, prestando orientação e auxílio à Simone. Gosto muito de suas filhas.

Enquanto as duas mães conversavam, o espírito Vitória, presente sem que ambas soubessem, ouvia o que falavam e lamentou:

— Isso tudo está errado. Não era para acontecer nada comigo e o Cris não estaria como está. A prova de que não estava na hora é que estou aqui, presa, perto dos encarnados. Não vi meus parentes desencarnados nem mesmo meu irmão, que morreu junto comigo naquele acidente maldito. Não gosto que falem de mim como se eu não estivesse presente. — Virando-se para dona Janaína, como se a mulher pudesse ouvi-la, reclamou: — A senhora fica dizendo que sou preconceituosa, não é isso não. Vejo que está errado. O Davi é do jeito que é por sua culpa, por culpa da família que não o corrigiu desde pequeno. Homossexual é antinatural. É pecado. Não devia existir gente com essas manias.

Nesse instante, o anjo guardião que a acompanhava desde o início de sua mais recente encarnação, baixou a luminescência e se fez ver por ela que, repentinamente, assustou-se ao chamado:

— Vitória?

— Quem é você?! — questionou apreensiva.

— Pode me chamar de João. Sou seu mentor ou anjo da guarda, como quiser.

— Por que demorou tanto para vir me buscar?

— Não demorei nada. Sempre estive ao seu lado. Mas você não podia me ver por causa de seus pensamentos confusos, presos às aparências, ao orgulho...

— Não! De jeito algum. Se você é meu mentor, deveria se deixar ver por mim, que estou desencarnada.

— Seus pensamentos estão bastante conflitantes. Suas vibrações não são elevadas, por isso não conseguiu me ver.

— E por que consegui vê-lo agora?

— Nos últimos meses, com as preces de dona Janaína e dos filhos, recebeu energias elevadas. Ao lado deles, que não a perceberam, você melhorou seu nível, suas reflexões antes alvoroçadas, ansiosas, se tornaram receptivas às boas vibrações. Acalmou o coração. Deixou um pouco a contrariedade de lado e isso melhorou suas vibrações, suas energias. Por essa razão está me vendo só agora.

— Tenho orado e estou aqui presa nesta casa. Onde estão os postos de socorro? Onde estão as colônias espirituais? Aprendi isso no espiritismo. Mas até agora não vi nada nem ninguém. Vez e outra penso ver um vulto ou coisa assim. Tenho necessidades. Não estou bem. Veja minha aparência!

— Por tantas preces, orações, realizações do culto Evangelho no Lar, pensamentos elevados, bom ânimo e muito mais, este lar é uma oficina de trabalho espiritual do bem, em nome de Jesus. Você não a vê, tal como é, por se prender às lamentações. Este local é protegido por energias sublimes e você está aqui, presa, como diz, porque está sendo socorrida. Saiba que sua condição poderia ser pior. Ficar aqui é um socorro.

— Às vezes sinto-me atormentada, com a mente confusa. Sinto um sono terrível. Parece que durmo por dias. Depois acordo e tudo está como sempre. As preces de dona Janaína e dos filhos têm me ajudado muito, devo admitir. São momentos em que sinto grande alívio.

— Você se deixa conduzir pelas preces feitas por eles, por serem orações e desejos sinceros para a sua evolução e entendimento. Você disse que orou, mas suas palavras, apesar de bonitas, não saíram do coração, mas sim do lado racional de sua mente preso à beleza desnecessária do materialismo. — Ele a deixou reflexiva por um minuto. Depois, educado, solicitou: — Agora, venha comigo. — O espírito Vitória deixou-se conduzir. Foram para um cômodo da casa onde, no plano físico, não havia ninguém. E pediu: — Acomode-se aqui. Sinta esse silêncio. Feche os olhos e sinta-se em paz. Esvazie sua mente das preocupações e pense em algo belo. Tente lembrar de uma visão que a tranquilize.

— Sempre gostei do mar... — sussurrou ao sorrir.

— Então veja o mar, calmo. Ondas suaves. Praias brancas. Céu azul... Imagine ouvir o murmurinho das águas batendo nas pedras suavemente... Pense em sentir o vento... Isso fará você relaxar.

Vitória seguiu as orientações e ficou mais relaxada. Foi quando se deixou envolver pelas energias brandas e medicamentosas cedidas por seu mentor. Em um segundo, parecia estar em uma praia, com os pés tocando a água. Confiou no espírito que a acompanhava e passava-lhe segurança. Aquietou-se. Não abriu os olhos. Não se deixou influenciar, entrando em um estado semelhante ao sono.

13

FAZER O BEM E VENCER DIFICULDADES

ALGUNS DIAS haviam se passado quando o espírito Vitória despertou.

Estava deitada em um leito e a generosa luminosidade vinda da janela tocou cariciosamente sua face, agora, serena.

Sentiu-se aquecida. Bem diferente de antes. Remexeu-se, descobriu-se lentamente e se sentou. Ao se olhar, reconheceu-se com uma aparência melhor, mais limpa e agradável.

Não demorou e o espírito João adentrou o recinto com leve sorriso no semblante sereno.

— Como vai, Vitória? Sente-se melhor? — perguntou alegremente seu mentor por vê-la bem recomposta.

— Sim, sinto-me bem melhor. Como estou diferente, mais leve... — sorriu.

— O pensamento elevado, a fé e a prece verdadeira nos renovam, sempre.

— Onde estou? Em uma colônia espiritual?

— Não. Ainda estamos na crosta terrestre, na oficina de trabalhos espirituais que se estende pouco acima da residência de nossa irmã Janaína. Esse é um dos recintos destinados ao repouso e recomposição de alguns irmãos bem seletos.

— Por que não fui direto para uma colônia? Afinal, sempre acreditei e tive conhecimento do plano espiritual.

— Ooooh... minha querida, ter conhecimento e acreditar na espiritualidade não é suficiente. Deveria saber disso.

— Sempre tive uma vida correta. Pensei que, quando desencarnasse, seria encaminhada, socorrida e cuidada em uma colônia de satisfatória elevação.

— É você quem se encaminha para algum lugar. Os socorristas e mentores espirituais só amparam. Vitória, minha querida, você procurou viver uma vida correta, porém suas ideias, suas opiniões sempre foram críticas demais e suas atitudes muito duras. Sempre agiu como se só você tivesse razão em tudo. Sua mente, sempre agitada e ansiosa, desarmonizava até os momentos de preces mais perenes.

— Sempre acreditei agir corretamente! Não sei onde nem quando cometi falha tão grande, como diz.

— Não ocorreu grande falha. Ocorreram muitas, pequenas. Perdeu diversas oportunidades em que poderia praticar o amor através da compreensão e até através do silêncio.

— Pode me falar sobre algumas dessas oportunidades? — duvidou.

— Quer exemplos? — Não pensou muito e disse: — Quase sempre não respeitava a opinião das pessoas. Foi incapaz de entender as condições de uns e os limites de outros.

— Quando fui tão intolerante assim? — perguntou esboçando um leve e duvidoso sorriso, quase irônico, tamanha era sua confiança de não ter falhado.

— Algumas escolhas ou decisões de Cristiano, em que ele sempre era obrigado a ceder para prevalecer sua vontade, por exemplo.

— Se me diz isso por eu ter feito valer minha opinião na escolha da decoração de onde íamos morar... Fiz isso porque ele não entende muito bem sobre a decoração de uma casa e... Ele não tinha tanto bom gosto.

— Não estava falando sobre isso, exatamente. No entanto, é bom lembrar que a opinião dele, na decoração, também era importante. Afinal, além de pagar por ela, iria morar lá junto com você. Nada mais justo do que ter uma participação.

— Somente isso?

— Acredita, mesmo, que foi somente isso? — Antes que ela respondesse, o espírito João lembrou: — Sua arrogância, seu orgulho e vaidade não a deixam reconhecer as próprias falhas. Tanto é que não consegue admitir ou recordar o que fez.

— Por eu não conseguir recordar ou admitir que errei, precisei ficar presa aqui?

— Recordar e admitir que errou não é suficiente. Pela falta de humildade, foi você quem se prendeu aqui. Nunca ouviu falar sobre isso quando estudou a Doutrina Espírita? — Vitória nada disse e seu mentor perguntou: — Consegue entender que, desencarnada, sua melhora só foi possível por se concentrar nas preces de dona Janaína e de seus filhos?

— Eu orei, mas...

— Viu seu orgulho? Não respondeu exatamente minha pergunta. — Ela silenciou. — Seria bom admitir que suas orações não foram de coração. Foram palavras bonitas, mas soltas, conduzidas pelo desespero e não pela fé. Orou sem acreditar, verdadeiramente, em Deus, no socorro do Pai. Ficou presa aqui pelas acusações silenciosas da própria consciência. — Colocando a mão na frente da testa dela, sem tocá-la, o espírito João concentrou-se e emanou-lhe energias salutares que lhe desanuviaram os pensamentos e, consequentemente, trouxeram-lhe recordações. Então ele propôs: — Vejamos algumas de suas pequenas falhas com o seu comportamento intolerante. Lembra-se dos últimos comentários sobre sua futura sogra? Eles foram justos?

Imediatamente Vitória recordou-se, quando em casa da senhora, junto de uma prima com quem trocava confidências, reclamou:

"Lá vem dona Janaína novamente. Só sabe cozinhar, fazer coisas gostosas pra exibir seus talentos. Acho que ela faz isso pra se mostrar ou pra me humilhar, pois sabe que eu não sou muito boa na cozinha. Se ela tá pensando que vai levar comidinha pro filhinho dela, depois de casado, pra fazer intriga entre nós dois, está muito enganada. Vou cortar suas visitinhas da minha casa rapidinho." A prima, além de concordar, envenenou-a com outras opiniões injustas e infelizes, e Vitória ainda disse: "Dona Janaína mima muito esses filhos. Por isso o Davi virou o que virou. Ela apoia as safadezas do filho. Cretino!"

Em tom calmo, o espírito João perguntou:

— Sabe o que dona Janaína dizia a seu respeito?

— Não — respondeu envergonhada.

— Veja.

Nesse instante, Vitória pôde ver, em sua tela mental, como se fosse um filme a que estivesse assistindo.

Em conversa com o filho Cristiano, a senhora dizia:

"A Vitória é boa moça. Gosto dessa menina. Ela vai ficar tão sobrecarregada por ter de trabalhar no consultório e cuidar da casa. Coitadinha. Fazer duas jornadas é terrível. Vou ver se arrumo uma diarista para a casa de vocês. Podem deixar a chave comigo que eu olho direitinho. Aí, à noite, ou vocês jantam aqui, depois vão embora ou passam e pegam uma comidinha para levar, né?"

"Não queremos dar trabalho, mãe" — disse Cristiano.

"Quando fazemos uma coisa com prazer, não é trabalho algum. Não quero que ela se canse. Sei o que é isso. Trabalhei fora e cuidei de uma casa antes de vocês nascerem. Eu não tinha quem limpasse a casa ou lavasse e passasse a roupa. Era bem difícil. Ah... Quanto à roupa de vocês, deixa que eu lavo. A maioria são todas brancas mesmo. Estou acostumada. Depois a Brígida, a mulher que vem passar roupa, pode passar junto com as minhas. A Vitória vai chegar cansada e ainda passar roupa, é muito."

"Vamos deixar isso para depois, mãe."

Via-se nos olhos do espírito Vitória leve sombra de arrependimento quando João lhe disse:

— Janaína a quer muito bem. Sempre quis. Nunca reprovou o casamento do filho com você. Nunca falou nem sequer pensou mal a respeito de vocês. Procurava ajudar em tudo o que podia. Suas propostas para fazer comida ou coisas gostosas, como disse, não eram para humilhá-la e sim para auxiliá-la, protegê-la do cansaço de uma jornada dupla de serviço.

— Eu a julguei mal.

— O problema, Vitória, foi que não julgou mal só a Janaína, mas também muitas pessoas a sua volta. Veja o caso do Davi, por ele ser homossexual.

— Isso é errado! — ressaltou.

— Não é — respondeu firme. — E se por acaso for, o que você tem a ver com isso? Por que discriminá-lo? Por que o preconceito? Por que humilhá-lo? O que ganhou com isso? Acaso não tinha nada importante para mudar em seu próprio caráter?

— É errado a pessoa virar homossexual!

— Ninguém vira homossexual, minha querida. O espírito nasce nessa condição. A identidade sexual vem com o espírito e se desenvolve desde cedo, na infância e, normalmente, ela se estabelece ou se solidifica até por volta dos vinte e cinco anos, podendo ir bem além. A identidade sexual pertence à alma. Infeliz daquele que não consegue compreender isso e torna-se intolerante e preconceituoso. Pobre dessa criatura que, certamente, não crê em vidas passadas nem nas futuras. Não sabe o que foi no passado e ignora o que será no futuro, talvez até experimentando, em vivência, o que condenou. Nesse caso, geralmente, a pessoa é insatisfeita consigo mesma.

— O homossexualismo é errado. A pessoa usa o corpo de forma errada. Não é certo decidir ser homossexual.

— Ninguém nasce e se transforma em gênio, em uma criatura superinteligente. A pessoa já nasce superinteligente e pode usar sua inteligência para o bem ou para o mal, se ela desenvolver essa inteligência. Essa é a tendência do espírito. Então, a pessoa nasce homossexual, podendo usar sua homossexualidade de forma tão desarmonizada e desregrada quanto aquele que nasce heterossexual. Todos nós temos atributos e fraquezas, porém todos temos força suficiente para controlar a própria vontade. Não é por ser heterossexual que uma criatura não se inclinará às más tendências sexuais, ao sexo compulsivo, desregrado, promíscuo. Não é por ser homossexual que a pessoa vai se inclinar à vulgaridade ao desregramento. A vida sexual harmoniosa depende da evolução de cada criatura.

— O que me diz da relação íntima entre homossexuais?

— A relação entre homossexuais não indica, necessariamente, uma atitude de desequilíbrio. Existem sim aqueles que são homossexuais e, por motivos pessoais, não mantêm relações com alguém do mesmo sexo nem com o do sexo oposto. Ele nega-se ao ato sexual. Trata-se de opinião. O que traz desarmonia mental, o que traz desequilíbrio ao espírito, em relação ao sexo, é quando ele se permite à libertinagem, à depravação, a parceiros múltiplos, ao vício do sexo abusivo e se vulgariza, sexualmente falando. Isso sim compromete sua oportunidade de evolução neste campo, seja ele heterossexual ou homossexual. Porém isso é problema de cada um. Não nos diz respeito.

— No caso da promiscuidade, isso é prostituição — disse Vitória.

— Não necessariamente. O comércio habitual do sexo é prostituição. O profissional do sexo, aquele ou aquela que tem como meio de ganhar dinheiro ou receber qualquer outro bem ou vantagem em função da prática sexual, prostitui-se. Isso é prostituição, independente de ser hetero ou homossexual. Existem aqueles que, seja homo ou heterossexual, praticam o sexo sem compromisso, sem respeito à relação. Muitos, para se autoafirmarem, por pura coleção em termos de números de parceiros, é o tipo de pessoa que se entrega sexualmente com facilidade, pratica o sexo vulgarizado. Isso não fará bem para sua consciência, para sua experiência de vida e, certamente, terá de se harmonizar. Contudo, lembrando mais uma vez, é problema da criatura. O que nós podemos fazer, quando achamos que algo é errado, é não nos igualarmos àquela pessoa. Nada mais.

— É... Eu discriminei o Davi — reconheceu. — Fui preconceituosa, intolerante...

— Sabia que o Davi lhe ofereceu preces, vibrações de amor e paz, sinceras e mais vezes do que alguns familiares seus? — Por não ouvir resposta, contou: — Isso auxiliou muito o seu desligamento do corpo físico e até mesmo o fato de prender-se aqui, nesta oficina que se estende na residência de nossa irmã Janaína. Ficar aqui, significou proteção para você.

— Eu não sabia. Frequentávamos a mesma casa espírita, mas ele vivia ausente. Aparecia de vez em quando.

— A presença em uma casa de oração é muito importante, mas só isso não basta. Deus deve estar presente em nossas ações. Ao despertar, o primeiro pensamento de Davi é para Deus em agradecimento pelo dia que inicia, pela luz da manhã, pelo ar que respira... Ao se deitar, seu último pensamento também é para o Pai, agradecendo os desafios, agradecendo o que recebeu de bom e pedindo paz, amparo e boas ideias, além de uma tarefa no bem durante o seu repouso do corpo físico. Isso ele faz sempre. E você? Quantas vezes fez o mesmo? — Vitória ficou em silêncio. Envergonhou-se. — Quanto às práticas caridosas de Davi... Isso nem vou comentar. Cada palavra, cada gesto são vertidos de amor ao seu semelhante, onde quer que ele esteja. Trata ao próximo como quer ser tratado. Quer exemplo maior de amor ao próximo? Sem comentar outras tarefas em que despende de tempo, trabalho e doação pessoal. E quanto a você, Vitória? O que fez com seus talentos? Nem tratar bem o próximo mais próximo conseguiu. Não teve paciência com seus avós, chegando ao extremo de gritar com eles, deixá-los falando sozinho, não dando atenção.

— É que eles eram teimosos! — defendeu-se. — Principalmente minha avó.

— As agressões psicológicas são feitas através do desprezo, de palavras rudes, gritos, ameaças, impaciência e de muitas outras formas. Posso lhe garantir que elas têm o mesmo peso das agressões físicas. Você não foi assim somente com seus avós. Também fez isso com seu irmão quando ele era pequeno, com seus pais. Torturou amiguinhos na escola com palavras agressivas, desprezo, ameaça, pouco caso, *bullying*. Foi orgulhosa e arrogante com as empregadas por elas precisarem do serviço, serem pobres ou de etnia diferente da sua. Você não foi educada assim. Não recebeu de seus pais esse exemplo.

— Isso foi coisa de criança.

— Não. Isso é postura de um espírito que não quer evoluir. Quer se justificar do que fez quando criança. O que dizer de seu comportamento após a adolescência e a fase adulta? O que falou e pensou sobre os homossexuais, por exemplo, foi correto?

As lembranças do espírito Vitória eram bem vivas, naquele momento. À medida que seu mentor falava, as cenas dos acontecimentos vinham a sua mente.

— Chega, por favor — pediu emocionada.

— Não importa se somos heterossexuais, homossexuais, brancos, asiáticos, negros, índios, bonitos, feios, baixos, altos... O importante é o que fazemos de nossa vida, o que fazemos de nosso lar, de nosso trabalho, da rua onde andamos, da escola onde estudamos — fez breve pausa. — A casa de oração é onde oramos, refletimos e aprendemos as leis de Deus. Fora dela, é onde aplicamos nosso aprendizado, mostrando, no tratamento aos nossos irmãos, o quanto adoramos Deus, com o mais puro amor de nossa alma. Como dizem: "nós devemos dar à vida, mais do que recebemos". Muitos pensam que é só ir a uma casa de oração, rezar, pedir e, quando desencarnarem, serão socorridos. Não. Para sermos socorridos, para nos socorrermos, precisamos de Deus no coração e para ter Deus no coração, é necessário mais do que ir a uma casa de oração.

— Estou arrependida. Perdi oportunidades... — seu lamento não foi sincero e o espírito João silenciou. Em seguida, ela perguntou: — Quando vou para uma colônia espiritual? Afinal, estou desencarnada mesmo, não tem como eu voltar ao corpo físico, não agora. Preciso de amparo adequado o quanto antes.

— Só um coração puro e consciência tranquila elevam o espírito e o tiram dessa prisão, que é ficar à deriva na crosta terrestre. Quando for sincera com você mesma, quando realmente quiser mudar, terá condições e vai se atrair para lugar melhor.

— Li em livros, romances espíritas, que existem socorristas e mentores que socorrem espíritos até as colônias.

— Sim existem. Porém atuam com espíritos cuja consciência arrependeu-se do erro de verdade. Ninguém é levado para uma colônia sem estar preparado. Devemos lembrar que o espírito sempre se atrai à colônia compatível ao seu nível moral. — Diante do silêncio, João recomendou: — Aproveite sua recomposição e procure acompanhar a tarefa de alguns espíritos que prestam serviços, recolhem-se e se recompõem na oficina espiritual deste lar. Junto a eles poderá aprender muito. Mas, se voltar a tecer reclamações, ausentar-se da prece ou perder a fé, retornará ao estado de dias antes.

— Só uma pergunta.

— Sim — prontificou-se atencioso.

— O espírito André Luiz, no livro Nosso Lar, foi socorrido direto para a Colônia Nosso Lar, então... Por que eu preciso ficar aqui?

— O espírito André Luiz ficou cerca de oito anos no Umbral e não tinha nenhum conhecimento sobre o que existe no plano espiritual. Ao contrário de você, que possui uma vasta e considerável bagagem sobre a vida após a morte. Lembremos que o espírito André Luiz, antes de ser socorrido, refletiu muito sobre sua existência terrena, sobre a existência de um Deus bom e justo. Chegando à conclusão de haver um Deus de amor e bondade, pediu socorro com o mais puro, profundo e verdadeiro sentimento de seu coração sofrido, arrependido. — Aguardou um momento em que a viu reflexiva e orientou: — Sabe, filha, não basta querer nem adianta exigir, é preciso fazer, acreditar e sentir. Não se pode enganar a Deus.

O espírito Vitória tinha muito que pensar. Naquele instante descobriu necessitar muito ser humilde, paciente e honesta com seus sentimentos.

🍎

À medida que o tempo passava, o senhor Salvador se acostumava à ideia de Rúbia ser mãe solteira, embora não admitisse. Principalmente, depois de ela ir morar na casa da irmã.

Em companhia de dona Celeste, passou a visitar Simone, que estava já quase no oitavo mês de gestação. Era inevitável não encontrar a outra filha, Rúbia, que por sua vez, pouco conversava, pois se envergonhava da barriga que já aparecia bem.

Certo dia, a mãe preocupada, comentou:

— Simone, você deveria ir lá para casa. Está perto do nenê nascer. Não deveria ficar aqui sozinha.

— Estou bem aqui, mãe. E outra, não está perto de ele nascer. Não se preocupe. Estou tomando todos os cuidados e, à noite, a Rúbia está aqui comigo. Esqueceu? Não estou sozinha.

— Durante o dia fica só.

— Não, fico não. Não paro em casa — riu. — Saio tanto... Ainda dá para fazer isso, pois me sinto muito bem. É bom ter o que fazer e me sentir útil.

— Você ainda está indo naquela instituição? — interessou-se a senhora.

— Uma vez por semana, pelo menos, vou lá com o Cristiano. Ele está indo lá, praticamente, todos os dias. A senhora tem que ver que trabalho lindo ele fez no jardim de lá. Impressionante!

— Ele ainda não voltou a trabalhar como dentista?

— Não.

— Estou com um dente doendo — reclamou o senhor Salvador. — É horrível marcar uma consulta. Aliás, é uma falta de respeito o que esses médicos e dentistas fazem com a gente. A gente liga pra lá e nunca acha um horário no dia que quer. Somos obrigados a mudar toda a nossa rotina por causa do horário que eles têm disponível. Como se não bastasse, chegamos lá na hora marcada ou até antes e ficamos esperando... esperando... Às vezes duas horas! Isso aconteceu na última vez que fui no dentista. Então não voltei mais.

— Viu o que ele fez? É por isso que está com o dente doendo — disse dona Celeste.

— É falta de respeito deixar o paciente esperando muito além do horário — protestou o marido novamente. — É absurdo. Esses médicos e dentistas não sabem o que fazemos para chegar no horário. O que vencemos antes de estar ali e depois ficamos esperando horas naquela sala, às vezes minúscula, com aquela televisão ligada em um canal que eu não gosto de assistir. Além disso, colocam revistas e jornais velhos, café horrível, isto é, quando se tem café! — exaltou-se. — Do contrário, mal tem água fresca. Esses profissionais são uns insensíveis. E quando tem aquelas crianças chorando, ou aquelas chatas que ficam correndo e gritando de um lado para o outro? E as mães, sem autoridade, desleixadas, ficam pedindo com aquela voz melosa: "para fulano! Vem aqui!" — arremedou. — Chamando desse jeito incentiva a menina ou o moleque a continuar com o que faz. Deveriam ser firmes e educar melhor seus filhos. Mas não!

Em seguida, dona Celeste sugeriu como se tivesse uma brilhante ideia:

— Quem sabe o Cristiano não abre o consultório só para atender você? De repente...

Simone animou-se com a sugestão:

— Quem sabe?! Posso falar com ele! O senhor iria, não é pai?

— É... — falou como se aceitasse. Em seguida, quis saber: — Esse Cristiano não é o filho daquela mulher que você foi visitar, Celeste? Quem é ele mesmo?

— Ele é filho da Janaína. É aquele moço que sofreu um acidente de carro junto com a noiva e o irmão dela. A moça e o futuro cunhado morreram. Ele sofreu um traumatismo e... — contou. — Eu já contei essa história para você, mas nunca presta atenção no que eu digo — resmungou a esposa.

— De onde vocês duas conhecem esse pessoal? — interessou-se o senhor.

Mãe e filhas se entreolharam e Simone respondeu:

— São nossos amigos. O irmão do Cristiano, o Davi, também é dentista e o Abner faz tratamento com ele. A mãe dos dois, a dona Janaína, conheceu o Abner e fizeram amizade. Ela é uma pessoa maravilhosa. Quando eu fiquei muito triste ao saber do meu nenê, procurei o Abner e contei tudo. No final, ele ia me levar para a casa de vocês, mas passou antes na casa dessa senhora. Sabia que ela poderia me confortar. E foi o que aconteceu. É uma mulher bondosa, experiente. Enquanto nós duas conversávamos, apareceu o Cristiano e soube que meu nenê tinha Síndrome de Patau. Então ele me contou que, em trabalho voluntário, já havia cuidado de crianças nessas condições. Eu me interessei e pedi que me levasse à instituição onde trabalhou. Foi assim que nossa amizade começou. Depois, após um convite deles, visitei uma casa espírita e isso me fez muito bem. Voltei a frequentar um centro espírita e passei a me sentir melhor, com os pensamentos mais saudáveis. Fiquei animada para seguir em frente, confiando em Deus. No meio disso tudo, eu soube do ocorrido com o Cristiano e fiquei com muita pena dele. Tive vontade de ajudar, incentivar. Daí que a mãe conheceu a dona Janaína lá no apartamento do Abner, quando nos reunimos lá. A mãe soube o que aconteceu com o Cristiano, soube o quanto eles me ajudaram e... daí... Nossa amizade fortaleceu. A mãe gostou dela, foi lá tomar um café... Enfim, precisamos de gente boa como amigos, o que eles são. — Breve pausa e animou-se: — Se eu conseguir fazer o Cristiano atendê-lo, o senhor vai?

— Acho que vou.

— Seu pai tem medo de dentista — comentou a esposa.

— Não tenho não — defendeu-se.

— Se o senhor for a essa consulta, que eu direi ao Cristiano ser uma emergência, estará ajudando muito uma pessoa boa, posso garantir.

— Então eu vou! — concordou o senhor Salvador, encorajando-se.

— Eu combino com o Davi para dizer que não tem horário ou que vai para a faculdade. De qualquer forma, dirá ao irmão que não pode atender o senhor. Então vai sobrar para o Cristiano. Ele terá de se forçar — alegrou-se.

— Pode marcar que eu vou sim! — tornou o homem.

— Eu acho que o Davi tem curso hoje à noite — disse Rúbia. — Por que não liga para ele agora?

— É pra já! — exclamou Simone satisfeita. Pegou o telefone e foi para outro cômodo para ficar mais à vontade.

Voltando-se para Rúbia, dona Celeste quis saber:

— Por que não foi trabalhar hoje, filha?

— Fui de manhã. Tive uma consulta médica após o almoço e depois vim direto para cá.

— Está tudo bem com você e com o nenê?

— Está sim. O médico pediu para eu diminuir ou até tirar completamente o sal. Minha pressão está um pouco alta.

— Filha, toma cuidado. Faça o que ele mandou. Pressão alta pode causar problemas sérios para você e para o bebê. Não custa nada se cuidar. Lembre que é questão de saúde. O problema maior não é em casa, é quando come coisas na rua, em restaurante... Procure fazer uma dieta bem correta — recomendou a mãe.

Pai e filha não se falavam desde quando ela foi embora de casa. Não suportando a curiosidade, o senhor Salvador perguntou:

— Já sabe o que é?

— Um menino — respondeu tímida.

— Menino?! — sorriu o homem.

— Por que tanta animação, Salvador? — indagou a esposa desconfiada, pois para fazer aquela expressão, o marido teria algo em mente.

— Se ela não é casada... O menino vai ter só o sobrenome dela! Somente assim para o nome do meu pai não morrer. Se eu for esperar o Abner me dar um neto homem para o nome da minha família seguir em frente... Tô perdido. — Virando-se para Rúbia, quis saber ainda mais interessado: — Que nome você vai pôr no menino?

— Tenho pensado muito no vô, nos últimos dias. Até comentei com a Simone... Estou pensando em pôr o nome dele: Bruno Dellago. Não sei se posso acrescentar Neto. Vamos ver.

O rosto do senhor Salvador iluminou-se como nunca. Ele não conseguiu conter o sorriso até dona Celeste perguntar:

— E se o pai da criança quiser registrar no nome dele?

— É a Rúbia quem vai decidir isso! Ele não tem direito algum. Não são casados! — respondeu ele, rapidamente, sem que ninguém esperasse.

Apesar disso, a moça se explicou:

— Eu já pensei muito nisso. Vejo que o pai do meu filho não está nada, nada interessado nesta gravidez. Quer esconder da família dele e... Então pensei em fazer o seguinte: vou registrá-lo só no meu nome. Se o Geferson quiser dar seu nome ao nenê, ele tem esse direito e pode reivindicar isso até perante a lei e não vou conseguir fazer nada contra, pois os exames vão provar que é filho dele. Porém eu duvido muito que isso aconteça. Penso em registrá-lo em meu nome e quando o Bruno crescer e puder entender bem a situação, ele decide se quer reivindicar o nome do pai ou não.

— Esse cachorro desse... desse Geferson não vai querer registrar meu neto e é bom que não se atreva! — reagiu o homem. — E também depois de saber o que o canalha fez com a mãe, o Bruno não vai querer ter o nome do safado! Você não seja besta, Rúbia. Não queira pensão. Não queira nada, pois não vão precisar.

— As coisas não são assim, Salvador — interferiu a esposa. — A Rúbia foi bem clara. Existem leis que defendem o direito do pai, se quiser registrar a criança. Além disso, mais tarde, se o Bruno quiser ser reconhecido pelo pai, ele tem esse direito.

— Mas isso não vai acontecer. O menino vai se chamar Bruno Dellago Neto ou só Bruno Dellago e pronto! Foi uma decisão muito sábia.

Rúbia sentiu vontade de rir. Virou o rosto, tentando esconder a boca que quase se contorcia.

Quando retornou à sala, Simone comunicou:

— Pronto! Está feito. Daqui a pouco o Davi vai para o curso. Combinei com ele que vou ligar para o Cristiano dizendo que o senhor está morrendo de dor de dente e precisa ser atendido com urgência — riu. — O senhor vai confirmar, não é pai?

— Vou. Mas que ele seja jeitoso. Não gosto de sentir dor.

— Ele é ótimo, pai. Não se preocupe! — alegrou-se ao se empolgar afirmando o que não sabia.

— Simone — tornou o pai, preocupado com o outro assunto —, a Rúbia disse que o nome do filho dela será Bruno, o mesmo do seu avô. Qual nome vai dar para o seu filho?

— Não escolhi, definitivamente, pai. Pensei em alguns, mas... Preciso da opinião do Samuel, pois...

— Você ainda acha que aquele banana vai opinar em alguma coisa? Acho bom se acostumar a pensar por si mesma e por seu filho. Dele você só deve exigir o que é seu e do seu filho, por direito.

— Engraçado! Você disse para a Rúbia não querer pensão nem nada do Geferson, mas para a Simone quer que ela exija o que é dela e do filho! Não estou entendendo, Salvador — comentou dona Celeste.

— São situações diferentes. Não está vendo?

— Não.

— Aaaah, mulher! Pare com isso.

— É por causa do nome do nenê, mãe. O pai gostou da escolha ser o nome do vô — comentou Rúbia, tentando não rir.

— Eu sei. Entendi isso. Só quero ouvir isso dele — disse a mãe.

— É um nome bonito! Vocês não podem negar! — afirmou, enfatizando.

— Será que eu posso registrá-lo como Bruno Dellago Neto? Afinal, o vô seria bisavô dele e não avô.

— Só Bruno Dellago fica muito bonito, mas, se você quer que ele tenha Neto no nome, pode mudar para Salvador Dellago Neto.

— Aaaah, nãaaaao!!! — as três responderam a um só coro.

— Por que não? Não é bonito? — insistiu ele.

— Bruno é mais bonito, Salvador. Aliás, foi a primeira escolha, não é mesmo? — aconselhou a esposa.

— E isso importa? — insistiu ele.

— Importa sim. Ela deve escolher o nome que mais pensou e a Rúbia disse que foi esse, não é mesmo? — tornou dona Celeste.

O senhor Salvador contentou-se. Estava satisfeito por seu neto carregar seu sobrenome. Isso lhe bastava.

Conversaram por mais um tempo até que, no horário combinado, Simone ligou para Cristiano pedindo que atendesse seu pai por se tratar de uma emergência odontológica.

— Eu?! — surpreendeu-se. — Atender seu pai? No consultório?

— Só posso contar com você, Cristiano. O Davi já foi para o curso. Falei com a auxiliar e ela disse que pode até ajudar você. Ela vai esperar minha ligação para saber se deve ficar um pouco mais. É que, dentista que conhecemos e temos confiança, nesse horário, só tem você. Por favor... — falou com jeitinho na voz. — Ele está com tanta dor...

Ao lado do filho, dona Janaína ouvia a conversa. Ela soube de todo o combinado por Davi e incentivou:

— Oh, filho... Se for problema com dor de dente, atende o homem, coitado! A pior coisa do mundo é sentir dor de dente.

Cristiano ficou preocupado. Estava nervoso ao perguntar:

— E se o Davi atendê-lo mais tarde, assim que voltar da faculdade?

— Seu irmão vai voltar muito tarde. Falei com ele — disse Simone. Em seguida, lamentou: — Então deixa... Coitado do meu pai... Vou ver se consigo ligar para outro... mas a essa hora... Sem ser paciente conhecido, duvido que alguém atenda...

— Espera — disse, temeroso. — Olha... Não posso garantir... Vamos lá. Vou ver o que posso fazer...

— Obrigada, Cristiano! Sabia que poderia contar com você! Então vou ligar para a auxiliar do Davi e pedir que nos aguarde, certo?

— Não. Quer dizer... — O rapaz, nitidamente nervoso, explicou: — É assim: eu posso trabalhar sozinho. Quanto menos gente perto de mim, hoje, melhor.

— Entendi. Ligarei para o consultório e direi que você não precisa de auxiliar.

— Isso mesmo. Tudo bem. Estou indo para lá.

Simone desligou e deu uma gargalhada como há muito não fazia.

Conforme combinado, ela, seu pai e Cristiano chegaram ao consultório quase ao mesmo tempo.

Após se apresentarem, o rapaz informou:

— Prefiro fazer o atendimento na sala do meu irmão, uma vez que os aparelhos, equipamentos e instrumentos estão esterilizados. A sala que era minha, está sem uso há algum tempo.

— Que consultório bonito — observou o senhor Salvador. — Essa parede de vidro com um jardim lá fora... Tem até fonte com luzes e tudo — admirou-se.

— Foi o Abner quem o projetou — disse Cristiano. — Realmente ficou bonito e funcional. Agrada e acalma. Vou ligar a fonte para o senhor ver.

Assim foi feito. O homem se distraiu ao ver o água caindo, provocando um murmurinho suave que se harmonizava bem com a música ambiente muito tranquila.

Cristiano se preparou. Entrou na sala e verificou os equipamentos e toda a instrumentação. Não demorou e o senhor foi atendido.

Era difícil tratar do senhor Salvador, porque ele queria conversar bastante, o que não era conveniente durante o tratamento odontológico. Porém a conversa, entrecortada, distraiu Cristiano que dominou a situação e acabou se sentindo plenamente tranquilo, no controle, como se nunca tivesse sentido qualquer temor para voltar a atender alguém.

Ao retornarem para a sala de espera, onde Simone aguardava apreensiva, ela perguntou:

— E aí? Tudo bem?

— Tudo — respondeu Cristiano com sorriso engraçado.

— Tudo mesmo — concordou o senhor Salvador. — Não doeu nada. Não senti nada. Olha! Nunca fui a um dentista que me desse tanta atenção e me tratasse com tanto cuidado. Estou com a boca dormente, é verdade, mas não senti nem a anestesia. O senhor é bom mesmo, doutor! Muito bom! — exclamou, estapeando-lhe as costas.

— Obrigado, senhor Salvador. Como falei para o senhor, preciso que volte em uma semana, pois...

Empolgado o senhor não o deixava falar.

— Lógico que volto. Gostei muito do seu atendimento. Além de ser pontual, não senti nada. Sabe, tem dentista e outros profissionais da área da saúde que não são humanos. Eles nos tratam como se a gente fosse bicho. Não respeitam a nossa dor. Não compreendem nossos sentimentos, nossos medos. Não ligam para o nosso lado emocional.

Além disso, estou muito surpreso com a higiene do consultório. Nossa! A higiene aqui é impressionante! Tudo plastificado, as peças dos aparelhos foram limpas e trocadas na minha frente... O último dentista que eu fui pegava na caneta, usando luva. Fazia anotação, depois colocava a mão com a mesma luva na minha boca. Depois a secretária dele pegou emprestada a mesma caneta e devolveu. Então entendi que os micróbios da mão suja da secretária estavam na minha boca, pois o dentista, de luva, pegou a mesma caneta, que passou na mão da secretária, e depois colocou a mão na minha boca. A proteção com luvas era só para ele. Aí...

— Pai — interrompeu Simone —, não é educado falar mal de outro profissional. Isso não é elegante.

— E eu quero ser elegante? Foi verdade, doutor! Aconteceu. Tem profissional da área da saúde que não tem a mínima higiene e isso, hoje em dia, é muito importante.

— Cristiano — interrompeu Simone novamente —, quando podemos voltar e qual o valor do tratamento?

O dentista sentou-se à mesa da recepção, ligou o computador, abriu a agenda, consultou o calendário e perguntou:

— Vamos marcar para a próxima sexta? Qual o melhor horário para o senhor?

— Eu ainda tenho o direito de escolher o horário?! Não acredito! — Vendo-o sorrir, afirmou: — Prefiro às dez da manhã.

— Está agendado. Não vou antecipar o atendimento porque quero atendê-lo na minha sala. Preciso preparar a higienização, esterilização de instrumentários, material e uma auxiliar.

— Está ótimo, doutor! Está ótimo!

— E quanto fica o tratamento, Cristiano? — quis saber Simone.

— Não fiz o orçamento. Estou desatualizado. Falamos disso em outro momento, tudo bem?

— Ótimo — concordou e sorriu. — Agora vamos, né, pai?

— Senhor Salvador, só uma coisa — quando o homem olhou, ele recomendou: — como eu lhe disse lá dentro, procure não conversar muito. Está anestesiado e pode morder a língua sem perceber.

— Será difícil ele seguir essa orientação, mas... Obrigada.

— Ela não sabe o que fala. Pode deixar, doutor. Vou seguir sua instrução.

Após esperar que o rapaz fechasse a clínica, despediram-se e se foram.

Simone estava intimamente satisfeita. Sabia que aquela oportunidade ajudou muito seu amigo.

14

HOMOSSEXUALIDADE É OBRA DE DEUS

AO CHEGAR a sua casa, Cristiano não tirava o sorriso do rosto.

Entrou e beijou a mãe como sempre. Ela não perdeu a oportunidade e o elogiou:

— Você fica tão bem-vestido assim, todo de branco, meu filho. — Depois perguntou: — E lá no consultório? Como foi?

— O pai da Simone é uma figura. Descontraído. Não tem medo de dar opinião em nada. Foi difícil tratá-lo. Ele fala bastante — riu. — Ainda bem que o atendi. Mais um pouco e o dente ficaria seriamente comprometido com séria inflamação. Mesmo assim, vai precisar fazer canal.

— Quero saber de você, filho — insistiu a senhora.

Cristiano jogou-se no sofá, largou o corpo e, olhando para o teto, afirmou:

— Devo muito à Simone. Foi Deus quem a colocou no meu caminho em meio a tudo o que eu passei. — Depois, acomodou-se melhor, encarou sua mãe e contou: — Não vou dizer que foi tudo bem. Fiquei morrendo de medo, no início. Mas conforme ele sentou e comecei a prepará-lo...

Peguei os instrumentos... O senhor Salvador foi falando, contando o que sentia e o motivo pelo qual não gostava de dentista e... O meu sentimento de pânico foi passando. Impressionantemente, foi passando. Nem me dei conta que, um dia, tive uma sensação tão horrível. Comecei a trabalhar normalmente. Tudo fluiu... Quando me dei conta, havia terminado.

— Graças a Deus, filho!

— Graças a Deus mesmo, mãe! — concordou sem conseguir fechar o sorriso. — Cheguei a pensar que eu nunca mais voltaria a tratar alguém. Ah!... Já agendei para ele na próxima sexta. Vou cuidar de ativar minha sala. Não sei por quanto andam os equipamentos. Preciso de uma auxiliar...

— Não imagina como é, para mim, ver você tão animado, Cris — interrompeu-o quase em lágrimas.

— Agradeça a Deus e à Simone, mãe. Se não fosse isso...

— Não se menospreze. Ela chegou no momento certo em que você estava pronto para voltar e deu aquele empurrãozinho indispensável. Sempre seremos gratos a ela sim. Porém não esqueça de ver todos os seus esforços para voltar a atuar.

— Pelo visto, tudo tem seu tempo. Só espero estar animado assim da próxima vez.

— Lógico que vai estar! Não diga besteira, menino. É preciso ter pensamento positivo.

Levantando-se e aproximando-se da senhora, agradeceu:

— Obrigado, mãe. Obrigado por acreditar em mim, pela força que me deu, por não ter desistido... Tenho muito a agradecer à senhora e ao Davi por ficarem ao meu lado — disse beijando-a e abraçando-a com força e carinho.

No plano espiritual, Vitória observava-os atenta e comentou ao espírito João:

— Acompanhei o Cristiano ao consultório. O senhor que ele tratou é um homem muito crítico.

— Porém de coração bom. Cristiano, para ele, era um desconhecido. Não tinha qualquer razão para ajudá-lo. No entanto, concordou em se colocar como paciente dele, mesmo sabendo que o rapaz passava por um transtorno psicológico.

— É, mas... Mentiram para o Cristiano. Disseram que ninguém mais poderia atender o senhor Salvador. Muitos estavam envolvidos na mentira e isso foi errado.

— Vitória, acha, realmente, que Deus vai se preocupar com essa insignificante mentira, inventada para forçar Cristiano a superar o pânico? Tenho certeza de que Simone, Davi e os outros ainda vão contar a verdade para ele e todos irão rir muito de tudo isso. Você, minha querida, precisa ficar mais atenta ao que faz e ao que pensa. Não podemos julgar sem profundo conhecimento. O senhor Salvador é um homem crítico porque não aprendeu diferente, porém ele é generoso. Mostrou ter um grande coração quando surgiu oportunidade de ser útil.

— Eu amo o Cris. Não gostei de vê-lo enganado.

— Precisamos tomar cuidado com o amor que sufoca e destrói. Cristiano só conseguiu se superar e realizar todos os procedimentos necessários no seu ofício porque você permaneceu somente observando e não lamentando, como fazia. Seu comportamento de antes ajudou seu ex-noivo a ficar preso no cárcere de uma mente confusa, enquanto aquele senhor, tão crítico, aceitou submeter-se a um tratamento para auxiliar na libertação do rapaz que, para ele, como já disse, era um desconhecido. Pense nisso.

Ao vê-lo tomar postura de se retirar, o espírito Vitória o chamou:

— João — ao vê-lo se virar, comentou: — Estou em dificuldades. Tenho opiniões duras, mas não consigo ser diferente.

— Você pode ter opiniões, sejam quais forem, entretanto não tem o direito de dificultar a experiência alheia por causa delas. Ter opinião é uma coisa. Ser dominadora, querer submeter ao seu controle a vida e a opinião dos outros, é bem diferente.

Dizendo isso, o espírito João se foi, deixando-a para refletir sobre a conversa.

Semanas se passaram.

O calor estava excessivo, principalmente para Simone, que se encontrava com uma barriga enorme. Em casa, sentada no sofá, fechou os olhos e esticou os pés inchados por sobre a mesinha de centro da sala, tentando relaxar.

Não demorou, Rúbia entrou trazendo um embrulho de presente e contou entusiasmada:

— Comprei um perfume para o Ricardo!

— Perfume, por quê?

— O aniversário dele é hoje. Esqueceu? Fomos convidadas para irmos à recepção que será no salão de festas do prédio onde ele mora.

— Ah, é...

— Vejo que não está nem um pouco animada.

— Não mesmo. Estou tão cansada, Rúbia...

— Aaaah... Nós vamos, não vamos?

Observando a ansiedade da irmã, sorriu e concordou para não desapontá-la.

— Vamos sim. Será a que horas?

— Às sete. Eu perguntei ao Abner qual colônia o Ricardo usava. Ele me disse ontem à noite. Hoje fui ao *shopping* e comprei para dar a ele em nome de nós duas. Acha que fica mal?

— Não. Moramos juntas.

Rúbia alegrou-se. Não queria errar e disse:

— Então vou tomar banho. Ainda tenho esse cabelo para arrumar.

A irmã riu e não disse nada. Continuou descansando.

❦

Bem mais tarde, cumprimentavam Ricardo pelo aniversário. Encontraram alguns conhecidos e foram apresentadas a outros convidados.

Dona Janaína e Cristiano também estavam lá. E foi com eles que Rúbia e Simone se juntaram a uma mesa e passaram a conversar animadamente.

O aniversariante, junto de todos, reparou:

— Simone, você está enorme! Muito linda!

— Obrigada. Porém esse calor está me matando — riu.

— Acho linda uma mulher grávida — tornou Ricardo.

Rúbia fechou o sorriso. Afinal, também estava grávida, mas o amigo não a elogiou.

De repente, aproximaram-se deles duas moças e Ricardo levantou-se, beijou-as e as apresentou:

— Esta é Eloah, minha irmã, e esta é Suzana, sua companheira.

Rúbia pensou não ter entendido bem, entretanto, reparou que Eloah vestia-se de forma masculinizada, tinha cabelos bem curtos e, pelo seu jeito, tratava-se de uma mulher transexual. Já Suzana, de aparência bem feminina, era homossexual.

Sorridentes, elas cumprimentaram a todos. Depois pediram licença e foram cumprimentar outras pessoas.

Ricardo pediu-lhes licença também, pois precisou receber outros convidados.

Ao vê-los a certa distância, Rúbia disse, quase sussurrando:

— Eu não sabia que a irmã dele era sapatão!

— Não use esse termo, Rúbia! — imediatamente a irmã a repreendeu, bem zangada. — Que coisa horrível de se falar!

— Mas não é? — perguntou baixinho, com jeito humilde.

— Não. Ela é transexual, pelo visto. A companheira dela é homossexual ou pode chamá-la de *gay*, pois o termo serve para homens ou mulheres. Não chame pessoas assim com termos de desaprovação ou significação desagradável. Gostaria que alguém se referisse a você com algum termo pejorativo?

— Como qual?

— Quer que eu diga mesmo? — A irmã silenciou, baixou a cabeça e Simone tentou corrigir-se. Tocando-lhe a mão, falou com generosidade na voz: — Desculpa. Não quis ofender.

— Não me ofendeu. Você me lembrou que fui a outra, a sem-vergonha que engravidou de um cara casado... Que alguém pode me chamar de tudo isso ou pior.

Rúbia se levantou lentamente, pediu licença e se afastou.

Simone ia atrás dela, mas dona Janaína a segurou com leveza e aconselhou:

— Não tente dizer nada agora. Pode ficar pior. Aqui não terão liberdade para conversar.

— Eu e minha boca grande — arrependeu-se Simone.

— Fique tranquila. Sente-se aí. Depois vocês duas conversam em lugar melhor — disse Cristiano em tom afável.

— Ela está chateada comigo — tornou, acomodando-se e reconhecendo a falha.

— Então deixa que eu vou conversar com ela — decidiu a senhora, levantando-se e saindo à procura de Rúbia.

Após algum tempo, Simone perguntou:

— Não vou à instituição há três semanas. Tem ido lá?

— Sim, tenho. Comecei a ver, junto ao médico pediatra de lá, a possibilidade de eu voltar a atuar como dentista.

— Que boa notícia. Fico feliz.

— Perguntaram de você. Disseram que está fazendo falta.

— Imagine... — duvidou e sorriu. — Das vezes que fui, não fiz nada. Fiquei por duas horas costurando roupinhas, quando não, li estorinhas para eles...

— É um trabalho e tanto. Não seja modesta. Porém vejo que não é bom para você sair, agora, na reta final da gestação. Principalmente com esse calor.

— Nem me fale nesse calor! Hoje, só vim aqui por causa da minha irmã. Nos últimos tempos, ela não tem saído e estava tão animada hoje que fiquei com dó de me negar a vir.

A aproximação de Abner e Davi pôs fim ao assunto.

Simone cumprimentou-os com beijos e abraços. Ficando muito satisfeita por vê-los, pediu que se sentassem com eles.

— E a Rúbia, onde está? — quis saber o irmão.

— Está ali, conversando com a dona Janaína — apontou.

— Você está com uma carinha de desânimo, Simone. O que aconteceu? — interessou-se Davi.

— É o calor. Meus pés estão inchados... Aliás, estou toda inchada. Percebeu?

— Apesar disso, está linda — elogiou o outro.

— Obrigada. Sei que está dizendo isso só para me agradar — riu —, mesmo assim, obrigada.

— Ora! Não diga isso! Falso é uma coisa que não sou — sorriu, afagando-lhe o braço sobre a mesa.

— Conta aí — interessou-se Abner. — O meu pai continua com o tratamento lá com você, Cristiano?

— Continua sim. Pontualmente! — sorriu de um jeito engraçado. Depois comentou de modo simpático: — Devo muito a ele e à Simone. Se o senhor Salvador não aceitasse ser minha cobaia, e a Simone insistido para eu atendê-lo... Talvez eu ainda estivesse daquele jeito — riu. — Já estou cuidando de outros pacientes também, sabia?

— O Davi me contou — respondeu Abner.

Simone olhou para Davi de um jeito maroto e ambos começaram a rir.

— O que foi? — intrigou-se Cristiano, desconfiado.

— Conto eu ou conta você? — ela perguntou.

— Conta você. Sou irmão. Comigo ele briga.

— O que foi? — tornou Cristiano sorrindo curioso.

Em tom alegre e brincando, ela perguntou:

— Se eu contar, promete continuar meu amigo?

— Prometo. Só que fala logo. Não gosto de ficar ansioso — pediu em tom risonho.

— Sabe todo aquele drama que fiz para que atendesse o meu pai? — Sem esperar resposta, revelou: — Foi a maior armação.

— Como assim?

Simone revelou toda a verdade e, sorrindo, Cristiano brincou:

— Bando de traidores! Não confio mais em vocês! Principalmente em você, Simone! Nunca esperava vê-la mentir para mim!

— Aaaah, Cris... Me perdoa, vai? — disse com jeito mimoso, afagando-lhe o braço sobre a mesa.

— Não. De jeito nenhum — continuou brincando. — *Traíra*! — riu e afagou-lhe o ombro. — Devo admitir que a armação ajudou muito seu pai. O dente dele estava bem comprometido.

— O Ivan está ali embaixo. Vou lá cumprimentá-lo. Com licença — falou Abner levantando-se.

— Vou com você — decidiu Davi, acompanhando-o — Com licença.

— É! Pelo jeito ninguém quer nossa companhia — reclamou Cristiano em tom de brincadeira. — Quer mais um refrigerante? Um lanchinho?...

— Não, obrigada. Já passei da minha cota de refri hoje e estou satisfeita de lanche.

Conversaram um pouco mais. Falaram do jeito do senhor Salvador, que Cristiano achava muito engraçado.

Após alguns instantes, Rúbia e dona Janaína retornaram, juntando-se a eles.

Passado um tempo, Simone ficou em silêncio e, bem depois, pediu à irmã:

— Vamos embora?

— Mas nem cantaram parabéns!

— Estou tão cansada, Rúbia — falou em tom desanimado.

Dona Janaína, atenta, interessou-se e perguntou:

— Está se sentindo bem, Simone?

— Estou inquieta por estar aqui. Parece que não tenho posição. É cansaço. Quero ir embora.

Solícito, Cristiano propôs:

— Quer que eu a leve? A Rúbia pode ficar. O Abner a leva embora, no final, junto com minha mãe.

— Não, vou estragar sua diversão — recusou.

— Não estou muito interessado. Para mim, já foi suficiente. Também estou um pouco cansado.

Simone titubeou depois decidiu:

— Então, aceito.

Assim foi feito. Cristiano a levou para casa.

Bem mais tarde, Rúbia, animada, chegou contando tudo o que aconteceu depois da irmã ter saído. Simone ouviu com atenção. Após, desculpou-se por ter sido rude durante a festa, ao repreendê-la. Rúbia a desculpou e reconheceu também ter errado. Abraçaram-se alegres e amigas como sempre.

❧

Naquela madrugada de domingo, Simone acordou assustada.

O pouco que dormiu teve um sono agitado, inquieto. Levantou-se e decidiu tomar um banho. Estava muito suada e o calor a incomodava demais.

Ao terminar, trocou-se e percebeu que realmente não se sentia muito bem.

Indo até o quarto onde se encontrava a irmã, acordou-a com cuidado, chamando com voz suave:

— Rúbia...

— O que foi? Tudo bem? — perguntou surpresa.

— Está tudo sob controle, mas eu não me sinto muito bem. Acho bom ligar para o meu médico e ir para o hospital.

A outra se levantou depressa e perguntou:

— Vamos só nós duas? Acha melhor ligar para o Samuel ou para o Abner?

— Sinceramente... Estou em dúvida. Não sei se chamo o Samuel ou não.

— Para chamá-lo à responsabilidade, eu acho que deveria avisá-lo sim. Ele é o pai. Só não espere muito do sujeito.

— Eu queria ligar para o Abner também. Nosso irmão tem me acompanhado em todas as consultas e exames. Ele é tão dedicado.

— Então vamos — decidiu rapidamente.

Elas se arrumaram, fizeram as ligações e foram para o hospital onde Simone foi internada. Após examiná-la o médico decidiu por uma cesariana.

Foi naquela manhã quente de um domingo ensolarado que nasceu seu filho.

Ela mal conseguiu ver o nenê depois do parto, pois o menino precisou de cuidados especiais no C.T.I. neonatal.

Apesar de ter dado uma olhada rápida, a mãe pôde ver que o garotinho tinha fenda labial, um dedinho a mais em uma das mãos e a outra o punho era cerrado, praticamente a mão era inexistente. Possuía também deformidades nas orelhinhas deslocadas e na cabeça.

Disseram-lhe que havia um quadro infeccioso, icterícia, hérnia umbilical, pneumonia e uma complicação renal. Mais tarde se descobriu que tinha os rins policísticos e problemas cardíacos. Tudo indicava um retardo mental acentuado.

Mesmo internada, foi com dificuldade que Simone visitava o filho no C.T.I., pois a cirurgia da cesariana ainda estava bem dolorida e não podia demorar lá muito tempo.

Samuel foi visitá-la uma única vez, mas não quis ver o filho.

Foi dona Celeste que permaneceu no hospital como acompanhante todos os dias em que a filha ficou internada.

Ao receber alta, Simone ficou muito triste por deixar o filho ainda no hospital. Apesar da insistência, não quis ir para a casa de sua mãe, foi direto para a sua.

A dor que sentia era silenciosa. Pouco falava a respeito de si e do filho. Respondia somente ao que lhe perguntavam.

Seus sogros, em uma das visitas, souberam bem detalhadamente como se deu a separação entre ela e Samuel. Eles, acreditando nas palavras do filho, pensavam que o casamento havia terminado por ela não o querer mais, pois se sentia decepcionada com a condição do nenê.

Após o casal ir embora, Simone recebeu a visita de Cristiano, que saiu da clínica odontológica e foi direto para a casa dela. Com ele desabafou:

— Não acredito que o Samuel foi capaz de mentir para os pais assim, tão descaradamente.

— Ele não foi visitar o filho ainda?

— Não. Nem foi registrá-lo em cartório. Na próxima semana, após retirar os pontos, eu mesma terei de ir registrá-lo. Você acredita nisso? É tão difícil, Cris... É difícil estar sozinha nessa situação. Apesar de ter junto a mim minha família e meus amigos, eu precisava do pai do meu filho me apoiando. Tem momento em que acredito que não vou suportar. É muita tensão, muita coisa para fazer...

— Você não está sozinha. Tem sua família, seus amigos... Todos a querem bem, vão apoiá-la em tudo. — Silenciou por um instante, observando a extrema tristeza em seu olhar perdido e propôs: — Quando quiser, vou com você ao cartório para registrar o nenê. Já escolheu o nome?

— Pedro. Quero chamá-lo de Pedro. Não precisa se incomodar. O Abner ou meu pai poderá ir comigo ao cartório.

— Amigos se auxiliam, esqueceu? Vou com você sim. Veja o que fez comigo. Lembra-se de como eu estava?

— As oportunidades surgiram e foi você quem se ergueu e reagiu. Ninguém o carregou.

— Porém ninguém mais teve a ideia de inventar a maior mentira para me ver voltar a trabalhar. Não vou esquecer isso, Simone.

— O que não vai esquecer: a mentira? — sorriu ao brincar.

— Não vou esquecer nem a mentira nem a sua iniciativa e preocupação para me tirar daquela situação em que me encontrava.

— Deixe disso.

— Então vou com você ao cartório e fim de papo. Quando é que vai tirar os pontos?

— Na sexta de manhã. Vou aproveitar e visitar o Pedro. Depois vou ao cartório. Acho que, pela ausência do pai, tenho de levar a certidão de casamento, não é?

— Acho que sim. — Um momento e comentou: — Estou impressionado com o despreparo de seu marido. Desculpe-me dizer isso, mas...

— Meu ex-marido, você quer dizer.

— Ele é alguém que merece de nós piedade, pena por ser tão imaturo, pobre de espírito...

— Irresponsável, cruel, ignorante, desumano... — desabafou. — O que mais me impressiona é o fato de eu não ter percebido que ele era assim.

— Foi preciso um acontecimento sério e importante para o Samuel se revelar. Desculpe-me perguntar, Simone, mas... Você gosta dele como antes?

— Não — respondeu ligeira. — Meu amor por ele se foi como aquele vaso lindo de cristal que quebra, mas não se sente falta. Acho que foi pelo desprezo que recebi. Jamais esperei isso do Samuel e fiquei tão decepcionada, contrariada que não sinto mais nada por ele.

Nesse momento, chegou o senhor Salvador em companhia da esposa.

Dona Celeste decidiu ficar alguns dias com a filha. Contudo, naquela tarde, foi até sua casa para cuidar de algumas coisas e o marido trouxe-a de volta.

A senhora havia entrado pelos fundos e foi recolher roupas no varal e cuidar de outros afazeres, por isso nem viu a filha com a visita de Cristiano.

O senhor Salvador foi direto para a sala e alegrou-se:

— Como vai, doutor?! Que bom encontrar o senhor aqui!

— Pode me chamar de Cristiano e de você, senhor Salvador. Por suas experiências de vida, sou eu quem lhe devo respeito e preciso chamá-lo de senhor.

— Vejam só! Isso é exemplo de educação de berço — disse o homem que em seguida cumprimentou a filha. Acomodando-se no sofá, prosseguiu: — É difícil, hoje em dia, ver jovem como você ser tão respeitoso assim. Os pais perderam o controle sobre os filhos e a molecada está desenfreada. Eles nos olham com desprezo e nos tratam mal por causa da idade e da nossa aparência. E olha que nem sou tão velho assim. Fazem isso como se nunca fossem ficar velhos. Talvez alguns não fiquem mesmo. Sem a educação dos pais, da família, esses jovens bebem, fumam, usam drogas e se metem em encrencas por causa das más companhias e com isso acabam morrendo cedo, adoecendo cedo ou se mutilando.

Quando a educação vem de pais com bom senso, pais que controlam seus filhos para orientá-los melhor, ela forma adultos melhores, respeitáveis, humanos.

— Concordo com o senhor. Tive uma educação controlada, por assim dizer. Quando eu era adolescente, minha mãe, bem exigente, queria saber onde eu estava, com quem e o que fazia. Eu achava ruim. Com o tempo, vi o quanto isso me fez bem. Vou fazer trinta anos no mês que vem e até hoje ela sabe onde estou e o que faço. Para mim é uma satisfação ter minha mãe como amiga que me orienta, quer meu bem...

— Meus filhos são um pouco distantes de mim por causa das verdades que digo, mas criei bem todos eles. Todos são respeitosos comigo e com os outros. Só que nem tudo saiu como eu queria. A Simone fez tudo certinho. Planejou a vida, mas o destino aprontou com ela. A Rúbia deu cabeçada e agora precisa refazer a vida. O Abner... Quando penso nesse meu filho, quero desaparecer... Não sei onde errei.

Cristiano o encarou com olhar expressivo e, mesmo sabendo do que se tratava, perguntou:

— Por que diz isso? Conheço seu filho, ele é uma pessoa excelente, incrível!

— Como pessoa pode ser incrível, só que decidiu seguir por um caminho bem errado. Estou tão desgostoso por isso.

— Por que não fala, pai? Diga por que se decepcionou com o Abner.

— Ora, Simone! — quase se zangou.

— Meu pai começou a pensar assim desde quando ficou sabendo sobre a homossexualidade do meu irmão.

— Simone! — repreendeu-a bravo.

— Eu entendo o senhor, seu Salvador. Muitas pessoas conservadoras não aceitam ou não se sentem bem quando o assunto é homossexualidade.

— Viu?! Ele me entende. Não consigo compreender o que deu nesse meu filho — desabafou. — Meu único filho homem! Não sei onde errei!

— O senhor não errou em nada. Homossexualidade é uma condição. Não é uma escolha nem uma forma de educação errada.

— Ora, rapaz... Não me venha você também com essa história. Isso é safadeza.

— Desculpe-me, senhor Salvador — disse de modo calmo e respeitoso. — Eu entendo o senhor e não vou dizer que está errado em pensar dessa forma.

— Como assim? Você me entende, mas...

— Mas não concordo. Entendo sua opinião firme porque sei que aprendeu dessa forma. Quando isso acontece, é difícil mudar de ideia e convencer-se do contrário. Contudo, se o senhor conseguir compreender o que ocorre diante de fatos e reflexões, poderá vir a aceitar.

— Não há quem me faça mudar de opinião e aceitar uma safadeza dessas! — protestou.

— Eu penso que safadeza, como o senhor diz, existe tanto na condição heterossexual quanto na condição homossexual. A pessoa não se respeita, vulgariza-se, corrompe-se, torna-se promíscua ou se prostitui, independente de sua condição sexual. Condição é o modo como viemos ao mundo resultante da permissão de Deus. Acredito, piamente, que a condição homossexual é motivo de preconceito por falta de informação, de compreensão. Após o conhecimento da verdade, é uma reflexão bastante lógica. Não quero convencê-lo de nada, porém gostaria de fazê-lo pensar. A homossexualidade existe desde que o mundo é mundo. A falta de divulgação das informações sobre pesquisas científicas sérias e bem dirigidas, a respeito do assunto, complica a situação. A falta de informação é um grande problema. Além disso, muitas mentes e corações estão bem fechados. Algumas pessoas não querem mudar a forma de pensar, por isso não buscam se inteirar de tudo o que aconteceu e acontece na história da humanidade, na Natureza e no mundo científico.

Ele olhou para a filha, depois para o rapaz e quis saber:

— Cristiano, você disse que a homossexualidade existe desde que o mundo é mundo... O que você sabe sobre a história da homossexualidade?

— Estudei muito, muito mesmo, a respeito para entender uma situação muito particular.

— Vai me dizer que você é homossexual?! — alarmou-se o senhor.

O rapaz sorriu e respondeu:

— Não, não sou. Mas por ter um caso de homossexual bem próximo a mim, resolvi mergulhar em conhecimentos para deixar de ser preconceituoso. Não fico tão à vontade em comentar, mas algum tempo atrás eu não pensava como hoje. Eu era bem parecido com o senhor. Em minhas pesquisas, aprendi que em culturas antigas e bem civilizadas datadas do século V antes de Cristo, principalmente, na Grécia Clássica têm-se comprovações da prática da homossexualidade, apesar de os termos homossexual e heterossexual serem desconhecidos no idioma grego daquele tempo. Para eles, ter preferência por rapazes ou moças era normal, dependendo da idade e das circunstâncias. Inúmeras imagens, esculturas, pinturas, biografias, textos filosóficos, etnográficos, discursos e muitos outros documentos comprovam a realidade dessas relações amorosas.

— Ninguém era contra? — perguntou o outro.

— A homossexualidade não era julgada pelos gregos desde que o cidadão tivesse o domínio sobre suas paixões. Era normal um homem casado ter uma esposa em casa, uma concubina e ainda se relacionar com prostitutas e efebos. A efebia era entre um homem mais velho e um bem mais jovem. Eram as qualidades masculinas do mais jovem, normalmente atleta com habilidades, força, velocidade, resistência, que atraíam o mais velho e este, mais velho, era respeitado por sua sabedoria, experiência e comando.

— O que é efebo? — quis saber o senhor.

— É um rapaz na puberdade, na adolescência — tornou Cristiano. — A família do rapaz mais jovem, chamado de efebo, entregava-o ao mais velho, chamado de tutor. Ser aceito por um tutor era motivo de honra, de muito orgulho. A partir de então, o tutor o transformaria em um cidadão grego. Esse homem mais velho deveria protegê-lo, educá-lo e treiná-lo para, mais tarde, ele, o efebo, também se tornar um tutor.

Eles deveriam desenvolver uma paixão mútua, porém precisariam dominar essa paixão que era a base desse sistema de efebia. Junto com isso tudo, os dois se relacionavam sexualmente. A sociedade grega não aprovava o relacionamento homossexual entre homens da mesma idade. Nessa mesma civilização, as mulheres eram consideradas criaturas inferiores aos homens. Inferior em todos os sentidos: emocional, física e intelectualmente. A relação entre um homem e um rapaz não era julgada, mas eles não poderiam ter trejeitos femininos. Isso a sociedade não admitia. Para garantir o papel ativo do homem e sua masculinidade, ele deveria ter uma mulher submissa, um escravo e um jovem homem ainda não desenvolvido, o efebo, e relacionar-se com prostitutas.

— Na Grécia, havia mulheres homossexuais? — indagou o senhor Salvador.

— Quanto à homossexualidade feminina, também existente desde que o mundo é mundo, têm-se registros no século VII antes de Cristo devido a uma mulher, poetisa, de nome Safo, que viveu na ilha de Lesbo, uma ilha grega ao norte do mar Egeu. Os poemas de Safo são direcionados às mulheres, algo sempre destacado em suas obras. Por referência à ilha de Lesbo, ilha onde Safo nasceu, as mulheres homossexuais são chamadas de lésbicas. Ela foi objeto de muitas críticas feitas pelos próprios poetas da época, mas foi aclamada por suas obras. A sociedade machista inibiu o conhecimento sobre a vida das mulheres homossexuais, por isso não se tem tantos detalhes de suas vidas. Safo teve entre tantas mulheres, uma preferida, sua maior amante, de nome Átis. Há muita controvérsia sobre sua verdadeira vida. Alguns pesquisadores dizem que Safo apaixonou-se por um homem de nome Fáon, o qual ela perseguiu com um amor furioso. Não correspondida, dizem que Safo se suicidou, jogando-se do alto de um penhasco ao mar. Outros afirmam haver registros dela ter chegado à velhice. Foi uma mulher aclamada, glorificada por seu talento poético e chamada de a *Décima Musa*, por entendidos e *A Bela*, por Sócrates. Tanto na Grécia antiga como no Império Romano, nada se opunha a homossexualidade, ninguém a julgava. Havia somente uma boa definição entre os papéis masculino e feminino.

— Você sabe quando começaram a implicar com a homossexualidade? — quis saber o pai de Simone.

— Houve uma mudança radicalíssima com a chegada do Cristianismo. Na Idade Média, levantou-se uma oposição feroz contra a homossexualidade, pois o judaísmo, de onde se originou o Cristianismo, sempre abominou tal condição e a considerou uma prática passível de pena de morte, incluindo-a na categoria do incesto, da bestialidade e do adultério.

— O que é bestialidade? — indagou o senhor Salvador sem se inibir.

— Bestialidade é o ato de relacionar-se com animal, prazer sexual com animal, chamado de zoofilia. Continuando... Apesar de Jesus Cristo nunca ter mencionado nada a respeito da homossexualidade, os cristãos, obviamente o cristianismo, consideraram que a prática sexual foi atribuída aos homens para fins, só e unicamente, reprodutivos. Sendo assim, consideravam que qualquer prática sexual que não levasse à procriação, seria um pecado mortal contra Deus. Nessa época, o nome usado para homossexualidade era sodomia. Aliás, o termo sodomia também era usado para masturbação, relação oral, relação interfemural — sexo nas coxas — ou qualquer outra atividade sexual que não tivesse a finalidade de procriação. Por volta do ano 540, acreditou-se que pela prática da sodomia e, principalmente, a prática homossexual de alguns, a natureza se revoltava contra toda a humanidade e provocava pestes, terremotos, maremotos, enchentes, fome coletiva, guerras, traições de reinos..., ou seja, todas as catástrofes coletivas significavam a vingança de Deus pela prática homossexual dos homens. Por isso o imperador bizantino Justiniano decretou pena de morte para todos os homossexuais. Nos Penitenciais, assim chamados os guias para confessores, a Igreja penitenciou a homossexualidade das mais variadas formas. Não só a homossexualidade, mas também outras práticas de sodomia, inclusive a relação sexual com a esposa durante a quaresma. Apesar de tanta oposição a alguns hábitos sexuais, sabe-se que no clero havia práticas sexuais com mulheres, homens, masturbação, zoofilia e isso tudo os altos escalões da Igreja não conseguiam inibir. A Igreja pregava e acreditava que houve o dilúvio universal e as cinco cidades de Sodoma e Gomorra foram queimadas pelo fogo celestial e seus habitantes foram vivos para o inferno, por causa da prática da sodomia, mas não a detinha dentro da própria Igreja. Isso não foi só com a igreja católica. Em outras religiões, pastores, mulçumanos, pregadores populares e teólogos também acreditavam e pregavam o mesmo, mas não conseguiam impedir essa prática entre os que congregavam a mesma fé.

Cristiano contava empolgado, parecia gostar de expressar todo o conhecimento adquirido. Enquanto o senhor Salvador ouvia atento, sem piscar, o rapaz prosseguiu:

— Foi por volta do ano de 1120, que se decretou que os sodomitas homossexuais seriam queimados vivos. Na Inglaterra, o rei Eduardo I e, na França, o rei Luis IX estabeleceram pena de morte na fogueira aos homossexuais. Em Castela, Afonso X decretou aos homossexuais castigos e torturas perante todo o povo durante três dias, em praça pública, depois que fossem castrados e dependurados pelas pernas até a morte. A partir de então a perseguição foi cada vez mais feroz. Homossexuais eram acusados de bruxaria. Eles deveriam ser afastados da sociedade pela prisão ou pela morte. "O pecado deveria ser extirpado da sociedade pelo fogo", dizia o lema do franciscano São Bernardino.

Resumindo, na Idade Média, houve as mais terríveis punições à homossexualidade.

Em 1869, foi criado o termo homossexual. A partir disso, passaram a crer que homossexualidade era uma doença mental e foi incorporada no campo da Medicina acreditando-se, ainda, que deveria e poderia ser tratada. Mesmo assim, os homossexuais eram considerados uma ameaça à sociedade como se alguém se contaminasse por causa deles. Desde então começaram a investigar as causas dessa suposta doença como trauma de infância, corrupção, imaturidade etc. Muitos estudos foram feitos, mas ainda não o suficiente para esclarecer bem os que têm a mente fechada e os levarem a entender que a homossexualidade não é doença. Na Alemanha, logo após os primeiros apoios à homossexualidade, surgiu o Nacional Socialismo que repudiou a homossexualidade por não permitir a procriação e assim não dar continuidade à raça superior, à raça ariana, por isso era considerada uma violação grave daquela política firmemente homofóbica: os nazistas. A homossexualidade foi considerada perniciosa pelo Terceiro Reich e acredita-se que mais de cinquenta mil *gays* foram condenados e cerca de dez a quinze mil homossexuais foram mortos durante o holocausto. Experiências médicas, torturantes, foram realizadas para encontrar alguma diferença hereditária que causasse a homossexualidade e sua possível cura. Outros tantos homens foram castrados por ordem dos tribunais alemães. Até Ernst Röhm, homossexual, foi entregue à morte por Hitler, seu melhor amigo. Não só ele, mas também muitos outros homossexuais pertencentes ao Partido Nazista foram assassinados e era a Gestapo que cuidava disso. No final da Segunda Guerra, os homossexuais não foram reconhecidos como vítimas do Holocausto. Não receberam pensões sociais como os outros grupos de prisioneiros — judeus, ciganos, russos e outros — pois foram considerados criminosos. O reconhecimento deles, como vítimas, deu-se somente a partir do ano de 2002 por alguns países. Após a guerra, os *gays* sobreviventes não tiveram muita liberdade para relatar, de fato, o que ocorreu durante o Holocausto. O mundo ainda era muito homofóbico. Sabe-se que, das torturas e pesquisas praticadas, foram arrancadas as unhas, examinados com madeiras lascadas que perfuravam seus intestinos, além de outros maus-tratos indescritíveis. Os cães pastores alemães eram atiçados para mordê-los, muitas vezes, até a morte. Os homossexuais recebiam esses e outros tratamentos piores em campos de concentração na Alemanha e outros lugares dominados por ela. Não só os homossexuais eram tratados assim, mas também os bissexuais, travestis e transgêneros de uma forma geral.

— Para mim é complicado entender algumas coisas por causa dos termos. Criaram um monte de nomes como identidade sexual, transgêneros, orientação sexual, gênero sexual, papel sexual... é tanta confusão! — revelou o senhor Salvador.

— Quanto a isso o senhor tem razão. Para os que não estão acostumados, vários nomes confundem um pouco. Creio que isso acontece porque quase não se falava sobre sexo, antigamente — concordou Cristiano. Com paciência, explicou: — Eu sei que Gênero Sexual é o sexo biológico, é o que temos no nosso corpo físico quando nascemos. Ou temos órgãos sexuais masculinos ou órgãos sexuais femininos. Com exceção dos hermafroditas ou intersexuais, que nascem com os dois órgãos genitais. Então Gênero Sexual é o sexo que temos no corpo físico e com o qual nascemos. Papel Sexual é o comportamento, a aparência, mais feminina ou mais masculina, independente do sexo do corpo físico. Por exemplo, uma mulher que trabalha na construção civil exerce um papel masculino, uma mulher caminhoneira, tem um papel masculino. Um homem que é maquiador, cabeleireiro está no papel feminino. Veja bem, o Papel Sexual não tem qualquer ligação com o desejo sexual, com a atração sexual. A mulher na construção civil, a mulher caminhoneira não são, necessariamente, homossexuais. Assim como o homem maquiador, cabeleireiro também não são, necessariamente, homossexuais. O Papel Sexual é motivo de muita discriminação, pois é como a sociedade nos vê, como nos percebem e acontece de parecermos de um jeito não comum ao nosso sexo do corpo físico. Com isso as pessoas ignorantes ficam escandalizadas. Isso é falta de instrução, de informação.

— Entendi. Então um homem pode ser cozinheiro ou costureiro, que é um papel da mulher, e não ser homossexual. Enquanto uma mulher pode ser azulejista, que é um papel de homem, e ela não é homossexual.

— Exatamente. E muitas pessoas sem conhecimento ficam reparando, criticando e até ofendendo. Isso é preconceito — explicou Cristiano.

— Não sei muito sobre hermafrodita — comentou o senhor esperando que o outro explicasse.

— O nome hermafrodita vem do nome do deus grego Herma-
frodito, filho de Hermes e de Afrodite, que são os representantes dos
gêneros sexuais masculino e feminino, Hermes o homem e Afrodite a
mulher. Hermafrodita é o nome dado a uma pessoa, animal ou vege-
tal que possui os órgãos sexuais dos dois sexos: masculino e feminino.
É preferível o termo intersexual ao termo hermafrodita, pois hermafrodita era usado para pessoas que tinham os genitais masculino e
feminino visíveis e foi motivo de muito preconceito. Com o tempo,
descobriram que existem pessoas intersexuais — ou hermafroditas —
que tem somente, externamente, os órgãos masculinos e, internamente,
os órgãos internos femininos: o aparelho reprodutor feminino como
ovários, útero, mas os órgãos externos femininos não aparecem.
Acredita-se que isso ocorre, geralmente, devido a uma má formação
embrionária. Até onde sei, existem três tipos de hermafroditismo humano ou intersexualidade humana: o hermafroditismo verdadeiro
ou intersexualismo verdadeiro; o pseudo-hermafroditismo masculino ou
também chamado pseudointersexual masculino e o pseudo-hermafroditismo feminino também chamado pseudointersexual feminino.
No intersexualismo verdadeiro, a criança nasce com os dois órgãos
sexuais internos e externos e de ambos os sexos, completos como
vagina, útero, ovário, pênis e testículos. Ela tem os dois órgãos sexuais
totalmente formados.

Sabe-se, hoje, que até a sétima semana, após ser concebida, a criança
não tem seus órgãos reprodutores formados, ou seja, todos os órgãos
são idênticos. As informações que se atribuem ao sexo podem ser en-
contradas dentro das células, junto com as informações genéticas, chamadas de cromossomos. As mulheres têm dois cromossomos X e os
homens têm um cromossomo X e um cromossomo Y. No caso do intersexualismo, a maioria das crianças é, geneticamente, do sexo feminino,
ou seja, seus cromossomos são XX. A existência ou formação dos órgãos
sexuais masculinos é atribuída a razões ainda não conhecidas. No caso
do pseudointersexualismo masculino, a criança nasce, geneticamente,
com cromossomos XY, apesar de seus órgãos sexuais externos não se

desenvolverem completamente. No pseudointersexualismo feminino, geneticamente, a criança nasce com cromossomos XX, apesar de o clitóris desenvolver-se excessivamente adquirindo uma formação semelhante a um pênis. Acredita-se que, nesse caso, a causa não é genética, mas se dá por efeitos de medicamentos utilizados pela gestante que, muitas vezes, não sabe que está grávida.

São os cromossomos que provocam a formação de hormônios determinantes do sexo. Como as mulheres nascem com cromossomos XX, desencadeiam determinado tipo de hormônios e nos homens, que nascem com cromossomos XY, desencadeiam outro tipo de hormônios. Às vezes, determinadas pessoas nascem com cromossomos extras ou seus cromossomos desencadeiam a formação de hormônios que confundem as fronteiras entre homens e mulheres. Nesse caso, pode-se levar ao desenvolvimento de órgãos reprodutores femininos em homens e masculinos em mulheres. Intersexualidade é uma condição. A pessoa nasce assim. Não é uma orientação sexual nem uma escolha.

— Ãaah... Entendi — respondeu o senhor que pareceu um tanto constrangido, pois nunca havia conversado a respeito de sexo com alguém, principalmente perto da filha. Porém não se inibiu e quis saber mais: — E quanto a esse raio de Orientação Sexual? Isso é o que orientamos nossos filhos sobre sexo?

— Não. Não na linguagem sobre sexualidade. O que se oferece aos filhos é educação sobre a sexualidade. Orientação Sexual é o desejo, a atração que a pessoa sente. Deixe-me ver... — pensou um pouco e explicou melhor. — A Orientação Sexual de alguém significa: quem atrai essa pessoa para a prática sexual. Ela quer se relacionar com alguém do sexo oposto, do mesmo sexo ou tanto faz? A orientação sexual tem de ser: heterossexual, homossexual ou bissexual. Ou a pessoa gosta de alguém do sexo oposto e é heterossexual ou de alguém do mesmo sexo e é homossexual, ou tanto faz e é bissexual.

— Orientação Sexual é com quem quero me relacionar, com homem ou mulher? É isso?

— Sim. Com quem se quer relacionar sexualmente.

— Eu pensei que era a forma como os pais orientavam os filhos. Fiquei me culpando muito por ter errado na forma de educar meu filho e por isso o Abner virou o que virou.

— Não. Nada disso. A ideia de dar ou determinar um sexo para a criança e de que o gênero masculino ou feminino pode ser aprendido foi motivo de pesquisas e aplicações catastróficas. A palavra gênero tem inúmeras atribuições, se a procurarmos no dicionário — prosseguiu Cristiano. — Entretanto, no caso, o termo gênero é utilizado para marcar as diferenças entre homens e mulheres, não só as físicas, biológicas, mas também as atribuições na cultura e na sociedade. Em outras palavras, social e culturalmente ou a pessoa pertence ao gênero masculino ou ao gênero feminino. Como eu já disse, gênero sexual é o sexo com o qual nascemos, ou somos do gênero sexual masculino ou do feminino.

— Entendi! — empolgou-se. — Mas... Conta. O que de catastrófico aconteceu?

— Acreditava-se que, quando a criança nascia com um sexo, podia-se mudar de gênero. Essa era a teoria de muitos, principalmente, de um psicólogo, sexólogo, pesquisador e escritor chamado doutor John Money, que realizou pesquisas sobre a Identidade Sexual e da Biologia do Gênero. Para ele, o gênero era algo que poderia ser aprendido. Por exemplo: um menino poderia ser educado como uma menina, ensinado a ser uma menina e viveria, naturalmente, como uma menina e se tornaria uma mulher desde que os pais reforçassem, persistentemente, o gênero feminino nele. O doutor John Money era muitíssimo conceituado e trabalhava no famoso Hospital Johns Hopkins, considerado um dos maiores hospitais do mundo, em Baltimore, Estados Unidos da América do Norte. Aconteceu que, em uma família, houve o nascimento de gêmeos idênticos. Os dois meninos, com aproximadamente oito meses de vida, foram fazer uma circuncisão — uma cirurgia onde se corta o prepúcio, pele que cobre a glande do pênis. — Durante essa cirurgia, ocorreu uma descarga elétrica muito forte no instrumento cirúrgico de cauterização. Foi tão forte que todo o pênis de um dos bebês gêmeos foi totalmente danificado em vez de circuncidado.

Esse caso foi levado ao conhecimento do doutor John Money que acreditou ter a solução para o problema. O doutor Money estabeleceu que esse menino deveria ser operado e transformado, cirurgicamente, em uma menina. Deveria ser ensinado a viver com o gênero feminino. Por essa razão, foi feita uma outra cirurgia onde removeram os testículos. O doutor John ainda recomendou um tratamento hormonal. Então o menino cresceria acreditando e agindo como mulher. Lembrando que esse menino tinha um gêmeo idêntico. Oportunidade perfeita de a ciência provar a teoria de que a uma criança nascida com um gênero poderia ser ensinado a viver com outro gênero. Isso era por acreditarem que o homossexual era homossexual por causa da forma como foi criado, por algum trauma vivido, ou seja, a pessoa era homossexual devido a fatores exteriores de sua vida ou modo de educação e criação. Por muitos anos o doutor John Money publicou artigos científicos falando do sucesso de seu experimento e sobre a mudança bem-sucedida. Soube-se, depois, que todas as afirmações desse psicólogo eram falsas. O menino nunca foi feliz. Nunca se identificou com o sexo feminino. Não agia nem se comportava de forma feminina quando era criança. As tentativas de socializá-lo como menina falharam todas! Ao descobrir a verdade, esse menino, chamado David Reimer, ficou decepcionado com a mentira e tentou, por todos os meios, reparar a dor, o sofrimento emocional por causa de toda a enganação. Na adolescência, ele quis voltar a ser do gênero masculino. Tomou hormônios masculinos, tentou cirurgias reconstrutivas para reconstruir o pênis, mas não houve sucesso. Sua vida tornou-se muito problemática, confusa, triste. Enfrentou inúmeras dificuldades. Por volta dos trinta e oito anos de idade David Reimer não suportou mais e se suicidou. Quando a verdade sobre esse fato foi revelada, a teoria do doutor John Money desmoronou junto com sua imagem. Nos Estados Unidos, realizam-se cerca de cinco cirurgias, por dia, em crianças intersexuais, crianças que nascem com formações genitais que fogem aos padrões socialmente determinados para o sexo masculino ou feminino com o objetivo de atribuir o sexo e normalizar os órgãos genitais.

Elas são feitas para que os pais se tranquilizem emocionalmente e para que as crianças intersexuais não experimentem o sofrimento emocional de crescer diferente. O pior é acreditarem que a criança vai se adaptar ao gênero, masculino ou feminino, concedido, se for devidamente reforçado. Muitos discordam totalmente dessas cirurgias, pois elas podem provocar terríveis danos, diminuindo consideravelmente a sensibilidade dos órgãos genitais o que prejudica uma vida sexual saudável ou pior, podem reconstituir órgãos genitais com um gênero contrário ao que se acredita.

— Como assim? — quis saber o senhor.

— Se o bebê é pseudointersexual feminino, geneticamente, essa criança nasceu com cromossomos XX, apesar de o clitóris desenvolver-se excessivamente adquirindo uma formação semelhante a um pênis, e os médicos, a julgarem pela aparência do órgão, acreditarem que se trata de um menino com uma má formação peniana e fizerem uma cirurgia reconstrutiva do pênis, fechando a abertura existente entre pênis e testículos, por onde saía a urina, e abrindo ou deixando um orifício na ponta do suposto pênis, que na verdade é um clitóris bem desenvolvido, transformaram, cirurgicamente, uma menina em um menino. Somente quando essa criança crescer vão descobrir o engano. Já ocorreram muitos erros desse tipo levando a terríveis sofrimentos emocionais, angústia mental, desespero, depressão, podendo chegar ao suicídio. Os intersexuais são considerados transgêneros também. Quando há dúvida e, principalmente, sem o consentimento do transgênero ou intersexual, não se deve fazer nenhuma cirurgia. A pessoa precisa ser madura o suficiente para decidir o que é melhor para ela mesma. Acredita-se que, no mundo todo, cerca de um por cento da população nasce intersexual, mas há os que acreditam que esse número seja bem maior.

— E esses Trangêneros? O que é isso? Para mim isso era coisa de soja.

Cristiano sorriu e explicou pacientemente:

— Para língua portuguesa do Brasil é transgênero; para o português europeu, transgénero. Transgênero é um nome usado quando a

expressão de gênero não corresponde ao papel social, a aparência sexual, designado ao gênero sexual da criança ao nascer. Trans significa
além de, e gênero é a característica física. Quando a pessoa é denomi-
nada de transgênero quer dizer que ela é além daquela característica física. É um termo novo para reunir intersexuais, transexuais e travestis.

No intersexual a pessoa nasce com os dois órgãos sexuais. Ao passo
que, no caso de transexual, a pessoa possui um corpo com um sexo
biológico inadequado para sua mente. Um corpo masculino de uma
transexual masculino é totalmente impróprio, aversivo para sua mente
feminina. A transexual masculino acredita ser uma mulher, sente-se
totalmente mulher. É uma alma feminina presa em um corpo masculino. Por isso ela quer mudar de sexo, pois, por via de regra, não aceita
seu corpo de jeito nenhum. E o contrário também existe, ou seja, uma
alma masculina presa em um corpo feminino. Os transgêneros transexuais mostram-se contrários ao corpo físico desde bem pequenos. No
caso das transexuais masculinos, a Identidade Sexual não está de acordo
com o seu sexo físico, biológico, por isso sua Identidade Sexual é Feminina, apesar de seu corpo ser masculino. Essa pessoa, com certeza, quer
uma mudança, uma cirurgia em seus órgãos sexuais mudando-os de
masculino para feminino.

— Conhecemos a irmã de um amigo nosso que é transexual feminino. Ela nasceu com o gênero sexual feminino, ou seja, o sexo do seu
corpo biológico é feminino, mas sua mente, seu psicológico é totalmente masculino. Ela se sente homem, veste-se como homem, acredita
ser homem e é contrária ao sexo físico que possui. Apesar de seu corpo
feminino, sua Identidade Sexual é Masculina — lembrou Simone para
exemplificar.

— Exatamente. A Eloah é assim. Eu soube que ela toma hormônios.
Faz tratamento para ter um corpo diferente do qual nasceu, quer um
corpo masculino. Só não sei se vai partir para cirurgia. Ser transexual
não foi escolha dela. Não foi opção. Ela é mentalmente assim. É a sua
condição. — Breve pausa e Cristiano prosseguiu: — Já o travesti é bem
diferente. No caso de um travesti homem, ele sabe que é homem, mas

quer se vestir de mulher devido ao lado feminino existente em seu ser. Ele geralmente pode ter duas identidades sexuais, ou seja, gosta de homens e de mulheres, ou pode gostar só de homens ou só de mulheres. O travesti se sente homem e mulher. Os dois conceitos se unem dentro dele, apesar de ele ter somente um órgão sexual, ou masculino ou feminino. Há momentos em que se sente homem; em outro, mulher. Porém não quer neutralizar nenhum dos dois gêneros nele nem em sua mente. Não quer dar outra definição ao seu corpo mudando seu órgão sexual, fazendo cirurgias para mudança de sexo. Ele costuma adaptar seu corpo com implantes de silicone, aplicações e outros artefatos para ter ao máximo a outra parte que não tem fisicamente. Baseando-se na maioria dos travestis, que são homens, vemos que eles querem ter seios, quadris, lábios cheios, mas sem deixar de ter características masculinas. Isso faz com que se sintam completos. Eles são completos sendo homens e mulheres. Já o bissexual é bem diferente do travesti. O bissexual sente atração física e emocional por pessoas dos dois sexos, com níveis de interesses que variam de pessoa para pessoa. O bissexual necessaria-mente não tem um papel social diferente, ou seja, um homem bissexu-al não precisa, obrigatoriamente, vestir-se ou falar de forma afeminada ou ocupar-se de um papel sexual feminino na sociedade. O que é valido também para a mulher bissexual.

— E o homossexual nessa história? — tornou o senhor.

— O homossexual é aquele que se atrai por alguém do mesmo sexo. Não necessariamente precisa ter trejeitos femininos ou masculinos, ou vestir-se de forma diferente de seu gênero ou assumir papéis sexuais diferentes de seu sexo. Sendo assim, a Orientação Sexual dele ou dela é pelo mesmo sexo, ou seja, a pessoa homossexual se atrai por alguém do mesmo sexo.

— E Identidade Sexual, o que é?

— Identidade Sexual é como a pessoa se vê e se percebe. Somente ela mesma sabe em qual quadro, dentro desse universo, encaixa-se. Na cabeça dela, ela é o que, sexualmente falando? Gosta do quê? Prefere o quê? Um homossexual masculino pode ter uma Identidade Sexual

Masculina, assim como um heterossexual, pois ele não quer ser mulher. Não quer ser passivo. Ele só gosta de homens. Há também o homossexual homem, que gosta de homens e deseja ser passivo em uma relação com outro homem, porém ele não quer se transformar, cirurgicamente, em mulher. Se a pessoa sabe qual é a sua Orientação Sexual, ou seja, qual a sua preferência sexual, ela conhece sua Identidade Sexual.

— O mundo está virado. Eu não aceito isso.

— É bom tomarmos cuidado com a intolerância, senhor Salvador. A intolerância e o preconceito têm origem na ignorância. A verdade é que há um amplo grau de contraste entre a extremidade do masculino e feminino. A variação de gênero existente entre os seres humanos não é aberrante, anormal ou antinatural. A variação de gênero é puramente natural. Faz parte da Natureza. Nós estamos vivendo entre seres que vão além, muito além da tradicional categoria de machos e fêmeas. O senhor sabia que há plantas hermafroditas ou intersexuais? — o homem não respondeu e Cristiano continuou: — Além de inúmeros animais que apresentam comportamento homossexual como girafas, pinguins, baleias, chipanzé, golfinhos e outros. Milhares de seres a nossa volta são hermafroditas, ou seja, são intersexuais, possuem os dois órgãos sexuais masculino e feminino. Crustáceos marinhos, chamados de cracas, que vivem presos em rochedos e em cascos de embarcações, são animais em que mais de 97% são intersexuais. Grandes porcentagens de estrelas do mar são intersexuais. Os caracóis e lesmas são hermafroditas ou intersexuais e precisam de parceiros para procriarem. No mar, cerca de um terço dos peixes é hermafrodita. Há uma gigantesca diversidade de gênero e sexualidade no mundo, bem maior do que imaginamos. Calcula-se que quase metade das espécies vivas no planeta vai além das conhecidas categorias de macho e fêmea. Se estudarmos e conhecermos a fundo, descobriremos que a variação de gênero vista, muitas vezes, como anormal e rara é completamente natural e não é tão rara assim. Os transgêneros, os homossexuais, os bissexuais não são diferentes do resto da Natureza criada por Deus. Eles são obras do próprio Deus. Certamente, para muitos, não será fácil a aceitação dessa nova realidade de sexo e gênero. Porém não é a primeira vez que a raça humana se depara com crenças errôneas enraizadas na cultura. Lembremos que o italiano Galileu Galilei, físico, matemático e astrônomo, enfrentou a Inquisição — Tribunal do Santo Ofício — que o condenou por afirmar que o Sol era o centro planetário e não a Terra, que essa girava em torno dele junto com todos os planetas. Isso contrariava alguns apontamentos da Bíblia, segundo a Igreja. Galileu precisou negar suas ideias e foi condenado à prisão por tempo indeterminado, mesmo estando muito doente. Ele morreu cego e longe do convívio familiar e social. Quase 350 anos depois, a Igreja Católica o absolveu, mas acho que isso de nada adiantou.

— É mesmo... — disse o senhor pensativo.

— Como essa, muitas outras coisas tidas como únicas, reais, já foram desmascaradas e outras ainda vão ser. O mesmo vale para a nossa crença sobre sexualidade e gênero. O mundo não está dividido somente entre macho e fêmea e isso é questão de conhecimento. — Cristiano fez breve pausa e considerou: — Podemos comparar a intolerância à homossexualidade, bissexualidade e aos transgêneros com a intolerância e o preconceito que tinham contra a mulher, no passado e até hoje. Em muitos lugares do mundo, a mulher ainda é submissa, subjugada. Tem valor inferior a animais, que são mais bem tratados do que elas. Houve muitas lutas das mulheres para conseguirem o pouco de reconhecimento que têm hoje. Em algumas sociedades, quando uma menina nascia em épocas difíceis e de escassez, ela era morta pelo pai ou alguém que controlasse a situação.

— O que é isso?! — alarmou-se o homem, contrariado.

— Algumas tribos africanas, famílias de esquimós tinham essas práticas e, provavelmente, tenham-nas até hoje. Casos mais isolados também aconteciam em sociedades europeias, orientais... Só por nascer mulher eram mortas. Em toda a história da humanidade, vemos mulheres submetidas a um sistema desumano de trabalho, sem acesso à cultura, espancadas, maltratadas, abusadas sexualmente e sem o direito de reclamar. A busca das mulheres por respeito, dignidade social, pessoal e profissional é muito longa. Desde que o mundo é mundo. Em épocas bem recentes, vimos isso. Na Inglaterra, por exemplo, há dois séculos, mulher sozinha era um problema social. Solteiras e viúvas geravam preocupações para o poder econômico que chegou a cogitar o envio dessas mulheres para as colônias inglesas para elas executarem sua função de fêmeas e procriarem. Algo bem animalesco, em minha opinião. Se isso acontecia em pleno século XIX, na Inglaterra, país de primeiro mundo, imagine no resto do planeta?! Precisaram surgir grandes movimentos feministas para as mulheres começarem a ser aceitas.

— Acho as feministas muito agressivas — opinou o pai de Simone.

— Talvez elas precisem mesmo ser firmes para reivindicarem os direitos femininos, pois com silêncio e submissão não se consegue nada. Ser firme, talvez, seja confundido com agressividade. Aí é que entra o termo Papel Sexual. Para a mulher ser firme no que deseja, no que reivindica, ela pode parecer diferente para a sociedade que a vê, erroneamente, como masculinizada ou algo assim. Foi preciso, e ainda é, muita atitude e ação por parte delas para que tenham garantidos seus direitos e também para que seja reconhecido o seu senso de capacidade sem que destruam seus dotes femininos. Ainda acho que elas têm muita luta pela frente. Ainda não são valorizadas como devem nem no nosso país e, menos ainda, em outras culturas em que, até hoje, são queimadas, apedrejadas até a morte, expostas a todo tipo de crueldade, humilhação e devem ficar quietas, em total silêncio. Veja, é preciso só acusação de traição, sem provas, para jogar ácido no rosto de uma mulher e deformá-la, matá-la e ficar impune, como se nada tivesse feito o homem que a agrediu hediondamente. Fico aterrorizado quando lembro que isso acontece hoje, ali, em outro país, por falta de bom senso, no mínimo.

— Existem culturas, ainda hoje, que não permitem as mulheres menstruadas rezarem para Deus, pois acreditam que, nessa condição, estão imundas, sujas e não podem orar — lembrou Simone que até então só ouvia.

— É verdade. Esquecem que quem criou a mulher com a condição de menstruar foi Deus e creem que Ele não pode receber dessa sua criação uma oração. Isso é incoerente. Vejo que o mesmo tipo de discriminação e preconceito é praticado com aqueles que assumem sua homossexualidade, sua intersexualidade, seu modo transgênero. Só espero que não precise acontecer algo tão terrível, como o que aconteceu com a mulheres em Nova Iorque, para começarem a reconhecer seus direitos.

— Você está falando do Dia Internacional da Mulher? — questionou Simone.

— Sim, isso mesmo. A data de 8 de março foi escolhida para representar o Dia Internacional da Mulher a fim de simbolizar a emancipação feminina porque em 8 de março de 1857, em Nova Iorque, operárias de uma fábrica de tecido realizaram uma passeata e depois ocuparam o local onde trabalhavam, fazendo grande greve. Elas desejavam melhores condições de trabalho, redução da carga horária para dez horas, pois a fábrica exigia que trabalhassem dezesseis horas por dia. Reivindicavam salário igual ao dos homens, que recebiam três vezes mais para fazer exatamente o mesmo serviço. Solicitavam também tratamento digno no ambiente de trabalho, férias, licença-maternidade e outros direitos, que podemos chamar de direitos humanos. Elas estavam reunidas em, aproximadamente, 130 tecelãs e não queriam deixar a fábrica até que os proprietários prometessem cumprir as exigências. Com a chegada da polícia nova-iorquina no local, a fábrica foi fechada e os patrões incendiaram o prédio com todas essas mulheres dentro. Todas elas morreram queimadas e ninguém foi punido como deveria. Esse fato repercutiu muito na época através da imprensa. Porém somente em 1910 foi determinado que o dia 8 de março fosse reconhecido como o Dia Internacional da Mulher em homenagem às tecelãs que morreram carbonizadas em 1857 por reivindicarem direitos justos. Mas o universo machista é tão intolerante que, somente em 1975, se não me engano, essa data foi oficializada pela ONU — Organização das Nações Unidas.

— Alguns dizem que esse é o dia da mulher e os outros 364 dias do ano são dos homens. Odeio essa brincadeira — reclamou Simone.

— Essa data não foi criada somente para comemorar o dia da mulher. Ela é importante para se lembrar das lutas e direitos femininos. Muitos países, nesse dia, realizam debates, conferências com o objetivo de inspecionar e discutir o papel da mulher atual na sociedade e garantir seus direitos. O propósito é diminuir até um dia extinguir-se, o preconceito e a desvalorização da mulher. Apesar das conquistas e alguns reconhecimentos, elas ainda são submetidas, principalmente, à violência masculina, salários inferiores ao do homem, desvantagens financeiras e profissionais, em cargos semelhantes ao do homem, jornada excessiva de trabalho, sem contar com as outras jornadas de trabalhos domésticos, maternais, conjugais...

— A situação da mulher era tão terrível que, em tempos remotos, muitos acreditavam que ela não tinha alma, não tinha inteligência e era uma criatura muito inferior ao homem — tornou Simone. — Em nosso país, a mulher brasileira só pôde votar a partir de 1932. E a Constituição Brasileira só ofereceu direitos iguais aos dos homens a partir de 1988. O ser humano precisa ter consciência de que somos todos iguais em direitos e deveres. Não somente nas empresas, indústrias, na Constituição, mas também dentro do lar, dentro de casa. Em minha opinião, as tarefas do lar também necessitam ser divididas com bom senso. Acredito que o marido de uma mulher que trabalha fora tem o dever de ajudá-la nos serviços domésticos, principalmente quando se tem filhos.

— Concordo — afirmou Cristiano, enquanto o senhor Salvador só observava. — Foi com meu pai que aprendi a ajudar nas tarefas domésticas. Após a morte dele, eu e o meu irmão continuamos a ajudar nossa mãe. Precisamos acabar com o preconceito de que o serviço de casa é só para a mulher. Quer dizer que o homem que trabalha se aposenta e a mulher não? Mulheres não têm direito a aposentadoria dos serviços domésticos? Que abuso! Esse pensamento é errado. Não faz muito tempo, o Congresso Nacional, em Brasília, era integrado praticamente só por homens. Quando apareceram as primeiras mulheres, houve até a chamada bancada do batom, que foi alvo de chacota e preconceito naquela política exclusiva dos homens.

— Isso foi lá pelos anos de 1987 e 1988! — interrompeu o senhor Salvador. — Lembro que elas tiveram até de lutar por direito de ter banheiro feminino dentro do plenário e precisaram fazer uma reforma para isso.

— Foi mesmo. A imprensa, na época, só sabia dar atenção à elegância, à beleza, ao figurino, como se elas só pudessem ofertar e representar isso. Só sabiam ver quem era a mais bonita, a mais bem arrumada, a apresentação dos penteados e coisas do gênero. Até que elas conseguiram impor respeito pelas diversas atuações. Logo as mulheres tiveram maior índice de presença nos debates, não só presença, mas uma participação de qualidade. Isso fez a diferença — completou o rapaz.

— O Artigo 5º não deixa dúvidas de a Constituição oferecer princípios de igualdade entre homens e mulheres desde 1988, porém, muitas vezes, na prática, isso é bem diferente — disse Simone.

Apelando para sua boa memória, Cristiano falou de cor:

— O Artigo 5º da nossa Constituição Federal garante que homens e mulheres serão iguais em direitos e obrigações; ninguém será obrigado a fazer ou deixar de fazer alguma coisa senão em virtude da lei; ninguém será submetido à tortura nem a tratamento desumano ou degradante; é livre a manifestação do pensamento, sendo vedado o anonimato; é assegurado o direito de resposta, proporcional ao agravo, além da indenização por dano material, moral ou a imagem. Entre outras coisas, a Constituição ainda garante que é inviolável a liberdade de consciência. Mesmo assim, como eu disse ao senhor, as mulheres ainda sofrem como se elas fossem diferentes, anormais, menos capacitadas, o que, sobremaneira, não são. Esse assunto vai longe. Existe muito a se contar, na história da humanidade, até os dias de hoje, sobre o preconceito, a discriminação sofrida pelas mulheres, devido ao fato de pessoas ignorantes acharem que elas eram outra raça, que não a humana. O mesmo vejo acontecer com os homossexuais, transexuais, travestis, e outros. Eles são rejeitados, hoje, nas forças armadas, em muitas empresas, instituições, religiões... São discriminados em muitas sociedades e há, inclusive, pena de morte para homossexuais em países mulçumanos. Neles mata-se, oficialmente, alguém só por ser homossexual, isto é, mata-se por consequência das leis. Apesar de, em nosso e outros países, homicídio e lesão corporal serem crimes, há grupos homofóbicos extremos que lesam gravemente e matam homossexuais e transgêneros pela razão de eles terem essa condição. Isso é absurdo! Estão vivendo e pensando como aqueles grupos de pessoas ignorantes que matavam e maltratavam mulheres por serem mulheres.

— A ignorância não é só nesse sentido. Ela vai mais além. Já ouviu falar que algumas tribos indígenas brasileiras, nos dias de hoje, matam as crianças com problemas físicos ou mentais por elas nascerem nessa condição? — comentou Simone.

— Já. Chegam a enterrá-las vivas. E não são somente crianças com problemas. Em caso de gêmeos, acontece o mesmo com uma das crianças, apesar dela ser totalmente saudável. O que deve ser morto é escolhido pelo pajé. Pajé ou xamã, é o nome dado ao homem da tribo, geralmente o mais velho, que é especialista espiritual, uma espécie de médico, feiticeiro, curandeiro e sacerdote. A ele é atribuído o poder de comunicar-se com seres que já morreram, sejam eles humanos ou animais. Esses são costumes arcaicos, bárbaros, errôneos, de gente ignorante, desumana, cruel. O mesmo acontece com os homossexuais e transgêneros. São discriminados, ridicularizados, maltratados e humilhados por consequência da ignorância, do preconceito de pessoas infelizes consigo mesmas.

— Como assim? — interessou-se o senhor.

— Eu tenho pra mim que a intolerância, o preconceito são práticas de gente mal resolvida, infeliz consigo mesma. Observe que as pessoas satisfeitas e felizes de verdade com elas mesmas, não são intolerantes nem preconceituosas. Elas vivem bem e deixam os outros viverem.

Após refletir um pouco, o senhor Salvador comentou:

— Eu não sabia nada disso que me falou sobre as mulheres carbonizadas no dia 8 de março e também não lembrava da discriminação, da intolerância e preconceito contra a mulher. Mas ainda não posso concordar com o homossexualismo. Deus criou o homem e a mulher, mas não criou homossexual.

— Homossexual é uma condição igual à condição de heterosse- xual. A criatura nasce assim. A maioria das pessoas homossexuais tem firmemente estabelecida sua identidade sexual. Muitos ignoram que já se nasce homossexual, intersexual ou transgênero, assim como já se nasce heterossexual. Não é escolha.

— Não concordo, Cristiano. Isso é pura escolha — teimou o senhor.

— Não é escolha. É o destino da criatura que Deus criou ou Deus não deixaria existir uma diferença física, material quando o corpo hu- mano daquele ser está sendo formado.

— Como assim? Vai me dizer que o corpo do *gay* é diferente do das pessoas normais? — tornou o senhor Salvador.

— Primeiro, todos nós somos normais, seja homo ou heterosse- xual. Segundo que, hoje, a ciência já identificou a primeira diferença anatômica, ou seja, a primeira diferença física, material, no cérebro dos homossexuais. Para os acadêmicos preconceituosos do mundo cientí- fico, isso ainda gera controvérsias, polêmicas e muitos dizem que há várias questões para responderem. Contudo, pesquisas e estudos, bastante significativos, realizados recentemente na Suécia, mostram que homens homossexuais e mulheres heterossexuais possuem um aumento da atividade de uma região do hipotálamo, região associada às emoções e aos impulsos sexuais, quando expostos à testosterona, derivada do suor masculino. Em contrapartida, homens heterosse- xuais têm a mesma reação quando expostos ao estrogênio, hormônio feminino. Essa comprovação foi possível com o uso de novas tecno- logias do mapeamento do cérebro. Fora outras incontáveis pesquisas e estudos como os marcadores genéticos similares em famílias cujo número de parentes homossexuais é maior, que está ainda para ser aprovada. A mais relevante é o estudo da função e do desenvolvi- mento das áreas visuais do córtex cerebral onde se pôde descobrir a primeira diferença anatômica, ou seja, física no cérebro dos homosse- xuais. No mundo científico, fala-se em mapear ou isolar, no sentido de encontrar o gene da homossexualidade nos próximos anos. Embora alguns considerem que homossexualidade não seja genética, pesquisas em DNA de homens transgêneros — intersexuais, transexuais e alguns homossexuais revelam que eles possuem um gene associado ao hormônio da testosterona que é menos eficiente. A redução desse hormônio pode interferir no desenvolvimento do gênero do feto, em formação ainda no útero, levando-o a ter um cérebro menos masculino. Diante das descobertas materiais, físicas, anatômicas, nessa pequena parte do hipotálamo e a redução da testosterona, já podemos dizer que, na homossexualidade, existe a vontade de Deus ou o corpo não teria essas diferenças para aquela alma, aquele espírito experimentar tal dualidade, tal prova. Tudo o que há na Terra é obra da Natureza. É obra de Deus. Assim sendo, qualquer condição de se viver neste mundo, sexualmente falando, não se trata de escolha, mas sim de destino. Nesse sentido, eu não falo a respeito das atitudes, do comportamento humano.

— Já ouvi dizer que os homossexuais deveriam sublimar, ou seja, não praticar sexo, abster-se do sexo. O que você acha disso? — perguntou Simone.

— Isso depende de cada um. Em minha opinião, entendo que a relação sexual é o processo, é o ato que garante a reprodução das espécies. Como estamos falando da espécie humana, devemos entender que o ato sexual é o mecanismo responsável pela variabilidade genética e contínua da espécie e, consequentemente, a sobrevivência da raça humana. Se a relação sexual devesse, obrigatoriamente, ser usada somente para fins reprodutivos, conforme alguns dizem ser essa a vontade de Deus na passagem bíblica: *crescei e multiplicai*, então os heterossexuais também deveriam se abster do sexo, não praticar o sexo quando não fosse com a finalidade exclusiva de procriar.

— Como é que é? — quis entender o senhor Salvador.

— No pensamento de alguns, o sexo só pode ser praticado entre um homem e uma mulher porque entre esses dois a finalidade do ato sexual seria para se multiplicar. Com essa mentalidade, o casal heterossexual, que não quisesse ter mais filhos, não deveria mais ter relações sexuais, deveria sublimar também. Penso que se abster do sexo não é correto. O sexo tem função fisiológica, biológica e inconsciente que resulta em muitos benefícios. A energia sexual é criadora. O problema é como se pratica o sexo. Homossexuais, transgêneros e heterossexuais podem usar mal esse ato quando há vulgaridade, promiscuidade, vida leviana. Esse comportamento, com certeza, vai incomodar sua consciência um dia. Alguns viciados em sexo precisam de tanto auxílio psicológico quanto um viciado em álcool, drogas, jogo etc. Seja homo ou heterossexual.

— Há muitos homossexuais infelizes que usam drogas e bebem porque são homossexuais — disse o senhor Salvador.

— O vício em drogas e o alcoolismo não são exclusividades dos homossexuais — explicou o rapaz. — O senhor está enganado, se pensa assim. O que, talvez, veja bem, eu disse talvez pode acontecer é um homossexual ter uma família rigorosa, intolerante, ignorante e quando essa pessoa descobre sua homossexualidade, enfrenta uma grande luta emocional, uma preocupação excessiva com a sua condição por causa da família que tem. Depois de muito conflito, não sabe o que se passa com ele. Confuso e para tentar aliviar o estresse e o conflito, pode entrar para o caminho do álcool ou das drogas. Pode passar a ter uma vida promíscua, corrompendo-se. Porém, senhor Salvador, muitos heterossexuais, em conflito, também optam pelo caminho das drogas e do alcoolismo, por outros incontáveis motivos, inclusive na área sexual. Vamos lembrar que muitos homossexuais não se desviam para esses vícios, de jeito nenhum. O que mais maltrata o homossexual é a rigorosidade ignorante e intolerante da família, dos conhecidos, da sociedade e a sua própria ignorância. O que o maltrata é ele não entender qual a sua condição. — Por algum tempo, Cristiano observou o senhor pensativo. Aguardou um instante e esclareceu: — Sou espírita. Apesar de haver muitos espíritas ignorantes e até intolerantes a respeito do assunto sobre homossexualidade, o que os fazem ser assim não é a filosofia espírita, são suas próprias opiniões e o desconhecimento do assunto. A Doutrina Espírita, sua codificação, não é preconceituosa e praticamente não se manifesta a respeito disso. Lembra que o Espírito não tem sexo e podemos encarnar homem hoje e mulher amanhã. A Doutrina Espírita defende a tese de que quanto maior a evolução de um espírito, mais aproveitamento ele teve nas experiências vividas. Isso indica experiências como homem e mulher, sofrendo conflitos, harmonizando suas práticas em diversas vidas, em incontáveis provas, exercícios, tentativas, ensaios e tudo o que Deus nos colocar à disposição. Devemos viver, seja o que for, com moral e amor incondicional a nós e aos outros.

— Por que se nasce homossexual ou transgênero? Por que esse sofrimento?

— Todos nós estamos em trânsito evolutivo, por isso, como já disse, nascemos necessitados de inúmeras experiências. Nascer na condição homossexual ou em qualquer outra, não significa sofrimento ou expiação. Só se é infeliz e se sofre quando não se aceita o que acontece consigo mesmo, quando se vive na ignorância. Ao entender e aceitar sua condição a pessoa pode se transformar em provedora de bênçãos, luz e amor. O mais importante não é a forma como o espírito reencarna, mas sim o uso que ele faz de suas condições, de seus atributos. Todos temos direito a opções. Isso é chamado de livre-arbítrio, mas quando nos depravamos em relacionamentos múltiplos e perdemos o senso do equilíbrio, do amor próprio, nós nos desvalorizamos, desmoralizamos. Isso sim nos leva ao sofrimento e, gosto de lembrar, que isso serve para relações extraconjugais de casamentos entre heterossexuais.

— Dizem que Deus é bom, mas onde está Sua bondade nisso? — perguntou o senhor em tom de desabafo.

— A bondade de Deus encontramos na reencarnação. É por meio dela que o espírito aprende a amar, a não fazer o mal, a viver bem para evoluir para mundos melhores, pois Jesus disse que há muitas moradas na casa do Pai e eu acredito Nele. Ao reencarnarmos, nascemos com · todas as possibilidades necessárias para crescermos. Mesmo quando

282 SCHELLIDA | ELIANA MACHADO COELHO

experimentamos dificuldades e provas difíceis, essas situações são para nossa evolução, para o nosso bem. — Longos minutos em que o silêncio imperou. O senhor Salvador ficou pensativo e nada disse por todo esse tempo. Pareceu rever seus conceitos e suas crendices tão equivocadas. Descobriu que havia mais a aprender sobre o mundo e a natureza do que podia imaginar. Cristiano sorriu e concluiu: — Sabe, senhor Salvador, eu não gosto de ter fé cega sobre qualquer assunto, por isso aprecio muito a famosa frase do Mestre Jesus: *Conhecereis a verdade e a verdade vos libertará*. Pense em tudo o que conversamos. Procure refletir e se questionar sobre estar certo ou não. Estando errado, admita e verá que será mais feliz. Liberte-se.

Nesse instante, dona Celeste chegou à sala e cumprimentou o rapaz.

O assunto mudou. Mas o senhor Salvador tinha muito que analisar sobre toda a conversa muito instrutiva.

Enquanto isso, na espiritualidade, Vitória e João os observavam.

Havia algum tempo que ela saiu da oficina espiritual, que era extensão do lar de dona Janaína, acompanhando um espírito mais esclarecido para aprender. Nesse dia, seu mentor João a levou para que acompanhasse Cristiano. Após ouvir tudo o que falaram, João comentou:

— Às vezes, a experiência homossexual de alguém é mais uma provação para outras pessoas do que para o próprio homossexual, que se entende e se aceita. Muitos não compreendem que a Lei de Deus se resume em amor. *Amar ao próximo como eu vos amei*. Embora cada um tenha uma razão espiritual para encarnar homossexual, heterossexual, transgênero ou bissexual... Embora os motivos sejam diferentes, todos partilham um tema comum: uma história que nos convida a abrir nossas mentes, nossos olhos e nossos corações para considerarmos e conhecermos sobre as diversas formas de sexualidade e os diversos gêneros existentes e não admitidos, não reconhecidos, não tolerados, por enquanto. A reencarnação existe por misericórdia divina. Todos estamos sujeitos a ela. As diferenças sexuais, no comportamento sexual e no ato sexual, precisam ser compreendidas e equilibradas. Não há nada para ser eliminado ou punido. O comportamento de cada um a ele pertence.

Surpresa, Vitória admirou-se:

— Como o Cris mudou! Como aprendeu! Nunca tive aula igual em toda minha vida. Comecei a entender que o maior problema não é a homossexualidade, os transgêneros ou a bissexualidade, mas sim o preconceito. — Ela pensou um pouco e quis saber: — Você acha que os preconceituosos homofóbicos podem reencarnar como homossexuais?

— Isso é determinado pela consciência de cada um. As Leis de Deus ficam registradas na consciência da criatura. Quando se reencarna homossexual, por exemplo, logicamente, isso ocorreu com o consentimento desse espírito. Toda experiência terrena é para a evolução espiritual, é para o progresso individual ou coletivo. Nunca alguém reencarna para regredir. Nunca.

— Pode me dizer por que Abner e Davi são homossexuais?

— Reencarnaram homossexuais por escolha, para evolução, por missão. Pode não parecer muito, mas o modo harmonioso de viver configura um trabalho realizado, uma missão, por servir de exemplo aos outros. Observe, pelo comportamento, que são espíritos adiantados. Eles querem saber como é viver essa experiência e ajudar outros na luta contra a intransigência. Espíritos evoluídos vêm, muitas vezes, para ajudar o trabalho que alguns estão tentando fazer que é desmistificar, tirar o véu do preconceito com relação ao sexo, ao gênero. O mundo necessita, muito, livrar-se da intolerância.

O espírito João respondeu perfeitamente bem. Conforme o esclarecimento em *O Livro dos Espíritos*, a questão 132, diz: *Qual o objetivo da encarnação dos Espíritos? — Deus lhes impõe a encarnação com o fim de fazê-los chegar à perfeição. Para uns, é expiação; para outros, uma missão. Mas, para alcançar essa perfeição, eles têm que sofrer todas as dificuldades da existência corpórea: nisso é que está a expiação. A encarnação ainda visa outra finalidade, que é pôr o Espírito em condições de suportar a parte que lhe toca na obra da criação. Para executá-la é que, em cada mundo, toma o Espírito um instrumento, de harmonia com a matéria essencial desse mundo, a fim de aí cumprir, daquele ponto de vista, as ordens de Deus. É assim que, concorrendo para a obra geral, ele próprio se adianta.*

Lembrando ainda que, na sequência, a questão 133 completa: *Os Espíritos que, desde o princípio, seguiram o caminho do bem, têm necessidade da encarnação? — Todos são criados simples e ignorantes e se instruem através das lutas e tribulações da vida corporal. Deus, que é justo, não podia fazer feliz a alguns, sem penas e sem trabalho, e, por conseguinte, sem mérito.*

Apesar de ter conhecimento da Doutrina Espírita, Vitória relutava em aceitar. Ela não era flexível e ainda questionava:

— Mas... Um espírito evoluído poderia querer retroceder, em tal dificuldade, para tentar ajudar outros em situações tão complicadas? — perguntou Vitória.

— Jesus, um espírito incrivelmente evoluído, reencarnou em tempos tão bárbaros, tão bárbaros que o crucificaram por pregar amor. Isso Ele fez para ajudar a humanidade, não foi? — sorriu de forma enigmática.

— Eles poderiam ser homossexuais e se absterem do sexo, não poderiam?

— E que exemplo de boa moral, de bom comportamento, de respeito, fidelidade dariam aos outros se agissem assim? — Fez-se silêncio. Em seguida, João explicou: — Muitas vezes, não se pode ir contra os planejamentos reencarnatórios. Reencarnado, com a bênção do esquecimento, Abner, ao compreender sua condição, tinha a intenção de sublimar sua vida sexual, abster-se do sexo. Porém, quando encontrou uma alma afim, acreditou que, unidos, poderiam evoluir juntos e de modo harmonioso. Sem escândalos, sem comportamento desequilibrado, sem depravação, eles servem de exemplo para todos os que os acompanham. A razão particular disso, só interessa a eles. No entanto, ajudam a quebrar o preconceito. A vida alheia não nos pertence. O importante é cuidarmos de nós mesmos, vigiar nossa fala, nossos pensamentos e nossas ações. — Alguns instantes e, após deixá-la refletir, perguntou: — Podemos ir agora?

Ela concordou e retornaram para o lar que os acolhia com generosas bênçãos. Lá continuariam com mais explicações.

Aquela conversa fez o senhor Salvador ter incontáveis informações que ignorava. Ele teria muito que pensar.

15

PEDRO CHEGA A SUA CASA

NA EMPRESA onde trabalhava, Rúbia sentia-se um pouco mais à vontade. O constrangimento do início, devido à gravidez, havia diminuído e os colegas se acostumaram, sem fazer mais perguntas. Contudo, quando se deparava com Geferson, fugia ao olhar. Inibia-se e, se podia, desviava do caminho.

Era início de noite quando, junto com Talita, caminhavam até a estação de metrô, encolhidas debaixo de um único guarda-chuva e Rúbia comentou:

— Minha irmã está muito preocupada com o Pedro. Ele ainda está internado.

— Coitadinho. Não há previsão de alta?

— Não sei. Já fez um mês que ele nasceu e nunca foi para casa. Coitadinho mesmo. Dá uma pena vê-lo lá no hospital.

— Seu cunhado foi visitá-lo?

— Foi. Uma única vez. Você acredita?

— Eu admiro muito sua irmã. Ela está sendo bem forte. Ainda bem, né?

— Sabe, foi ela quem precisou ir ao cartório registrar o Pedro. Nem isso o Samuel fez.

— Tá brincando?!

— Não, mesmo. O cretino do meu cunhado nem pra isso serviu. Depois que a minha irmã saiu do hospital, ele não foi visitá-la nem telefonou. O que fez foi o depósito da pensão alimentícia na conta dela como se só o dinheiro fosse tudo a oferecer. Tem noite e madrugada que eu a escuto andando pela casa. Às vezes, fica na janela da sala olhando a rua vazia. — Um instante e comentou: — Temos ido ao centro espírita com a dona Janaína e o Cristiano. Sinto que isso nos faz tão bem.

— Se isso faz bem, então continue indo.

— Ir lá me dá paz. Minha situação também não é fácil. Vivo de favor na casa da minha irmã, terei um filho e sei que não vou poder contar com a ajuda do pai, provavelmente serei demitida após a licença--maternidade. Isso quer dizer que não terei dinheiro, médicos, segurança... Ficarei ainda mais dependente. Além disso, tenho medo do que o Geferson pode fazer.

— Depois que foi à delegacia ele nunca mais a procurou?

— Não. Nunca mais falou comigo. Mesmo assim, tenho muito medo. Fico bastante preocupada com o futuro e...

— Vai registrar o nenê em nome dele?

— No começo pensei em fazer isso, mas agora estou mudando de ideia. Meu caso é diferente de um monte de gente. Para mim, é como se o Geferson representasse um perigo e...

Estavam na calçada, próximas das escadarias do metrô, quando ouviram:

— Rúbia!!!

A distância, olharam e viram o carro de Ricardo parado e alguém descendo às pressas e correndo da chuva para as escadarias.

Elas se aproximaram e ele, de dentro do veículo, inclinando-se no banco do passageiro, perguntou alto:

— Vai para casa? Quer carona?

— Quero sim! Se não atrapalhar... — aceitou a amiga.

Despedindo-se de Talita, que seguiu seu caminho, ela entrou no carro e cumprimentou Ricardo.

— E sua colega? Não quer carona?

— A Talita vai para o sentido oposto. — Rúbia acomodou-se no banco do carro e em seguida perguntou: — Nem deu para cumprimentar seu amigo direito por causa da chuva. Ele trabalha com você?

Ricardo ofereceu um sorriso generoso. Não era a primeira vez que vivia aquela experiência. Educado, respondeu:

— Era a minha irmã. Ela passou lá na empresa e, devido à chuva inesperada pediu uma carona até aqui.

Rúbia envergonhou-se como nunca. Não sabia o que dizer para se redimir. Legitimamente constrangida, pareceu implorar:

— Ricardo... Pelo amor de Deus, desculpe. Eu não vi direito... Eu estava debaixo do guarda-chuva e... É que ela é bem magrinha, cabelinho curto e... Acho que...

— Não precisa ficar assim — sorriu com simpatia. Com fala mansa e meticulosa, explicou: — Minha irmã é transexual. Diferente do Abner e do Davi, que são homossexuais. Ela expressa isso na sua forma de vestir, falar, apresentar-se. Todos os seus trejeitos são masculinos. Ela se considera e se sente um homem. Só não fez cirurgia. Ultimamente, faz tratamento hormonal para ter mais pêlos, voz grossa, músculos.

— Estou lembrando... Eu a vi no seu aniversário. Desculpe-me pelo engano.

— Devo levá-la para a casa da Simone, não é?

— Sim. Por favor.

Ele seguiu dirigindo enquanto comentava:

— Tenho duas irmãs, a Eloah e a Bia. Essa que acabou de ver é a Eloah. A Bia está em Nova Iorque, só volta no próximo mês.

— Você é o irmão mais velho?

— Sim. Sou cinco anos mais velho do que a Eloah e sete anos mais velho do que a Bia.

Rúbia silenciou. Não sabia o que dizer após a gafe. Passado algum tempo, em que o amigo entendeu seu constrangimento, ela comentou:

— Gostei muito da sua mãe. Ela é tão simpática.

— Hoje ela é assim, simpática, alegre... Mas, antigamente não. Minha mãe era bem séria. Não brincava. Não se divertia. Foi uma mulher viciada em trabalho e muito competente.

— O que ela fazia?

— Ainda faz. Ela é advogada. Sócia em uma empresa conceituada. Foi uma mãe muito dedicada, porém rigorosa.

— E seu pai?

— Meu pai mora na Argentina. Eles se divorciaram e ele se casou novamente. Tenho um irmão com oito anos — riu. — Acredita?

— Que interessante — sorriu. — sua mãe mora sozinha?

— Só quando a Bia viaja. A Eloah não mora com ela, pois tem uma companheira e seu próprio apartamento.

— Sei. — Um tempo depois, perguntou: — Disse que sua mãe era mais séria. O que a fez mudar?

Ricardo sorriu de um modo engraçado, olhou-a e disse:

— Já que temos um bom engarrafamento pela frente... Terei tempo para contar, se você quiser ouvir.

— Claro que sim. Conta — sorriu satisfeita.

— Desde que me lembro, quando criança, minha mãe era... digamos... uma pessoa normal. Alguns anos depois do nascimento da Eloah, ela começou a agir diferente. Ficava mais séria, calada. Eu deveria ter cerca de dez ou doze anos e lembro quando minha mãe procurou diversos médicos e psicólogos por causa da Eloah.

— Por quê?

— A Eloah estabeleceu firmemente sua identidade sexual desde pequena. Por volta dos três anos, só queria brinquedos de menino. Os meus, lógico — riu, olhando para o lado e observando a reação da amiga. — Não gostava de vestidos nem acessórios ou adornos de menina como enfeites nos cabelos, pulseirinha, colares, anéis... Sapatinhos com detalhes coloridos, nem pensar. Ela os tirava. Chorava. Não queria usar de jeito nenhum. Ao perceber isso, minha mãe não se conformou. Procurou médicos pediatras, médicos psiquiatras, psicólogos e nada. Quando minha mãe viu que o quadro era irreversível, começou a se fechar. A Eloah, após os doze anos, mais ou menos, não podia mais ser controlada. Tudo nela era masculino, desde seu jeito até suas roupas. Uma vez cortou o próprio cabelo sozinha porque minha mãe queria que ela os deixasse compridos.

— E sua outra irmã?

— Completamente diferente. A Bia parece ter nascido dentro do mais refinado *shopping center* e já usando salto alto — riu. — É feminina da cabeça aos pés. Só que... Bem, deixe-me contar sobre a Eloah e minha mãe, depois falarei da Bia. — Breve pausa e continuou: — Por ser mais velho, curioso e observador, percebi que a Eloah tinha amizade com meninas e que não era só amizade. Minha mãe ficava revoltada. Elas brigavam muito. Essa minha irmã formou-se em Engenharia Civil. Profissão nada feminina, em minha opinião. Tentei trazê-la para trabalhar comigo, por ser ótima profissional, mas ela não quis. Começou a trabalhar para uma grande construtora, onde está até hoje e se dando muito bem. Algum tempo atrás, ela conheceu a Suzana. Namoraram e decidiram se unir. Essa foi a gota d'água para minha mãe, que não aceitou, brigou, ofendeu e não queria nos ouvir quando procurávamos amenizar a situação, fazendo-a entender. — Breves segundos e contou: — O Abner e eu éramos amigos há muito tempo e eu desabafava muito com ele sobre minha irmã. Foi nessa época que fiquei sabendo sobre a homossexualidade dele.

— Nunca tinha percebido que meu irmão era *gay*?

— Não. Nunca. Para falar a verdade, fiquei um pouco impressionado. Não imaginava que ele fosse *gay*, porém vi que isso não interferia em nossa amizade. Ao contrário, ele podia entender muito bem o caso da minha irmã e ajudou a me esclarecer imensamente. Continuamos mais amigos do que nunca. Foi graças ao Abner que deixei de ser ignorante, compreendi melhor a Eloah e nos tornamos mais amigos, pois, apesar de aceitá-la, eu não a entendia. Nessa época, minha mãe se tornou mais séria e fechada do que nunca e mergulhou no trabalho. Então, para piorar a situação da minha mãe, a Bia, minha irmã mais nova, começou a se compreender melhor e descobriu que era assexuada.

Ricardo silenciou esperando a mesma pergunta de sempre, quando falava com alguém sobre esse assunto. Não demorou e surgiu:

— Assexuada? O que é isso?

— Assexuada é a pessoa que tem indiferença ao sexo, à prática sexual. Não tem vontade de se relacionar com ninguém. Ela não sente atração sexual nem por alguém do mesmo sexo nem por alguém do sexo oposto.

— Nunca ouvi falar.

— Mas existe. A pessoa assexuada não é *gay*. Não tem problemas hormonais ou físicos. Não é transgênero. Não tem transtorno e não sofreu traumas. Ela, simplesmente, não quer, não gosta, não tem necessidade, não tem interesse em se relacionar sexualmente com ninguém. Elas se privam, abstêm-se do sexo e lutam pelos seus direitos e pronto. Há os que querem, inclusive, lutar para que a assexualidade seja reconhecida como a quarta orientação sexual, pois já existem os heterossexuais, os homossexuais, os transgêneros e agora os assexuados. Alguns grupos já começaram a aparecer nas passeatas *gays* pelo mundo, porém são grupos bem menores que os homossexuais.

— Não sei se entendi, mas... Se essas pessoas são assexuadas, ou seja, não gostam de sexo, penso que seria mais fácil, simplesmente, não praticar sexo e pronto. Por que precisam defender direitos, levantar bandeira a respeito do assunto? Só ficarem quietinhas não basta?

— Não é tão simples assim, Rúbia. Os assexuados experimentam muito preconceito por terem esse comportamento. Eles acham que já basta. Os amigos os confundem com homossexuais só por não vê-los ficando, namorando, beijando, saindo com alguém. Sempre existe a pressão da sociedade em relação à vida íntima dos outros. No convívio diário, no serviço, academia, clube e outros lugares, com o decorrer do tempo os outros querem saber com quem você ficou, quem namorou, com quem transou... E quando a pessoa assexuada não tem o que contar, não revela sua vida particular, acham que ela é homossexual ou transgênero. Entre os assexuais ou assexuados, que eu saiba, existem dois grupos: os assexuados românticos, são os que conseguem namorar, apaixonar-se, casar sem que haja sexo entre eles e até ter filho por inseminação artificial. Muito mal um beijinho, para alguns. Os outros são os assexuados não românticos. Eles não aceitam carinho, não se apaixonam, não têm qualquer contato íntimo, nem beijinho ou carícias. Como tudo o que existe, sempre tem gente do contra, há os que não acreditam na existência da assexualidade, porém ela existe e pesquisas com animais como ovelhas, cordeiros, ratos e outros confirmam que, na natureza, essas pessoas não estão sozinhas, pois existem, em outras espécies, criaturas na mesma condição assexuada. Vamos lembrar que no passado afirmações semelhantes foram feitas a respeito dos homossexuais e transgêneros.

— Você me disse que sua irmã, a Bia, é bem feminina. Entendi que ela gosta de se arrumar bem e tudo mais... Como pode ser isso?

— Ser assexuado não significa deixar de ter gênero feminino ou masculino, muito menos deixar de se cuidar. De fato a Bia é muito feminina. Além disso, é muito bonita. Mas isso não quer dizer nada. Precisa conhecê-la para saber do que estou falando. Ela se sente extremamente feliz sem sexo e não compreende porque, na sociedade atual, tudo é sexo e sexualidade. Os assexuados não têm vontade de praticar sexo e pronto. Alguns até toleram o sexo, mas não significa nada, outros não suportaram a experiência. — Rúbia não fez mais nenhuma pergunta e Ricardo prosseguiu: — Quando a Bia chegou com essa notícia, que para minha mãe foi outro susto, a casa caiu! — riu.

— Acho que a Bia deveria ter ficado quieta. Não acha?

— Aaaah!... No lugar dela eu faria o mesmo. Sabe por quê? — Sem aguardar resposta, contou: — Minha mãe a usava como exemplo de feminilidade para tentar mudar a condição da Eloah, como se isso fosse possível. Também fazia cobranças a Bia, perguntando quando é que ela iria arrumar um namorado, casar, lhe dar netos... Esse tipo de coisa. Então a Bianca não aguentou a pressão cada vez maior e contou. Disse que namorou, beijou, relacionou-se sexualmente sem vontade e foi um horror. Não queria mais saber de contato íntimo. Disse que sofreu muito no início, principalmente durante o período em que não se compreendia. Via as outras amigas animadas, interessadas nos garotos, mas ela não sentia nada. Quando buscou compreender sua condição, descobriu-se assexuada. Depois que passou a se entender melhor e saber quem era, a Bia disse que começou a ser feliz de verdade. Ela não gosta de sexo e pronto. Vive bem com isso. Por mais que pareça incrível, ela tem um namorado norte-americano, que também é assexuado.

Rúbia sorriu e perguntou curiosa:

— Como pode ser isso? É difícil encontrar um cara legal para namorar e ela, que não gosta de intimidade, arrumou um com uma condição tão rara como a dela? Como namoram?

— Neste mundo encontramos de tudo. Também fico interessado em saber como namoram — riu junto. — Um dia não aguentei e perguntei. Ela me disse que eles são assexuados românticos. Passeiam de mãos dadas, trocam carinho. Quando muito um beijinho tipo selinho. Nada mais. E disse que são completos e felizes assim.

— Tá brincando?! — riu.

— Não! — riu com gosto.

— Como ela o conheceu?

— A empresa onde trabalha a mandou para Nova Iorque. Ele trabalha na matriz. Conheceram-se lá e, quando ela voltou para o Brasil, começaram a se falar pela internet e ficaram grandes amigos. Quando um descobriu que o outro era assexuado romântico, não deu outra: começaram a namorar. Ele já veio para o Brasil. Até ficou na casa da minha mãe, que não precisou vigiar os dois — gargalhou gostoso.

— Ricardo! — repreendeu-o e riu junto.

— E não é verdade?! Nós quase não os vemos trocando carinho. Muito mal estão de mãos dadas. E olha... Nitidamente, a gente percebe que são apaixonados. Não me pergunte como, só vendo. — Um instante e comentou: — Quase não se ouve falar em assexuais, aqui no Brasil, porém existem. E digo mais: não é preciso se ter uma relação sexual sequer para se compreender ser assexuado. É uma condição e pronto. Eu entendo e aceito muito bem. Assim como existem pessoas que são compulsivas sexuais e necessitam de sexo todos os dias ou várias vezes por dia, existem os que são felizes com o ato sexual uma, duas ou três vezes por semana. Há os que se satisfazem por ter relação uma vez por mês ou a cada dois meses. No meio disso tudo, também existem os que são perfeitamente felizes sem ter qualquer relação sexual. É simples assim.

— E sua mãe?

— Nossa! A princípio foi um caos. Minha mãe não aceitava e meu pai, sempre ausente, não opinava. O casamento dos meus pais já não ia bem há tempo e no auge desse período chegou ao fim. O tempo foi passando e a Eloah foi viver a vida dela e a Bia precisou ficar um tempo lá em Nova Iorque. Nesse período, minha mãe ficou muito doente. Teve problemas e uma obstrução intestinal muito séria a levou a uma cirurgia. Após a cirurgia, teve complicações, infecção, precisou ficar no C.T.I. Quando voltou para casa, com dreno e tudo, estava muito debilitada. Ela sofreu muito. Precisou de ajuda para tudo, inclusive para o banho. Eu pouco podia ajudar e a Eloah, além de trabalhar o dia todo, não tinha muito jeito. Ela é mais masculina do que eu, devo admitir. Foi então que a Suzana, sua companheira, assumiu tomar conta da minha mãe, que não pôde dizer nada. Ela não tinha escolha. A Suzana morou lá com ela por mais de um mês. Ajudava minha mãe no banheiro, no banho, com o dreno, curativos... Foi muito trabalho. A Suzana foi ótima. Ficaram amigas e passaram a se dar muito bem. A Eloah voltou a frequentar a casa da minha mãe que passou a ser muito mais compreensiva, flexível e, com o tempo, entendeu e aceitou a condição e a união das duas. Depois disso, sua vida mudou e minha mãe passou a ser outra pessoa. Mais feliz, alegre, compreensiva, gentil... Até rejuvenesceu! Sem comentar que sua saúde ficou ótima. Psicologicamente falando, acredito que a obstrução intestinal aconteceu por ela se prender, fechar-se, ser amarga com as pessoas e consigo mesma. Infelizmente, precisou sofrer muito por isso.

— Entendo. Às vezes precisamos sofrer para aprender. Sei o que é isso.

— Teimosia — afirmou sorrindo. — Quando somos teimosos, mostramos o nosso orgulho, a nossa arrogância e o quanto somos espíritos inferiores. Precisamos ter em mente que o mais importante é cuidar de nós mesmos, vigiar nossos atos, nossos pensamentos, nossas palavras e deixar que cada um cuide de sua própria vida.

— Você sabe o quanto fiquei chocada quando descobri sobre a homossexualidade do Abner. Não conseguia aceitar de forma alguma. No entanto, não conseguia ver que eu era mais leviana, mais imprudente do que ele.

— Não diga isso de si mesma — falou com jeitinho. — Não precisa se maltratar. Às vezes, é preciso que cometamos enganos para aprender e evoluir.

— Não é fácil admitir o que somos ou o que fomos. Eu admito. Agi muito mal. Sabia que o Geferson era casado e continuei com ele. Você não imagina o quanto estou arrependida. — Silenciou por longo tempo, depois confessou: — Arrependi-me tanto que demorou eu me ver como mãe, aceitar meu filho... Foi complicado.

— Essa fase de não aceitação do nenê já passou, não passou?

— Já sim. Agora já consigo conversar com ele, senti-lo como meu — disse, alargando um lindo sorriso.

— Qual será o nome dele?

— Bruno.

— Bonito nome! Gostei!

— Obrigada.

— E... E o Geferson está te acompanhando ou ajudando em algo?

— Ele não se importou e eu não quero. Decidi que não vou registrar meu filho com o sobrenome dele.

— Acho que deveria pôr o nome dele. Bem... Eu gostaria que meu filho tivesse meu nome, mesmo se eu e a mãe dele não estivéssemos juntos.

— Você pensa assim, mas não é o caso dele. O Geferson quis que eu tirasse esse filho, me maltratou, ameaçou.

— É... Eu sei.

— Não vou esconder do Bruno sua origem. Vou deixar para ele decidir se quer ou não o nome do pai em seus documentos.

— Para mim é bem estranho ver um homem rejeitar o filho, como o que está acontecendo. Não consigo me ver longe do Renan. Sabe, quando me divorciei... Nossa! Para mim foi o fim do mundo. Isso aconteceu na época em que minha mãe operou. Essa foi uma das razões de ter me distanciado um pouco dela. Eu estava péssimo e não queria que ela me visse daquele jeito.

— Foi quando começou a ir lá em casa, não foi?

— Isso mesmo. Eu não tinha para onde ir. Fiquei muito contrariado e o Abner, como sempre, me dando a maior força.

— Por que você e sua esposa se separaram?

— Foi de repente. Algo totalmente inesperado. Para mim, nosso casamento estava perfeito. Um dia, sem mais nem menos, a Flora disse que estava insatisfeita e precisava de um tempo. Pensei que fosse brincadeira, mas não era. Demorei uma semana para acreditar. Isso porque ela passou a dormir no quarto do Renan, depois de pôr um colchão lá no chão. Fiquei louco. Não conseguia trabalhar nem comer. Não prestava atenção em nada. Minha vida ficou sem sentido. Não havia explicação. Sentamos, conversamos muito por várias vezes, mas... Não teve jeito, ela queria o divórcio. Eu me acabei. Aluguei um apartamento e me mudei. Assinei o divórcio e concordei com tudo o que ela queria. Entrei em depressão e busquei a companhia de amigos, pois não queria ficar sozinho. Um medo terrível da solidão me abateu. Também decidi não me envolver com mais ninguém. Foi nessa época o Abner me levou ao centro espírita e me apresentou à dona Janaína e aos filhos. Passamos a ser amigos, frequentei sua casa e conversamos bastante. Isso me ajudou imensamente. Comecei a ir ao centro espírita e fui me recompondo. Algum tempo depois, fiquei novamente arrasado quando soube que a Flora ia se casar. Com o tempo, me acostumei à ideia. Hoje, por causa do Renan, mantemos laços de amizade. O que me deu muita força foi o fato de eu ter meu filho. Precisava ficar em pé, íntegro por causa dele. Somos muito ligados. Nós nos falamos todos os dias por telefone, nos vemos várias vezes por semana. Eu o acompanho em tudo.

— É muito importante ser amigo do filho, principalmente em caso de separação. Você se dá bem com o atual marido dela?

— Nós nos respeitamos, nos tratamos bem. Para mim é o suficiente. Não tenho necessidade de estreitar amizade com ele. Contudo, se um dia for preciso... Não haverá dificuldade. Fico contente por ele ser um bom amigo do meu filho. O Renan é quem afirma isso.

— Acredito que, se eu ficar esperando o Geferson tomar uma atitude, meu filho nunca vai conhecê-lo.

— Você tem condições de ser uma ótima mãe. Dê ao seu filho educação, limite, ensine-o a ter respeito, carinho, atenção. Dê-lhe tudo isso e será isso o que receberá de volta.

— Meu pai, com toda a ignorância dele, diz que a criança cujos pais exigem respeito e limite, torna-se adolescente mais dócil e adulto feliz, mais consciente. Eu acredito nisso.

— É verdade. O excesso de liberdade deixa a criança sem controle, sem educação e sem respeito com os outros, principalmente com os mais velhos.

— Sabe... Tenho muito medo, Ricardo.

— Medo?

— Sim. Medo do futuro, de não dar conta, de fracassar. Com certeza, ficarei sem emprego após a licença-maternidade. Estou morando na casa de minha irmã e, por enquanto, posso ajudar nas despesas, mas não sei até quando.

— O pai deve pagar uma pensão. Nada mais justo.

— Das últimas vezes, nossa conversa não foi nada amigável. Ah... Tem dia que minha cabeça ferve. Não é fácil.

— Imagino. — O silêncio reinou por algum tempo até ele dizer: — Chegamos!

— Vamos entrar, Ricardo.

— Não. Deixa para outro dia.

— Então... Muito obrigada.

Despediram-se com um beijo no rosto. Ela desceu do carro e entrou.

Já em casa, percebeu que Simone não estava. Provavelmente, tinha ido visitar o filho no hospital.

Rúbia sentia um aperto no peito e um nó na garganta. Estava angustiada e insegura. Sua alma doía e chorava em silêncio.

Amava o filho que esperava, no entanto sabia que iria experimentar muitas dificuldades.

Tudo poderia ser diferente, se tivesse dado atenção ao que seu irmão lhe falou quando tomou conhecimento de seu relacionamento com Geferson. Tinha consciência de que um caso com um homem casado só poderia terminar em dor, contrariedade, frustração e muito rancor de ambas as partes.

Faltou-lhe prudência e controle das emoções. Foi muito impulsiva entregando-se a felicidade falsa e efêmera.

Sabia que deveria planejar a vida, o futuro e ter metas. Mas de que jeito? Sem segurança no emprego, sem um companheiro para lhe apoiar e ajudar e com um filho a caminho seria muito difícil.

Às vezes acreditava que seu pai a chamaria de volta para morar com ele e a mãe. Isso também não lhe agradava. Não se sentia confortável com essa situação. Estaria dependente da mesma forma.

Agora conhecia o preço e o peso da responsabilidade. Casa, roupa, alimentação, medicamentos e tantas outras necessidades iriam pesar sobre seus ombros.

De repente, um barulho tirou-a das reflexões.

A porta principal foi aberta lentamente e Simone entrou bem devagar, trazendo no colo, envolto em cobertor, seu pequeno filho.

Ao ver a irmã, Simone sorriu e sussurrou satisfeita:

— Bem-vindo a sua casa, meu filho. Este é o nosso lar. — Em seguida, virou-se para a Rúbia e disse: — Ele está dormindo. Recebeu alta hoje.

Atrás de Simone, entrou Cristiano trazendo nas mãos uma sacola e um envelope em que, provavelmente, teria documentos e exames hospitalares.

Rúbia apressou os passos em direção da irmã e, com cuidado, abaixou a dobra do cobertorzinho para ver Pedro.

O garotinho dormia profundamente.

Agora, bem de perto, a tia pôde observá-lo melhor e seu sorriso foi se fechando, sem que percebesse. Começou a ficar impressionada com a aparência do sobrinho.

Seu rostinho apresentava deformidades leves. As orelhas eram deslocadas, bem para baixo, próximas do maxilar. Tinha fissura no lábio, punho cerrado em uma das mãos e a outra apresentava um dedinho a mais.

Sentindo uma amargura indescritível, Rúbia tentou disfarçar sua impressão ao ver o sorriso singelo no rosto da irmã. Abraçou-a com cuidadoso carinho, depois se curvou para o menininho, beijou-lhe no alto da cabecinha e murmurou:

— Bem-vindo, Pedro. Deus te abençoe.

— Obrigado, titia — imitando uma voz baixa e infantil, Simone respondeu na vez do filho.

Após cumprimentar Cristiano, virou-se para a irmã e quis saber:

— Por que não avisou que ele receberia alta hoje?

— Ligaram à tarde do hospital, informando sobre a alta. Eu ia visitá-lo, só que iria sozinha. Como eu sabia que a mãe ia ao médico com o pai nem falei nada sobre a alta para não atrapalhar. Eles aguardaram quase dois meses por essa consulta. Telefonei para o Abner, mas estava vistoriando uma obra, por isso não o avisei. Antes que o fizesse, ele me contou que estava animado e bem ocupado com algo. Decidi não atrapalhar. Pensei em chamar o Cláudio, meu amigo, mas ele não podia, estava dando aula. Só me restou o Cristiano. Então, peguei as roupinhas dele, chamei um táxi e, por ter pacientes, o Cris só pôde ir nos pegar agora há pouco, no começo da noite.

— Como é bom termos amigos — reconheceu Rúbia com leve expressão de sorriso. — Obrigada, Cristiano.

— Ora... Não fiz nada — constrangeu-se. Virando-se para Simone, sugeriu: — É melhor pô-lo no berço. Não acha?

— Sim, é mesmo — concordou prestimosa.

Simone foi para o quarto de Pedro enquanto Rúbia, imóvel na sala, não saia do lugar.

Cristiano acompanhou a amiga. Quando voltou, encontrou a outra na sala, na mesma posição.

— O que foi, Rúbia?

Ela colocou as mãos no rosto cobrindo a boca e parcialmente o nariz. Sentou-se lentamente e chorou em silêncio. Não gostaria que a irmã ouvisse.

O rapaz se aproximou, sentou-se ao seu lado e puxou-a para um abraço. Recostando seu rosto em seu ombro, perguntou:

— Por que está assim, hein?

— É muito triste. Fiquei impressionada.

— Calma. Não fique assim. Você está sensível por causa da gravidez e...

— A Simone não pode me ver desse jeito — disse, secando o rosto. Afastando-se do abraço, suspirou fundo e confessou: — É tão difícil agora... Antes, no hospital, com o vidro e a distância, não dava para vê-lo direito.

— Procure ser forte. Será bom para você e para sua irmã. Não há como corrigir a condição do Pedro. Não há o que conforte vocês agora. Por isso é preciso acreditar que Deus, ao permitir essa situação, tem um propósito e esse propósito é a evolução, não só do Pedro, mas também de todos aqueles que estão junto dele. Devemos lembrar que nada é eterno. Nenhum sofrimento, nenhuma condição é eterna. Deus não nos condena a penas que não têm fim. O que vivemos são experiências de reparação. Às vezes, essas experiências são sofridas, mas nunca para sempre. Esse momento do Pedro e todos que estão com ele envolvidos, direta ou indiretamente em sua vida, vai passar.

— Estou errada em me impressionar.

— Por que errada? — Sem aguardar por uma resposta, Cristiano explicou: — Não há erro algum. Erro seria fazer alarde, exclamar: Nossa! Como ele é diferente! Olha a boquinha como é! Essas e outras observações são inconvenientes, erradas. Não devemos apontar as diferenças dos outros. Impressionar-se faz parte da surpresa, seja ela boa ou não. Você ficou admirada por causa da sua sensibilidade.

— Fiquei com certo medo — murmurou.

— Do quê?

— Do meu nenê nascer assim. Contei para o meu médico tudo o que está acontecendo e ele me acalmou. Explicou-me muito bem, mas... Na minha cabeça, às vezes, acho que ele pode ter o mesmo problema do Pedro.

— Nós sempre queremos que nossos filhos e parentes nasçam perfeitos e com boa saúde, pois queremos o seu bem. No entanto, caso isso não aconteça, devemos respeitar a vontade de Deus.

— Levantando-se, Cristiano ofereceu-lhe amigável sorriso, estendeu-lhe a mão e chamou:

— Venha. Vamos mudar o pensamento. Vamos ver se a Simone precisa de ajuda.

— É mesmo. Vamos lá — sorriu e aceitou a mão oferecida.

Quando entraram silenciosamente no quarto, depararam-se com uma linda cena. A mãe, deitada de lado, acariciava suave e amorosamente o filho que, ao seu lado, dormia profundamente.

16

É PRECISO AMOR PARA SER FELIZ

NAQUELES ÚLTIMOS meses, o espírito Vitória acompanhava, o quanto podia, alguns dos encarnados junto com João ou outros espíritos da mesma elevação de seu mentor.

Às vezes em que foi até a residência de seus pais, ela não se sentiu bem. Eles a idolatravam. Acreditavam que havia evoluído muito e tinha inúmeras missões no plano espiritual como espírito de considerável prestígio. Com isso, pouco lhe endereçavam preces e bons pensamentos. Ao contrário, faziam-lhe pedidos.

— Eles estão errados! — Vitória lamentou-se à sombra de grande amargura. — João, meus pais acreditam que estou em condições de ministra em alguma colônia ou, no mínimo, socorrista na espiritualidade. Acham que vivo em planos muito elevados, quando, na verdade, ainda estou na crosta terrestre.

— Eles se enganaram. Por serem espíritas, acham que você...

Ela o interrompeu e ironizou:

— Acham que cheguei arrasando na espiritualidade, quando, na verdade, cheguei arrasada! Que droga! Pensam que tenho qualidade de ordem moral elevada. Acham que me classifico como espírito superior, prudente ou sábio. Algumas pessoas da casa espírita vivem me enchendo de pedidos, rogativas como se eu fosse alguma santa. Sinto-me mal com isso. Muito mal. Até meus pais e parentes imploram súplicas a mim e a meu irmão.

— Esse foi um grande erro que eles cometeram. Porém, não os culpe. O desespero de se separar de um filho é imenso e faz com que os pais se descontrolem. No caso deles, que perderam dois, foi muito pior. Por isso, o melhor para você foi estar no posto espiritual que existe na casa de Janaína. As vibrações endereçadas a você através de Davi, Janaína e Cristiano, fortaleceram-na e a protegeram.

— E o meu irmão? Onde está o Vanilson? Como ele está?

— Melhor do que você.

— E me diz isso assim... dessa maneira?!

— O que queria que eu respondesse, Vitória? Seu irmão está bem. Recolheu-se a uma colônia. Foi assistido. Nas próximas semanas, deve ir morar com seus avós.

— Espera. Como assim?! O Vanilson era... era... Endiabrado! Foi ele quem nos matou! — protestou.

— Tem certeza?

A pergunta de seu mentor soou com tal seriedade que Vitória emudeceu por um momento.

O olhar penetrante do mentor, fixando-a por longo tempo, estremeceu-a.

Até que quis saber:

— Como assim?! Foi o Vanilson que nos matou. Era ele quem dirigia.

— Recorda-se vivamente do exato momento do acidente? — O silêncio foi total. O espírito João continuou a narrar, provocando cenas mentais em Vitória, fazendo-a recordar: — Todos entraram no carro após Cristiano decidir ir sentado no banco de trás. Vanilson dirigia e você estava ao lado. Como sempre, exigente, nervosa, insatisfeita e isso foi o suficiente para ligar-se a irmãos zombeteiros. Você entrou na

304 | Schellida | Eliana Machado Coelho

vibração e, em seguida, decidiu rir, brincar exageradamente e de forma estúpida. Tudo para você sempre foi ao extremo: ou ria demais ou se zangava demais.

— Espera aí, era o meu irmão quem dirigia e começou a correr. Concordo que incentivei, eu disse: Vai! Vai! O Cris tá com medo! — Nessa hora o Cris pediu para o Vanilson ir devagar, mas ele continuou. O Cris pediu de novo...

— Mas você não — falou ponderadamente e sério, chamando-a à responsabilidade. — Ao ver seu noivo assustado, você passou a gritar, alegre e exageradamente para que seu irmão fosse mais rápido. Afinal, como todas as pessoas controladoras, queria aterrorizar o Cristiano. Isso durou algum tempo. Você ria, gritava quase descontroladamente. Cristiano chegou a puxá-la pelo braço a fim de chamá-la à realidade. Mas você não quis saber. Ao acreditar que a velocidade não era suficiente, soltou-se do cinto de segurança e passou a perna para o lado do motorista, pisando o pé de seu irmão que estava no acelerador. O carro não era moderno nem novo e permitia que fizesse isso. Então o acidente aconteceu.

— Não... Não fui eu... — sussurrou decepcionada, sentindo-se muito mal.

— Foi sim, Vitória — confirmou, mesmo sabendo que a verdade provocaria sentimentos incrivelmente tristes.

As lembranças se tornaram vivas e uma dor profunda cravou-lhe no peito. Não suportando, começou a chorar e balbuciou:

— Eu não queria... Não sabia que...

— De qualquer forma, o acidente aconteceria. Porém foi antecipado por conta da sua atitude.

O espírito Vitória não disse mais nada. Triste consigo mesma, decidiu se recolher.

❧

Com o passar dos dias, novamente com o intuito de que sua pupila aprendesse, o espírito João solicitou que acompanhasse os encarnados Janaína e Cristiano, que foram visitar Simone e Pedro.

Quando estavam lá, observando-os, o espírito Vitória se comoveu com a condição do pequeno Pedro.

— É tão triste seu estado — ela comentou. Não resistindo à curiosidade, quis saber: — João, por que o Pedro precisou reencarnar assim?

— Porque sua consciência pedia por esse tipo de oportunidade a fim de ter paz.

— Sabe dizer o que ele fez no passado para desejar essa condição difícil?

— Pode haver diversas razões para um espírito reencarnar nessa condição. No caso de Pedro, ele foi conivente e também ajudou em torturas que desfiguravam o semelhante, comprometiam-lhe os órgãos, a saúde física e mental. Pelo fato da evolução espiritual ser uma das leis de Deus, quando passou a entender o quanto foi errado o que fez, passou a sentir a dor do semelhante. Não se conformou com a capacidade que teve. Ao se ver, como espírito, que tinha no corpo espiritual as marcas de tudo o que provocou, em desespero, procurou por Deus e encontrou-O nos amigos que o recolheram. Muito perturbado, foi assistido e cuidado por uma irmã querida que prometeu ajudá-lo por puro amor. Vendo seu desespero, essa irmã decidiu que, quando encarnada, ela o receberia como filho para ajudá-lo a aliviar as dores, ajudá-lo a se recuperar da consciência que tanto o castigava. Essa irmã, que agora é Simone, sua mãe, recebeu-o conforme prometeu, com muito amor e carinho. Pedro se sente muito aliviado porque a reencarnação traz a bênção do esquecimento do passado.

— Ela ora para o filho e também com ele, como se o nenê entendesse suas palavras.

— Pode não entender, porém sente a vibração benéfica que se dilata e envolve a todos durante a prece. A oração derrama uma chuva de energias sublimes, abençoadas que alivia a mente e a alma. Como isso é importante. Você é um exemplo disso.

— Eu?!

— Se não fossem as preces e as vibrações que recebeu, penso que não estaria aqui.

Dito isso, voltaram ao assunto sobre o pequeno Pedro, Vitória quis saber.

— Ele não vai ficar muito tempo aqui encarnado, vai?

— Quanto menos rebeldia tem o espírito, menos será sua provação. Existem aqueles que são vigorosos e ficam por mais tempo. Mas isso não é comum.

Vitória silenciou por longo tempo e só observou. Depois concluiu:

— Cristiano e Simone se dão muito bem. Percebo isso há algum tempo. Meu desencarne aconteceu para que ficassem juntos?

— Você desencarnou porque era preciso, independente deles ficarem juntos ou não. Afinal — sorriu —, eles não estão juntos. Não há qualquer romance entre eles.

— Há um sentimento muito forte. Uma energia de harmonia, amizade, compreensão... Isso é mais do que um romance. Coisa que eu não sentia quando estávamos juntos. — Breve pausa e perguntou: — Por que eu desencarnei?

— Por que você e seu irmão não conversam sobre isso?

— Como? De que jeito?

— Soube que ele virá visitá-la hoje.

O espírito Vitória sentiu-se invadida por uma imensa alegria. Alargou o sorriso e de modo animado, quis saber:

— Quando? Agora? Virá aqui?

— Logo mais, em casa de Janaína.

— Ai! Não posso acreditar!

— Então não acredite — brincou João feliz com sua alegria.

❧

Bem mais tarde, ao retornar para a residência que lhes servia de abrigo, eufórica, o espírito Vitória aguardava por seu irmão.

— Vanilson! — gritou ao vê-lo. Correndo para seus braços, envolveu-o com carinho e desatou a chorar emocionada.

Abraçaram-se, beijaram-se e, afastando-se do abraço, ele perguntou segurando em seu ombro, para vê-la bem de perto:

— Você está bem, Vitória?

— Agora estou. E você? Onde esteve? Por que nos separamos? Por que não fui com você?

— Calma, vamos conversar sobre tudo — pediu alegre, com um lindo sorriso no rosto.

Acomodaram-se e, menos eufórica, ela quis saber:

— E o vô e a vó? Soube que está com eles.

— Estou sim. Não sei como nem porque, mas fui parar direto em uma colônia — riu. — Foi muito engraçado. Acordei e pensei que estava em um hospital. Primeiro, achei que tive um sonho horrível. Recordava vagamente do acidente, de me ver ensanguentado, quebrado... quase irreconhecível. Em seguida, tudo ficou branco. Ouvi uma música impressionantemente suave e bela e parece que dormi. Ao acordar e me olhar, vi que estava inteiro. Sem gesso e tudo no lugar. Foi estranho, porque eu tinha certeza de que deveria estar todo quebrado. Então... apareceu uma gatinha — disse, propositadamente, e se corrigiu a seguir: — Opa! Quer dizer...

— Não brinque!

— Não estou brincando. Ela é linda. Linda mesmo.

— Para!

— Então... Surgiu aquele anjo no meu quarto perguntando se eu estava bem. Ela me deu água... eu nem estava com sede, mas bebi.

Vanilson contava de um jeito brincalhão, espirituoso, sem malícia. Ele era simplesmente feliz, alegre. E a irmã se zangou novamente:

— Como é que zombeteiro desse jeito foi para uma colônia espiritual e eu não? Você é um canalha! — falou de um modo debochado, sem intuito de ofendê-lo.

— Sou um canalha de coração bom e de boas ações, maninha — riu e abraçou-a com carinho. — Agora, falando sério. Descobri que aquela criatura linda e luzente era minha mentora. Seu nome é Graça. Só que ela foi cruel, pois sem mais nem menos, depois de perguntar se eu estava bem, sorrindo anunciou: Bem-vindo ao plano espiritual! — riu. — Quase morri de susto, né! Em seguida, ela me explicou como foi o desencarne e onde eu estava. Fiquei por algum tempo naquele hospital.

Quando tive uma espécie de alta e pensei que a Graça fosse me levar para a casa dela... Nada disso. Fui despejado de lá direto para um educandário. Penso que me acharam mal-educado — sorriu.

— Você não tem jeito mesmo, Vanilson. Não leva nada a sério.

— Levo sim. Gosto de brincar com coisas boas. Brincadeira, alegria e felicidade, desde que saudável, não é coisa de espírito inferior, a não ser que haja maldade, malícia.

— E aí? Conta! — pediu empolgada.

— Fiquei um bom tempo no educandário. Dei duro, viu? Precisei estudar e trabalhar muito. E adorei! Perguntei por você, mas me disseram que não quis ir pra lá e decidiu fazer uma turnê por aqui — riu. A irmã fez cara de descontentamento pela brincadeira e ele finalizou: — Há pouco tempo fui morar com a vovó.

— Diferente de você, eu me prendi na crosta terrestre. Permaneci um bom tempo lamentando nossa morte. O pior foi que fiquei atormentando o Cristiano, chorando no ombro dele.

— Eu soube — falou dessa vez bem sério. — Soube de tudo. Orei muito por você, Vitória. Vibrei para que encontrasse paz na consciência e se elevasse para lugares melhores.

— Foi bem difícil. Tive muitas dores, sentia os machucados... Tive fome, frio... Rezei, mas...

— Rezou da boca pra fora, né? — Vendo-a entristecida, pediu: — Desculpa.

— Foi verdade. Depois de muito tempo acompanhei as preces de dona Janaína e dos filhos. Eles intensificaram as preces, pois desconfiaram que o Cris não estava bem, emocionalmente, por causa da minha presença. A partir daí, eu me sentia cada dia mais aliviada, serena, até dormi melhor. Um sono reparador e não perturbado como antes. Consegui entrar em uma vibração melhor e pude ver o João, meu mentor. Vi o posto espiritual que existe nesta casa. Comecei a aprender, a acompanhar alguns mentores, quando me permitiam. — Sorriu ao contar: — Conheci encarnados novos, ou melhor, novos amigos da dona Janaína, que não para de fazer amigos.

— Tem visitado nossos pais?

— Todas às vezes que fui lá, não gostei do que senti.

— Fiquei sabendo o que fazem — disse Vanilson. — A mim não perturba, a eles faz bem. Pelo menos não estão em depressão por nossa causa.

— Não te perturba porque você está em nível mais elevado.

— O que também pode fazer.

— Fiquei muito triste ao saber que fui eu que provoquei o acidente.

— Posso ser sincero?

— Claro!

— Ficou triste porque não pode mais culpar outra pessoa pelo que aconteceu.

— Você também, Vanilson?!

— Também o quê? Também dizendo a verdade? Aqui não se é feliz nem elevado quando se vive na ilusão. Precisamos nos conhecer, assumir quem somos e reconhecer que fizemos burradas, que algo deu errado por nossa culpa. Fazer isso de verdade, entendeu? Sabe, vendo seu estado e de muitos outros que se diziam religiosos quando encarnados, entendi aquela passagem do Evangelho onde diz: *Nem todos os que me dizem, Senhor, Senhor, entrarão no Reino dos Céus, mas somente os que fazem a vontade de meu Pai, que está no céu. O Evangelho Segundo o Espiritismo* nos ensina que não basta dizer: "Sou cristão", para seguir Cristo. O verdadeiro cristão se reconhece pelas suas obras. *Uma árvore boa não pode dar maus frutos.* Muitos querem moldar os ensinamentos de Jesus de acordo com suas ideias e conveniências.

— O que quer dizer com isso?

— Você sempre quis que todos satisfizessem sua vontade. Aquele acidente ia acontecer, mas não naquele dia. Eu errei quando fiz uma brincadeira de péssimo gosto. Vi que a avenida era nova e mal estava sinalizada. Sabia que o semáforo estava bem longe e comecei a correr. Assim que decidi parar, senti seu pé sobre o meu. Eu errei sim, mas você reforçou meu erro querendo ver sua vontade prevalecer. — Breve pausa e achou graça quando revelou: — O pior foi todo o mundo achar que eu fiz aquilo e que ainda estava sem cinto de segurança. Você soltou-se do seu cinto para pisar no acelerador e, ao se aproximar do meu banco, apertou, sem querer, o botão e soltou meu cinto.

— Nossa. Eu fiz isso também.

— Fui imprudente, mas não tanto quanto pensam. Se bem que isso não fará diferença agora.

— Acho que estou entendendo melhor. Tudo tinha de ser de acordo com a minha vontade. Eu sempre fui legal, educada, bacana, só que intolerante. Sempre fazia o que fosse possível para que as pessoas cedessem aos meus desejos. Eu me achava certinha e que minhas ideias eram sempre as melhores. — Após alguns instantes, reconheceu: — Você, por outro lado, sempre foi o brincalhão. Aquele que não esquentava a cabeça. Vivia e deixava viver. Era mais respeitoso, atencioso, mesmo quando não podia ajudar. Lembro que eu não tinha paciência com a vó e com o vô. Em minha opinião, eles falavam muito sobre coisas sem importância. Você, ao contrário, dava atenção, conversava, brincava com eles... — sorriu. — Trazia sempre as balinhas que a vovó gostava... Lembrava de comprar aquelas revistinhas de caça-palavras, palavras cruzadas para eles e a revista sobre novelas e artistas, que a vovó sempre gostava e eu dizia ser revista de fofoca, coisa sem utilidade. Aquilo era tão útil para ocupar a mente deles... Nos finais de semana, saia para caminhar com eles, não se incomodando com o passeio lento. Mesmo depois que o vô precisou ficar na cadeira de rodas, você o levava, assim mesmo, não se importando com as dificuldades e os obstáculos. Quando a mãe te dava bronca, nunca o vi responder.

— Quando ela estava nervosa, não, claro. Depois eu a procurava para conversar e explicava o que havia acontecido para eu ter feito alguma coisa que ela achou ruim. Muitas vezes ela tinha razão, outras...

— Não é só isso, Vanilson. Em incontáveis situações, muitos detalhes, você foi melhor, bem melhor do que eu. Isso mostra sua elevação e o merecimento de ir direto para uma boa colônia espiritual.

— A colocação não é essa, minha irmã. Não é merecimento para ir a uma colônia. Trata-se de atração. Se você pensar assim, não irá para uma colônia porque não merece, porque não fez direito tudo o que deveria fazer. Se assim fosse, ninguém iria para uma colônia espiritual boa. Lembre-se da nossa grande referência, o espírito André Luiz. Ele não fez tudo certo ou quase nada certo, quando encarnado. Desencarnou muito confuso e perturbado. Mas orou sinceramente e se atraiu para um lugar bom, na espiritualidade.

— Ele pode não ter feito tudo muito certo quando encarnado, porém depois... Ele nos passou tantas lições, tantos conhecimentos.

— Então aprenda com a própria lição.

— Sabe o que é pior, Vanilson?

— Não.

— Eu nem acho que errei tanto.

— Você não acha, mas sua consciência ou o seu inconsciente sim.

— Acredita que é inconscientemente que me sinto culpada?

— Acredito. As leis de Deus vivem em você, na sua mente, no seu coração.

— Preciso melhorar. Preciso trabalhar as leis de Deus em mim para pensar diferente. — Um instante e perguntou: — Qual é a principal lei de Deus?

— Acho que Deus só criou uma única lei. É a lei do amor. Se pensar e expandir seu entendimento, sua compreensão, sua reflexão sobre o amor, vai encontrar, nesse nobre sentimento, a base, o alicerce para a harmonia, a paz, a felicidade, a benevolência, a bem-aventurança e, principalmente, a tolerância.

— Por que você ressalta a tolerância?

— Porque, como no seu caso, quando nos acreditamos repletos de razão e achamos que o outro está errado, a lei de amor é aplicada através da nossa tolerância. Nem sempre podemos mudar o outro, assim como não podemos mudar o mundo. Contudo conseguiremos viver em harmonia, paz e felicidade se formos tolerantes e calarmos nossas opiniões contundentes, severas, agressivas. Pense nisso.

Após alguns instantes o espírito Vitória comentou:

— Se eu tivesse sido mais tolerante...

— Não lamente o que deixou de fazer. Comece a agir agora ou terá mais ainda o que lamentar.

— Vanilson?

— Fala — sorriu, como se soubesse o que ela queria.

— Pode me dizer por que desencarnei tão nova e com tanta coisa pela frente?

— Tem certeza que quer saber?

— Tem algo a ver com a Simone e o Cristiano?

— Em outros tempos, você fez de tudo para separá-los e conseguiu. Deixando Simone em grandes dificuldades com o filho pequeno.

— Então, o Cris também errou por abandoná-la. A culpa não foi só minha.

— Simone era sua irmã e havia sido prometida para o Cristiano. Eles se amavam muito. Casaram-se e foram morar longe, mas você não se conformou com isso. Algum tempo depois, com a morte de seus pais por causa de uma gripe que assolou a Europa, ela foi visitá-la e passou alguns dias com você. Então, com a ajuda de duas outras pessoas que receberam considerável valor em joias, Simone desapareceu grávida. Foi colocada no porão de um navio inglês e levada da Europa para muito longe, para o Novo Mundo recém-descoberto: os Estados Unidos. Com a ajuda dessas mesmas pessoas, você colocou uma lápide no cemitério da cidade com inscrições do nome de sua irmã. Por causa da demora da esposa, Cristiano foi buscá-la e soube por você que ela havia contraído a gripe e morreu. Ele se abateu por muito tempo. Porém, com os anos, você conseguiu o que queria: casar-se com ele. Não tiveram uma vida plena de felicidade, pois é preciso amor de ambas as partes para um casal ser feliz.

— O que aconteceu com minha irmã?

— Ela morreu no parto.

— E a criança? Morreu também?

— Não — respondeu simplesmente.

— O que aconteceu com o nenê?

— Era um menino e foi adotado por uma família que lhe deu um teto, comida e o fez de empregado, praticamente um escravo —

sorriu. — Ele se resignou com as dificuldades e aprendeu a tirar proveito delas, evoluindo e fazendo o bem o quanto podia.

— E eu?

— Não conseguiu ser feliz. Nunca esqueceu sua irmã e sofreu muito por ter êxito em controlar o destino. Ninguém é feliz, de verdade, quando provoca situações que fazem os outros sofrerem.

— Ela não ficaria com ele. Teria morrido no parto de qualquer jeito. Não teria?

— Não. Simone morreu no parto devido às dificuldades pelas quais passou, por tristeza, por não ter o que fazer em lugar tão distante e sozinha.

— Então eu morri no acidente para sentir o sabor amargo de ver meus planos de casamento irem por terra e vê-los juntos?

— Eles não estão juntos. Não que eu saiba.

— Podemos ver que existe um grande sentimento entre eles. Só não se dão conta disso por causa das necessidades de Pedro, o filhinho de Simone, que nasceu recentemente. — Vitória ficou pensativa por um momento, depois perguntou: — E você?

— Eu o quê?

— Quem você foi? Por acaso uma das duas pessoas que me ajudou a colocar minha irmã no porão de um navio da Inglaterra e mandá-la para os Estados Unidos?

— Não.

— Quem foram essas pessoas, então? Eu as conheci, nessa última encarnação?

— Conheceu bem. As duas pessoas que te ajudaram, naquela época, foram nossos pais.

— O papai e a mamãe?!

— Isso mesmo — disse em tom brando.

— Você estava com a gente nessa época?

— Mais ou menos — sorriu meio encabulado.

— Como assim? Quem foi você?

— O filho de Cristiano e Simone que nasceu nos Estados Unidos — revelou, olhando-a com ternura, aguardando sua reação.

— Oh! Meu Deus! Não pode ser, Vanilson. Sempre foi um ótimo irmão. Nunca brigou comigo e... Deveria me odiar!

— Não a odeio. De jeito algum. Adoro você e consigo entender sua evolução. Vitória, você desenvolveu o intelecto que junto com seu orgulho e egoísmo formam um incrível obstáculo para sua própria evolução. Por isso quer controlar situações e pessoas. Em vez disso, deveria dar atenção ao crescimento moral que inclui os sentimentos e as emoções, culminando na tolerância e no desejo do bem.

— Não consigo acreditar que não me odeia.

— Quando aprender a amar, vai acreditar em mim.

— Não diga isso — falou quase chorando.

— Vem cá. Dê-me um abraço bem apertado — pediu com largo sorriso. Aproximando-se e puxando-a para si, envolveu-a com carinho, fazendo-a recostar em seu peito.

— Por que é tão bom comigo?

— Já disse. Porque te amo incondicionalmente. E por te amar, não vou deixar que faça nada errado.

— Como assim? — questionou, afastando-se e procurando olhar em seus olhos.

— Vou virar seu obsessor! — riu gostoso.

— Do que está falando?

— Antes de você ficar chorosa novamente ao lado do Cris, per-turbando e deixando-o infeliz, vou te assombrar para deixá-lo em paz. Só assim ele terá uma chance com a Simone — sorriu.

— Não brinque.

— Não estou brincando. Estou ansioso por essa chance. — Fe-chando o sorriso, falou mais sério: — Desejo que seja resignada e não volte mais a ficar se lamentando ao lado dele.

— Não vou fazer isso. — Ao vê-lo rir, perguntou: — Está lendo meus pensamentos?

— Estou sentindo suas vibrações, sua energia. Isso me diz tudo. A verdade é que quer controlar o Cris. Não quer vê-lo ao lado de Simone. Acha que ela não serve para ele por ser divorciada, ter um filho especial e... E uma série de outros apontamentos que, na verdade, são desculpas para controlar a vida dos outros. Seu tempo encarnada já passou. Quem estiver encarnado, que cuide de si mesmo. O momento agora é seu. Cuide de você. Se Deus a quisesse lá, junto dele, não importaria o seu planejamento reencarnatório de morrer nas vésperas do casamento, estaria lá.

— Acredita nisso?

— Totalmente. Há incontáveis casos de pessoas, cujo planejamento reencarnatório seria de desencarnar em determinada situação e idade ou com determinado problema de saúde, porém, pelo que realizavam nobremente, a vida terrena foi estendida.

— Não me lembro de nenhum caso assim.

— Irmã Dulce é um grande exemplo. A tão famosa missionária terrena que viveu na Bahia e era tão respeitada por todos, sem exceção. Segundo os médicos, qualquer pessoa que tivesse aquela condição de saúde, alimentando-se como ela, já teria morrido ou ficado de cama há muito. Mas ela não. Por isso, não lamente sua morte, mas sim sua vida. Observe a maneira como viveu e mude a partir de agora.

Com olhos nublados pelas lágrimas de arrependimento, Vitória pediu:

— Você me ajuda?

Largo sorriso no rosto tranquilo e Vanilson afirmou:

— Vim aqui para isso.

Abraçando-a com carinho, embalou-a, lentamente, de um lado para outro com ternura e compreensão.

17

CRISTIANO NÃO CONSEGUE NEGAR SEU AMOR

COM O PASSAR dos dias, o abismo entre Simone e Samuel parecia maior e as dificuldades com o pequeno Pedro aumentavam.

O menininho precisava de médicos e medicamentos constantemente. Ficou internado algumas vezes e necessitava de muita atenção.

Simone havia recorrido ao ex-marido para ajudá-la a socorrer o filho, porém ele se negava, dizendo-se ocupado ou nem atendia aos seus telefonemas. Por essa razão, procurava não sobrecarregar ninguém, tentando ao máximo se virar sozinha. Mas havia momentos em que não conseguia, por isso, ora chamava um, ora chamava outro para acompanhá-la ao médico ou hospital. Nem sempre podia se dar ao luxo de pegar táxi, pois as despesas com Pedro eram grandes e seu orçamento estava comprometido.

Naquele sábado bem cedo, pediu a Cristiano para levar ela e Pedro ao hospital. O menino ardia em febre.

— Nem avisei a Rúbia. Ela está dormindo. Não está disposta nos últimos dias — disse entrando no carro com a ajuda do amigo.

— Fez bem em me chamar — afirmou Cristiano que, após acomodá-la no banco de trás com o nenê, fechou a porta e entrou no veículo ocupando o lugar do motorista. Em seguida, perguntou: — E o seu pai? Melhorou?

— Ontem à noite precisou ir ao pronto-socorro de novo. O médico disse que ele está com começo de pneumonia. Por isso não chamei minha mãe. O Abner já me levou ao médico duas vezes esta semana. O Davi uma. Acho que nenhum dos dois me aguenta mais — sorriu. Depois disse sem jeito: — Por favor, desculpe, Cristiano. Não queria incomodá-lo, mas... Atualmente não dá para ter uma empregada. Se eu tivesse, pediria para me acompanhar. Sozinha, não dá para dirigir e deixá-lo no banco de trás.

— Pare com isso. Nem pense uma coisa dessa. Puxa vida! — quase se zangou. Enquanto dirigia, contou: — Minha mãe queria vir, mas eu não deixei.

— Fez bem. Todas às vezes que vamos ao hospital é muito demorado. Seria cansativo para ela.

Pedro foi atendido e necessitou ficar internado. Apreensiva e temerosa, Simone sofria em silêncio. Resignada. Não sabia o que dizer, somente orava.

Seu coração estava aos pedaços por deixar o filhinho mais uma vez internado. Pensava em como deveriam ser doloridas as picadas das agulhas para fazer exames, receber soro e medicamentos. Tudo era muito sofrido para aquela criancinha tão indefesa que, ali, não compreendia a razão de tudo.

Ao sair do hospital, o amigo ajudou-a a entrar no carro e foi para o banco do motorista. Ele parecia acostumado ao silêncio de Simone quando preocupada e apreensiva.

Respeitoso com os sentimentos da amiga, não disse nada, apenas dirigiu.

Após algum tempo, ela pediu:

— Pode me levar para a casa da minha mãe, por favor?

— Claro. Será bom. Assim faço uma visita para o senhor Salvador. Gosto de conversar com ele.

— Verdade? — sorriu ao perguntar.

— Verdade. Gosto sim.

— Que estranho. Ninguém gosta de conversar com meu pai. Apesar de...

— De quê?

— Sinto como se você tivesse certa autoridade moral sobre meu pai. Quando fala, ele escuta. Presta uma atenção! Quase nunca o interrompe. No final, acaba concordando com o que diz ou fica pensativo. — O rapaz sorriu e nada disse. Em seguida, Simone contou: — Depois daquela conversa que tivemos lá em casa, minha mãe disse que meu pai começou a ajudá-la com algumas tarefas de casa. Agora ele lava louça, ajuda a recolher a roupa. Até lavou o quintal e molhou as plantas sem ela pedir. Ele sempre foi muito crítico, supervalorizava-se pelo que fez na vida. Aposentado, achava não precisar fazer mais nada.

— Sabe... Eu penso que seu pai é desse jeito crítico porque vocês só querem ensiná-lo com crítica. Ele não aprendeu o que é correto. Quando dá sua opinião, você e seus irmãos não querem ouvi-lo e o criticam por ele falar daquela forma. Quando converso com o senhor Salvador, eu ouço e depois explico com calma o que eu acho ser correto. Então ele presta atenção e vai pensar. Às vezes, até muda de ideia, após compreender.

— Acho que tem razão. Nunca procurei explicar, com calma, algo para ele. — Após algum tempo, comentou: — Só fico imaginando a hora que ele souber que você é irmão do Davi, o companheiro do Abner.

— Vamos viver o momento. Quando for preciso, ele saberá. Não sofra por antecipação.

Assim que chegaram à casa dos pais de Simone, dona Celeste os recebeu com satisfação. Após saber do neto internado, eles entraram e a senhora repreendeu a filha:

— Deveria ter me chamado. Quando a Rúbia me ligou, falando que você tinha deixado um bilhete dizendo que tinha ido para o hospital, fiquei preocupada. Liguei para seu celular, mas... nada.

— O Pedro estava sendo atendido, mãe. Não podia deixar o celular ligado.

— E só agora você pôde voltar, filha? Nossa! Como demorou!

— É sempre assim. Estou exausta — murmurou, sentando-se no sofá. Recostando-se, fechou os olhos.

— Sente-se, Cristiano. Você também deve estar cansado. Só mais um pouquinho e vou servir o jantar, filho. Está quase pronto.

— Não se incomode comigo, dona Celeste. Tomamos um café na lanchonete do hospital.

— Não almoçaram?!

— Não. Mas isso não é problema. Estou preocupado com a Simone. Ela está muito pálida. Pelo que me contou, não vem dormindo nem comendo direito nos últimos dias.

— Filha... Toma um banho enquanto eu termino o jantar.

— Não, mãe, obrigada. Só passei aqui porque é caminho. Eu queria ver o pai. Quando o Cristiano for embora, vou com ele para aproveitar a carona.

— Imagine! Você deixa o rapaz sem almoço, só com um cafezinho e vai mandá-lo embora sem jantar?! Não mesmo, né, filha?!

— E o pai?

Nesse momento, o senhor Salvador surgiu na sala cumprimentando-os:

— Ooooh!... Que bom!... Como vai Cristiano? — disse verdadeiramente feliz por vê-los.

— Bem. E o senhor? Melhorou?

— Estou bem melhor. Essa gripe é terrível. Não adiantou nada tomar a vacina. A gripe me atacou do mesmo jeito.

— É que o vírus da gripe é mutante. A vacina desenvolvida é para o tipo de vírus que mais ataca naquele momento. Tomando-a o senhor estará protegido daquele tipo de gripe, mas se o vírus sofreu mutação antes de chegar ao senhor, poderá pegá-la. Porém a vacina é sempre bem-vinda, pois vai imunizá-lo da doença mais agressiva. Imagine-se contraindo duas vezes gripe?

— Nem brinque. — Voltando-se para Simone, o pai perguntou: — E o Pedrinho, filha?

— Ficou internado de novo.

— Você está pálida. Precisa descansar.

— De que jeito? — sua voz embargou e ela, novamente, fechou os olhos e largou-se no sofá.

O senhor teve uma crise de tosse e a esposa reclamou:

— Se ele não fumasse, não estaria assim tão ruim. Ainda vai morrer por causa desse cigarro maldito — disse, saindo em direção à cozinha.

— O senhor está fumando mesmo com a gripe e o começo de pneumonia?

— Só fumei unzinho hoje cedo. Desde segunda-feira, não botava um cigarro na boca.

— Por que não aproveita para deixar o cigarro de vez?

— É difícil, menino. Não imagina como.

— Quando vou fazer algo que é muito difícil, espelho-me no exemplo daqueles que já foram vitoriosos antes de mim. Se alguém já conseguiu, eu consigo também.

— Estou tomando tanto remédio.

— O cigarro tem muita química, muita droga que intoxica o organismo, deixando a pessoa dependente física e psicologicamente. A pessoa que fuma morre aos poucos.

— Todos nós morremos aos poucos. Isso você tem que admitir — riu, acreditando-se vitorioso no ensinamento.

— Só que, quem fuma, morre mais rápido. Porém, o pior não é morrer. O pior é degenerar o corpo que Deus lhe deu perfeito.

— Você disse que era espírita. Acredita mesmo nessa coisa de reencarnação?

— Acredito sim. Como explicar tantas diferenças físicas, sociais, emocionais? Por que somos tão diferentes? Por que um é perfeito fisicamente e outro não enxerga ou não anda ou falta-lhe um braço?

— Somos diferentes porque é a vontade de Deus.

— Se for só pela vontade de Deus, esse Deus é muito cruel, o senhor não acha? — Sem esperar pela resposta, comentou: — Sim, porque o

meu vizinho não fez nada de errado, sofreu um acidente e ficou para-
lítico. Eu sofri um acidente, fiquei um pouco perturbado, mas já estou
melhorando. Não tive nenhuma sequela física. Se acreditar que é, pura
e simplesmente, a vontade de Deus, então Ele é sádico e gosta de ver
seus filhos sofrer à toa.

— Às vezes, penso nisso e não tenho resposta.

Simone, sem dar importância ao assunto, levantou-se, pediu licença e foi até a cozinha.

Os dois a acompanharam com o olhar e Cristiano perguntou:

— Como explicar a condição do Pedro que nasceu com tantos
probleminhas? Será que Deus ama mais a mim e ao senhor do que a
ele? Pois nos fez nascer perfeitos, não é mesmo?

O homem respirou e desabafou:

— Já pensei muito, muito sobre isso, mas não tenho resposta.

— A única explicação é a reencarnação. Eu acredito em Jesus e
Ele sempre nos falou de um Pai bom, justo e misericordioso. Onde
está a bondade, a justiça e a misericórdia de Deus se Ele não nos deixar corrigir, reparar os erros cometidos em uma vida? Se fomos ignorantes e erramos, seria correto sofrermos eternamente no inferno, como
pregam algumas religiões? Se só pedirmos perdão dos nosso erros,
vamos para o céu e aqueles que prejudicamos e fizemos sofrer que
fiquem com o prejuízo? É certo isso?

— Não seria justo. Nisso eu concordo.

— Por isso eu creio que Deus nos criou simples e ignorantes.
Através das reencarnações aprendemos a fazer aos outros aquilo que
queremos que nos façam. Aprendemos a amar e a respeitar aos outros
e a nós mesmos. Respeitar nosso corpo que foi emprestado para essa
encarnação a fim de que possamos aprender com as experiências
desta vida.

— E se eu fumar, o que pode me acontecer?

— Se o senhor sabe que o cigarro faz mal e continuar compro-
metendo sua saúde com químicas tão nocivas, tão prejudiciais que
têm no cigarro, o senhor vai se matando mais rapidamente, e o pior,

dolorosamente, porque o cigarro vai lhe provocar doenças sérias, muito dolorosas, fisicamente falando.

— Muita gente já morreu de câncer e não fumava.

— Talvez, por ter danificado o próprio corpo ou o corpo de alguém em outra encarnação ou até nessa vida. A pessoa que experimenta o câncer sem nunca ter, nesta existência, feito algo para se provocar essa doença, certamente ela o fez em outra vida e pediu para viver algo forte a fim de valorizar o corpo perfeito que Deus lhe deu. Há outros motivos também, mas todos se resumem em amor a si e aos outros. Tudo o que fazemos fica registrado em nossa consciência e, por querer evoluir e melhorar, desejamos nos harmonizar, nos livrar do peso do remorso.

O senhor Salvador ficou pensativo. Teve outra crise de tosse e, assim que se recompôs, perguntou com a voz fanhosa e um pouco rouca:

— Você acha que o meu neto fez algo errado na outra vida para nascer assim?

— Todos nós fizemos algo errado em outra vida. Alguns de nós mais do que outros. Existem aqueles que desejam tanto evoluir que pedem para reencarnar harmonizando tudo o que fizeram de errado. Então nascem enfrentando imensos desafios. Outros preferem algo mais suave, porém os desafios se estendem por várias encarnações. Não sei afirmar qual o propósito do Pedro. Só acredito que ele é um espírito muito corajoso para decidir aprender e harmonizar a consciência de uma vez, vindo enfrentar tantos desafios juntos. Além disso, ele é uma criatura muito abençoada por ter uma mãe tão amorosa e dedicada, avós tão atenciosos e prestimosos, uma família que o ama e o recebe com tanto carinho. Ele deve ter sido muito importante para vocês, em outra existência, para ser tão querido. Vocês não o conheciam nesta vida. Ele nasceu assim. É diferente de alguém que primeiro angariou a amizade de pessoas queridas e depois se acidentou. — Ao ver o senhor pensativo, aguardou alguns instantes e desfechou: — O bom disso tudo, de acordo com os ensinamentos da Doutrina Espírita, é que a vida do Pedro não se encerra aqui. Assim como a nossa, ela não acaba agora, nesta existência. O Pedro não é assim, como o vemos. Ele está assim, nessas condições. Certamente, no plano espiritual, o Pedro será diferente, bem melhor e melhor ainda na próxima encarnação.

— Na próxima vida, ele não vai se lembrar de nós.

— Não me lembro da última encarnação. Não me lembro do senhor. Porém, tenho certeza de que nos conhecemos e de alguma forma o senhor foi uma pessoa importante e muito querida para mim, pois tenho uma atenção e um carinho bastante significativo, especial pelo senhor e, sem modéstia, sei que sente o mesmo por mim. — O senhor Salvador riu e ele continuou: — Não precisamos lembrar, precisamos sentir. — Um momento e disse: — Pense em abandonar o cigarro. Eu não gostaria de vê-lo com desafios difíceis para aprender a não maltratar o próprio corpo.

Dona Celeste chegou à sala e os chamou:

— O jantar está na mesa. Vamos?

— Obrigado, dona Celeste. Vou aceitar sim — afirmou o rapaz levantando-se. Em seguida, perguntou: — Onde posso lavar as mãos?

— Ali tem um banheiro, filho — apontou. — Pode se lavar ali.

Logo todos estavam à mesa da cozinha e a senhora os servia quando o senhor Salvador quis saber:

— E a Rúbia?

— Está lá na minha casa, pai. Liguei para ela agora há pouco.

— E está lá sozinha? — tornou o homem.

— Ela contou que o Abner passou lá à tarde, tomaram café e conversaram um pouco.

— Ela não deveria ficar só.

— Se você chamasse sua filha para vir aqui, ela estaria com a gente agora — disse a esposa.

O marido abaixou a cabeça e nada respondeu.

— Ela não deveria ficar sozinha mesmo — comentou Simone. — Já está de licença-maternidade e o nenê pode se antecipar para nascer. Nunca se sabe.

— Quer que eu vá buscá-la? É perto. Vou e volto rapidinho — ofereceu-se Cristiano.

— Não! — respondeu Simone de imediato. — Você já fez muito por hoje. Perdeu seu sábado.

— Eu não tinha nada para fazer. Pelo menos, fui útil — falou sorrindo.

— Amanhã vocês vêm almoçar aqui. Vem você, o Cristiano e a Rúbia — convidou o senhor.

— Agradeço imensamente, mas amanhã já tenho um compromisso. Vai ficar para a próxima vez.

Simone se inquietou. Não sabia que compromisso o amigo poderia ter, mas não disse nada.

Passado um tempo, e reparando no comportamento da filha, dona Celeste chamou-lhe a atenção:

— Se não comer e ficar fraca, quem vai cuidar do seu filho igual a você, Simone?

— Estou completamente sem fome, mãe.

— Precisa se alimentar. Você emagreceu muito. Não dorme direito... — orientou a senhora.

— Não seria o caso de procurar uma pessoa para te ajudar? Uma enfermeira, quem sabe? — sugeriu Cristiano.

— É... — respondeu somente. Não queria dizer que as despesas financeiras estavam bem altas.

— Precisa dividir as tarefas com alguém. Isso acabará te fazendo mal. Depois, como sua mãe lembrou, quem vai cuidar do Pedro igual a você? — reafirmou o rapaz.

Ela não respondeu e continuou mexendo na comida com a ponta do garfo.

Nesse momento, o telefone tocou e Simone se propôs a atender a fim de fugir da mesa:

— Pode deixar, eu atendo.

Ao vê-la sair, a mãe desabafou:

— Estou preocupada com ela.

— Estamos, mulher. Estamos. E não sabemos mais o que fazer para ajudar.

Cristiano a observou a distância e nada disse.

— Assim que eu melhorar, vou ficar mais tempo na casa dela pra ver se ajudo mais — decidiu o pai.

— A Simone precisa, além de suporte material, de ajuda com o Pedro, de apoio emocional. Principalmente, apoio emocional — comentou Cristiano. — Essa experiência não é fácil para ela. A presença dos parentes, dos amigos é imensamente importante. O ideal, agora, é não levar a ela problemas ou preocupações insignificantes, coisas que nós mesmos podemos resolver.

— Eu entendo o que você quer dizer. O fardo da minha filha já está bem pesado. A preocupação e o trabalho com o filho, o divórcio... Seria bom, nesse momento, ela ver a família em harmonia. Foi bom o Salvador convidar a Rúbia para almoçar aqui amanhã. O ideal seria convidar o Abner também. Assim a Simone se sentiria mais feliz.

— Não vai começar... — resmungou o marido de boca cheia.

— Seria bom ter a família reunida — tornou dona Celeste.

A aproximação de Simone os fez parar de falar, e ela contou:

— Era a Rúbia. Acho que meu celular tocou dentro da bolsa e não ouvi. Ela está sozinha e reclamando por isso.

— Eu já terminei de jantar. Se você quiser ir embora... — ofereceu o amigo.

— Não sem antes experimentar um pouquinho do pavê que eu fiz.

— Para mim não, dona Celeste. Estou satisfeito. Muito obrigado.

Antes que a senhora insistisse, Simone pediu:

— Mãe, deixa para outro dia. O Cristiano, assim como eu, está exausto. O dia foi intenso.

— Então vai levar um pouquinho pra ele e pra Janaína.

— Se for assim, eu aceito — respondeu alegre e com sorriso maroto no rosto. — Adoro pavê, mas comi muito — falou feito criança esfregando as mãos.

Sem demora, a senhora arrumou o que o rapaz levaria. Eles se despediram e se foram.

Ao deixar Simone em casa, o amigo entrou por alguns instantes. Pararam na área e antes de ela abrir a porta da sala, ele a convidou:

— Amanhã haverá uma festinha lá na instituição. Um grupo de mágicos e malabaristas ofereceu uma hora de apresentação. Outro grupo de senhoras fez bolo, doces e outras coisas. Quer ir comigo?

— Vou ao hospital.

— A que horas?

— De manhã.

— Posso ir com você e depois iremos à instituição e...

— E se o Pedro receber alta?

— Eu trago vocês dois. Deixo-os aqui e vou sozinho, pois prometi que iria. Pode ser assim?

— Não sei... — respondeu com voz fraca e desanimada, abaixando o olhar.

— Simone, você está bem?

— Estou muito cansada.

— Eu sei. Desde que o Pedro nasceu não parou.

— Não é só fisicamente. Vivo preocupada e alerta. O Pedro exige muitos cuidados. Você viu como é difícil e triste alimentá-lo. Parece que nunca dorme. Tenho que ficar atenta aos remédios e a inúmeros cuidados, pois sua imunidade sempre está baixa. Tem resfriados, complicações respiratórias, pulmonares, os rins nunca estão bons, sempre surge uma infecção nova... — Lágrimas rolaram em sua face pálida e desabafou: — Sei que estou errada, muito errada em falar isso, mas... É quando ele está no hospital que eu tenho um pouco de descanso... Posso dormir um pouco... mas os meus pensamentos não param. Fico me punindo, me torturando porque sinto certo alívio por não ter tantas preocupações de noite como vai ser a de hoje... Ele vai fazer três meses na próxima semana e... — Chorou. — Quero fazer o melhor por ele, mas não estou conseguindo.

— Calma. Vem cá — pediu, acolhendo-a com um abraço. — Tenho certeza de que você está fazendo o melhor e isso é tudo o que pode. É lógico que está se acabando. Não tem mais de onde tirar forças. Tudo tem um limite, Simone, e você chegou ao seu.

Abraçando-o firme, abafou a voz em seu peito e contou chorosa:

— Da última vez que o Pedro ficou internado, eu cheguei aqui em casa, tomei um banho e deitei. Acordei dezesseis horas depois!... Não sabia onde estava nem que dia era. Perdi a noção de tempo. Estava confusa. Não me lembrava de tê-lo deixado internado. Corri para o outro quarto procurando-o. Fui até a sala e entrei em desespero. Só depois lembrei de tudo.

— Isso é fadiga física e mental. Você está sobrecarregada. Não pode se culpar por isso. É muito trabalho e muita preocupação.

— Estou com medo de entrar, tomar banho, dormir e amanhã me esquecer dele, de onde o deixei.

— Não vai acontecer, e se acontecer, eu vou te lembrar. Está bem assim? — perguntou com leve sorriso na face alva, que parecia azulada pela barba bem escanhoada. Curvando-se um pouco, procurou olhar dentro dos olhos dela.

Simone afastou-se do abraço. Contudo, Cristiano segurou suavemente seu rosto e o afagou com ternura, penetrando ainda em seu olhar.

Uma emoção forte os dominou, fazendo seus corações dispararem.

Fechando os olhos, ele beijou sua testa demoradamente, e apertou-a novamente contra o peito, sentindo sua respiração alterada.

Quando ia se afastando lentamente, Cristiano segurou novamente seu rosto, acariciou-o com leveza, curvou-se e procurou seus lábios, beijando-a com carinho.

Simone abraçou-o suavemente, correspondendo com toda a emoção. No minuto seguinte, colocou-lhe a mão no peito e distanciando-se ao murmurar:

— Cris... não...

— Por quê? — perguntou no mesmo tom.

— Eu não devia... Eu... — falou baixinho, fugindo-lhe o olhar.

— Somos bem grandinhos. Sabemos o que estamos fazendo e não podemos mais negar o que sentimos um pelo outro, Simone.

— Meu divórcio...

— E daí?! — murmurou enfático.

328 | S<small>CHELLIDA</small> | E<small>LIANA</small> M<small>ACHADO</small> C<small>OELHO</small>

— Eu não sei. Tenho um filho e...

— Adoro você. Adoro seu filho. Quero cuidar de vocês dois. Não posso e não vou mais negar o que sinto. A não ser que não me queira e disser que não sente nada por mim.

— Estou confusa. Não sei o que dizer. O que meus pais vão pensar? E sua mãe?

— Não crie obstáculos nem empecilhos que não existem. Duvido que alguém não tenha desconfiado de um sentimento mais forte entre nós dois, de um interesse além da amizade. Não será surpresa para ninguém. Além do que, não devemos nada aos outros.

— Vivo um momento delicado, preocupante e muito trabalhoso.

— E eu quero fazer parte dele mais do que já faço. Quero estar ao seu lado, ao lado do Pedro. Quero que divida tudo comigo.

Puxando-a para junto de si, afagou-lhe os cabelos macios e contemplou-a por um instante. Curvou-se, beijou-a com carinho e ela correspondeu.

Nesse instante, rápida e inesperadamente, a porta da sala foi aberta e Rúbia não pôde deixar de vê-los, apesar de a irmã se afastar ligeira.

— Desculpe, eu... — disse Rúbia envergonhada e sem saber o que fazer. Em seguida, cumprimentou como se nada tivesse visto: — Oi, Cris, tudo bem?

— Tudo. E você? — perguntou com a respiração alterada, tentando disfarçar a surpresa.

— Agora estou mais tranquila. Não gosto de ficar sozinha. — Dito isso, convidou: — Venha. Vamos entrar.

— Não. Obrigado. Eu já estava indo embora.

— Acabei de fazer um chá de maçã com canela. Aprendi a tomar esse chá quando morei na sua casa e sei que você gosta. Quer um pouco? — sorriu.

— Aceito sim. Só que tem de ser bem rápido. Minha mãe está sozinha. — Colocando, com leveza, a mão nas costas de Simone, que abaixou o olhar, conduziu-a para entrar na sua frente.

Enquanto tomavam o chá, Rúbia comentou:

— O Pedro ficou internado novamente?

— Teve outra infecção urinária — contou a irmã. — Estou preocupada... Insegura.

— O importante é saber que tudo está sendo feito por ele com muita atenção, carinho e amor — disse Cristiano.

— Concordo com você — tornou Rúbia. — Vejo a Simone dia e noite se desdobrando em cuidados com o Pedro. Os melhores médicos e hospitais ao alcance dela estão sendo consultados e...

— Gente, com licença... — pediu Simone levantando-se e deixando-os sem entender.

— O que deu nela?! — quis saber a irmã.

— Fadiga. Ela está cansada, com muitas preocupações e... A verdade é que a Simone está se dedicando muito para algo que ela sabe não poder ter esperança ou um futuro próspero, melhor, positivo. Hoje o médico que atendeu o Pedro disse a ela: "mãe, apesar de toda a sua dedicação e empenho, seu filhinho tem um quadro bastante delicado e irreversível. Continuaremos fazendo de tudo por ele, porém você precisa estar preparada". Não é fácil para uma mãe prestimosa ouvir isso.

— É uma luta imensa na qual sabemos que não haverá vitória.

— Aparentemente não. Toda luta, todo empenho para o bem, por amor, é uma luta vitoriosa, mesmo que se perca. É fato que o Pedro não vai... Não vai ficar com a gente por muito tempo ou por muitos anos. Conheço bem essa síndrome. Acredito que a atenção, o amor e o carinho que ele recebeu e que nós fizemos nascer em nós para doarmos a ele... Ah!... Isso nunca será destruído. Esse amor nunca mais desaparecerá. Tanto ele, como nós, seremos espíritos melhores e mais fortes do que nunca, pois aprendemos a importância de dar e receber. Não podemos limitar a nossa vida somente a esta experiência. Hoje ele precisa de nós e o ajudamos. Amanhã, em outra vida, podemos precisar e ele estará ao nosso lado.

— Pensar assim é a única coisa que me conforta.

O celular de Cristiano tocou. Ele atendeu e logo desligou. Levantando-se, falou:

— Era minha mãe. Estava preocupada. Bem... Vou ver a Simone e em seguida vou embora.

— Vá lá, sim. Veja como está. Sua companhia faz muito bem para ela.

O rapaz sorriu, curvou-se e a beijou na testa, saindo em seguida.

18

ALÉM DA MORTE

NO DOMINGO de manhã, Simone, em companhia de Cristiano, conversava com o médico pediatra que cuidava de Pedro e passou por visita ao C.T.I. infantil.

— Ele está reagindo bem com a medicação e, se continuar assim, amanhã nosso herói — referiu-se ao menino —, estará de alta.

— Pensei que o levaria comigo hoje.

— Vejo em vocês dois pais muito dedicados. — Bem séria, Simone trocou olhares com Cristiano, mas nenhum dos dois foi capaz de corrigir o médico que continuou: — Todo carinho, amor, cuidado e atenção são importantes para ele e para vocês. Porém, aqui no hospital, teremos recurso para qualquer emergência. Vão pra casa, descansem, durmam, distraiam-se e namorem um pouco — sorriu. — Por que não? Aqui, o Pedrinho estará bem cuidado e amanhã vocês voltam. Está bem assim?

— Certo, doutor. Obrigada. Amanhã voltarei.

Cristiano estendeu a mão ao médico e ao ser correspondido, agradeceu:

— Obrigado por tudo, doutor.

— Nós nos vemos amanhã.

Enquanto caminhavam vagarosamente pelo corredor gelado do hospital, o rapaz arriscou sobrepor o braço nos ombros de Simone que não se importou.

Ao saírem do prédio para o estacionamento, ela o enlaçou pela cintura e recostou-se nele.

Já no carro, Cristiano propôs:

— Você concorda em dar uma volta no *shopping*? Preciso comprar uma coisa. Depois, se você quiser, podemos almoçar juntos e ir até a instituição para a festinha deles. O que acha?

Apática, sem demonstrar ânimo, respondeu:

— Quero sim. Preciso me distrair. — Encarando-o nos olhos, disse com leve sorriso de gratidão: — Quero agradecer-lhe por tudo o que tem feito por mim e pelo Pedro. Sua ajuda é grandiosa. Seu apoio, sua dedicação, sua presença ao nosso lado têm um valor que ninguém pode imaginar.

— Ora... Pare com isso — pediu sem jeito.

— Serei bem sincera: esperei esse apoio, essa dedicação do Samuel. Nunca imaginei que outra pessoa, fora dos nossos laços de família, fora dos laços de sangue, pudesse nos ajudar e apoiar como você está fazendo.

Olhando-a firme, argumentou:

— Além dos laços de família e de sangue, existem os laços espirituais. Esses são muito mais fortes e inquebrantáveis. Eles vão além da vida e além da morte. Não tenho qualquer lembrança ou conhecimento das vidas passadas, do que vivemos juntos, porém o que eu sinto é bem mais forte do que a razão. E é apoiado nesse intenso sentimento que encontro força e vontade de estar ao lado de vocês dois.

— Sobre ontem, eu...

Cristiano a viu constrangida, por isso a interrompeu:

— Vamos cuidar do hoje. Cuidar do aqui e do agora. Ontem já passou e o amanhã... Bem, o amanhã depende de hoje. Não vamos sofrer ou nos antecipar. Não quero e não vou pressioná-la. Preciso só que me deixe ficar ao seu lado e ao lado do Pedro.

Simone se aproximou e o abraçou com força, escondendo o rosto em seu peito. Ele a afagou com carinho e beijou-lhe a cabeça várias vezes.

Em seguida, afastando-se do abraço, Cristiano propôs animado, querendo vê-la mais alegre:

— Bem... Vamos ao *shopping*?

— Vamos sim — concordou com generoso sorriso que nos últimos tempos quase não se via.

As preocupações com Pedrinho a fizeram esquecer do compromisso de almoçar na casa de seu pai com a irmã. O rapaz também havia se esquecido e assim foram ao *shopping*, descontraídos.

❧

Enquanto isso, na casa de Simone, Rúbia se inquietava. Sabia que o pai a havia convidado para ir almoçar lá naquele dia e não queria chegar em cima da hora. Tinha planos de conversarem um pouco mais e de se aproximar novamente de seu pai. Contudo a irmã não chegava nem atendia o celular.

— Será que o Pedrinho piorou? — falava sozinha, andando de um lado para outro. — Ou será que ela esqueceu?

Nunca gostou de ficar sozinha. Entretanto, nos últimos tempos, estava detestando a solidão. Só não acompanhou a irmã ao hospital porque Cristiano a lembrou de que não era um lugar saudável para o seu estado. Do contrário, teria ido.

Inquieta, ligou para sua mãe que tentou tranquilizá-la:

— Calma, filha. Ainda nem são onze horas. Daqui a pouco ela chega.

— Eu deveria ter ido junto.

— Não é um bom lugar para se frequentar no seu estado. Eu era quem deveria ter ido junto. Acho que estamos abusando muito da amizade do Cristiano. Esse moço vive ajudando sua irmã com o Pedrinho...

— De repente ele gosta, mãe. Tem algum interesse... — calou-se rapidamente.

334 | Schellida | Eliana Machado Coelho

— Ele é dedicado assim porque a Simone ajudou muito quando ele precisou. Deve ser isso.

— Mãe, a senhora já imaginou se não for só isso? — riu engraçado. — E se o Cris estiver interessado nela?

— Eu já desconfiei disso. Se for o destino e a vontade de Deus... Rezo para que sejam felizes. Ele é um bom rapaz. Se soube apoiá-la em uma situação dessa... Nada mais será problema para os dois.

— Pelo visto, tudo vai dar certo. Só faltam assumir que se gostam. — Breve silêncio e lembrou: — Mãe, vou desocupar o telefone. A Simone pode ligar.

— É mesmo, filha. Aguardo vocês. Ligue assim que ela chegar.

— Beijo. Tchau.

Certa angústia apertou o coração de Rúbia. Sentia-se só e não gostava disso. Queria amar e ser amada. Desejava alguém ao seu lado. Alguém que não a usasse.

Arrependia-se por ter se envolvido com Geferson, por ter se deixado enganar. Pensava que sua vida nunca mais seria a mesma. Teria um filho e muitas obrigações por conta dele.

Como poderia encontrar um homem que olhasse para ela e se interessasse, sabendo que tinha um filho de outro?

Solteira, livre e desimpedida, já era difícil ela encontrar alguém que a interessasse, estivesse disponível e interessado nela.

O que Rúbia não sabia é que, à medida que reconheceu as falhas cometidas, corrigiu-se e buscou não errar mais, sua vida mudava. A frequência ao centro espírita, o aprendizado da prece feita com atenção e de coração, os passes, aos poucos iam desimpregnando-a das energias ruins, pesarosas que havia adquirido quando se envolveu com Geferson. As companhias espirituais, espíritos de baixo valor moral e levianos, que se sustentavam das vibrações energéticas daquela aventura no falso prazer, perderam o interesse de ficar perto dela e encontravam incompatibilidade em suas vibrações, agora saudáveis, mudadas. Estava consciente de seguir bons princípios, ciente das responsabilidades adquiridas, das quais não queria fugir. Havia amadurecido espiritualmente e isso a imbuia de sabedoria, pensamentos elevados e novos fluidos benéficos, que a fariam atrair para si companhias boas e, consequentemente, um companheiro amoroso melhor ao seu nível moral e espiritual.

Atraímos para junto de nós energias e companhias compatíveis aos nossos pensamentos e práticas.

Porém, ela ainda teria algumas coisas para acertar e se desprender do passado totalmente.

Seus pensamentos estavam longe e quase não ouviu o celular tocando. Ao pegá-lo, sentiu-se gelar ao ver no visor o nome Geferson.

O que ele poderia querer?

Não saberia se não atendesse.

— Alô!

— Precisamos conversar — disse uma voz de mulher sem sequer cumprimentá-la.

— Quem está falando?

— Meu nome é Cícera. Sou esposa do Geferson.

— Desculpe. Não a conheço e... — não sabia o que falar tamanha foi a surpresa.

— Eu sei de tudo, Rúbia. Só que precisamos conversar. Podemos nos encontrar hoje?

— Encontrar?... Hoje?...

— Sim. Logo mais. Pode ser na praça de alimentação de um *shopping* ou em algum café. Em um lugar público, talvez, você se sinta melhor. Onde quiser.

— Veja bem... Para ser sincera, você me pegou de surpresa e não sei bem o que decidir. Pode me dar um tempo para pensar? Ligo em seguida.

— Pode ligar para o celular do Geferson, mas não demora, por favor.

— Certo. Até mais.

— Até.

Ao desligar, Rúbia ficou confusa. Estava desorientada. Não sabia o que fazer. Imediatamente ligou para Simone, mas a irmã não atendeu.

Pensou em falar com sua mãe, porém achou que não deveria. Ligou para o celular de Abner:

— Estou na praia, Rúbia. Não se lembra? Eu te falei ontem que viria pra cá.

— Eu me esqueci.

— Aconteceu alguma coisa? Você está bem?

— Estou bem. Não é nada. Só queria conversar. Não gosto de ficar sozinha. Então... Depois nos falamos. Bom passeio.

— Está tudo bem mesmo?

— Está. Fique tranquilo. — Ela não queria preocupar o irmão, por isso não disse nada. — A Simone está no hospital e deve chegar logo. Qualquer coisa, eu te ligo.

— Liga mesmo, hein!

— Um beijo! Manda um beijo pro Davi também.

— Pode deixar. Beijão! Tchau.

Novamente sentiu-se só e desorientada. O que fazer? O que Cícera poderia querer com ela?

Sentiu medo. Algo estranho. Começou a pensar que a esposa de Geferson poderia maltratá-la, subjugá-la de alguma forma. Seria simples dispensar a conversa, porém ficaria preocupada e pensando, excessivamente, no que a outra quereria. Precisava da opinião de alguém ou até da companhia, caso decidisse encontrar-se com Cícera.

Seu celular tocou novamente e ficou mais temerosa, achando que era a mesma pessoa.

Ao pegar o aparelho, sorriu sem perceber e atendeu:

— Ricardo?

— Oi, Rúbia. Tudo bem com você?

— Tudo. E aí?

— Tudo bem. Olha, desculpe telefonar, mas... O Cristiano está aí?

— Não. Ele foi ao hospital com minha irmã. Foram bem cedo para conversar com o médico que ia passar em visita ao Pedro e até agora não voltaram. Liguei para eles. Só deu caixa postal.

— É que o Davi está em Mongaguá e um colega nosso, lá do centro, está com uma emergência odontológica, um dente doendo. Eu queria ver se o Cris quebrava essa pra ele. Porém... Tudo bem. Vou tentar mais tarde. — Em seguida, falou: — Soube que já entrou de licença-maternidade.

— É verdade. O nenê está para chegar. — Não suportando a pressão que sentia, decidiu perguntar: — Ricardo, você tem um minutinho para me ouvir?

— Claro. O que foi?

Ela contou tudo ao amigo e ele opinou:

— De jeito nenhum! Você não pode ir sozinha a esse encontro.

— Estou interessada em saber o que ela quer.

— Vá devagar, Rúbia. E se a mulher for louca? Ela pode reagir e... Em minha opinião, você não deveria ir.

— Não sei o que fazer. Preciso retornar a ligação.

— A verdade é que não precisa retornar nada. Não é obrigada a ceder ao que ela quer. Em todo caso... Se quer matar a curiosidade... Posso ir com você.

— Faria isso por mim? — alegrou-se.

— Faço sim. Marque com ela naquele bar que fica perto da empresa de engenharia e arquitetura. Vou direto daqui e nos encontramos lá.

— Então ligo para ela, pego um táxi e te encontro lá.

— Por que um táxi?

— Não consigo dirigir. Estou enorme. A barriga bate no volante. Se coloco o banco para trás para dar distância, meus pés não alcançam os pedais direito.

Ricardo não aguentou e riu. Rúbia se zangou, mas não disse nada e ele decidiu:

— Liga para ela e fique aí me esperando. Está bem?

— Não precisa se dar a esse trabalho. Eu vou de táxi.

— Aaaaaah!... Vai dizer que ficou brava comigo só por que eu dei risada? Deixa de ser boba! Só ri porque fiquei imaginando a cena.

— Está bem... Eu te espero.

— Já estou saindo daqui. Beijo!

— Outro.

Ela retornou a ligação para a esposa de Geferson e arrumou-se rapidamente.

Não demorou muito e Ricardo chegou.

Ao entrar no carro, beijou-lhe o rosto e agradeceu:

— Obrigada por ter vindo. Estou tão nervosa.

— Vamos lá. Vamos resolver logo isso. — Virando-se para ela com um sorriso maroto, perguntou brincando: — Dá para pôr o cinto ou vai precisar de alongador?

— Ricarrrrrdo!!! — Expressou-se enfatizando a letra r para ressaltar, de brincadeira, sua raiva. Em seguida, falou rindo: — Se eu não precisasse de você agora!...

— Estou brincando. Você está linda! — E logo, elogiou novamente: — Que perfume gostoso. Adorei.

— Obrigada — sorriu satisfeita. — É uma colônia tão suave, não sei como percebeu.

— Em matéria de perfume, menos é sempre mais.

Ela sorriu e seguiram conversando.

Chegando ao bar onde combinaram, Rúbia avisou:

— Eu não a conheço. Ela disse que viria de blusa vermelha.

— Huuuuuhm!... — murmurou ele.

— Por quê?

— Vermelho... Cor de guerra. Ela não veio em paz — sorriu, ao fitá-la.

— Não brinca. Estou nervosa.

Eles entraram e o amigo a conduziu com a mão em suas costas.

A recepcionista foi ao encontro deles. Ao mesmo tempo, lançando olhar para uma mesa, a única ocupada naquele horário, Ricardo disse à moça:

— Tem uma pessoa nos aguardando ali. Obrigado.

Seguiram até a mesa onde a mulher de blusa vermelha os observava.

— Com licença. Você é a Cícera? — perguntou Rúbia, empunhando a enorme barriga.

A mulher a examinou atenta sem perder nenhum detalhe. Só depois respondeu:

— Sim. Sou eu.

— Eu sou Ricardo. Muito prazer — cumprimentou-a, estendendo a mão. A mulher correspondeu e ele pediu: — Podemos nos sentar?

— Sim. Claro. Por favor. — Em seguida, comentou: — Eu a esperava sozinha. Você é irmão dela?

— Somos grandes amigos — respondeu ele.

Cícera ficou nitidamente constrangida pela presença de Ricardo. Pareceu não gostar.

Rúbia, visivelmente nervosa, torcia as mãos úmidas sob a mesa, quando perguntou com voz trêmula:

— Pois bem... Estou aqui. Queria conversar comigo. Pode dizer.

— Espero que sejam grandes amigos mesmo — disse Cícera em tom quase ofensivo. — O que tenho para dizer é bem pessoal.

— Se a senhora tentar ofendê-la, vamos embora. Já estou avisando — reagiu Ricardo que não gostou de seu tom.

O garçom chegou e pediram refrigerante. Com sua saída, encarando Rúbia, a mulher atacou:

— Recebi um telefonema anônimo e me contaram que você era amante do meu marido.

— Espere aí. Eu...

— Deixe-me terminar, por favor. — Rúbia suspirou fundo e se calou. Cícera continuou: — Não dei importância, pois achei que fosse só mais uma.

— Mais uma?! — tornou a outra contrariada.

— O Geferson pode ter quantas amantes quiser, pois ele sempre volta para casa e dorme comigo. Fique sabendo.

Quando Ricardo percebeu que a amiga encheu os pulmões como se fosse revidar, ele a segurou pelo braço com leveza, sinalizando que nada dissesse e ela silenciou.

— Meu marido teve várias mulheres aí fora, mas nenhuma foi tão burra de se deixar engravidar. Deve saber que temos uma vida financeiramente razoável e, certamente, deseja viver com a pensão de seu filho. Porém, quero que saiba o seguinte: eu e o Geferson somos casados com separação de bens. Todo o nosso patrimônio, ou seja, a nossa casa, que se pode dizer é uma mansão, nossa casa de praia em condomínio de luxo, nossa casa em Campos do Jordão, nosso sítio em Ibitinga e outras coisas que nem me lembro... Tudo o que é nosso está em meu nome. O que vai sobrar para você, ou melhor, para o seu filho, não passa de uma pensão alimentícia bem reduzida, pois ele tem muitos gastos com nosso filho de sete anos, que é excepcional. — Rúbia não sabia da existência do terceiro filho de Geferson, mas não disse nada. E Cícera continuou: — Nossos dois mais velhos estão bem, mas o pequeno precisa de cuidados especiais. Ele não anda, não fala, necessita de fisioterapia, médicos, remédios, enfermeira por 24 horas... A lista de despesa é enorme. Por essa razão, duvido que algum juiz vá tirar desse menino o que ele necessita para se manter vivo e dar ao seu, com saúde, e que tem uma mãe capacitada para trabalhar.

Os refrigerantes estavam sobre a mesa, mas nem foram tocados.

Com as mãos sob a mesa e escondida pela toalha, Rúbia tremia. Não sabia o que dizer nem como agir.

Olhando para ela, Ricardo viu que empalidecia e decidiu reagir:

— Minha senhora... Por que essa agressão? Qual a causa desse ataque gratuito?

— Gratuito? Você acha que alguém que vê seu patrimônio sendo visado por uma... uma... alpinista social, uma golpista, para não dizer outra coisa, deve ficar em silêncio? Não mesmo! Antes que ela se dê ao trabalho de exigir os direitos do filho que espera, já estou alertando.

— Ninguém aqui pediu direitos ou pensão gorda para o filho — defendeu ele.

— Até agora não! — tornou agressiva.

— Espere um momento — pediu Rúbia com voz oscilante. — Cícera, não sei o que você está pensando de mim e pouco me interessa saber. Nem mesmo entendi o que quer nem sei o que estou fazendo aqui. Porém, já que nos encontramos, que tal saber da história com a minha versão? Depois tire suas conclusões. — Sem esperar, continuou: — Fui trabalhar naquela empresa onde conheci o Geferson. Ele não usava aliança e não me pareceu casado, pois o jeito que falava comigo e com outras mulheres, não parecia alguém que devia satisfações à esposa em casa. Começamos a nos interessar um pelo outro. Só depois de um bom tempo, eu soube que ele era casado. Foi então que o Geferson veio com aquela tão famosa mentira de que estava se separando, que ia se divorciar... Eu quis terminar, mas ele me pediu um tempo. Disse que me amava, que estava apaixonado e eu acreditei. Idiota, acreditei. Eu o pressionei e ameacei terminar o romance. Quando decidi por isso, fui demitida e descobri que estava grávida. Só continuei naquela empresa para garantir um plano de saúde bom, licença-maternidade e outros direitos que adquiri. Não fiquei lá por causa do seu marido. Ele me ameaçou, exigindo que eu abortasse, talvez coisa que ele tenha exigido de outras, mas eu não aceitei matar meu filho. Ele me ameaçou novamente e prestei queixa contra ele na polícia. Não sei se sabe disso. Agora quero que saiba — falou firme, encarando-a: — Não quero o Geferson nem nada que venha dele. Faça bom proveito de seus bens, de sua riqueza, de sua fortuna. Cuide de seus filhos e não use o que é especial como arma para prender seu marido ou sensibilizar os outros. Muito me admira uma mulher como você, de boa aparência, que parece respeitável e inteligente, submeter-se a um marido que dorme com qualquer uma e depois volta para casa e a usa do mesmo jeito. A classificação que dá às amantes dele, como alpinista social, golpista e nomes piores, também serve para você. Tenha um pouco mais de orgulho, de amor-próprio e não se submeta a essa nojeira. Arrependi-me muito por ter me envolvido com ele. Não imagina. Fique sabendo que nem o nome dele meu filho terá. Prefiro que ele seja registrado como filho de mãe solteira a ter um crápula como pai. Esqueça que me conheceu. De você, quero distância, pois sinto desprezo por uma mulher que se presta a tamanha desvalorização diante de um homem que a trai descaradamente. Ficar em dúvida, dar uma chance ao marido é uma coisa, aceitar ser traída constantemente e dormir com esse homem que sai com qualquer uma é desprezível. Eu errei. Errei sim, mas não continuei errando como você. Sou capacitada e não me presto a esse papel baixo. Mesmo com todas as dificuldades, não vou me prostituir como está fazendo. Você não é nada, nada diferente daquelas que se vendem, pois está se submetendo a isso por querer continuar com seu status, com seus patrimônios e isso é prostituição também. — Levantando-se abruptamente, despediu-se: — Com licença. Até nunca mais.

Perplexo diante da cena, Ricardo levantou-se, acelerou os passos atrás da amiga e nem teve tempo de se despedir.

Alcançando-a, já fora do bar, segurou-a pelo braço e a fez se virar, pedindo:

— Calma. Vá devagar.

— Ai, Ricardo... — murmurou, esfregando o rosto com as mãos num gesto aflitivo. — Me leva embora daqui... Estou tão nervosa! — disse com jeito frágil, bem diferente de minutos antes.

— Venha. Vamos — concordou, conduzindo-a até o carro. Ao vê-la acomodada, deu a volta e se sentou ao volante. — Tudo bem com você?

— Qual era a daquela mulher, hein?! O que ela queria, afinal?!

— Também não entendi.

Por algum tempo ficou calada. Respirou fundo, recostou a cabeça no banco do carro e fechou os olhos enquanto ele a observava em silêncio. Alguns minutos depois, chamou-o com voz baixa:

— Ricardo... Acho que não estou bem.

— O que está sentindo? — preocupou-se.

— Acho que minha pressão baixou...

Tocando-a no rosto, ele pôde senti-la gelada e perguntou:

— Está com a carteirinha do convênio e seus documentos aí na bolsa?

— Estou.

— Vou levá-la ao hospital.

— Tem um hospital do meu convênio aqui perto.

Em poucos minutos o amigo a levou.

Enquanto era atendida na emergência, ele fazia sua ficha no balcão.

Ao terminar, não sabia o que fazer nem onde procurá-la. Pedindo informações a uma atendente, ela contou-lhe sorridente:

— A senhora Rúbia deu à luz um lindo menino.

— Como assim?! Já nasceu?!

— Nasceu lindo e forte. Eles passam bem, mas vai demorar alguns minutinhos para vê-los. Pode aguardar aqui mesmo que o médico vai chamá-lo.

Ricardo começou a rir sem saber o que fazer. Até parecia o pai. Andava de um lado para o outro e não tirava o sorriso do rosto.

Parou por um instante, organizou as ideias e decidiu telefonar para a família de Rúbia. Logo percebeu que não tinha o telefone de dona Celeste em sua agenda. Ligou para Cristiano, pois sabia que o amigo estava com Simone, mas ele não atendeu. Telefonou para Abner, na praia, e contou o ocorrido. O amigo passou-lhe o telefone de sua mãe e disse que voltaria imediatamente.

Ligando para dona Celeste, deu a notícia. Em seguida, foi chamado para ver Rúbia.

A amiga achava-se deitada, sonolenta e presa ao soro. Ao seu lado, um bercinho vazio.

— Oi... — murmurou ele. — Você está bem?

— Estou. Nossa... Tudo foi tão rápido. Eu tinha tanto medo...

Ele beijou-lhe a testa e segurou sua mão, depois perguntou:

— E o nenê?

— Disseram que vão trazê-lo logo. Só estão prestando os primeiros cuidados.

Ela fechava os olhos lentamente. Queria dormir.

— Rúbia... Foi tão rápido! — admirou-se sussurrando. — Mal terminei de fazer sua ficha e, quando fui te procurar, o nenê já havia nascido — sorriu. — Mais um pouquinho, nascia no meu carro.

Ela abriu os olhos e correspondeu ao sorriso.

A chegada da enfermeira trazendo Bruno no colo, despertou-a.

— Olha a mamãe! Dê oi novamente para ela.

A sonolência passou imediatamente. Rúbia ajeitou-se, estendeu os braços e envolveu com carinho o pequeno Bruno.

— Oh, meu Deus... — lágrimas tremiam em seus olhos quando forte emoção a dominou e murmurou: — Obrigada, meu Deus. — Beijou-lhe a cabeça e disse: — Ele é lindo! É...

Ricardo emocionou-se e afagou-lhe o rosto, tirando-lhe os cabelos da face e colocando-os para trás como uma forma de carinho.

— Parabéns, mamãe. Ele é lindo mesmo — disse a enfermeira com generoso sorriso. Virando-se para o rapaz, perguntou: — Você é o papai?

— Infelizmente, não. Sou amigo dela. — Ricardo só se deu conta da resposta quando a enfermeira sorriu largamente, por isso ele tentou reparar: — De certa forma, sou tio, né?

— Parabéns, titio — cumprimentou. E logo disse: — Se precisarem, é só chamar.

Não pareceu que Rúbia tivesse ouvido aquela conversa, ela estava totalmente concentrada no filho. Mesmo sentindo o rosto corar, ele se aproximou, acariciou seu braço e contemplou Bruno, que dormia sossegado.

Tempo depois, poucas batidas à porta anunciaram a chegada de dona Celeste que entrou sorrindo e sussurrando:

— Oi, filha!

— Mãe... — Rúbia emocionou-se.

A mulher se aproximou e, com olhos nublados, beijou e abraçou-a com ternura.

— Não vou pegar nem beijar meu netinho por causa do seu pai. Ele está com gripe e não quero passar nada ao meu anjinho. — Em seguida, cumprimentou Ricardo e perguntou: — Gente! Como foi que aconteceu isso tudo? O Bruno não seria para daqui a duas semanas?!

Rúbia sorriu e decidiu contar o ocorrido. Ficaram felizes e conversando por muito tempo.

19

ALÉM DA RAZÃO

NAQUELA MESMA tarde, após a festividade na instituição, Simone retornou para sua casa em companhia de Cristiano.

Entraram e ela logo procurou pela irmã.

— Que estranho. Ela não avisou que iria sair. — Nesse instante, alarmou-se: — Eu esqueci! Como pude?!

— O quê? O que foi?

— A gente ia almoçar na casa dos meus pais. Esqueci completamente. Como pude fazer isso?

Cristiano ficou sem jeito. Sentiu-se culpado.

— Foi cansaço. Muita preocupação... Eu também deveria ter me lembrado. Desculpe-me tê-la distraído e a convidado para sair. Queria tanto que fosse comigo que me esqueci completamente.

— Não foi culpa sua.

— Bem... Se ela não está deve ter ido para a casa de seus pais. Mas o carro está na garagem...

— Ela não está dirigindo nos últimos dias. A distância entre a barriga e o volante não dá certo. Se ajustar o banco, seus pés não alcançam os pedais — riu. Ao ver o sorriso no rosto de Cristiano, ainda brincou: — Não diga nada perto dela, a culpa é do modelo do banco, do volante... — riu novamente.

— Deve ter pegado um táxi.

— Provavelmente. Esqueci meu celular desligado, de novo — disse conferindo o aparelho. — Meu Deus... Onde estou com a cabeça? Vou ligar para minha mãe...

Aproximando-se, com leve sorriso, Cristiano fez-lhe um carinho no braço, depois no rosto, afagando-lhe os cabelos, pediu:

— Liga daqui a pouco.

Simone o abraçou com carinho, recostando-se em seu peito.

Ele beijou sua cabeça, sua face e segurou seu rosto com suavidade. Com olhar cristalino e firme, invadiu sua alma por alguns segundos e murmurou:

— Gosto muito de você. Quero que fique comigo.

— Eu também... — respondeu no mesmo tom.

Procurando por seus lábios, ele a beijou com carinho, abraçando-a com todo o seu amor.

De forma inexplicável, envolvidos por uma atração muito forte, não conseguiam se controlar. Era algo que ia além da razão.

Eram duas almas afins que há muito não se encontravam e represavam o mais lindo e sincero dos sentimentos.

A grande nuvem de preocupação foi se dissipando naquele momento mágico e Simone permitiu-se ser feliz nos braços de Cristiano.

As horas se passaram sem que percebessem. O resto do mundo parecia não existir.

Deitado entre os travesseiros macios, Cristiano afagava as costas de Simone que cochilava deitada de bruços ao seu lado.

Roçando com suavidade os lábios em seu ombro, sentiu o leve e gostoso perfume que exalava de sua pele macia e delicada.

Afastando seus longos e densos cabelos, levemente ondulados, com as mãos, pôde contemplar sua face com olhos fechados, que esboçou terno sorriso.

— Pensei que estivesse dormindo — ele murmurou com voz grave e dócil.

— E estou. Estou dormindo e tendo um sonho lindo.

Ele se aproximou mais, abraçou-a e beijou-lhe as costas e o rosto. Quando procurou seus lábios, ela o deteve e perguntou:

— Você escutou?

— O quê?

— Pode ser minha irmã.

— Será que ela chegou? Não ouvi nada.

— Eu ouvi. Tenho certeza de que escutei alguém entrar. — Levantou-se e procurou um robe que vestiu às pressas.

Enquanto ele procurava por suas roupas, Simone decidiu ir para a sala ver quem era. Não precisou chegar ao outro recinto, pois, no corredor, quase à porta de seu quarto, encontrou-se com seu irmão.

— Abner?! Ai, que susto!

— Oi, Simone. Desculpe tê-la assustado. Tudo bem?

— Tudo, mas... O que faz aqui? Eu... — Quando ia dizer algo, viu Davi vindo em direção de ambos. Foi então que, nitidamente nervosa e atrapalhada, pediu sem jeito: — Vamos até a sala e...

— Oi, Simone. Tudo bem?

— Tudo, Davi — respondeu, cumprimentando-o com um beijo.

Nesse instante, o irmão reparou-a muito constrangida e preocupada. Observou suas vestes e entendeu que deveria estar acompanhada.

Sem que ela visse, dando um sinal para Davi, Abner voltou em direção à sala e o outro o acompanhou.

Sobre o sofá, o irmão viu que havia uma camisa de homem jogada e se desculpou:

— Perdoe-me por entrar assim de repente. — Sem conseguir tirar os olhos da camisa e não resistindo à curiosidade, Abner perguntou: — O Samuel está aí?

— Não — ela respondeu, sentindo o rosto corar.

Nesse momento, inesperadamente, a voz forte de Cristiano soou respondendo ao chegar à sala:

— Sou eu que estou aqui, Abner. — Sem demora cumprimentou: — E aí? Tudo bem? — encarou-o um pouco sem jeito, porém firme ao apertar sua mão.

— Cris?! — surpreendeu-se seu irmão.

— Fala aí, Davi.

Após cumprimentá-lo, Cristiano foi até sua camisa, pegou-a e vestiu.

Simone estava completamente sem jeito e para mudar de assunto, a fim de não vê-la mais envergonhada, o seu irmão explicou:

— Vim buscar algumas roupas da Rúbia. Ela teve nenê e...

— Hoje?! — assustou-se ela.

— Pouco antes do almoço. Estávamos em Mongaguá e o Ricardo me ligou do hospital pedindo o telefone da mãe, pois o seu celular estava desligado.

— Fui ao hospital ver o Pedro e...

— Logo imaginei isso — interrompeu-a. — Não esquenta. Deu tudo certo. A mãe está com ela agora. Só que a Rúbia precisa de roupas para ela e para o nenê.

— As malas estão prontas há um mês — riu. — Ainda faltavam duas... quase três semanas. Ela está bem? E o nenê?

— Estão ótimos. Vim do hospital agora. Você nem imagina o que aconteceu. Ela ficou nervosa, pois a mulher do Geferson ligou e... — contou tudo. — Ainda bem que o Ricardo estava junto. Já imaginou se estivesse sozinha?

— Nem pensar — tornou Simone. — A Rúbia também... Ela não deveria ter ido. — Em seguida, pediu: — Vem cá no quarto. Vamos pegar as malas e... — disse enquanto andava, e ele a seguiu.

A sós com seu irmão, Davi não suportou, jogou-se no sofá e começou a rir.

— Se você fizer qualquer comentário, eu juro que te arrebento aqui e agora — ameaçou Cristiano que também não conseguiu segurar o sorriso no rosto.

— Não preciso dizer nada. Meu silêncio e meu riso expressam mais que mil palavras.

— Vocês poderiam ter telefonado antes, não é?

— Ligamos para o celular de vocês dois, só que ninguém atendia. Não imaginamos que estivessem aqui.

Cristiano procurou por sua carteira e as chaves do carro e as encontrou sobre a mesa da sala de jantar.

Frente ao espelho de um aparador, penteou com os dedos os cabelos pretos, lisos e teimosos.

Simone e Abner retornaram à sala e com as malas nas mãos, ele disse naturalmente:

— Mais tarde dá uma chegadinha lá no hospital. Ela está em quarto particular e a visita pode ser em qualquer horário. Agora vou ficar com ela enquanto o Davi vai levar a mãe até em casa para ela deixar tudo arrumado para o pai e depois voltar para o hospital.

— A mãe vai ficar com ela?

— Vai sim.

— Eu não posso ficar com ela, porque...

— Nós sabemos, Simone. Não se preocupe — disse, interrompendo-a e afagando-lhe o braço.

— Então... Daqui a pouco estou lá — decidiu ela.

Ainda constrangida e atordoada, Simone não se deu conta de não ter perguntado qual era o hospital, porém Davi se lembrou:

— Deixe o endereço do hospital com o número do quarto.

— Ah! É mesmo. Está aqui — disse Abner, entregando-lhe um papel com a anotação.

Em seguida, os dois se despediram e se foram.

Cristiano aproximou-se de Simone e a envolveu com carinho enquanto ela o abraçou pela cintura recostando o rosto em seu peito, confessando:

— Nunca senti tanta vergonha...

Sem que ela o visse sorrir por lembrar do embaraço, respondeu:

— Nem eu. Por outro lado... Pensando bem... somos maiores e desimpedidos, não somos?

— Mesmo assim...

Cristiano a embalou nos braços com extremo carinho e a beijou. Depois contornou seu rosto com a ponta dos dedos, enquanto seus olhos se atraíam de maneira inexplicável. Com voz forte e firme, falou baixinho:

— Você não é uma aventura para mim. Não temos o que esconder e... Estarei sempre ao seu lado.

— Descobri que tenho um sentimento muito forte e especial por você. Mas não posso negar que estou com medo.

— Medo?! — estranhou.

— Tem muita coisa acontecendo. Tenho meu filho para cuidar, você sabe. Toda a responsabilidade com ele ficou para mim.

— Eu sei disso. Quero ajudá-la no que for preciso.

— Veja... Você é solteiro, livre e desimpedido. Tem uma ótima profissão. Talvez, devesse procurar alguém com as mesmas condições. — Afastando-se do abraço, caminhou alguns passos negligentes, suspirou fundo e prosseguiu: — Não poderemos sair por causa do Pedro. Não tenho quem cuide dele. Não pode se prender por minha causa. Pode sair, divertir-se sem preocupações... Se ficar preso a mim... Sou divorciada, com um filho que necessita extremamente de mim.

— Estou me envolvendo pela pessoa que me atraí, que me agrada, com quem quero ficar. Pouco me importo em sair, divertir-me. Não é isso o que quero. Você é uma pessoa consciente de seus deveres e eu não quero que mude. Não aprecio mulheres que são acomodadas, precisam de proteção e são totalmente dependentes.

— O Davi nos viu hoje. Ele tem a mente aberta, mas o que não dirá para sua mãe? Será que ela vai me aceitar? Divorciada, com um filho nas condições do Pedro... E ainda sou mais velha do que você.

— Ora, Simone! Pelo amor de Deus! Se você não me quer, se por acaso se enganou, é só dizer! Não fique procurando desculpas com o que minha mãe pode ou não dizer! Tenha dó! — zangou-se. Um instante de silêncio e continuou: — Tanto a sua família quanto a minha, não têm nada a ver conosco. Nossa felicidade depende de nós dois. Seu pai não aprovou a condição do Abner nem o fato dele ter um companheiro. E daí? Ele assumiu sua própria vida e é feliz à maneira dele.

— E quando o meu pai souber que o Davi é seu irmão?

— O que tem?

Ela acomodou-se no sofá e ele sentou-se ao seu lado.

Afagando-lhe as costas, ele a fez olhar em seus olhos e, em tom quase triste, perguntou-lhe preocupado:

— Seja sincera. Você gosta de mim?

Abraçando-o, calou-lhe os lábios com um beijo. Depois, fitou-o nos olhos e murmurou com voz doce e jeito meigo:

— Não consigo me ver sem você. Acho que esse é o meu medo. Afinal... — deteve as palavras e fugiu-lhe o olhar.

— Tem medo que eu a troque por outra? Teme experimentar de novo o que já viveu com o Samuel? É isso?

— No fundo é. Tenho medo de muita coisa. Estou insegura. Você é jovem, bonito... Como já disse: solteiro, desimpedido, com boa profissão e...

— Simone, não me compare a ele. Sua vida ao lado do Samuel foi tranquila e calma até aparecer a grande dificuldade com o nenê no início da gestação. Com a gente foi diferente. Nós nos conhecemos quando tudo estava muito complicado em nossas vidas. Nós nos apoiamos até agora. Penso que o pior já passou. Se, em meio aos desafios, nós ficamos juntos... O que mais pode nos separar senão a vontade de Deus?

— Será que Deus está do nosso lado?

— Acredito piamente que sim. Foi Ele quem fez nossos caminhos se cruzarem, não foi?

Simone o abraçou forte e ele correspondeu. Beijaram-se e ela decidiu:

— Vou tomar um banho. Quero visitar a Rúbia ainda hoje.

— Vai lá. Eu te espero. Vou com você ao hospital.

Deixando a água morna do chuveiro derramar sobre sua cabeça e as costas, ela se apoiou na parede e tentou relaxar, mas não conseguia. Sentia os pensamentos fervilharem.

Como viver aquele romance plenamente se tantas obrigações e compromissos a chamavam à responsabilidade? O que seu pai diria? O que poderia pensar quando soubesse que Cristiano era irmão de Davi? E Samuel? Poderia até acusá-la de um romance enquanto estavam casados. Ao mesmo tempo, lembrava que tinha o direito de amar, ser amada e ser feliz. Tinha muito que pensar e decidir. Afinal, um romance agora seria agradável ou seria mais um problema em sua vida?

Estava atraída por Cristiano havia algum tempo. Queria-o ao seu lado. Desejava-o sempre presente. Apreciava sua opinião e seus conselhos. Necessitava de sua ajuda. Sentia-se praticamente dependente e, porque não dizer, carente daquele que, a princípio, foi seu amigo e acabou se transformando em seu amor. Por que não admitir que o amava e o queria ao seu lado?

Parecia uma adolescente com a metade de sua idade, mas com a responsabilidade que impunha o peso do dobro dos anos vividos.

Não queria se privar da felicidade, porém tinha medo. Uma onda de dúvidas invadia-lhe a alma.

E se Cristiano só tivesse se apegado a ela por conta de sua ajuda, de seu incentivo a ele? Afinal, apareceu na vida do rapaz quando ele vivia uma grande perda e um imenso transtorno.

— Meus Deus!... — murmurou com a água batendo em sua boca. — Oriente-me, Pai. Por favor.

Terminado o banho, saiu para a suíte e se arrumou. Secou os cabelos levemente com um secador e foi para a sala com eles ainda úmidos. Ao ver Cristiano, de olhos fechados, largado no sofá, sorriu parecendo apaixonada.

Aproximando-se, chamou-o com suavidade e voz terna:

— Cris... — Ele dormia. — Cris... Acorda, meu bem.

— Oi... — murmurou surpreso, esquecido de onde estava. Sorriu ao vê-la e procurou por sua mão. Beijando-a, ajeitou-se e se levantou.

Segurando seu rosto delicado com ambas as mãos, sorrindo, afirmou:

— Quero que saiba que adoro você.

— Também te adoro.

— Sei que ainda está em dúvida sobre nós, mas isso vai passar. Tem muita coisa acontecendo no momento. Só peço que não seja precipitada.

— Precipitada com o quê?

— Em querer nos separar, querer um tempo para pensar ou qualquer coisa que nos distancie. Não quero e não vou ficar longe de você por nada deste mundo.

— Estou em conflito com muitas coisas, porém tenho certeza de uma.

— Qual?

— Quero você ao meu lado — falou de modo doce e com leveza no belo sorriso.

Ele a beijou e apertou-a contra si. Depois decidiu:

— Vamos?

— Sim, vamos.

Ao chegarem ao quarto do hospital, encontraram Abner, Davi e Ricardo.

Simone e Cristiano os cumprimentaram e, em seguida, foram direto para Rúbia, abraçando-a e beijando-a com carinho.

As irmãs se emocionaram e ficaram abraçadas por algum tempo, contemplando o pequeno Bruno, que dormia relaxadamente no bercinho ao lado do leito da mãe.

— Ele é lindo! Deus o abençoe! — disse a tia emocionada. — Foi tudo tão rápido, Rúbia.

— Graças a Deus, foi. Eu estava com tanto medo, lembra? Eu me sentia mal. Chegando ao hospital, comecei a sentir aquelas dores fortes. Uma seguida da outra. No instante em que me examinou, o médico disse que já estava nascendo. Eu nem acreditei. Da hora que entrei no hospital até ele nascer, acho que não deram vinte minutos. — Breve pausa e empolgou-se: — Ah! Ele já mamou. Acredita?

— Acredito sim — afirmou com voz terna, olhar brilhante e jeito meigo.

Cristiano aproximou-se mais e, enquanto contemplava o pequeno Bruno, sobrepôs o braço nos ombros de Simone.

Ao ver a cena, Rúbia sorriu satisfeita pela irmã. Entendeu que assumiram o romance.

Um pouco sem jeito, Simone perguntou o que já sabia:

— A mãe vai ficar aqui com você?

— Vai sim. Ela foi lá deixar tudo arrumado para o pai. Ele precisa tomar os remédios na hora certa e... Você sabe. O pai é todo atrapalhado com isso. Sempre foi. O Davi foi lá levá-la e já voltou.

— Quando sairmos daqui, podemos dar uma passada lá para vê-lo. O que acha? — propôs Cristiano, olhando para Simone.

— Por mim, tudo bem. Se você não se incomodar...

— Lógico que não.

Dona Celeste chegou e todos se divertiram com algumas reações da avó que parecia muito coruja.

Davi e Abner decidiram ir embora.

Em seguida, Simone também resolveu ir.

A caminho da casa de seu pai, ela ficou em total silêncio.

Dirigindo, Cristiano a olhava vez e outra. Incomodado com sua quietude, perguntou:

— Tudo bem?

Encarando-o, ela tentou esboçar um sorriso que logo se desfez. Abaixando o olhar, respondeu com voz fraca:

— Tudo bem.

— Por que está assim tão quietinha?

— Sei que nada é por acaso. Tudo tem uma razão de ser como é. Tudo tem um motivo para existir. Só que...

— Só quê?... — insistiu diante do demorado silêncio.

— Quando olhei o Bruno dormindo... Ele é tão lindo! Eu pensei... — sua voz estremeceu e não conseguiu prosseguir.

— Pensou no Pedro? Foi isso o que ia dizer? — perguntou com voz cálida.

— Foi — sussurrou. — Não sei se é errado, mas... Meu filho poderia ser como o priminho. Fiquei imaginando os dois crescendo juntos, brincando, correndo, tendo amizade... Mas não vai poder ser assim... É errado eu querer isso?

— Não é errado querer, desejar algo. É errado ficar revoltado pelo que não se tem ou desejar o mal dos outros.

— É que a situação do meu filho me preocupa... Não é fácil eu olhá-lo. Não dá para ser feliz com o que vejo. Estou sendo verdadeira. Canto, brinco, rezo com ele, mas... Não sei quanto tempo isso pode durar. Como acha que me sinto sabendo que ele não vai durar muito? Os problemas respiratórios, as gripes, infecções... Tudo indica que o Pedro não vai... — chorou. — Amo meu filho. Queria que ele tivesse saúde. Outro dia, quando eu brincava, vi que ele riu... — um soluço embargou sua voz. — Demorou três meses para meu filho esboçar um sorriso. Sabe o que significa isso para uma mãe? Às vezes, quando durmo um pouco, acordo e acho que tudo não passou de um pesadelo. Corro para ver o Pedro e vejo que não se tratou de um sonho. Ele tem problemas, necessidades. Tudo é muito difícil. Não posso confiar os cuidados de meu filho a ninguém. Nem pude amamentá-lo no meu peito — chorou. — Ele não consegue mamar e alimentá-lo daquele jeito é...

Cristiano parou o carro na frente da casa do senhor Salvador, virou-se para ela e disse em tom tranquilo:

— Deus viu em você a mãe certa. A mãe mais perfeita para ele. Não encare as dificuldades, os desafios como um castigo.

— Será que não é castigo, Cris? Será que fiz tudo errado e agora preciso corrigir?

— O que vai adiantar ficar preocupada com isso e querer saber sobre o passado? Em nada isso vai te ajudar. Não podemos mudar o passado, mas podemos fazer um presente e um futuro melhores. Se você não fosse uma mãe como é prestimosa, carinhosa, cuidadosa e com tantos outros atributos e o Pedro não merecesse toda a sua dedicação e cuidado, não estariam juntos. Pense que você é uma pessoa especial a quem Deus confiou uma criaturinha especial. Você tem dado ao seu filho o amor que ele precisa receber.

Ela respirou fundo e procurou se recompor. Em seguida, disse:

— Você me dá tanta força...

Pegando em sua mão e beijando-a, respondeu:

— Estarei sempre ao seu lado. — Segurando firme em seu rosto com ambas as mãos, beijou-lhe a testa demoradamente e depois falou: — Vamos lá ver como está seu pai.

O senhor Salvador ficou satisfeito em recebê-los. Gostava de Cristiano, que lhe dava muita atenção.

Observando a filha, percebeu-a amargurada e imersa em profundos pensamentos, talvez tristes. Ela trazia o olhar perdido e sinais de desânimo.

— O que foi, Simone? O que você tem, filha?

— Nada, pai. Só estou preocupada.

— Foi visitar o Pedrinho hoje?

— Fui. Pensei que estivesse de alta, mas não. É provável que amanhã...

— Você está muito abatida.

— Também acho — concordou o rapaz.

— A mãe vai ficar no hospital com a Rúbia. O senhor quer ir lá pra casa?

— De jeito nenhum. Sei me cuidar. Não sou nenhuma criança. Sua mãe deixou tudo arrumadinho aqui pra mim. Até a comida está pronta para amanhã. — Alguns instantes e, não suportando a curiosidade, perguntou: — Vocês viram o filho da Rúbia?

— Vimos sim. Ele é lindo. O senhor tem que ver, pai. É rosadinho! Tem cabelos loirinhos... — sorriu com graça e jeito meigo. — Não se parece em nada com ela.

— Seu avô era loiro, bem polaco. O Bruno puxou a ele.

— Com certeza — concordou com leve sorriso, não ousando contrariá-lo. Sabia que o pai estava orgulhoso agora e o quanto foi difícil a aceitação daquele neto.

— Acho melhor a sua irmã passar a dieta aqui em casa, não acha?

— Não tem problema algum ela ficar lá em casa.

— Será melhor ela ficar aqui — tornou ele como se não tivesse ouvido.

— Vejo que o senhor está bem melhor, senhor Salvador — reparou Cristiano.

— Estou sim. Parei com o cigarro e tomo os remédios direitinho. Mas tem hora que dá uma vontade!... — riu. — Fico quase louco. Então a Celeste disse que é pra eu chupar bala ou mascar chiclete. Isso distrai um pouco.

— Que ótimo! O senhor não imagina como estou feliz em saber disso. Adoro ver pessoas determinadas, de opiniões fortes como o senhor — disse satisfeito para animá-lo.

— Estou determinado mesmo. Vai ver. Vou conseguir — respondeu orgulhoso.

— Para se ver livre de qualquer vício é preciso ter disciplina e força. A vontade de pegar só mais um cigarro será grande, mas se resistir só mais uma vez, o desejo vai diminuir até acabar. Depois, com o tempo, terá até nojo do cigarro. — Olhando em volta, sugeriu: — Por que não some com esses cinzeiros e joga fora o maço de cigarros, se ainda tiver?

Levantando-se imediatamente, bem-disposto, o senhor Salvador decidiu, animado:

— Vou fazer isso é agora mesmo!

Cristiano o acompanhou e o ajudou a jogar tudo fora.

Ao retornarem para a sala, Simone decidiu:

— Pai, já vou embora.

— Está cedo. Encomendem uma pizza!

— Não, pai. Estou muito cansada. Preciso estar amanhã cedo no hospital e o Cris tem que ir trabalhar.

— Filha — aproximando-se, parecendo adivinhar seus pensamentos, comentou: —, você viu o filho da sua irmã hoje e... Eu vi o quanto ficou feliz ao falar dele. Sei que está comparando o Bruno com o Pedro, mas não fique triste. Aceite o seu filho conforme Deus te deu.

— Eu aceito sim, pai. Por que está me dizendo isso?

— Você está triste.

— Apesar do trabalho, do cansaço, do desespero que toma conta de mim quando ele adoece, eu aceito o filho que Deus me confiou e por isso gostaria que o senhor também aceitasse o Abner, filho que Deus lhe confiou, tal como ele é. Afinal, condição por condição, meu filho tem uma e o seu tem outra. Quando a condição é imposta desde o nascimento, indica que houve a permissão de Deus para isso. — Cristiano, imediatamente, segurou em seu braço tentando fazê-la parar, mas não deu tempo. Acreditando que disse algo um tanto desnecessário, tentou se redimir: — Desculpe-me, pai. Eu não precisava dizer isso. É que estou exausta e nem sei direito o que estou falando.

O senhor Salvador, que era do tipo de reagir, silenciou. Abaixou a cabeça e nada disse.

— É melhor irmos, não é? — perguntou Cristiano.

— Ai, pai... me desculpa — pediu sentida com nítido arrependimento. Aproximando-se dele o abraçou.

Afagando-a nas costas, o homem disse:

— Não se preocupe, Simone. Eu te entendo.

Ao vê-los se separarem do abraço, Cristiano insistiu:

— Vamos?

Despediram-se e se foram.

❧

Chegando à casa de Simone, entraram e ela agradeceu:

— Obrigada por tudo.

— Não me agradeça. Conte comigo. E... A propósito, quem vai amanhã ao hospital com você? Não vai poder dirigir e voltar com o Pedro, se ele receber alta.

— Vou pegar um táxi. Não se preocupe.

— Você tem dinheiro? — Ao ver olhos dela crescerem pela surpresa da pergunta, ele disse a tempo: — Desculpe-me querer saber, mas... Professor não deve ganhar bem e... Vejo que as despesas são muitas.

Sorrindo encabulada e achando graça em seu jeito, respondeu:

— Não se preocupe. Tenho dinheiro sim. Com a ajuda que você e os outros têm me dado, fiz uma reserva para essas emergências. Só não posso abusar ou me dar ao luxo de pegar táxi todos os dias.

Aproximando-se, puxou-a para um abraço e foi correspondido.

Roçando seu rosto em seus cabelos, sentiu os fios enroscarem em sua barba e, mais uma vez, experimentou aquele aroma gostoso que ela exalava.

— Quer que eu fique aqui com você? — perguntou carinhoso.

— Querer eu quero, mas não devemos. Sua mãe está sozinha e...

— Não quero ir embora.

— Não quero que vá.

Apertando-a contra si, procurou por seus lábios e beijou-a com todo amor e ternura.

Em seguida, sob a contrariedade da separação, despediram-se.

A sós, Simone entregou-se novamente às dúvidas e à insegurança. Sentia-se além de seus limites e precisaria ser mais forte do que nunca.

20

Respeito entre irmãos

PELAS FRESTAS da janela entravam os raios de uma luz baça, fraca indicando um dia nebuloso, sem o brilho radiante do sol.

Era outono. Um vento que, furtivamente, penetrou no quarto a noite inteira, fez Simone sentir frio por toda a madrugada. Ela não teve ânimo para levantar e agasalhar-se com mais uma coberta. Isso a deixou incomodada e seu sono foi leve e entrecortado.

Não queria levantar. Estava encolhida sob o lençol e uma colcha bem fina.

Estendendo a mão sobre o travesseiro ao lado, acariciou-o ao se lembrar de Cristiano.

Nunca ninguém havia dormido ali ao seu lado, a não ser seu ex-marido.

Aquele tempo com Samuel parecia muito distante, enquanto a lembrança de Cristiano era viva.

Existia uma força, um sentimento muito forte que os atraia de uma forma que não conseguiam explicar.

Como viver aquele amor e ser feliz diante de dificuldades e problemas tão sérios?

Não poderia descuidar de seu filho e também não achava justo que Cristiano se confinasse, empenhasse-se em uma situação que não lhe dizia respeito, não era encargo seu. Ele era jovem e desimpedido, porém se amavam e desejavam ficar juntos.

Suspirou fundo e sentiu-se esgotada. Não queria, mas precisava se levantar.

Consultou o relógio, sentou-se na cama e sentiu um frio estranho.

Forçando-se se erguer, decidiu tomar um banho para se animar, pois precisava ir ao hospital e também ver sua situação na faculdade. Ainda não sabia o que fazer, pois seu período de licença estava acabando.

❦

No mesmo instante, Cristiano, largado sobre sua cama, lembrava-se do dia anterior.

Havia dormido pouco. Porém, acordado, sonhou muito.

Ele não conseguia desfazer o sorriso do rosto. Encantado, tinha o olhar fixo no teto enquanto recordava-se de cada detalhe sobre Simone: seu perfume suave, sua pele macia, seus cabelos sedosos que acariciou com toda a ternura.

Fazia tempo, desejava tê-la em seus braços, afagá-la com carinho, tê-la para si.

Não seriam as dificuldades com o pequeno Pedro que o deteriam ou desanimariam. Gostava muito do menino e se apegou a ele sem entender por que. Sentia-se penalizado por sua condição, porém acreditava em vidas futuras e que o amor, o carinho e a atenção o ajudariam a se sentir melhor e a se recompor. Queria ajudá-lo e dedicar-lhe todos os cuidados necessários.

Com largo sorriso, que há tempos não expressava, pulou da cama sem se importar com o friozinho e foi para o chuveiro.

Pouco depois, já na cozinha, dona Janaína se impressionou com a disposição dele, que não via há muito.

— Bom dia, mãe! — exclamou sorridente, curvando-se e beijando-lhe o rosto como sempre fazia.

— Bom dia, filho.

Acomodando-se à mesa, ele encheu um copo de suco enquanto contava:

— O nenê da Rúbia nasceu ontem.

— Ontem?! E você nem me avisou? Por quê?

— O dia foi bem corrido. Quando cheguei, a senhora estava dormindo.

— Por que não me ligou?

— De manhã fui com a Simone ao hospital.

— E o Pedrinho?

— Ainda está internado. Depois almoçamos, fomos à instituição onde ficamos um pouquinho e... — lembrou-se e sorriu, mas nada disse. — Assim que a deixei em casa o Abner e o Davi chegaram lá contando a novidade. Então fomos ao hospital ver a Rúbia e o nenê. Nossa! Ele é lindo! Tem que ver. Depois, ainda fomos ver o senhor Salvador. Levei a Simone para casa e, quando cheguei, a senhora estava dormindo.

— A Celeste ficou no hospital com a Rúbia?

— Ficou sim. Foi parto normal e por isso, amanhã, acho que ela já recebe alta. O senhor Salvador quer que a Rúbia passe a dieta lá na casa dele — riu.

— Que bom. Fico feliz quando os ressentimentos e as mágoas acabam. Diga uma coisa: e a Simone, como está?

— Está bem — respondeu sem entender o intuito de sua mãe.

— Sei que ela é uma pessoa segura de si, lúcida, compreensiva, mas... Assim que viu o nenê da irmã... Não ficou chateada?

— Eu nem ia contar... No hospital, tudo bem. Ela agiu normal. Porém, ao ver como a dona Celeste ficou com o netinho no colo, toda alegre e satisfeita... Não sei se foi isso, porque, depois, quando estávamos sozinhos a Simone desabafou. Chorou um pouco, não por ciúme ou inveja. Ela queria que o Pedro também fosse como o Bruno.

— Toda mãe quer o melhor para o filho. No caso dela, nem sabemos direito o que falar para animá-la. — Breve pausa e quis a opinião do filho: — Cris, o que você acha do Pedrinho? Quais as chances dele?

O rapaz fechou o sorriso, suspirou fundo e comentou:

— Sabe-se que crianças com a Síndrome de Patau têm um quadro de saúde bem instável, complicado. Pelo que entendi, isto é, o médico não foi bem claro, mas deixou escapar que ele tem, naturalmente, uma baixa imunidade. Por isso fica tão sujeito às infecções e... Não podemos dizer isso para a Simone, entretanto acho que ele não chega a um aninho de vida. Não sei se estou sendo frio demais ou realista. Vejo-a tão empenhada, tão preocupada, desdobrando-se para cuidar do filho e isso me dá uma coisa. Ela não está errada. De forma alguma. Temo por seu sofrimento quando o Pedro precisar ir.

— Semana passada, quando fui lá, achei a Simone muito abatida. Nossa! Como ela emagreceu!

— Quase não dorme e não tem tempo para se alimentar direito. A senhora soube que ela dispensou a empregada, né? Disse que a mulher não estava fazendo as coisas direito, mas não acho que foi isso. Penso que a Simone está com dificuldades financeiras.

— Também achei isso.

— Não sei como ajudar, mãe. Fico sem graça de oferecer alguma coisa e ela se ofender.

— Por que se sente na obrigação de oferecer alguma coisa? Acha que não está ajudando o suficiente?

Sério, Cristiano ergueu o olhar lentamente e encarou a mãe. Não entendeu se ela estava contrariada por ele estar sempre com Simone, pressentindo um romance entre os dois, ou se queria simplesmente testá-lo.

— Não sei dizer o motivo de eu querer ajudar mais. Gosto da Simone e do Pedro. Não quero que passem dificuldades. Se eu puder... Por que não? — Olhando-a firme, perguntou para colocá-la à prova: — A senhora tem alguma coisa contra a nossa amizade ou contra o que faço?

— Não, filho. De forma alguma. Penso até em, eu mesma, ir lá e saber direitinho o que está acontecendo. Afinal, eu a considero muito. Porém ela tem os pais, os irmãos. O Abner está bem e...

— E se ele não souber? Se não souber, não vai ajudá-la.

— Bem... Você está sempre com ela e deve saber mais do que o irmão. Se tiver alguma coisa que possamos fazer para ajudar...

Cristiano ficou desconfiado. Por um instante chegou a pensar que sua mãe não estava aprovando sua ligação com Simone. Talvez estivesse desconfiada de alguma coisa e parecia não concordar. Decidiu não dizer mais nada.

Bem sério, terminou seu desjejum em silêncio e foi se arrumar para ir trabalhar.

🍎

Já no consultório, no intervalo entre um paciente e outro, percebeu que um paciente de Davi havia faltado e foi à procura do irmão.

— Também te deram o cano? — perguntou Davi referindo-se à falta do paciente.

— Não. Ele ligou e disse que iria se atrasar. Já está a caminho.

— Minha paciente nem avisou.

— Davi, preciso falar com você — foi direto, encorpando a voz pela tensão.

— Está sério. O que aconteceu? Não está tudo bem entre você e a Simone?

— É um momento delicado para ela. Não vou pressioná-la de forma alguma. Até porque, lamentavelmente, sei que isso vai passar e quero estar ao lado dela quando acontecer.

— Não entendi. Como assim?

— Estou falando das dificuldades da Simone com o filho, o divórcio, a partilha de bens, emprego. Isso tudo eu sei que vai passar. Quando digo, lamentavelmente, refiro-me às condições do Pedro. Você sabe.

— É, sei — concordou triste, abaixando o olhar. — Ela está muito apegada ao filho. Sofrerá demais.

— Estou gostando muito dela, Davi. Já faz algum tempo que me sinto atraído demais pela Simone. Só não me aproximei antes para não assustá-la.

— Entendo. — O irmão sorriu e confessou: — Há tempos, eu vi que ia dar romance. Só não disse nada porque nunca se abriu comigo sobre sua vida particular, íntima.

— Nem você comigo — afirmou-lhe, encarando-o firme.

— Comigo é diferente, Cris — fugiu-lhe o olhar.

— Hoje eu entendo que, em termos de amor, afeto, carinho, desejo, não há diferença. Quando esses sentimentos são verdadeiros, eles são fortes e existem de modo que não podemos conter nem explicar.

— Nunca conversamos sobre nossos sentimentos, nossa intimidade. Não sei o que você pensa, hoje, sobre mim. Afinal, sou homossexual.

— Eu o entendo e respeito. Respeito muito. — Davi emocionou-se. Fugiu-lhe o olhar novamente. Respirou fundo e mexeu em algumas coisas para disfarçar. Cristiano aproximou-se, tocou-lhe o ombro, esperou-o se virar e continuou: — Se eu nunca falei de mim, da minha vida íntima, foi para não parecer exibido ou para não parecer que eu queria te dizer como deveria ser.

— Sério?!

— Hoje eu entendo sua condição. Nem sempre foi assim, confesso. Procurei muitas informações a respeito. Precisei de muita instrução. Principalmente porque...

— Por quê?... — insistiu Davi querendo que continuasse.

— Porque a Vitória era completamente contra sua condição. Não o aceitava. Achava que era assim porque queria. Nossa! Ela me enchia tanto por causa disso. Brigamos muito. Então fui atrás de informações.

— Quando você não me entendia, não me aprovava, nunca me disse nada.

— Você me conhece. Não sou do tipo de pessoa que fica criticando, hostilizando ninguém. Depois que deixei de ser ignorante, eu o vi com outros olhos. Sei que demorei muito tempo para entender e pensar diferente. O acidente me ajudou muito, sabia? Precisei quebrar, literalmente, a cabeça para deixar alguma coisa entrar — sorriu. — Eu só não queria que pensasse que eu estava me gabando, por falar de mulher ou que queria te dar lição de como deveria agir, sei lá...

— Eu não pensaria isso de você, Cris. Nunca conversamos a respeito, mas eu não pensaria isso.

— E por que só eu deveria me abrir, hein? Por que você não me procurou?

Davi sorriu com generosidade e respondeu:

— Também não sei. Vergonha, talvez. Como eu ia chegar pra você e dizer que me sentia atraído por um rapaz e não por uma moça? Como dizer que eu e o Abner nos gostávamos além da amizade? — Ao ver o outro sorrir por entendê-lo, propôs: — Vamos deixar o que passou no passado.

O irmão sorriu concordando e continuou:

— Sabe o que é? Estou gostando muito da Simone. Não consigo mais esconder isso de ninguém. Hoje cedo, eu estava feliz por nós dois termos nos entendido ontem, pois ela também admitiu gostar de mim. Eu ia até contar pra a mãe que estamos nos entendendo, mas... A mãe estava meio estranha. Veio com uma pergunta do tipo: Por que eu me sentia na obrigação de ajudar a Simone. Não entendi aonde ela queria chegar. Parece que está desconfiada e não aprova muito a ideia de nos ver juntos. Não sei se é pelo fato da Simone ser divorciada, ter um filho...

— Eu nem ia te contar, mas... Um tempo atrás, a mãe veio com algumas perguntas sobre você e a Simone.

— O que ela quis saber?

— Se eu achava que você estava se dedicando muito ou se seu comportamento era normal. O que eu pensava da Simone. Como estava a ligação entre ela e o ex-marido. Até quis entender melhor o problema do Pedrinho, se isso poderia acontecer em uma próxima gravidez ou não.

— A mãe perguntou até isso?! — surpreendeu-se.

— Em resumo, ela estava interessada na possibilidade de haver um romance entre vocês.

— E o que você disse?

— Que tudo era possível. Que vocês formavam um casal bonito. A mãe riu e concordou. Sabe, Cris, não creio que ela esteja contra, só está preocupada. Você sempre foi o predileto da mãe.

— Lá vem você de novo.

— É verdade! — riu. — Não tente negar. Isso não me incomoda porque você é um ótimo irmão. Por ser o predileto, ela está cheia de cuidados. Quer protegê-lo, saber se não vai se meter em encrenca.

— Como encrenca?

— Por mais que a mãe seja moderna, ela pode achar que o divórcio estigmatiza, que marca a vida de alguém. Para algumas pessoas o divórcio é simples. Separou, acabou e pronto. Para outras, ele estica laços longos com alguém do passado.

— Eu sei disso.

— O Ricardo se divorciou. Tem um filho com a Flora e, querem eles ou não, esse filho será o elo entre os dois. O atual marido da Flora tem que aguentá-lo visitar o Renan quando está doente e fica em casa, tem que vê-lo pegar o menino e trazê-lo quando saem, entre outros contatos que o Ricardo e a Flora precisam fazer por causa do filho. No caso deles, o divórcio não é tão simples. O atual marido dela precisa entender, ser paciente, tolerante, pois, no casamento dos dois, a presença do Ricardo vai ter de existir. Isso, talvez, não seja fácil para alguns. Tem gente que não tolera e aí começam as brigas.

— No caso da Simone é diferente.

— Por enquanto o marido dela está distante — lembrou Davi.

— Ex-marido — corrigiu Cristiano insatisfeito.

— Que seja. Ele está distante, mas quem garante que será sempre assim? — O irmão não disse nada e ele prosseguiu: — Sei que está pensando o mesmo que eu. É duro admitir, mas a verdade é que a ligação, o elo entre eles, o Pedrinho, talvez, não dure muito e o Samuel não vai precisar ter mais contato. Contudo tem a questão da casa para resolver, pois parece que o juiz deixou a Simone ficar com a casa enquanto ela estiver lá com o filho. Além disso, o ex-marido pode ter uma crise de arrependimento, querer que ela volte para ele, sei lá... Tem que se pensar em tudo. Acho que a mãe se preocupa com isso.

— Não vou me afastar da Simone, a não ser que ela queira.

— Para não ficar um clima estranho entre você e a mãe, converse com ela. Diga o que está sentindo e o que pretende fazer. Isso vai tranquilizá-la.

Naquele momento, a voz fraca da assistente chamou-lhes a atenção:

— Doutor Cristiano, o paciente acabou de chegar.

— Já estou indo. — Voltando-se para o irmão, sorriu e agradeceu: — Valeu, Davi. Obrigado. Você me ajudou muito.

— O que é isso? Conte comigo sempre.

Estapeou-lhe nas costas e Cristiano se foi.

❧

Ao receber alta com o filho, Rúbia não quis ir para a casa dos pais. Decidiu ficar com a irmã.

Naquele dia, dona Celeste tinha ido até sua casa arrumar algumas coisas para o marido que, por determinação dela, não deveria visitar a filha nem o neto para não contaminá-los com gripe, apesar de o marido estar bem recuperado.

A casa de Simone, novamente, era alvo de muitas visitas pela chegada de mais um bebê.

Dona Janaína visitava o pequeno Bruno e, no quarto junto com a jovem mãe, admirava o menino mamar, enquanto ouvia o chorinho angustioso de Pedro, vindo de outro cômodo.

— Vou ver se ajudo a Simone — disse a senhora piedosa.

Saindo à procura dela, encontrou-a na sala, embalando o filho com carinho, tentando fazê-lo parar de chorar.

— Quer ajuda, filha?

— Não sei mais o que faço. Agora é sempre assim: ele acorda e chora. Não para. — Breve pausa em que o afagou generosa e desabafou: — Tenho tanta coisa para fazer. Louça na pia. Roupa para lavar, passar. Nem estou pensando na limpeza da casa. Justo eu que sempre gostei de tudo limpinho e no lugar.

— Deixe-me pegá-lo um pouquinho — pediu a senhora com ternura e segurando-o com todo o cuidado. Observando bem o garotinho, ficou penalizada com sua aparência e sentida com seu choro agudo e impaciente.

— Será que não está com fome?

— Eu o alimentei agora há pouco. — Exausta, Simone sentou-se no sofá e ficou olhando a senhora embalar Pedro com cuidado. Em seguida, pediu: — Seria muito abuso da minha parte se ficasse um pouquinho com ele para eu dar um jeitinho na cozinha e preparar uma sopa para minha irmã?

— De forma nenhuma, filha. Eu fico com ele sim.

Pedro chorava ainda e a mãe alertou:

— Sei que é difícil, mas não se incomode com o choro. É assim mesmo.

— Será que não está com alguma dor?

— Nem o médico sabe dizer. Por hoje eu já lhe dei todos os remédios. As primeiras vezes que ele fez isso me desesperei, mas descobri que não tem jeito. Só lamento por isso ser um incômodo para minha irmã.

— Vá lá, Simone. Faça o que tem de fazer. Eu cuido dele.

Aproveitando a ajuda, ela correu para a cozinha. Terminando o serviço ali, apressou-se em lavar algumas roupas do filho e do sobrinho e estendê-las na lavanderia.

Quando terminou, sua mãe havia chegado.

— Filha, por que não deixou isso para mim?

— Já terminei, mãe. Aproveitei que a dona Janaína está com o Pedro.

— E ele? — interessou-se a senhora.

— Só chora. Agora há pouco ficou quieto um pouquinho, mas não durou muito.

Ambas foram para a sala e viram dona Janaína acariciando a testinha do pequeno Pedro, que dormiu por alguns momentos.

— Ele ficou quietinho — sussurrou a mulher. Quando se levantou para pô-lo no berço, o menino resmungou, acordou e voltou a chorar.

Paciente, Simone se aproximou, pegou-o nos braços e procurou acalmá-lo.

— O que foi, meu amor? — falava com voz mimosa e tom generoso. — Você está bravo hoje. Não deixou a mamãe fazer nada e só ficou quietinho no colo da tia, não foi?

— Vovó — corrigiu dona Janaína sorrindo. — Já passei da idade de ser tia. Pode me chamar de vovó.

Após cumprimentar a amiga, dona Celeste tentou brincar com o neto, mas não adiantou. O nenê só chorava.

— Vou dar uma olhadinha na Rúbia e no Bruno. Eles estão lá no quarto?

— Estão. Vai lá, mãe — respondeu Simone forçando um sorriso que se desfez assim que sua mãe saiu da sala. Ela havia percebido que, após o nascimento de Bruno, dona Celeste não se dedicava muito ao Pedro. De fato, não era fácil contemplá-lo. Sem dúvida, era muito melhor contemplar Bruno: saudável, perfeito e bonito.

Simone suspirou fundo e tinha os olhos marejados quando decidiu, em meio ao choro do filho:

— Vamos, meu amor. Vamos trocar essa fraldinha. Quem sabe está sendo exigente por isso, não é mesmo?

— Quer ajuda, Simone? — ofereceu dona Janaína

— Se a senhora puder pegar água morna para mim, agradeço. A que está na garrafa térmica, lá perto do trocador, deve estar fria.

— Vamos lá. Vou pegar.

Mesmo após a troca da fralda, Pedrinho não parava de chorar. Pareceu até que gritava mais. Era um choro ardido, feito um grito agudo que começou incomodar muito. Era nítido haver algo errado com ele, mas não se descobria o que era.

— Está pior do que nos outros dias. Não sei mais o que fazer — disse Simone, quase desesperada. — Acho que vou levá-lo ao médico.

Dona Celeste e Rúbia foram até a sala enquanto Bruno dormia após o banho dado pela avó.

— De fato ele está chorando muito, Simone. Nunca o vi desse jeito. Deixa eu pegar um pouquinho. Quem sabe no colo da vovó... — Tomando-o nos braços, falou com jeitinho mimoso: — Vem com a vovó, meu amor.

Nesse momento, ouviram o toque de uma buzina em frente à casa e Simone deduziu:

— Deve ser o Abner. Ele disse que passaria hoje aqui. Vou ter que ir lá abrir, pois o eletrônico do portão quebrou.

Ela saiu e verificou que se tratava de Cristiano. Enquanto isso as outras três espiavam através da cortina da grande janela da sala.

Ao abrir o portão, ela o recebeu sorridente. O rapaz foi ligeiro, beijou-lhe os lábios e Simone correspondeu.

Nesse instante, na sala, dona Celeste, muito surpresa, virou-se para dona Janaína e indagou:

— Você viu aquilo?!

— Vi.

— Você sabia?

— Não.

Rúbia não disse nada e saiu de perto, segurando o riso.

Simone, lembrando-se de que as outras poderiam ver, falou para ele parecendo cochichar:

— Não faz isso. Sua mãe e a minha estão lá dentro.

— Está na hora de elas saberem, não acha? — Observando-a, perguntou: — E aí? Tudo bem? — Antes de ela responder, reparou: — Você parece aflita.

Enquanto entravam contou:

— O Pedro não para de chorar desde ontem. Não preguei os olhos esta noite. E também estou ajudando a Rúbia com o Bruno.

Ao entrar na sala, o rapaz cumprimentou todas com beijos e disse:

— Deixe-me ir lavar as mãos para pegar esse moleque chorão — brincou, olhando o pequeno Pedro no colo da avó.

Após alguns minutos, voltou à sala pegando o menino nos braços.

Com jeito generoso, embalou-o com carinho, mas não adiantou.

— Por que você está tão bravo hoje, hein? Conta aqui pro titio — falava entoando mimo na voz grave. Acariciou-lhe a face, apalpando-lhe a lateral abaixo do ouvido. Pedro gritou de modo dolorido. De imediato, Cristiano pediu: — Simone, dê-me uma fralda de pano ou alguma outra roupa, aquecida a ferro morno, por favor.

372 | SCHELLIDA | ELIANA MACHADO COELHO

— É pra já! — Não demorou e voltou entregando-lhe: — Toma. Vê se não está muito quente.

Com o menino no colo, Cristiano se sentou e colocou a fralda aquecida sobre a orelha de Pedro que, aos poucos, diminuiu o choro e passou a resmungar.

— Ele está com dor de ouvido — disse Cristiano que, extremamente generoso e até paternal, cuidava ternamente do garotinho.

— Meu Deus! Ele ficou quietinho — surpreendeu-se Simone. — Como não imaginei isso antes?

— Cansaço, estresse e muito envolvimento com um problema não nos deixa ver alternativas. Além disso — brincou —, tudo foi resolvido com um papo de homem pra homem. Não é garotão?

— E agora? O que vai fazer? — perguntou dona Celeste.

— Não pode curar dor de ouvido só com pano quente. Deve estar inflamado e ele precisa ser medicado — explicou o rapaz.

Simone desanimou, em seu íntimo, quando pensou em ir ao hospital novamente, mas sofreu resignada e nada comentou.

— É mesmo, filha — concordou sua mãe. — Será melhor levá-lo no médico agora ou de madrugada ele vai dar o maior trabalho.

— Vou me trocar.

— Arrume-se que eu a levo — decidiu Cristiano.

Dona Janaína não disse nada. Somente observou. Em seguida, olhou para seu filho embalando o garotinho no colo e sorriu admirando a cena. Só queria que fosse diferente.

Sentando-se ao seu lado, afagou a cabecinha de Pedro com terno carinho.

Logo Simone retornou, alçando no ombro uma bolsa com as coisas de seu filho e perguntou:

— Você pode ir comigo, Cris? Não vai te atrapalhar?

— De jeito nenhum. Vamos lá — animou-se, entregando o pequeno menino a ela.

Era bem tarde quando Cristiano chegou a sua casa e acreditou que sua mãe já estivesse dormindo.

Entrou em silêncio, procurando não acordá-la. Mas foi surpreendido com a luz que foi acesa.

— Oi, mãe! Que susto!

— Nossa, filho! Como demorou! Eu estava preocupada.

— Depois que voltamos do hospital, fiquei um pouquinho na casa da Simone.

Bem direta, dona Janaína contou:

— Vi você cumprimentando a Simone, quando chegou a casa dela.

— Viu?! — perguntou com certo sorriso.

— Vocês estão namorando?

Encarando-a, afirmou:

— Estamos sim, mãe. A senhora tem algo contra?

— Contra a Simone não. De jeito algum. Gosto dela.

— Então por que parece preocupada?

— Porque ela está resolvendo, ainda, situações com o marido. Por ter um filho... De verdade, nem mesmo sei por que estou preocupada. Acho que é por você. Gostaria que fosse diferente.

— Desde que conheci a Simone, minha vida mudou. Vi nela alguém com tanta força, tanta determinação e foi isso, principalmente, que me ajudou a sair do fundo do poço. A senhora lembra de como eu estava, não lembra?

— Lógico. Sou muito grata a tudo que ela fez.

— Mãe, se a senhora conseguiu compreender e aceitar a condição do Davi, coisa bem difícil para muitos pais... Se a senhora concordou com a união dele com o Abner... Por que agora está, digamos... relutando para aceitar meu romance com a Simone?

— Não tenho nada contra o romance de vocês. É que o marido dela não sai da minha cabeça, filho. A atitude desse homem foi muito estranha. Não acha? E se ele, de repente, decidir que quer a esposa de volta?

— Ex-esposa! — corrigiu-a. A mãe nada disse e ele opinou: — Já estão separados a tempo suficiente. Por ela, tenho certeza que não tem volta.

374 | Schellida | Eliana Machado Coelho

— É o ex-marido que me preocupa nessa situação. Não é nada contra vocês. Para ser sincera, no começo, me preocupei por causa da condição do Pedrinho. Temi que fosse algo hereditário e que os próximos filhos dela pudessem ter o mesmo problema.

— Não, mãe. Isso não tem nada a ver. Mesmo se tivesse... Não seria isso a me separar dela.

— Eu sei. Não é algo hereditário. Mas sabe como são as mães... Querem sempre o melhor para seus filhos. Seu irmão me explicou muito bem o que é essa síndrome. Desculpe-me por ter pensado coisas...

Cristiano aproximou-se, abraçou-a com carinho, afagando-lhe os cabelos curtos enquanto recostava seu rosto em seu peito.

Beijou-lhe a cabeça e disse:

— Fique tranquila, mãe. Sei o que estou fazendo.

21

O ENCONTRO DE DAVI E DO SENHOR SALVADOR

ERA COMEÇO de uma tarde de sábado. O dia estava nublado quando Cristiano estacionou seu carro frente à garagem da casa de Simone.

Desceu, contornou o veículo e sorriu ao olhar para o portão e ver o senhor Salvador, ali parado, recostado em uma mureta.

Ao vê-lo, o senhor abriu o portão e pareceu satisfeito, cumprimentando-o.

— Que bom que chegou. Eu precisava mesmo de companhia.

— Tudo bem com o senhor?

— Quase tudo.

— Por quê? Não melhorou?

— Da gripe? Ah, sim. Estou completamente curado. Porém, agora há pouco, fiquei pior do que quando estava doente.

— O que aconteceu? — quis saber com simplicidade, após entrar.

— Quando for lá pra dentro, vai ver. Só não fui embora porque... Nem sei por quê. Estou indignado, para dizer a verdade.

— O que houve? — interessou-se curioso.

— Nem a Celeste nem as meninas me contaram — referiu-se à esposa e às filhas. — Eu já sei que o Abner está morando... Você sabe. Com um cara. Tenho muita vergonha de te contar isso, mas... A verdade é essa. Quando cheguei aqui, encontrei o meu filho e um sujeito. Foi então que entendi que era o companheiro dele! Isso é um absurdo! Quase enfartei. Estou passando mal até agora!

— O senhor viu alguma coisa, algum envolvimento romântico entre eles? — perguntou com certo cuidado na entonação de voz.

— Não. Também, só me faltava isso! — indignou-se.

O homem estava ofegante, avermelhado e visivelmente irritado.

— O senhor tem certeza de que é o companheiro dele?

— Só pode ser. Ouvi, sem querer, uma conversa sobre a viagem para a praia que tiveram de interromper por causa da Rúbia, que foi para o hospital. Isso é uma pouca-vergonha!

Cristiano não disse nada e abaixou o olhar.

Aquela era a hora da verdade. Ou contaria que Davi era seu irmão ou ele iria descobrir pelos outros quando entrasse.

— Senhor Salvador — tornou em tom tranquilo e jeito paciente —, já conversamos sobre a condição de pessoas como seu filho e o Davi.

— Davi? Então você conhece ele?

— Conheço muito bem. E, por algumas vezes, o senhor também quase o conheceu, pois a outra sala lá no consultório odontológico é dele.

— Espera aí! Você me disse que quem atendia ali era seu irmão!

— Exatamente — confirmou sério e tranquilo.

— Não! Não posso acreditar!

— Pois pode acreditar. O Davi é meu irmão. Não notou a semelhança? Somos bem parecidos Se reparar bem, sou só um pouco mais alto do que ele.

— Agora que tá me falando... — fitou por longos segundos. — Por que não me contou? Por que não me disse? Também tem vergonha dele, não é?

— Não. De forma alguma. Já foi o tempo que senti vergonha de meu irmão ser homossexual. Faz tempo que eu deixei de ser ignorante e ganhei bastante entendimento a respeito disso. Eu adoro o meu irmão. Nós nos damos muito bem. Eu o respeito, aceito e compreendo. Para ser sincero, não vou admitir que alguém o maltrate ou o desconsidere por sua condição. E esse querer bem e defesa, de minha parte, estende-se também ao Abner.

— Como pode aceitar isso? Eles...

— Eles têm o direito de fazer o que quiserem de suas vidas. Não sou Deus para julgá-los nem o senhor. Entenda isso. — O homem silenciou pensativo e Cristiano sugeriu sorrindo, sem lhe dar muito tempo para refletir: — Vamos entrar. O senhor veio aqui com o objetivo de ver sua filha e seu neto. Então se dedique a isso. Faça o que veio fazer.

— Não consigo olhar para eles.

— Se esse é o problema... Não olhe. Vamos entrar. Não poderá ficar aqui fora o tempo todo. Aproveite que eu cheguei e vamos tomar um café, bater um papo — sobrepondo o braço nos ombros do senhor, foi conduzindo-o para dentro da casa.

Inesperadamente, o senhor parou, arregalou os olhos e, encarando-o, questionou num impulso:

— Você não é como ele, é?

Cristiano sorriu e segurou a gargalhada para responder:

— Não. Definitivamente, não — queria rir. Poderia falar que estava se envolvendo com a filha dele. Gostaria de ver a cara do homem. Mas não disse nada.

Entraram e o senhor foi direto para um canto do sofá, ficando próximo do carrinho onde Pedro estava quietinho.

Pela presença do pai de Simone, Cristiano beijou-lhe o rosto como sempre fazia e ela entendeu. O rapaz achou que as surpresas daquele dia já seriam demais para o senhor Salvador.

Todos brincavam e conversavam animadamente quando outro visitante chegou. Tratava-se de Cláudio, amigo de Simone.

Era um rapaz homossexual, altura mediana, magro, bonito, simpático e muito expressivo.

Muito amável e risonho, cumprimentou a todos, inclusive o senhor Salvador, que estava bem escondido no canto da sala, e foi direto brincar com o pequeno Pedro.

— Ai, amiga — pediu com trejeitos para Simone —, posso pegá-lo? Faz tempo que não vejo meu tchutchuquinho!

— Claro. Pode pegar.

A mãe tirou o garotinho do carrinho e o entregou a Cláudio, que tinha muito jeito com criança.

— Cadê o nenê do titio?! Cuti, cuti, cuti! O titio estava morrendo de saudade desse menininho lindo! Cadê o nenê?!

Apesar da deformidade labial, o sorriso de Pedrinho foi bem nítido.

— Ele sorriu!!! — gritou Simone. — Ele riu para o Cláudio!!! — tornou satisfeita, verdadeiramente feliz.

Cristiano, parecendo enciumado, ficou sério e se aproximou para confirmar.

Espiando sobre o ombro de Simone, reclamou baixinho:

— Ele nunca riu para mim.

— Mas não chora quando está no seu colo — disse ela para confortá-lo.

— Ai, gente! Esse sorriso foi uma bênção! — exclamou Cláudio animado, continuando a brincar com o pequenino para vê-lo rir mais.

O senhor Salvador se levantou sorrateiro e, sem que Cláudio visse ou ouvisse, passou perto de Cristiano e resmungou:

— Era só isso o que me faltava ver — referiu-se ao rapaz repleto de trejeitos.

Dona Celeste chamou o marido para a cozinha e lhe ofereceu café. Ela queria tirá-lo de perto dos demais, pois temia que ele desagradasse o visitante. Enquanto o senhor bebericava o café, perguntou:

— E a Rúbia?

— Está no banho. O Bruno deve acordar daqui a pouco para mamar.

— Eu quero ir embora. Não aguento mais isso.

Cristiano chegou à cozinha à procura de algo.

— O que você quer, filho? — quis ajudar dona Celeste.

— Um copo. Estou morrendo de sede.

— Aqui está — entregou-lhe.

Enquanto via o rapaz, próximo ao filtro, encher o copo com água, o senhor perguntou:

— Você viu aquilo?

Cristiano bebeu a água e depois respondeu:

— Sabe, senhor Salvador, eu penso que aquele jeito é o jeito dele. Assim como eu e o senhor temos, naturalmente, nosso jeito de ser e de se expressar. Acredito que o Cláudio não está se forçando a nada.

— Você acha?

— Acho sim. Mesmo que ele se force a ter aqueles trejeitos, o que eu tenho com isso? Ele não me ofende nem me agride. Então, por que vou me importar? Não acha melhor pensar assim?

— E por que eu deveria pensar assim?

Cristiano sorriu e respondeu:

— Para viver mais e melhor. Não há motivo para o senhor se incomodar com ele que não está lhe fazendo nada. Além do que, por que o senhor se incomodaria, ãh?! — Por não ouvir resposta, completou: — Lembra do que lhe falei? As pessoas bem resolvidas consigo mesmas, as pessoas felizes consigo mesmas, não têm motivo para se incomodarem com nada.

— Acho que vou embora.

— Não faça isso. Fique e me faça companhia — disse o rapaz, passando-lhe a mão nas costas.

O senhor se contentou e ficou. Mesmo assim, não olhava para o filho. Evitava-o tal qual fazia com Cláudio e Davi.

Não demorou muito e Rúbia saiu do banho, amamentou Bruno e foi para a sala.

Foi então que o avô ficou satisfeito por pegar seu neto Bruno no colo e mais à vontade com Davi que decidiu tirar fotos para registrar aquele momento.

— Veja como o senhor saiu bem nessa! — disse Davi, mostrando-lhe a imagem na câmera digital.

Orgulhoso, o homem concordou e até contou a ele:

— Bruno é o nome do meu pai, sabia?

— A Rúbia me contou. Aliás, ela teve um ótimo gosto. É um nome muito bonito.

— Eu também gosto. — Em seguida, sem que percebesse, puxou assunto: — O seu irmão me disse que é dentista também e atende na outra sala lá no consultório dele.

— É verdade.

— Por que nunca o vi lá? Sou paciente dele.

— Acho que os dias em que o senhor foi atendido pelo Cristiano, foram os mesmos em que eu estava fazendo um curso.

— Ãaah...

Todos conversavam muito, riam e brincavam e não prestaram atenção na conversa que se iniciou entre os dois.

— Pelo visto o Bruno gostou do colo do avô. Já dormiu — reparou Davi e sorriu.

— É verdade. — Um minuto e perguntou: — Pelo visto vocês se conhecem há muito tempo.

— Mais ou menos. Foi no último ano que conheci a Rúbia e a Simone.

— O Abner você conhece há mais tempo? — indagou o senhor sério.

Davi o encarou, também sério, e, com suavidade no semblante, afirmou tranquilo:

— Conheço seu filho há mais tempo — com seus olhos vibrantes, cor de mel, quase esverdeados, invadiu-lhe a alma e silenciou. O senhor sentiu um choque e fugiu-lhe ao olhar, voltando a embalar o neto.

Passado algum tempo, para o assunto entre eles não morrer, o senhor Salvador comentou:

— Minha mulher fala muito bem da sua mãe.

— São dois anjos! Sua esposa e minha mãe.

— Sabe que, outro dia, seu irmão me deu uma aula muito importante sobre a mulher. Então eu comecei a observar e vi que eu havia me aposentado, mas minha mulher não. Parece que ela nunca poderá se aposentar das tarefas lá de casa. Comecei então a ajudar e... Sabe, numa casa tem trabalho duro.

— Sei, sei sim. É importante ajudarmos nos serviços de casa para darmos valor à mulher e à mãe. O homem pouco adiantado, moralmente falando, é aquele que domina a mulher e usa a força, física ou psicológica, para exercer seus direitos. Geralmente a mulher só é fisicamente mais frágil porque, a ela, a Natureza determinou algumas funções. Deus deu força ao homem para protegê-la e não para escravizá-la.[2]

— Seu irmão me falou que era espírita. Você também é?

— Sou sim.

— Você não acha que o espiritismo deixa os seus fiéis... Não sei se o nome é fiéis ou crentes.

— Adeptos, seria melhor.

— Sim, isso. O espiritismo não deixa seus adeptos muito tolerantes?

— Creio que os adeptos da filosofia espírita têm mais conhecimento e por isso começam a compreender melhor as coisas, as pessoas e a vida.

— Não quero ser grosseiro, mas... Como o espiritismo explica aquilo ali? — apontou para Cláudio que, do outro lado da sala, ria e divertia os outros contando alguma coisa.

Davi olhou, respirou fundo, alinhou os cabelos teimosos que voltaram para o mesmo lugar. Pensou, voltou-se para o senhor e respondeu com tranquilidade:

— O senhor acredita em reencarnação?

— Não sei. Não tenho opinião formada.

— A Doutrina Espírita é uma filosofia reencarnacionista, ou seja, seus adeptos acreditam em um Deus bom e justo e que Ele, o Pai, não nos destrói após esta vida. Nem nos confina ao inferno caso façamos muitas besteiras. Nem nos manda para o céu se pedirmos perdão dos pecados antes de morrermos.

---

2. (N.A.E. — Em *O Livro dos Espíritos*, no Capítulo IX — perguntas 817 a 882 — falam sobre a igualdade dos direitos do homem e da mulher, sob a visão da Doutrina Espírita).

— E quem fez tudo certo, não vai para o céu?

— E quem, neste mundo, fez tudo certo? — perguntou, olhando-o ao esboçar suave sorriso. — Eu acredito que quem pisou, um dia, a Terra e fez tudo certo foi só Jesus. E Ele bem lembrou: *Atire a primeira pedra aquele que nunca pecou*. Ninguém ousou atirar.

— Mas o que tem a ver isso com a pergunta que te fiz?

— Acreditando em um Deus bom e justo, eu acredito na reencarnação. Portanto, eu creio que uma alma reencarnada, muitas vezes, como mulher ou uma alma que, dependendo do que fez no passado, pode vir como uma alma feminina em um corpo masculino com diferentes graus de afetação para evoluir, harmonizar o que desarmonizou ou, simplesmente, aprender. É provável que aqui, encarnados, nunca vamos saber a razão disso, pois cada um tem um motivo diferente para vir em determinada condição. O importante é respeitarmos a vontade de Deus e amar ao próximo como a nós mesmos.

A aproximação de Rúbia os interrompeu.

— Ele dormiu, pai?

— Dormiu sim.

— Deixe-me pegá-lo e pôr no berço. Não quero que esse malandrinho fique manhoso e só querendo colo — brincou, beijando o pequenino na testa.

Cuidadosa, levou-o para o quarto.

Nesse momento, Simone ofereceu:

— Que tal um refrigerante ou café?

— Aceito um refrigerante, obrigado — respondeu Davi, levantando-se e pedindo: — Com licença, senhor Salvador.

O rapaz sabiamente decidiu encerrar o assunto de forma educada. Achou que o homem o alongaria e, pelo jeito, estava disposto a ser invasivo, intolerante, podendo até querer entrar em sua vida particular com Abner.

Ricardo chegou trazendo um presente para Bruno e flores para Rúbia. Para surpresa de todos, estava acompanhado de sua irmã Eloah e sua companheira Suzana.

Na cozinha, preparando alguns salgados e torta para serem colocados sobre a mesa da sala de jantar, Simone virou-se para Cristiano e falou:

— Nunca tive tanta gente animada assim em minha casa!

Ele começou a rir e comentou:

— Será uma sessão de provas para o seu pai.

— É mesmo — ela concordou sorrindo. — Tomara que o senhor Salvador não me envergonhe.

Ele se aproximou, roubou-lhe um beijo e sussurrou:

— Fique tranquila.

A movimentação na casa de Simone era grande e alguns assuntos surgiram.

Suzana, encantada com o recém-nascido, confessou:

— Meu maior sonho é ter um filho. Aliás, é o nosso maior sonho — disse, olhando para Eloah.

— Pretendem adotar ou partir para uma inseminação artificial? — interessou-se Cláudio.

— Aqui no Brasil, hoje, a adoção é bastante complicada para os homossexuais. Isso é lamentável, tendo em vista o grande número de crianças sem pais, sem lar que estão crescendo em orfanatos — respondeu Suzana.

— Ah, meu amor, tem muita gente homossexual que já conseguiu — tornou Cláudio.

— Eu sei, mas tudo depende muito de quem julga o direito de adoção. Há muito preconceito apesar de a Lei Nacional do Código Civil de 2002, bem como o Estatuto da Criança e do Adolescente, que em nada inibe a adoção por homossexuais ou pessoas solteiras desde que, quem adote, tenha dezesseis anos ou mais do que o adotado. Só que a discriminação e o preconceito são grandes, dependendo do estado. No Brasil, quanto mais conservador o estado, mais difícil fica.

— Eles negam a adoção para confinar a criancinha no orfanato ou instituição com péssimos tratamentos e depois deixá-la crescer sem lar, sem família, sem estudo, sem oportunidades sociais e econômicas.

Ao sair de lá e ganhar o mundo, é certo que a maioria vai para o mundo do crime e, depois, para as instituições penais — desabafou Cláudio.

— Isso é culpa dos dogmas religiosos e falsos moralistas. À medida que as pessoas de bom-senso se conscientizarem e entenderem nossa condição, acredito que nossa situação e nossos direitos vão melhorar — disse Eloah. — Nós duas, primeiro, tentaremos a adoção. Se não conseguirmos, partiremos para a inseminação artificial.

— Eu acho o seguinte: a discriminação ao próximo não vale a pena. Aquele que vive em paz é sempre mais feliz — tornou Cláudio.

A conversa continuava e Ricardo percebeu que Rúbia tinha ido para o quarto e não retornou.

Sem ser percebido, ele foi procurá-la.

À porta do quarto, chamou com voz suave para não assustar a amiga:

— Rúbia?

— Oi, Ricardo. Entra aí.

— Ele está dormindo?

— Acordou e está resmungando um pouquinho.

Após observá-la por alguns minutos, o rapaz perguntou:

— Desculpe minha curiosidade, mas... Você avisou o pai que ele nasceu?

— Que pai?! — perguntou com certo desdém no tom de voz. — Não quero nem ver o Geferson. Assim que terminar minha licença-maternidade, se eu não for demitida, o que parece certo, vou pedir demissão e esquecer que um dia o conheci.

— É difícil esquecer um envolvimento. Vou avisando. Só com o tempo tudo se ajeita.

— E o Renan? Não ficou com você neste fim de semana?

— Viajou para o Rio com a mãe e o padrasto. Estou preocupado. O Wilson, marido da Flora, está prestes a aceitar o convite para ir trabalhar nos Estados Unidos. Se isso acontecer...

— Não há uma chance de o Renan ficar com você? Afinal, o menino está acostumado aqui. Estuda...

— Duvido que a Flora o deixe morar comigo. Ela não abre mão do filho. Estou muito nervoso. Não me vejo sem o Renan.

— Não fique ansioso. De repente, o Wilson não aceita o convite, muda de ideia... Não sofra por antecipação.

— É difícil.

— Com licença — interrompeu Eloah. Virando-se para o irmão, pediu: — Vamos, Ricardo. Senão fica tarde e elas precisam descansar. Tiveram muita visita hoje.

— Você tem razão.

— Não. Ainda é cedo — disse Rúbia.

— Não é cedo não. Você e sua irmã devem estar cansadas. Criança pequena dá trabalho à noite — tornou a outra. — Tchau, Rúbia. Parabéns. Seu filho é lindo — disse Eloah, beijando-a e indo embora.

— Também vou indo — decidiu Ricardo. — Tchau. A gente se vê.

Despediram-se e Rúbia continuou no quarto com o filho.

Não demorou, Abner e Davi também partiram.

Em seguida, dona Celeste e o senhor Salvador foram até o quarto onde Rúbia estava e a convenceram apanhar algumas roupas e coisas, dela e do filho, para irem para a casa junto com eles. Seria mais fácil auxiliar a filha, e Simone também não ficaria sobrecarregada para cuidar de Pedro e ter de ajudar a irmã.

Simone não gostou da ideia. Já havia se acostumado com a presença de Rúbia. Não queria ficar sozinha.

Mesmo assim, foi feito como o proposto. Rúbia achou que a irmã estava com encargos excessivos e decidiu aceitar o convite dos pais, o que a deixou muito feliz.

Após eles irem a casa pareceu vazia.

Na sala, Simone começou a tirar a mesa e Cláudio a ajudou, enquanto Cristiano fazia Pedro dormir.

— Menina! Quanta louça!

— Sou rápida para lavar louça. Deixa comigo.

— Vai lavando que eu seco — decidiu o amigo, pegando um pano de prato.

Enquanto lavava, Simone comentou:

— Pensei que minha mãe fosse ficar. Ela costuma dar a maior força — riu.

— Você está cansada, né, amiga?

— Ai... E como, Cláudio. E como! Não sei mais o que é uma noite inteira de sono. Nem da última vez que o Pedrinho ficou no hospital, descansei. Tive um sono turbulento. Fiquei muito triste. Chorei.

— Por que não me ligou? Sabe que pode contar comigo.

— Te ligar às três da manhã seria o fim da picada! — riu gostoso.

— Se precisar, sabe que pode me ligar.

— Na manhã seguinte, passou. Sempre passa. Descobri que tudo passa — sorriu.

Mudando de assunto, o amigo perguntou:

— Seu pai já sabe sobre você e o Cris?

— Não. Ai!... Hoje fiquei preocupada. Pensei que meu pai fosse me fazer passar vergonha...

— Amiga!... — riu gostoso. — Sua casa, hoje, pareceu um congresso de *gays*, lésbicas e simpatizantes! — gargalhou, e ela riu junto. — O que foi isso? Estava a maior biodiversidade aqui! Você fez de propósito?

— Não... — riu pelo jeito engraçado do amigo. — Ai, Cláudio... Só você mesmo para me fazer rir assim.

— E não foi verdade?! — Um instante e comentou: — Vi seu pai conversando com o Davi... Será que ele sabe que o Davi é o companheiro do Abner?

— Não sei. Fiquei tão nervosa! Meu pai estava de um jeito esquisito. Com uma cara... Acho que ele desconfiou.

— Não desconfiou. Ele ficou sabendo sim — disse Cristiano ao chegar à cozinha.

— Como foi que ele soube? — interessou-se ela.

— Quando eu cheguei, ele foi conversar comigo e...

Cristiano contou tudo e ela se admirou:

— Então ele soube que você é irmão do Davi?!

— Eu contei.

— E aí?! — tornou ela curiosa.

— Seu pai não tinha o que dizer, depois daquela conversa que tivemos outro dia, em que eu lhe dei muitas orientações. Só fiquei preocupado quando o vi conversando com meu irmão. Porém o Davi é esperto.

— Gente, é muito, muito difícil um pai aceitar e entender a homossexualidade do filho. Comigo, isso até hoje não aconteceu. Desde pequeno eu sempre soube que não era masculino o suficiente. Eu era diferente de meus irmãos.

— Como percebeu isso? — quis saber Cristiano.

— Não gostava das mesmas coisas que meus irmãos. Isso me incomodou durante muito tempo. Eu me culpava e como me culpava! Às vezes, escapava alguns trejeitos e meu pai, sempre distante, aproximava-se, mas só para me bater. Ele me dava forte tapa na cabeça e dizia: Toma jeito!

— E você? — tornou o outro.

— Ficava péssimo. Sofri muito, pelo fato dos meus irmãos me criticarem. Ninguém me aceitava e brigavam muito comigo. Eu chorava escondido. Não conseguia ser aquilo que meus pais queriam. Sempre tive amigas. As meninas gostavam de mim. Mas nunca havia nenhum outro interesse além da amizade. Eu me identificava com elas. Virava e mexia, eu apanhava dos meninos da escola que não me aceitavam. — Cláudio parou, pareceu triste ao recordar e contou: — Eu era xingado, ridicularizado, humilhado... Como era humilhado... — seus olhos nublaram.

Terminaram o serviço e Simone convidou-os para se sentarem à mesa da cozinha e foi preparar um chá.

Cláudio continuou:

— Eu não sabia o que sentir nem como agir. Meu coração doía. Era tão triste que, quando estava na adolescência, eu queria morrer.

— Por quê? — perguntou Cristiano.

— Queria morrer para que meus pais, meus irmãos, meus colegas de escola ficassem com remorso por tudo o que me faziam sofrer. Não tinha culpa por ser o que eu era, o que sou. Os outros me achavam uma aberração. Eu me sentia atraído por meninos e me expressava com trejeitos sem perceber. Nunca ataquei um homem por causa disso, mas os outros não me aceitavam por pensar que eu poderia fazer isso, ou então, o que eu tinha poderia contagiá-los. Minha avó, que Deus a tenha, não me entendia, mas não me criticava. Ela era a única pessoa da minha família que me aceitava como eu era. Chorei muitas vezes no colo dela.

— Conversou com seus pais a respeito? — perguntou Simone, servindo chá fumegante para os dois.

— Quem falou que eles conversavam comigo? Meu pai, quando se dirigia a mim, o que era raro, me ofendia, agredia com palavras. Minha mãe se calava. Por isso vivi deprimido. Para não me matar, pois pensei muito em suicídio, não pela minha condição, eu não era infeliz por ser homossexual. Eu era infeliz por causa do tratamento que me dispensavam. Aliás, qualquer criança ou adolescente, homo ou heterossexual, que recebe tratamento rude, crítico dos pais, é infeliz e pensa em morrer. Então, para não fazer besteira, fui morar com minha avó, que já estava bem velhinha. Decidi estudar para tornar-me economicamente independente. Comecei a procurar explicação para o que eu era, para a minha condição. Descobri que eu era homossexual e não transexual. Nunca quis virar mulher. Não quero ter corpo de mulher como os transexuais. Quero ser como sou. É simples assim.

— Você é formado em quê? — interessou-se Cristiano.

— Primeiro eu fiz faculdade de Economia, depois Arquitetura, depois Artes. Além disso, fiz duas pós-graduações e um mestrado. Hoje dou aula de diversas matérias em duas universidades.

— Nunca quis atuar em uma dessas áreas? — perguntou o outro.

— Não. Pode parecer absurdo, mas gosto de dar aulas — riu. — Reclamo, mas adoro. — Em seguida, afirmou: — Por tudo o que vivi, posso garantir que é muito difícil assumir a homossexualidade para a família, para os amigos. Sofri muito por causa do preconceito, da discriminação. A tortura psicológica é pior do que a física. Tive sorte por me tornar independente e ser forte, emocionalmente, para enfrentar o preconceito. Nem todas as portas se abrem quando se assume ser o que é, por isso acho que tem muita gente enrustida, dentro do armário. Por medo da dor da rejeição. Vi muitos homossexuais expulsos de casa na adolescência. Não tiveram apoio. Não conseguiram estudar nem ter um emprego decente. Acabaram com uma vida triste, na prostituição, no crime, nas drogas... Eles não fazem isso porque não prestam, fazem para sobreviver.

— Isso é lamentável — disse Cristiano.

— O Abner fez bem em assumir sua condição só depois de sair de casa. Essa é minha opinião — tornou Cláudio.

— Isso depende muito da família. Não foi o caso do meu irmão.

— Por isso é importante ensinar a criança a dizer não ao preconceito, dizer não ao *bullying*, não aos apelidos ofensivos. Isso fará dela e dos outros, adultos melhores — opinou Simone.

— É verdade. Tem gente que fica querendo que o filho seja o melhor, mas não o corrige quando ele briga na escola, morde o coleguinha e não tem limite em nada. Essa criança crescerá sendo agressiva e, consequentemente, odiada. O mesmo acontece com aqueles que desejam um mundo melhor, um planeta despoluído, mas ainda jogam papel de bala na rua, latinha de bebida pela janela do carro... Não se consegue o máximo se não começarmos com o mínimo — disse Cristiano.

O choro de Pedro interrompeu-os e Simone disse sorrindo:

— Meu campeão acordou. Deixe-me correr porque ele está bem exigente.

Após sua saída, Cláudio comentou:

— Estou penalizado por ela. Coitada da minha amiga. Seu eu pudesse ajudar mais...

— Sendo amigo como você é, já está ajudando muito. Vamos lá para dar uma olhada?

— Não, Cris. Vou lá para me despedir. Está bem tarde.

No quarto, despediu-se da amiga e se foi.

Depois, ao lado de Simone, Cristiano perguntou:

— O que ele tem?

— Acho que nada. Esse chorinho é normal.

— Não está na hora de mamar?

Ela consultou o relógio e respondeu:

— Quase... Vou lá fazer o leite.

— Eu cuido dele — disse, deitando-se na cama ao lado do menino, acariciando-o.

Mesmo extremamente cansada, Simone não parava. Não descuidava do filho e dos afazeres para com ele.

Retornou, alimentou o pequeno Pedro e o colocou na cama de casal ao lado de Cristiano. Ele voltou a acariciar o menininho, brincando com ele. Ela sorriu pela cena e deitou-se também, deixando o filho entre eles.

— Está cansada, não está? — Cristiano perguntou, levando a mão até seu rosto e afagando-o com carinho.

— Você nem imagina...

O silêncio foi absoluto. Somente o garotinho, às vezes, resmungava.

Cristiano continuou com o braço estendido, acariciando-lhe os cabelos e o rosto e, sem resistir, Simone adormeceu.

Cuidadoso, ele se levantou e cobriu-a com uma manta. Pegou o pequeno Pedro, apagou a luz e saiu do quarto, fechando a porta.

Foi para o quarto do garotinho e lá ficou cuidando do menino a noite inteira.

22

A BRIGA ENTRE SAMUEL E CRISTIANO

NO DOMINGO, bem cedo, Cristiano terminou de alimentar o pequeno Pedro e o embalava tentando fazê-lo dormir.

— Você quase não nanou esta noite, não é? Só quer saber de colo. Danadinho! — conversava com voz meiga, apesar de grave.

O rapaz consultou o relógio e ficou satisfeito por Simone ainda dormir. Afinal, sabia que ela precisava.

Assim que o garotinho pegou no sono, ele o colocou, cuidadosamente, no berço. De repente, ouviu um barulho no corredor lateral da casa, depois na edícula.

Preocupado, Cristiano foi até a cozinha e abriu a porta que dava para um quintal, de onde podia ver a edícula.

Surpreendeu-se com o perfil de um homem que abria a porta do cômodo da pequena casa no fundo do quintal.

— Ei?! O que você quer aí?! — gritou Cristiano.

O outro se virou quase tão assustado quanto ele.

— Eu sou o dono desta casa. Sou eu quem pergunta: o que você está fazendo aqui?! — tornou em tom rude, parecendo muito insatisfeito.

O rapaz ficou parado à porta da cozinha e Samuel foi ao seu encontro, perguntando com dureza:

— Quem é você?!

— Sou Cristiano. Não se lembra de mim? — Sem esperar resposta, disse: — A Simone está dormindo, exausta por cuidar do Pedro dias e noites direto. Gostaria que você voltasse em outro momento.

— Eu vou entrar e falar com ela!

Cristiano pôs-se à frente da porta, erguendo os ombros, como se estufasse o peito, ficando mais alto do que seu um metro e oitenta, e enfrentou-o com voz firme e grave:

— Não! Aqui você não vai entrar! A Simone precisa de descanso!

— Quem você pensa que é?!!! — berrou Samuel. — Macho dela?!!! Mesmo com um filho doente, ela não se dá ao respeito e já colocou um homem pra dentro de casa!!! Saia da minha frente!!!

Quando Samuel foi para cima do outro, Cristiano espalmou as mãos em seu peito, empurrando-o com força. Ele cambaleou e foi a sua direção novamente, disposto a brigar. Nesse instante, a voz de Simone soou firme:

— Parem com isso!!! O que está acontecendo aqui?!

— Sua ordinária! Deixei esta casa com tudo porque estava com dó de você e do menino! Agora vejo que não demorou nada para pôr um safado na sua cama! Ordinária! Sem-vergonha!

— Veja como fala com ela! — berrou Cristiano partindo para cima do outro.

Simone o agarrou pela camisa, inibindo-o e gritou:

— Fique quieto, Cristiano! E cale a boca, Samuel! Você não sabe o que está falando! Aliás, você é quem é um ordinário, covarde que deveria me ajudar a cuidar do Pedro, pois esse filho não é só meu! Faz mais de três meses que não sei o que é ter uma noite de sono! Esta noite foi a primeira que consegui dormir bem e você vem aqui para me perturbar. Não sabe o que é cuidar do seu filho, levá-lo aos médicos, hospitais, cuidar da febre, das infecções, dar remédios, alimentá-lo!!! Você não sabe nada disso!!! Nunca o alimentou nem viu como é!!! É desesperador só de ver!!! Não sabe e nunca viu trocar uma fralda do seu filho!!! Me abandonou grávida, nos primeiros meses de gestação, porque não aguentou a pressão!!! Correu para os braços de uma vagabunda e tão ordinária quanto você, que só quer coisa fácil!!! Ontem eu estava exausta como nunca! Não disse nada para ninguém, mas eu estava passando mal de tanto cansaço. O Cristiano alimentou o seu filho, trocou as fraldas dele e o fez dormir. Eu adormeci. Nem sei como foi essa noite! Se conheço bem o seu filho, ele não deixou o Cristiano pregar os olhos!!! Foi a primeira noite de sono e sossego que tive e não foi graças a você, pai do Pedro! No entanto, acordo com sua ignorância, suas exigências!... Quem é você para exigir alguma coisa de mim?! Quem é que pensa que é para exigir alguma coisa do homem que cuidou do seu filho?! Que levou o seu filho ao médico e hospitais por várias vezes?! Onde estava quando precisamos de você?! Agora quer exigir o quê?! Quer entrar nesta casa para quê?! Precisa ser mais perverso e impiedoso do que já foi?! — O silêncio foi absoluto. Ainda indignada, gritou: — Vamos! Entre! Eu deixo! Vamos lá dentro ver o seu filho! Me ajude a trocar a fraldinha e alimentá-lo. — Vendo-o parado, exigiu num berro: — Entre!!!

Novo silêncio até que Samuel, sem jeito, disse:

— Eu vim aqui para levar aqueles meus livros que você disse ter colocado aqui na edícula. Não quero incomodá-la.

— Você não me incomoda. Você me enoja — disse virando-se. Ao entrar, chamou: — Vem, Cristiano.

Fechando a porta para não ver a movimentação no quintal, sentou-se à mesa da cozinha onde apoiou os cotovelos e segurou o rosto com as mãos.

Cristiano ia afagar-lhe as costas quando Pedro chorou.

Simone se levantou, foi até o quarto, pegou o filho e o levou até o quintal.

Encontrando o marido, que saía da edícula com uma caixa nas mãos, ela aproximou-se e disse:

— Veja, filhinho, este é seu pai. Só assim para conhecê-lo pessoalmente. Quando ele te viu, foi por trás de um vidro no hospital.

Samuel olhou a criança por alguns segundos, virou o rosto, lentamente, e despediu-se:

— Preciso ir.

E saiu sem olhar para trás.

Insatisfeito com o que acontecia, Cristiano foi até ela e pediu:

— Dê-me ele. Está frio aqui fora para o Pedro.

Entregando o filho nos braços do rapaz, entraram. Sentando-se à mesa, novamente, Simone abaixou a cabeça e quietou-se, parecia arrependida de ter levado o filho para Samuel o ver.

Extenuada, esvaída de forças, murmurou:

— O desprezo, o mau trato emocional é pior do que qualquer dor física.

— É difícil acreditar que existam pessoas tão egoístas e insensíveis assim. Mas... Não deveria tê-lo levado para ele ver. — Ela não disse nada. Cristiano, encostando o rosto no menino, cheirou-o e reclamou brincando com voz engraçada: — Eeeh!... O Pedrinho fez caquinha! Agora precisa de um banho! Um banho bem gostoso!

Todo o ocorrido foi o bastante para amargurar Simone que, silenciosa, preparou o banho para o filho, vencendo as dificuldades dos pensamentos tristes.

Muitas vezes, ela se via aflita, fraca e impotente, mas seguia forçando-se e fazendo de tudo para oferecer o melhor para o filho.

❦

Naquela tarde opaca e fria, o senhor Salvador secava as louças que dona Celeste havia lavado após o almoço. Rúbia ficou surpresa com a atitude do pai, mas nada disse. Apenas sorriu.

Não demorou e o senhor quis saber:

— Vocês sabiam que o Cristiano era irmão do Davi, não sabiam?

— Sabíamos sim, Salvador — respondeu a esposa.

— E por que não me contaram?

— Não vi necessidade e creio que isso não mudaria nada a sua opinião a respeito do Cristiano nem a respeito da condição do Davi e do seu filho — disse a mulher que, em seguida, comentou: — Espero que você tenha sido educado quando conversou com o Davi ontem. Ele é um bom rapaz.

— Para dizer a verdade, pensei em falar um monte de coisa pra ele. Só não fiz isso por causa do Cristiano.

— Você ia falar o quê? — inquiriu dona Celeste, mas não o deixou responder e perguntou: — Ia falar que ele é muito educado, gentil, inteligente, trabalhador, respeitoso? Não podemos reclamar da conduta desse moço, muito menos do nosso filho. A vida deles não nos pertence. Aliás, não temos nada a ver com a vida de ninguém.

O senhor ficou pensativo e logo depois questionou:

— E quanto a Simone e o Cristiano? Esses dois estão tendo algum caso? Não se largam nos últimos tempos e vi os dois muito juntos ontem lá na cozinha.

— Nossa filha tem o direito de ser feliz. Não precisa sofrer por tudo o que o Samuel fez. Se ela e o Cristiano se derem bem, Deus que os abençoe.

— Gosto muito dele. Em uma situação complicada como a dela, ele está sempre junto, dando apoio, ajudando sem ter qualquer obrigação. Enquanto o Samuel...

— Chego a ter dó do Samuel — manifestou-se Rúbia, embalando o filho.

— Por quê? Não entendi — perguntou o pai.

— Ele foge das responsabilidades com o filho. Não ajuda a Simone nem visita o Pedro. Agora ele pode e consegue fazer isso, porém esquece ou ignora que a vida pode chamá-lo a encarar uma situação igual a do filho e a qual não poderá evitar.

— Isso é praga, filha? — indagou a senhora.

— Não, mãe. Comecei a aprender que o que nós temos que experimentar, ninguém experimenta pela gente. Podemos fugir de uma responsabilidade, de uma situação, por um breve tempo, só que chegará o dia em que não escaparemos mais.

— Me enganei muito com o Samuel.

— Todo mundo se enganou, Salvador. Todo mundo. Fico surpresa pelo fato dos pais dele não darem nenhuma orientação, não falarem para ele assumir o que precisa fazer.

— Ele pode não querer mais nada com a Simone, porém deveria respeitá-la e ajudá-la no que fosse preciso por todo o tempo que viveram juntos, pelo que construíram. Dinheiro não é tudo, até porque o que ele está dando não ajuda totalmente com as despesas do Pedro e dela — opinou Rúbia.

— A Simone está passando dificuldade? — quis saber o pai.

— Eu não diria dificuldades. — disse a filha. — É que os gastos são muitos. Remédios caros, internações... Tem exames e outros procedimentos que o plano de saúde não cobre e ela precisou pagar por conta própria. Alguns cuidados com o Pedrinho ela mesma assume, pois tem procedimentos como injeções, sondas... que, se não soubesse por ter feito enfermagem, deveria pagar alguém para fazer. Ela é muito forte, eu não teria coragem de fazer o que faz.

— Como é o destino — lembrou a mãe —, a Simone fez faculdade de Enfermagem e não gostou. Não quis ser enfermeira de jeito nenhum. Depois fez faculdade de Economia, trabalhou naquela firma. Fez mestrado e foi dar aula. Um dia, ela disse que fazer Enfermagem foi uma perda de tempo. Agora, teve uma utilidade sem tamanho.

— É verdade. Eu me lembro disso — disse o pai. Em seguida, ele observou: — Quero falar uma coisa para vocês duas. Podem dizer que sou grosseiro, ignorante, mas eu não faço diferença entre meus dois netos.

— O que quer dizer homem? Que estou agradando mais a um do que a outro?

— Está sim. Você chega na casa da Simone, dá uma olhadinha no Pedrinho e corre para pegar o Bruno. Já vi isso várias vezes. E não estou falando pelo fato da Simone ver e ficar chateada. Estou falando pelos meninos. Os dois precisam da nossa atenção e carinho.

— Mas é...

— Não tem mas, Celeste. Comecei a entender que o Pedro e o Bruno são os netos que Deus deu pra gente amar do mesmo jeito. Sem distinção. Sem preconceito.

A filha arregalou os olhos e concordou:

— O pai tem razão, mãe. Ontem mesmo, quando a senhora me chamou para vir pra cá, nem perguntou para a Simone se ela queria vir ou se precisava de ajuda. Ela está cansada por dar tanto duro. Eu mesma não peguei o Pedrinho no colo desde quando o Bruno nasceu.

— Viu como eu tenho razão? Ontem quem ficou lá ajudando ela? Viemos embora e largamos aquela bagunça toda lá. Nunca vi tanta gente naquela casa — tornou o senhor.

— É mesmo. Agora é que estou me dando conta. Ficou tanta louça suja... — admitiu a senhora.

— Você só ajudou a Rúbia a pegar algumas coisas. Pegou o Bruno no colo e veio embora. Nossa filha, além de toda aquela sujeira e bagunça, teve que cuidar do Pedrinho. Isso está errado. Nem empregada ela tem mais.

— Vou ligar para ela, depois vou pra lá — decidiu dona Celeste.

Atendida pela filha, a senhora ficou sabendo que o amigo Cláudio e Cristiano a tinham auxiliado com tudo, inclusive com os cuidados para com o filho.

Simone decidiu não contar que Cristiano havia dormido lá. Nem disse que Samuel e ele brigaram e precisou interferir. Disse que estava tudo bem.

Ao terminar a conversa com a filha, dona Celeste voltou e contou:

— O Cláudio e o Cristiano ajudaram a Simone ontem.

O senhor não disse nada. Reparou que de todos ali, incluindo ele, foi Cláudio, aquele rapaz alegre, com trejeitos que ele não aprovou, que ficou e ajudou sua filha.

Sem dizer nada, ele foi para a sala.

Vendo-se a sós, mãe e filha comentaram:

— O pai está tão mudado, tão diferente. O que deu nele, mãe?

— Acho que foram algumas conversas com o Cristiano. É interessante como esse moço tem influência sobre seu pai. O Salvador está bem melhor, mais tolerante.

— Que bom! Ele está reclamando menos, entendendo e aceitando melhor as situações. Até me chamou para voltar para casa — riu.

Dona Celeste achou graça e comentou a seguir:

— É... Dizem que cachorro velho não aprende truque novo... Não é o caso do Salvador. O Cristiano é o anjo de bondade que eu pedi para orientar o Salvador. Tenho tanto a agradecer a Deus e pedir que Ele abençoe esse rapaz.

Elas sorriram satisfeitas e continuaram conversando.

§

Debruçado no guarda-corpo da sacada do apartamento, Davi perdia o olhar ao longe e tinha os pensamentos distantes quando Abner se aproximou, ficou ao lado por algum tempo e só depois perguntou:

— Não está frio para ficar aqui fora?

— Eu já ia entrar quando chegou. Estava pensando na sua irmã.

— Qual?

Davi sorriu ao dizer:

— Na verdade, pensava nas duas. Você não achou o Ricardo um pouco interessado na Rúbia?

O outro riu ao concordar:

— Achei sim. — Breve instante e contou: — Assim que se separou, o Ricardo me disse que não queria mais mulher na vida dele. Mas acho que ele não vai cumprir o que prometeu — riu. — Você sabia que a ex-mulher dele e o marido estão pensando em se mudar para os Estados Unidos por conta do serviço dele?

— E o Renan?!

— Terá de ir com a mãe.

— Se isso acontecer, o Ricardo morre. Ele é muito apegado ao filho.

— Seria legal se ele se entendesse com a Rúbia. Até porque formam um bonito casal. — Em seguida, quis saber: — E quanto à Simone? O que estava pensando sobre ela?

— De verdade, não estava pensando. Sabe que reparo muito nas coisas e...

— É sobre ela e seu irmão?

— O Cris acha que a Simone está com problemas financeiros. Ele quer ajudar, mas não quer ofender.

— Será que o canalha do Samuel não está ajudando? — revoltou-se Abner, indignado.

— Ajudando, está, mas não o suficiente. Comecei a desconfiar disso quando ela dispensou a empregada e passou a pedir para levá-la com o nenê ao médico, hospital...

— Como não vi isso antes? Se ela pede para alguém levá-la é porque não tem dinheiro para pagar o táxi.

— Seria bom você, como quem não quer nada, dar uma sondada para saber como vão as coisas. Ela está vendendo o carro, sabia?

— Não. Vou falar com ela e ajudar no que for possível.

— Faça isso. A Simone merece. — Não demorou e Davi propôs: — Vamos entrar. Está bem frio.

— Vamos sim. Que tal fazermos uma pipoca e assistir a um filme? Aluguei um. Acho que você vai gostar.

— Ótimo. Vou preparar um chocolate quente. Com esse frio vai cair bem — sorriu.

Abner concordou. Sobrepôs o braço no ombro do companheiro e entraram.

❧

Com o passar das semanas, Simone estava desanimada e mais abatida a cada dia. Seu coração era castigado pela onda de preocupações e dificuldades com o filho.

Pressentia que, fatalmente, a trajetória de vida do pequeno Pedro estava no fim.

Nas últimas semanas, ficou mais tempo internado do que em casa.

Não sabia mais o que fazer.

Mesmo com a venda do carro, não lhe sobrou muito dinheiro, que foi gasto com a internação de Pedro e procedimentos hospitalares.

Como se não bastasse, sua ex-sogra a avisou de que Samuel tentava ver a possibilidade de reverter o fato de ela ficar com a casa. Ele alegava que tinha direito à metade daquele patrimônio e que Simone havia colocado outro homem para dentro da residência. Samuel, sabendo que o filho não estava nada, nada bem, preparava tudo para, assim que o menino viesse a falecer, entrar com novo pedido diante do juiz.

O que fazer agora? Não sabia dizer se seria possível o ex-marido conseguir do juiz autorização para vender a casa para partilharem o dinheiro. Afinal, aquele imóvel foi adquirido pelos dois e, na falta de Pedro, seria o correto a fazer. Entretanto era injusto. Ela cuidou do filho sozinha. Ele nunca ajudou em nada. Apenas pagava uma mísera pensão que mal dava para as fraldas.

Sentando-se no sofá, Simone largou o corpo e fechou os olhos.

Ela não podia ver, porém, na espiritualidade, Vanilson, Vitória, bem como outros amigos espirituais, estavam presentes.

O espírito Vanilson curvou-se e beijou, demoradamente, o rosto de Simone, envolvendo-a com carinhoso abraço.

— Sabia que ela não precisava passar por tudo isso com o Pedro? — perguntou Vitória.

— Eu sei. As situações que uma pessoa não precisa enfrentar, mas, por amor, por grandiosidade de sua alma evoluída, enfrenta, somam méritos para sua evolução e uma vida melhor. Toda moral de Jesus se resume no amor, na humildade e na caridade. Em todos os seus ensinamentos o Mestre sempre apontou essas três virtudes como sendo as que levam alguém para a felicidade. Ele pregou bem-aventurança aos misericordiosos, pediu para amar ao próximo como a si mesmo e combateu o orgulho e o egoísmo.

— Eu fiz tudo errado. Tanto no passado quanto na recente encarnação. Agora reconheço. Mesmo com todo o conhecimento que adquiri no espiritismo sobre amar ao próximo, não admiti que não respeitar os sentimentos e a opinião do próximo, é falta de amor, caridade e humildade. — Ajoelhando-se frente à Simone, colocou as mãos sobre as suas e pediu arrependida: — Desculpe-me por tudo. Se você foi infeliz no passado, foi por minha culpa. Não fique triste pelo seu filhinho. Ele está muito bem por tê-la como mãe, mesmo dentro das atuais condições. Seja forte, pois tudo isso vai passar.

Nesse instante, Simone respirou fundo, abriu os olhos e murmurou:

— Deus... Dai-me forças...

Amigos espirituais impuseram as mãos sobre ela e começaram a lhe ceder energias revigorantes e fortificantes através do passe espiritual.

Minutos passaram e o telefone tocou, mas antes de Simone atendê-lo, Vanilson e Vitória se despediram dela com um beijo.

Ao atender, Simone titubeou:

— Ir hoje ao centro? Não sei... — Diante da insistência de dona Janaína, ela aceitou: — Tudo bem. Vou sim. Vocês passam aqui para me pegar? — diante do sim, respondeu — Ótimo!

Animou-se, foi tomar um banho e se arrumar.

🌿

Assim que retornaram para a casa de dona Janaína, lugar que lhes servia de amparo, o espírito Vanilson virou-se para Vitória e perguntou:

— Tudo bem com você?

— Estou triste por ter sido uma pessoa nada flexível. Nada humilde. É difícil descobrir isso.

— O mal da humanidade é o orgulho, o egoísmo, a vaidade e esses males só existem quando não há humildade. Vitória, é bom saber que temos um Deus bom, justo e misericordioso, que nos dá quantas chances precisamos para evoluirmos e sermos verdadeiramente felizes. — Um momento e revelou: — Hoje preciso ir. Devo reencarnar em breve para prosseguir em minha jornada evolutiva. Preciso continuar de onde parei.

— Reencarnar?! Será que é o que estou pensando? Será filho de Simone e Cristiano?

— Devemos prosseguir de onde paramos — sorriu satisfeito.

— Vai me deixar aqui? — perguntou com tristeza.

Ele sorriu largamente e convidou:

— Se quiser vir comigo... Creio que já está preparada.

— Posso?! Será que posso ir para uma colônia?!

— Essa deve ser sua próxima etapa, filha — disse o espírito João, aproximando-se. — Quando a criatura reconhece suas falhas, seus erros e deseja, de todo o coração, mudar e melhorar, as condições de renovação aparecem. É chegada sua hora de crescer — sorriu, estendendo-lhe os braços e convidando-a para um abraço fraterno.

Vitória o envolveu com força e muito carinho.

Não demorou e seguiram para uma colônia espiritual.

꙳

Assim que pegaram Simone para que fossem ao centro espírita, Cristiano e dona Janaína se animaram em contar:

— Temos uma surpresa! — anunciou o rapaz.

— Que seja boa, por favor — pediu ela sorrindo.

— O Cristiano chamou seu pai para ir ao centro espírita e ele aceitou — contou a senhora.

— Meu pai?! Num centro espírita?! — assombrou-se. — Não acredito. Meu pai não vai nem à igreja católica quando minha mãe convida. E olha que ela insiste! — riu.

— Pois acredite. Estamos indo pegá-lo — disse o rapaz. E logo contou: — O senhor Salvador apareceu hoje lá na clínica, como quem não quer nada. Eu disse que não poderia conversar, a não ser que ele esperasse eu atender um paciente que aguardava. Ele esperou e depois conversamos. Não muito.

— O que ele queria?

— A verdade é que a condição do Pedro ainda mexe com ele que quer saber por que alguém nasce como ele e outro nasce perfeito. Já falamos sobre isso, mas acho que não foi o suficiente. Ele tem dúvidas e ideias iguais a muita gente. Conversamos sobre a evolução dos espíritos e as necessidades de um nascer de um jeito e outro de outro. E para conversar sobre isso não dá para não falar sobre a Doutrina Espírita e sobre reencarnação.

— Nossa!... Mesmo sem fazer nada, o Pedro faz tanta coisa — disse Simone, mas não continuou, sua voz embargou.

— Viu, filha, todos nós temos importante tarefa nesta vida. Não existimos por acaso. Você foi a nossa casa para se distrair e nos conhecer, no começo da gravidez, pois estava impressionada, sentida com a condição do seu filho. Logo nos conheceu por causa dele — sorriu. — Quando falou sobre a síndrome que ele tinha, o Cris disse que conhecia e ficou interessada em saber mais. Por causa disso, o Cris foi à instituição com você. Venceu dificuldades, dirigiu por sua causa, voltou a atender os pacientes.

— Se não fosse pela condição do Pedro, eu também nunca iria conhecer, de verdade, meu ex-marido.

— Nem ia se entender comigo, não é? — disse o rapaz com generoso sorriso.

— É... — sorriu encabulada.

— Viu como ele foi importante na vida de muita gente? Até na vida de seu pai! — disse a senhora, sorrindo — Falando nele, como está?

— Fui vê-lo hoje cedo. Está na mesma: com medicamentos e soro. — Uma dor apertou seu coração e Simone se calou.

Ninguém disse mais nada até chegarem frente à residência do senhor Salvador, que já os esperava no portão.

O homem estava animado. Seus olhos brilhavam e parecia ansioso por conhecimentos da doutrina que lhe causou curiosidade.

Depois de cumprimentar a todos, foi apresentado à dona Janaína e admirou-se:

— Foi pontual, Cristiano! Gosto de gente assim.

— É bom sermos pontuais. Mostra nossa disciplina. Nem sempre isso é possível e precisamos ser tolerantes e compreensivos quando acontece.

Voltando-se para a filha, quis saber sobre o neto.

Após as explicações de Simone, perguntou:

— E lá na faculdade, filha? Como está sua situação?

— Complicada. Não posso voltar a dar aula com o Pedro assim. A licença-maternidade acabou. Porém tenho direito à licença para prestar assistência ao meu filho, por ele ser deficiente, durante um período de seis meses, prorrogável até quatro anos.

— Se tivesse um jeito de sua mãe e eu olhar o Pedro para você voltar.

— Eu sei que não podem, pai. Não tem como.

O senhor a olhou com piedade e afagou-lhe o ombro.

Era difícil vê-la naquela situação e não conseguir ajudar.

Ao chegarem à casa espírita, animaram-se um pouco mais, cumprimentaram os conhecidos e apresentaram o senhor Salvador.

A palestra foi excelente e o tema não poderia ser melhor: *Bem-aventurados os que são brandos e pacíficos; amai ao próximo como a ti mesmo.*

O palestrante foi muito bem envolvido pelo plano espiritual. O tema incluiu problemas atuais como *bullying*, preconceito racial, preconceito por orientação sexual, apelidos ofensivos, piadas de mau gosto, brincadeiras cruéis que provocam sentimentos de imensa dor moral e prejuízos extremamente tristes. O palestrante falou sobre a importância de ensinar as crianças, desde cedo, a respeitarem os outros, seja ele quem for e dizer não a qualquer sentimento preconceituoso, pois a falta de orientação dos pais na formação dos filhos, faz adolescentes rebeldes, agressivos e adultos infelizes e cruéis. Aquele que é satisfeito e feliz é tolerante e sabe respeitar os outros. Lembrou que quem age com o bem, recebe o bem e aquele que age com o mal, recebe o mal. Por isso pode-se afirmar que a felicidade não é questão de destino, é questão de escolha.

No final, o senhor Salvador ficou muito pensativo.

Ao se ver longe dos demais, ele perguntou à dona Janaína:

— Como a senhora perdoou seu filho, o Davi?

— Não precisei perdoar Davi. Amo meu filho — falou com simplicidade e ternura na voz doce e tranquila.

Aproveitando a distância de Simone e Cristiano, desabafou:

— É que é difícil pra mim aceitar. Não consigo entender e esse sentimento me maltrata. Chego a ter dor no coração por estar revoltado. É uma angústia que não sei explicar. Quero entender e arrancar isso de mim.

— Senhor Salvador, acho que toda essa angústia, toda essa dor não é porque o senhor não perdoa ao seu filho. É porque o agrediu e não conversa mais com ele. Não importa o que ele seja nem em qual condição vive. Ame seu filho e mostre isso a ele. Procure o Abner e converse com ele. Não precisa pedir desculpas. Esqueça o passado e viva como se nada tivesse acontecido. Ele vai entender e seu coração ficará mais leve.

— Acho que nunca vou conseguir fazer isso.

— Vai sim. O senhor tem um coração bom, cheio de amor. Por ter tanto amor sente essa angústia por não conversar mais com ele. O senhor pode não entender, pode não concordar, mas pode aceitar a condição de nossos filhos e respeitá-los.

— Como posso fazer isso?

— Não criticando. Não brigando. Não virando a cara. Não precisa aceitar e levantar bandeira de apoio, afirmando que eles estão certos e que o mundo deve ser assim. É preciso tratá-los normalmente sem recriminar, sem ofender. Esse será um grande passo. A convivência acaba com o preconceito, alivia o coração e faz todos mais felizes. Pense em uma coisa: esses são os filhos que Deus nos confiou. Cabe-nos não desapontar o Criador nem a nossa consciência ou teremos de nos harmonizar com toda a dor e intolerância que provocarmos.

O assunto encerrou quando Simone e Cristiano se aproximaram.

Os pais repararam que o rapaz sobrepunha o braço nos ombros de Simone, mas não disseram nada.

— Gostou da palestra, pai?

— Gostei sim. Quero vir aqui de novo. Posso?

— Lógico! Que bom. Fico feliz que tenha gostado — alegrou-se Cristiano.

— Então vamos. Amanhã temos de levantar cedo — pediu Simone satisfeita com seu pai.

Todos concordaram e se foram.

23

O ADEUS A PEDRO

RÚBIA DECIDIU ficar alguns dias na casa de seus pais com o pequeno Bruno. Daria menos preocupação para sua irmã. Além disso, pensou nas despesas que Simone estava tendo.

Ela soube que, com jeitinho, Abner a estava ajudando financeiramente e isso a deixava mais tranquila.

Com passar dos dias, em casa de sua mãe, Rúbia recebeu a visita de Talita, sua amiga, e ficou muito feliz ao vê-la.

— Ai, que bom você ter vindo. Pensei que tivesse esquecido de mim.

— Ah... Não reclama. Eu te liguei. Só achei que não deveria vir logo nos primeiros dias. Sei lá... Sempre se tem muita gente visitando e a casa fica cheia. Isso é cansativo para a mãe, o bebê e quem ajuda. — Um instante e perguntou: — E aí? Como você está?

— Ótima. Apesar de não saber o que é uma noite inteira de sono — sorriu. — É gratificante pegar aquela coisinha linda e saber que fui eu que fiz — riu gostoso.

— Será que ele vai dormir muito? Quero tanto pegá-lo.

— Daqui a pouco o Bruno vai acordar para mamar. É um reloginho! Ele está tão esperto. Tem que ver.

— E aí? Já decidiu se vai voltar a trabalhar lá quando sua licença-maternidade acabar?

— Acho que serei demitida. Mesmo se não for, não tenho coragem de voltar. Estou de cabeça quente. Preciso arrumar outro emprego. Agora tenho o Bruno.

— O que vai fazer? Arranjar uma escolinha com maternal?

— Será o ideal se eu tiver um emprego e tiver como pagar. O que recebo está sumindo com fraudas, roupas, produtos para ele... Não me dei ao luxo de comprar sequer um creme para o rosto.

— Filho é assim mesmo.

— E eu que sempre reclamei das pessoas que não planejavam um filho. Ai, Talita, paguei minha língua — riu engraçado.

— Nada é por acaso. Tudo tem jeito. Ainda bem que tem uma família que te apoia. — Mudando de assunto, perguntou: — E o Geferson? Você o avisou?

— Não. Certamente ele deve saber que o Bruno nasceu, por causa da data.

— Eu não ia te contar nada, mas... Tem uma estagiária lá e ele estava de caso com ela, mas...

— Enquanto tiver mulher que goste de se iludir, o Geferson terá chance de se dar bem. Dele quero distância — disse, interrompendo-a.

— Não seria o caso de você exigir pensão? Dar uma lição no cara.

— Já pensei nisso como te falei. Mas não quero meu filho exposto a esse sujeito. E se ele quiser ter direito a visitas, passeios... Não! Isso eu não iria admitir. Tem muito pai e madrasta por aí jogando filho pela janela, espetando criança com agulhas, fazendo um monte de maus-tratos. Vejo que ele não é uma pessoa confiável. Nem ele nem a mulher.

— Vendo por esse lado, você tem razão.

— Sei que a situação será bem difícil, contudo devo assumir a responsabilidade. Não vou tentar dividir a tarefa de criar um filho com alguém em quem não confio, não tem caráter nem boa índole. Sabe lá Deus o que essa criatura será capaz de fazer.

— Como eu ia te contando... O Geferson estava dando em cima da nova estagiária e o caso não foi pra frente. Ele não está bem de saúde.

— O que ele tem?

— Descobriu um tumor de próstata. Vai ter que fazer quimio antes de operar. Ele está afastado. Desde que soube, parece que envelheceu trinta anos em um mês.

— Nossa... — admirou-se sem se exaltar. Depois confessou: — Quer saber a verdade? Não estou sentindo nada. Nem dó nem felicidade por ele estar assim. Nem sei o que pensar.

— Ele usou a energia sexual erroneamente. Envolveu-se com muitas mulheres. Desgastou-se espiritualmente, desequilibrou e danificou, energeticamente, a área espiritual em torno dos órgãos sexuais. Só podia dar nisso, ou nesta ou na próxima encarnação.

— Dou graças a Deus eu não ter pegado nenhum vírus, nenhuma doença. Enquanto meus exames não ficaram prontos, no começo da gravidez, não fiquei sossegada.

— Pensando bem, acho que o melhor é você esquecer definitivamente esse cara.

— Já esqueci.

— Então vamos falar de coisas boas! — animou-se Talita.

Nesse momento, Bruno resmungou mostrando-se acordado.

Rúbia se levantou, pegou-o no colo e o apresentou para a amiga que logo quis pegá-lo também.

A visita de Talita foi tranquila e deixou a amiga animada.

ℒ

As semanas foram passando.

Mergulhada em pensamentos tempestuosos, Simone aguardava sentada em uma poltrona na sala de espera gelada do hospital.

Com olhar perdido no chão, sentia-se exaurida de forças por tanto trabalho e pela inquietação que a dominava.

Estava frio e seu corpo gelado. Havia passado a noite ali.

Eram quase sete horas da manhã quando Cristiano chegou circunvagando o olhar a sua procura.

Assim que a encontrou, aproximou-se rapidamente.

Ao vê-lo, ela se levantou, parando a sua frente.

Afagando-lhe o braço, sentiu sua pele gélida. Enquanto tirava sua jaqueta e lhe dava para vestir, comentou:

— Vim o quanto antes. Por que não me chamou ontem à noite?

— Sinto-me mal por incomodar tanto você e os outros. — Em seu semblante doce a testa estava franzida. Em sua expressão de cansaço era nítida sua preocupação. Recostando-se no peito de Cristiano, envolveu-o pela cintura, apertando-o.

Ele a abraçou com carinho, beijou-lhe o alto da cabeça e acarinhou-lhe as costas. Não demorou e perguntou:

— O que o médico disse?

Sob o efeito de uma expressão triste e apreensiva, Simone o encarou e murmurou:

— Que ele não está nada bem.

Não suportou.

Seu rosto se contorceu e chorou. Chorou um pranto dolorido, abafado.

Cristiano a agasalhou em seu peito, acariciando-lhe os cabelos e não disse nada. Não havia o que dizer. Procurou ser forte para passar-lhe segurança, mas não conseguiu. E, sem que ela visse, chorou junto.

Alguns minutos se passaram e Simone se afastou. Ele secou o rosto com as mãos, suspirou fundo e perguntou:

— Quer um café ou água? Vou buscar.

— Para mim, não. Obrigada — sentou-se.

Naquele instante, Simone olhou para o lado e viu, caminhando lentamente em sua direção, o doutor Natanael, médico que cuidava de seu filho.

Um frio percorreu-lhe a alma.

Ficando em pé, aguardou a aproximação do médico. Seus olhos se atraíram de modo impressionantemente tristes.

Ela sabia. Seu coração avisava. Não era preciso dizer nada. Mesmo assim, o médico falou baixinho, em um tom grave e solene:

— Sinto muito.

Procurando socorrer-se em Cristiano, ela o abraçou escondendo seu rosto.

Ele a envolveu com carinho, deixando-a chorar o quanto quis. Agasalhando-a no peito, chorou em silêncio para que ela não visse.

Assim que pôde, Cristiano informou os avós e os tios de Pedro. Pediu para Rúbia comunicar Samuel e os avós paternos. Lembrou-se também dos amigos e um avisou ao outro, e compareceram em peso ao velório e ao enterro para serem solidários à amiga e não deixá-la só.

No velório, Simone estava quieta, sentada em uma cadeira. Em total silêncio.

Ali recebia os pesares e a solidariedade de todos. Havia bastante gente, muitos colegas de faculdade, amigos da instituição e companheiros do centro espírita que realizaram uma leitura do Evangelho de Jesus, seguida de breve explicação e da prece que Jesus ensinou: Pai Nosso.

Samuel compareceu, entretanto ficou a distância. Pouco antes do enterro, aproximou-se de Simone, mas nada disse. Somente trocaram olhares.

Durante o enterro, algumas lágrimas rolaram na face sofrida, pálida e inchada de Simone.

Ela recostou o rosto no peito de Cristiano, que segurava o choro e a abraçava.

No final, caminharam lentamente abraçados até o carro.

Simone decidiu ir para sua casa. Não aceitou o convite de seus pais, nem de Abner ou dona Janaína para ficar com eles. Disse, educadamente, que gostaria de ficar sozinha.

Somente Cláudio, seu fiel amigo, e Cristiano foram os que a acompanharam, a seu pedido.

Em casa, ela foi para o quarto do filho. Olhou em volta, reparando em cada detalhe, em cada enfeite, em tudo o que preparou para ele. Após isso, fechou a porta e foi para a sala. Sentou-se no sofá e cerrou os olhos.

Cláudio ajoelhou-se ao seu lado e foi lhe tirando os sapatos, quando ela perguntou com a voz fraca:

— O que está fazendo?

— Qualquer coisa para que se sinta melhor. — Tirou-lhe os calçados, colocou-lhe os chinelos e indagou: — Não acha melhor tomar um banho? Seria bom para tirar esse cansaço, essa impregnação de hospital e cemitério. Não acha, meu bem? — A amiga não respondeu e ele propôs: — Vamos lá, eu te ajudo a ir até seu quarto. Tome um banho. Separei uma roupa bem quentinha e confortável para você. Está lá em cima da sua cama. O Cris está preparando um chá e acho que uma canja também. Depois você toma um pouquinho e se deita.

Ela concordou. Decidiu deixar-se cuidar.

Com a ajuda do amigo, levantou-se e foi tomar banho.

Um pouco depois, chegando ao quarto de Simone e levando uma bandeja, Cristiano viu Cláudio de joelhos sobre a cama, empunhando um secador e terminando de secar os cabelos da amiga.

— Está friozinho e pode fazer mal se ela deitar com esses cabelos molhados — justificou-se ao vê-lo.

— É verdade — concordou o outro. Em seguida, ao olhá-lo desligar o aparelho, ofereceu: — Eu trouxe um chá para vocês. Estou fazendo uma canja, porém ainda não está pronta.

Simone relutou, mas acabou aceitando. Depois de beber o chá, ela agradeceu aos dois e deitou-se encolhida.

Cláudio a cobriu com uma manta. Abraçou-a por sobre as cobertas e beijou seu rosto.

Cristiano achou interessante o carinho e a dedicação do amigo. Talvez familiares não fizessem o mesmo. Ao observar o outro se afastar, o namorado se aproximou, beijou-lhe e pediu antes de sair e deixar a porta entreaberta:

— Qualquer coisa, me chama.

Simone não respondeu e ele foi para outro cômodo.

Ao chegar à sala, viu Cláudio sentado no sofá e perguntou:

— Quer mais um pouco de chá?

— Não, Cris. Obrigado.

— Espere um minuto só. Vou desligar o fogo.

Cristiano foi até a cozinha e voltou em seguida. Servindo-se de uma xícara de chá, ocupou uma poltrona, quase frente ao amigo, e comentou:

— Pensei que os pais da Simone viessem para cá.

— Não pense mal deles. Eu vi a Simone dizendo que queria ficar sozinha e depois ouvi a dona Celeste dizer que o Bruno estava com febre. Ela e o senhor Salvador iam levar o menino ao médico junto com a filha.

— Aaaah... Por isso a Rúbia foi e voltou logo. Nem tive tempo de conversar com ela.

— Você viu? O Samuel estava lá e teve a coragem de levar a outra.

— Vi. Ainda bem que ele não ousou abrir a boca. Estou engasgado com esse sujeito.

— Conheci, ou melhor, pensei que conhecia o Samuel. Já faz muitos anos. Não imaginava que ele faria uma coisa dessas. Rejeitar o filho desde a gestação! Que absurdo! Ainda bem que Deus colocou você na vida dos dois para ampará-los e ficar ao lado deles fazendo o papel de pai e companheiro. Sua presença foi muito importante para ela e para o Pedro. Substituiu o pai.

— Não foi essa a intenção. O que fiz foi de coração. — Um instante e perguntou: — Você e a Simone são bem próximos. Vocês se conhecem há muito tempo?

— Desde a época de faculdade. Primeiro ela fez Enfermagem e detestou. Nem atuou na área. Não sabia que faria essa faculdade somente para cuidar do filho, ou então, o pobrezinho, talvez, só pudesse ficar no ambiente frio, sem afeto de um hospital. Depois que terminou Enfermagem, ela já começou o ano fazendo Economia. Foi aí que nos conhecemos. Mas não éramos amigos. Ela deveria me achar muito espalhafatoso — riu. — Quando terminamos o curso, fomos direto fazer mestrado. Terminamos e fomos convidados para dar aula. Aceitamos e... Só depois de um tempo surgiu a amizade. Contudo, parece que nos conhecemos há anos.

— Ela sempre falou de você.

— E de você também. — Cristiano ficou atento e Cláudio continuou: — Olha, Cris, eu te conheço bem pouco, porém o suficiente para ver que é um cara legal. Faço votos que vocês dois se deem muito bem. Seja sempre honesto e verdadeiro. Siga os seus sentimentos. — Breve pausa e prosseguiu: — Posso parecer meio intrometido, mas... Não dê importância ao que os outros pensam ou digam.

— Como assim?

— Aaaah... Podem dizer coisas do tipo: ela é mais velha, é divorciada, teve um filho... Sei lá mais o quê. Lembre-se de que o importante é a partir de agora. Vocês dois se amam, respeitam-se e isso é o que basta. Não ligue para a opinião de ninguém. Sejam honestos um com o outro. — Riu de um jeito engraçado e ainda disse: — E contem comigo!

— Obrigado, Cláudio. Foi importante o que me disse. Sabe, já chegou a passar pela minha cabeça, no início, assim que comecei a me sentir atraído por ela, o fato de eu ser solteiro, sem qualquer empecilho... Tenho uma profissão. Gosto do que faço e, hoje, não tenho qualquer problema. No entanto, eu me deixo envolver por uma mulher divorciada. Fiquei ajudando a tomar conta do filho em vez de sair, de me divertir, aproveitar a vida... Até o fato de me defrontar e me indispor com o Samuel aconteceu. Cheguei a pensar que eu não precisava disso. Mas não consegui me afastar dela nem do Pedro e, consequentemente, da situação que os envolvia. Eu bem que poderia procurar outra sem compromisso e...

— Sair atrás de descompromissada, na sua idade e com a sua situação financeira, com um futuro garantido... Querido! Você só iria encontrar mulher interesseira. Pronta para dar o golpe a fim de se estabilizar. Uma mulher madura, de cabeça feita, que tem profissão é a melhor coisa.

— Acho que aqueles pensamentos vinham a minha cabeça por fatores obsessivos, espirituais, pois essas ideias passavam quando estávamos juntos. — Em seguida, contou: — Pensei que fôssemos encontrar problemas com a nossa família, mas até agora... Somente minha mãe me alertou sobre algumas coisas, mas não se alongou.

— Família é fogo!

— Você não tem contato com sua família?

— Não. Ninguém quer me ver nem pintado! Só vão se interessar por mim se eu ganhar um prêmio acumulado na loteria — riu.

— É sozinho? Não tem ninguém?

— Morando comigo, não. Atualmente, nem namorado tenho. Depois que minha vozinha morreu, eu me mudei da casa dela e arrumei um lugar só pra mim. Graças a Deus, amigos não me faltam. Por isso não me sinto só.

Cristiano olhou pela janela e consultou o relógio. Depois disse:

— Eu fiz uma canja para nós, só que preciso tomar um banho.

— Fique à vontade. Se ela acordar...

— Não. Não vou tomar banho. Não tenho roupa limpa aqui. Preciso ir até minha casa. Você poderia ficar aqui? Prometo que volto logo.

— Vá tranquilo. Eu tomo conta da Simone.

Assim foi feito.

Cristiano se foi.

Quando voltou, Simone já havia se levantado.

Cláudio colocou a mesa para jantarem e ela, a custo de muita insistência, alimentou-se um pouco.

Após o jantar, o amigo se despediu e se foi.

Abner telefonou para saber como estava a irmã.

Bem mais tarde, dona Celeste fez o mesmo para saber da filha e conversaram um pouco.

Cristiano decidiu ficar ali. Não poderia deixá-la sozinha.

❧

No dia seguinte, quando Cristiano precisou ir para a clínica e Simone se viu sozinha, foi o pior momento.

Não tinha o filho para cuidar nem precisava ir ao hospital.

Um vazio tomou conta de seu ser e uma tristeza calou sua alma.

Sabia que o filho tinha problemas sérios de saúde. Estava consciente de suas dificuldades, mas se apegou a ele. Dedicou-se o quanto pôde e foi a melhor mãe enquanto ele viveu.

Agora se sentia só, saboreando uma dor, um assombro, um medo inexplicável e tantos outros sentimentos oriundos da tristeza.

Era capaz de entender que seu filhinho precisava apenas de uma curta estada terrena e a cumpriu.

E ela agora? Como viver com tamanha ausência? O que fazer?

Caminhou até o quarto do filho e deu outra olhada.

Sem demora, dirigiu-se até a edícula em seu quintal, encontrou algumas caixas e as levou para dentro de casa.

No quarto que foi de Pedro, sob as lágrimas dolorosas que lhe corriam na face pálida, pegava todas as coisas, todas as roupas e brinquedos que havia comprado com tanto carinho e os quais mostrava ao filho brincando e fazendo graça. E foi encaixotando um a um.

No final, o quarto estava limpo. Só os móveis sem adorno, sem as roupas, sem graça, sem vida.

Simone colocou tudo no canto, fechou a janela e a porta e saiu.

🌒

Cristiano a visitava todos os dias e decidiu ficar com ela algumas noites.

O amigo Cláudio, também lhe fez companhia.

Ela ainda recebeu visitas de vários amigos solidários.

Somente Samuel não lhe dava notícias, mas isso não lhe interessava.

O tempo foi passando.

O namorado era capaz de entender sua tristeza pela morte do filho, porém acreditava que ela se fechava muito.

Não queria sair. Falava pouco. Quase não brincava. O amigo Cláudio era quem lhe arrancava algum riso.

Certo dia, Simone e Cristiano assistiam à televisão, em uma tarde de sábado, quando o telefone tocou.

Ele atendeu e passou o aparelho para ela, dizendo:

— Disseram que é de um hospital. Querem falar com você.

— Comigo?! — estranhou. Atendendo, perguntou: — Quem fala? — Após a pessoa se identificar e dizer do que se tratava, Simone se levantou, fez uma anotação e respondeu: — Estou indo para aí o quanto antes.

— O que aconteceu?! — preocupou-se ele.

— O Cláudio está no hospital. Não sabem dizer o motivo. Ele foi agredido e está bastante machucado. Sem o celular ou qualquer outra agenda, só se lembrou do número do meu telefone porque era fácil.

— Vamos lá. Vou com você.

Chegando ao hospital, quase não reconheceram o amigo, que estava muito ferido, com o rosto bastante inchado.

Cláudio foi brutalmente agredido por alguns rapazes. A agressão foi sem motivo, sem razão de ser.

Haviam lhe quebrado alguns ossos da face, onde tinha diversos cortes com pontos. Quebraram-lhe também o braço, o pé e duas costelas. Ele mal conseguia falar.

— Por que fizeram isso? Você brigou ou ofendeu alguém? — perguntou Simone, chocada ao vê-lo.

— Sou só mais uma das centenas de vítimas de homofóbicos, querida — murmurou tentando fazer graça.

— Mas, por quê?! — insistiu ela, indignada.

— É só pelo fato de ele ser homossexual — respondeu o médico na vez do paciente. — Homofóbicos são pessoas com terríveis transtornos emocionais. Profundos distúrbios psicológicos e, acima de tudo, covardes. Não passam de criminosos. Criminosos que continuarão agindo enquanto não tivermos leis mais duras e sérias, sem protecionismo para os mais abastados. Esses grupos homofóbicos que agridem homossexuais, normalmente são jovens desocupados, sem base familiar e que precisam rever seus conceitos morais, sociais, espirituais e mentais. Coisas simples que pais equilibrados lhes dariam. Só que hoje, normalmente, os pais são omissos e mal informados.

— É verdade — concordou Cristiano. — Quando os pais são irresponsáveis na formação e na educação dos filhos, quando não lhes ensinam limites e respeito aos outros, seus atos, suas ações tornam-se agressivas e bárbaras. É o momento de as leis, do Estado, das instituições penais fazerem o dever dos pais. Aí eles choram e se lamentam como se fossem vítimas, quando, na verdade, são os culpados pelos seus filhos serem o que são e fazerem o que fazem.

— Você tem razão — tornou o médico. — Os pais são responsáveis pela frustração e insegurança dos filhos que, sem estrutura, cometem esses crimes. Só alguém frustrado e inseguro é capaz de atacar alguém por sua condição. Sem motivo. É um absurdo agredir alguém pela sua condição de mendigo, colocar fogo no outro por ser índio, matar por ser deficiente. Até onde vamos tolerar tanto abuso? Tanta falta de lei?

— Acho que isso é falta de religião — opinou Simone.

— Não creio. Têm muitos que se dizem religiosos e são intolerantes com os homossexuais. Ofendem, agridem e matam até em nome de Deus.

— Estou com muita dor — reclamou Cláudio.

— Vou pedir para lhe preparar uma medicação. Depois farei a prescrição de analgésicos e já estará liberado. Aconselho que preste queixa em uma delegacia. Faça um Boletim de Ocorrência.

Tudo foi feito devidamente e Simone levou Cláudio para sua casa. Não poderia deixá-lo sozinho em seu apartamento. Alguém precisava ajudá-lo.

O senhor Salvador não ficou satisfeito quando soube.

Em visita à filha, surpreendeu-se e reclamou sem que o outro visse:

— Você não pode ficar com ele aqui.

— E vou mandá-lo para onde? Além do que, pai, o Cláudio é meu amigo. Após o enterro do meu filho, foi ele e o Cris que ficaram comigo e cuidaram de mim. Não vou abandoná-lo agora. De jeito nenhum.

— E o Cristiano? O que ele diz de você cuidar de um homem na sua casa?

Simone esboçou um sorriso e questionou:

— Um homem, pai?! Por favor. O Cláudio é meu amigo. O Cris entende isso.

E assim os dias foram passando.

§

Simone perdeu o emprego na faculdade, onde lecionava, por influência de Samuel. Entretanto, o amigo, que se recuperava em sua casa, fazia contato com outra universidade a fim de lhe arrumar novo emprego.

O tempo que despendia cuidando de Cláudio, fazia Simone mais ativa, sem aquele estado depressivo de antes. Ela parecia mais animada.

Enquanto isso, Rúbia, havia ficado em casa de seus pais. Ela estava bastante preocupada com sua situação e conversava a respeito:

— Preciso sair e procurar um emprego. Desculpe-me abusar da senhora, mãe... Preciso que olhe o Bruno para mim. Assim que eu começar a trabalhar, vou colocá-lo em uma escolinha com maternal e tudo vai ficar mais fácil.

— É, filha. Precisamos ir à igreja pagar aquela promessa que fiz pra você arrumar um emprego.

— Gosto de ir ao centro espírita, mãe. Estou aprendendo muito com essa doutrina. Será que preciso mesmo ir pagar essa promessa que a senhora fez?

A mulher a olhou com seriedade e lembrou sabiamente:

— Na minha opinião, filha, Mãe Santíssima não tem religião. Nossa Senhora não é católica nem espírita nem nada. Sei que fui eu que fiz a promessa e eu gostaria muito que você entendesse minha fé e fosse lá comigo. Isso será uma prova de tolerância da sua parte.

A filha sorriu e concordou:

— É verdade, mãe. Mal não vai fazer.

— E seu pai, hein? Quem diria. Se deu tão bem lá no centro. Nunca pensei...

— Por que a senhora também não vai mais vezes? Faz companhia para ele.

— Quando meu coração pede, eu vou. Você sabe. Gosto de ir à igreja. Respeito e gosto muito de saber que seu pai encontrou Deus por outro caminho. Não importa qual seja. O importante é encontrar o Pai e tê-Lo no nosso coração através das nossas práticas. Fiquei tão feliz com o Salvador. Ele mudou tanto e mudou para melhor.

— É verdade. Não importa a nossa religião. Se temos Deus no coração, somos melhores com o nosso semelhante, com a nossa família, com a nossa comunidade, em nosso trabalho e perante o mundo.

— Nossa, filha! Falou bonito.

Naquele momento, a campainha tocou. Dona Celeste ficou com o neto e Rúbia foi atender. Porém o senhor Salvador já havia recebido Ricardo e Eloah, que queriam falar com Rúbia.

— Entrem. Fiquem à vontade — convidou o senhor bem animado.

— Não queremos incomodar. Seremos breves — afirmou Eloah com jeito firme e voz grave. — Devíamos ter ligado antes. Não é educado ir à casa de alguém sem avisar, mas não deu tempo. Estávamos aqui perto e decidimos dar uma passadinha rápida.

Chegando à sala, Rúbia os cumprimentou.

— E o Bruno, como está? — quis saber Ricardo.

— Levado como sempre! Agora está lá na cozinha com minha mãe.

— Ele está dando muito trabalho? — perguntou Eloah.

— Vem acordando menos à noite. Isso é muito bom. De vez em quando, fica resfriadinho, mas não demora muito e volta a ficar bom.

— Isso é comum. É coisa de criança — tornou a outra. Em seguida, explicou a razão de sua visita: — Rúbia, estou aqui pelo seguinte: o Ricardo comentou comigo sua situação na empresa onde trabalha. Parece que você não quer mais voltar para lá. É isso?

— É sim. Minha licença já está no fim e preciso de outro emprego o quanto antes.

— É o seguinte: a empresa onde trabalho está ampliando. Precisamos de alguém com conhecimento em administração, sua área. Não é um serviço grandioso nem paga tão bem — riu. — Contudo, é um começo. O que acha?

— Não tenho que achar nada! — sorriu satisfeita. — Querem que eu comece amanhã?!

Eles riram e Eloah disse brincando:

— Não. Pode ser depois de amanhã. — Um momento e explicou: — As coisas por lá estão se ajeitando. Em uns vinte dias, precisaremos de alguém com seu perfil, com certeza. Você havia deixado um currículo com o Ricardo. Ele me passou e eu levei para o pessoal. Se concordar, deixo tudo acertado para ir lá para uma entrevista e outros acertos.

Precisará dar baixa em sua carteira de trabalho antes, mas eles vão esperar. Quem sabe consegue ser demitida e receber os direitos que lhe cabem.

— Lógico que concordo. Quando quiser, estarei lá. É só terminar minha licença-maternidade que estarei lá. Nossa! Obrigada, Eloah! — exclamou levantando-se e abraçando-a.

A outra correspondeu satisfeita e, em seguida, disse:

— Bem... Se não reparar, já vou indo embora.

— Não! É cedo! Vamos tomar um café — convidou o senhor Salvador.

— Obrigado. Preciso ir mesmo. Tenho um compromisso agora cedo. Só se o Ricardo quiser ficar. Mas eu não posso — explicou-se Eloah.

— Olha... — Ricardo riu. — Sou muito cara de pau e aceito esse café sim.

Dona Celeste chegou à sala trazendo Bruno no colo.

Eloah brincou com o garotinho, depois se despediu e se foi.

Dona Celeste foi à cozinha fazer o café e o senhor Salvador segurou o neto e a acompanhou.

Na sala, Rúbia dizia ainda surpresa:

— Nem acredito no que está acontecendo.

— Assim que a Eloah me contou que você poderia preencher a vaga, decidi te contar para que ficasse mais tranquila. Vi o quanto estava preocupada em arrumar outro emprego.

— Você nem imagina o quanto. É um alívio saber que as portas estão se abrindo. Tenho muito que lhe agradecer.

— Ora... O que é isso... — falou sem graça.

— Mudando de assunto... Como você está, Ricardo? Estou te achando um pouco quieto, meio triste...

— O dia de o Renan ir com a mãe para os Estados Unidos está próximo. Isso está acabando comigo.

— Puxa... Lamento muito.

— Estou me sentindo péssimo.

— Posso imaginar. Se alguém tirasse o meu filho de mim, eu morreria.

— Estou me enterrando no trabalho para não pensar nisso. Tenho medo de entrar em depressão de novo.

— Não sei o que dizer, mas... Se precisar conversar, desabafar... Isso ajuda a se sentir melhor.

O senhor Salvador chegou à sala, chamando-os para o café que estava pronto.

Ricardo e Rúbia se levantaram e foram para a cozinha.

24

A VERDADEIRA AMIZADE

À MEDIDA QUE o tempo passava, Cláudio, mais recuperado, preparava-se para sair da casa de Simone.

Era uma manhã fria e os dois faziam o desjejum quando o amigo falou:

— Pode ficar tranqüila. No próximo semestre, você estará dando aula em um lugar bem melhor. Tenho certeza de que vai gostar de lá. É lógico que gente chata tem em todo lugar. Só que lá o número de pessoas assim é bem menor.

Riram e Simone disse:

— Obrigada, Cláudio. Não sei como vou lhe agradecer.

— Sou eu que devo a você, amiga. Se não fosse sua amizade, sua solidariedade... Eu teria muita dificuldade.

— Amigos de verdade são assim como nós. — Sorriu generosa. Um sorriso tranquilo como há tempo não se via. Simone estava com uma aparência melhor, mais rosada e saudável. Ela o encarou sob o efeito de uma expressão doce e bela e comentou: — Aconteceu tanta coisa em minha vida nos últimos dois anos. Eu era uma pessoa muito diferente. Sempre me achei prática, objetiva, direta, moderna... Entretanto, todas as circunstâncias, toda a movimentação que vivi, mudaram-me profundamente. Sempre fui o tipo de pessoa que gostava de tudo sob controle, por isso programei, meticulosamente, minha vida, até chegar o momento em que não havia programado e precisei improvisar.

— Improvisar? Não entendi, meu bem.

— Precisei improvisar para viver e sobreviver. Eu esperava um filho, mas não sabia que ele tinha problemas. Tomei um baita susto. Quando pensei que iria receber apoio do meu marido, vi-me sozinha. Precisei improvisar para não desmoronar, principalmente quando peguei o Samuel com outra. Foi ali que cheguei ao fundo do poço.

— Chegou ao fundo do poço, mas não ficou lá esperando jogarem terra em cima.

— Arranquei forças da alma para ser mais forte do que nunca e continuar. Depois que o Pedro nasceu, vieram as preocupações e os cuidados...

— E o Cristiano também veio nessa época.

Ela sorriu lindamente e concordou:

— O Cris foi uma bênção na minha vida. Foi aquele anjo enviado por Deus. — Suspirou, fez breve pausa e continuou: — Hoje sou outra pessoa. Todo aquele desespero, toda aquela angústia me fez alguém diferente. Não sei explicar... Dou muito mais valor à vida, às pessoas que estão perto de mim, às amizades... Foram os amigos verdadeiros que estiveram ao meu lado me apoiando, ajudando-me a me levantar e seguir em frente. — Alguns segundos e prosseguiu: — Aprendi a viver com as adversidades. Sei que o futuro será escrito da melhor maneira se eu fizer a minha parte bem-feita. Como eu já ouvi falar: "o universo ecoa as nossas ações e pensamentos". É lógico que ficarei triste se algo ruim acontecer, mas não vou me descontrolar, pois aprendi a confiar extremamente em Deus.

O silêncio reinou e Cláudio desejou ouvir mais, mas ela não continuou.

— Que lindo, minha amiga. Você disse algo tão lindo! É bonito ver alguém tão leve assim.

— Acho que, quando ficamos de bem com nós mesmos, é esse o resultado. Além disso...

O interfone tocou e Simone interrompeu o que falava para atender.

Tratava-se de Samuel que aguardava no portão.

Paciente, ela percorreu o corredor lateral da casa a passos lentos, chegando ao portão.

Ele nem deu bom-dia e perguntou agressivo:

— O que significa eu não poder abrir este portão? Por que mudou a fechadura?

— Bom dia, Samuel. Mudei a fechadura para você aprender a chamar assim que chegar. Afinal, não mora mais aqui.

— Preciso pegar algumas coisas que estão na edícula.

Simone abriu o portão e quando ele entrava, falou:

— Seria bom levar embora, de uma vez, tudo o que lhe pertence, não acha?

— Não se julgue dona daqui. Esta casa era para o seu conforto enquanto estivesse com nosso filho. Agora ele não existe mais. — Ao ver Cláudio espiando pela porta da cozinha, mirou o olhar para ela e atacou: — Não serei eu a sustentar sua vadiagem! Cada dia um homem diferente.

— Olha, Samuel, pegue o que precisa e vá embora. Por favor — falou em tom calmo e de pouco caso. Desprezando-o, foi a direção da cozinha, pedindo antes de entrar: — Quando for embora me chame para abrir o portão.

Retornando à mesa, serviu-se novamente de outra xícara de café e aguardou.

— Simone, quanta frieza! — admirou-se Cláudio.

— O dia está lindo — riu. — Não quero estragá-lo.

— Lindo?! Um dia frio e chuvoso?! Lindo?!

— Ma-ra-vi-lho-so! — disse, rindo novamente.

— Menina! O que te deu?!

Samuel a chamou e Simone foi abrir o portão.

Não se falaram nem se despediram. Ela voltou para dentro de casa.

Ao entrar, anunciou:

— Terei de sair desta casa — riu. — Se os meus pais ou o Cris não me derem moradia, vou me mudar para o seu apartamento.

— Vou recebê-la com o maior prazer! Será uma honra! Porém, duvido que o Cris deixe isso acontecer.

— Às vezes, bate um friozinho na barriga... — falou com jeitinho meigo e engraçado. — Acho que estou apaixonada. Eu me sinto uma adolescente. — Passado algum tempo, confessou: — Sinto uma saudade do Pedro. Sinto falta do seu cheirinho, de pegá-lo no colo, cuidar dele...

— Você já pensou na missão do Pedro nesta vida tão curta?

— De uma coisa tenho certeza: meu pai, por causa dele, questionou sobre a vida, sobre a experiência terrena e começou a buscar respostas. Parou de beber e de fumar. Virou outra pessoa. Não se irrita nem é mais tão crítico — riu. — Sabe que, às vezes, fico esperando o senhor Salvador vir com alguma reclamação e quando isso não acontece acho estranho — riu de novo. — Antigamente ele era insuportável.

— Não foi só com o seu pai que o Pedro mexeu. Você não conhecia, de verdade, seu ex-marido, e também não conhecia o Cris.

— E a partir de então, nossas vidas mudaram completamente. O Cris se recuperou desde que nós nos conhecemos... Nunca mais seremos os mesmos. Outro dia, a dona Janaína estava falando isso.

Eles continuaram conversando a respeito de todas as mudanças ocorridas até que Cláudio resolveu arrumar suas coisas. Estava decidido a voltar para sua casa e queria que a amiga retomasse sua vida.

❧

Naquele final de semana, Simone estava sozinha. Aguardava a chegada de seu irmão que ligou avisando que iria visitá-la.

Em seu quarto arrumava algumas coisas quando experimentou uma sensação inexplicável. Não podia ver que amigos espirituais a visitavam.

Uma onda de saudade apertou seu coração ao mesmo tempo que uma alegria diferente tocou sua alma. Sentou-se em sua cama lembrando-se de seu filho querido e amado.

Nesse instante, o espírito Pedro aproximou-se e a envolveu com toda a ternura. Apresentava-se perfeito. Um rapaz alto, bonito e com considerável luz.

— Obrigado por tudo, minha mãezinha querida — emocionou-se. — Obrigado pela oportunidade de vida, por seus cuidados, pelo seu amor... Pelos dias e noites que ficou comigo, cuidando de mim. Ficar em seus braços, receber seus carinhos me fazia sentir feliz, aliviado. Acabava com meus medos, com as minhas dores. Como seu aconchego é salutar, como seus carinhos, sua voz doce, sua ternura me curavam em espírito. Não pode imaginar. Tudo passou. Foi como um sonho que acabou. Sua dedicação resultou em imenso sentimento de amor, força, crescimento e evolução para nós dois. — Breve instante e continuou: — Mãezinha, sei que não precisava fazer tudo o que fez por mim. Errei muito no passado, mas foi graças a você que me ergui, recompus-me. Hoje sei o que é carinho e afeto por sua causa. Agora, somente agora, eu sei o que devo dar aos outros: todo o carinho, amor e cuidados que estiverem ao meu alcance. Antes eu não sabia o que era isso. Por essa razão, não pude dar o que não tinha.

Lágrimas correram na face de Simone, mas não foi um choro angustioso, havia algo diferente em seus sentimentos que não sabia explicar.

— Mamãe, quando tiver meu irmãozinho em teus braços, ore com ele também, mesmo quando ele ainda não entender. Suas preces me conduziam à tranquilidade e sua voz generosa, pronunciando aquelas palavras elevadas, vindas de seu coração generoso, fazia derramar bênçãos de luz que não pode imaginar. Minha recomposição, aqui no plano espiritual, só foi fácil e rápida por tudo o que fez por mim. Serei sempre grato e farei tudo por você, se precisar de mim. Sempre vou te amar. Quanto ao meu pai... Não o odeie. Entenda que ele ainda não foi capaz de evoluir. Por outro lado, o Cristiano... — lágrimas correram em sua face e travou-lhe as palavras por um momento, mas prosseguiu: — Ele terá minha eterna gratidão e amor. Ainda vou retribuir tudo o que essa criatura maravilhosa fez por mim. Ele é exemplo de perdão incondicional — emocionou-se novamente.

E realmente Cristiano era grande exemplo de perdão e amor.

Em um passado distante, Cristiano e Samuel eram irmãos e foram vítimas de Pedro que, com o poder oferecido pela Igreja, condenou-os a torturas terríveis para que confessassem práticas de bruxarias, as quais foram acusados indevidamente.

Ambos morreram sob as bárbaras torturas impiedosas impostas pelo cardeal da Inquisição, que era Pedro. Desencarnados, ao serem socorridos no plano espiritual por grupo amigo e preparado, Cristiano e Samuel encontraram-se com Simone, espírito amigo de outras eras.

Ela cuidou deles e ajudou-os no esclarecimento.

Cristiano, espírito mais compreensivo, entendeu a inferioridade e a dureza do cardeal que o condenou e não se sentiu ofendido nem indignado. Acreditou em Deus e na necessidade daquela experiência triste.

Samuel, por sua vez, sentiu-se prejudicado, revoltado, apesar da necessidade daquela provação. Em seu coração, nunca perdoou Pedro que, por conta de suas práticas cruéis, da perseguição de suas vítimas desencarnadas, experimentou séculos de dores, angústia e tristeza inenarráveis na espiritualidade.

Após muito tempo, foi auxiliado e socorrido por Simone, sua querida irmã, quando encarnada.

Ela ofereceu-lhe as primeiras e principais orientações junto com outros bondosos amigos socorristas.

Depois de tanto sofrimento consciencial, Pedro rogava por alívio e paz.

Para se livrar de centenas de obsessores e perseguidores, teve reencarnações curtas, em que a gestação durou pouco tempo. Desencarnando através do aborto criminoso, experimentou parte do sofrimento que ofereceu, principalmente, quando sentia cada parte de seu corpo dilacerado no procedimento ou queimado por produtos destinados a porem um fim na gestação.

No plano espiritual, entre uma encarnação e outra, Simone o encontrava, orientava-o, auxiliava o quanto podia.

Cristiano e Samuel, espíritos familiares, também acompanharam seu sofrimento e suas experiências dolorosas. Mas somente Cristiano apiedou-se e o ajudou de todo o coração.

Samuel, mais endurecido, acreditou perdoar-lhe, mas não foi o que aconteceu. Ficou satisfeito com tamanho sofrimento.

No planejamento reencarnatório, Simone decidiu receber Pedro como filho querido a fim de ele livrar-se dos últimos resquícios de expiações tristes que inibiam sua evolução. Seu propósito era lhe oferecer amor e amparo nas dificuldades para que ele aprendesse.

Pela necessidade de uma experiência curta ao lado de Samuel, que tinha como objetivo perdoar e auxiliar, Simone o fez entender os benefícios de, juntos, ampararem Pedro em breve vivência terrena com inúmeros desafios.

Era a oportunidade de Samuel recebê-lo como filho e amá-lo incondicionalmente. Oportunidade que deveria servir-lhe para abrandar seu coração.

Mas não foi isso o que aconteceu. Samuel rejeitou o próprio filho assim que soube de suas dificuldades. Agora, seria vítima de si mesmo.

Cristiano, por sua vez, mesmo não tendo a necessidade de apoiar Pedro, foi quem o amparou e amou como se fosse seu próprio filho.

Samuel perdeu a oportunidade de aprender, mas isso não impediu que Pedro e os demais se elevassem.

Simone não sabia por que aquela doce saudade naquele momento. Entretanto, sentia-se bem pelas energias salutares que recebia.

Não demorou e o espírito Pedro despediu-se:

— Vou, mas voltarei para visitá-la sempre. Tenho muito que aprender aqui no plano espiritual e, talvez, eu demore anos por aqui. Preciso de orientações, experiências e conhecimentos espirituais — sorriu. — Pretendo me preparar para futura reencarnação bem melhor do que essa. Se possível, junto com você. Quem sabe...

Após beijar-lhe o rosto demoradamente, disse:

— Fique com Deus. Que o Mestre Jesus ilumine seus caminhos.

O espírito Pedro se foi com os demais.

Simone suspirou e não sabia explicar a felicidade experimentada naquele momento. Sentia-se impregnada por algo muito bom.

Quando Abner chegou com Davi, eles entraram e quiseram saber como ela estava.

— Estou bem e ainda em fase de reconstrução. Depois que o Pedro se foi... — sua voz embargou devido à emoção vivida um pouco antes e a qual desconhecia o motivo. Disfarçou com um sorriso agradável e logo prosseguiu: — Apesar de saber e de me preparar para tudo o que ia acontecer com ele, é... — perdeu as palavras. — Sinto sua falta. Isso oferece um vazio inominável. Enquanto o Cláudio precisou de cuidados e veio pra cá, senti-me útil novamente. Mas depois que tirou o gesso e decidiu ir...

— Quando nos ocupamos com coisas boas, nós nos empenhamos em fazer o bem, tudo o que é ruim desaparece. Lembra-se da depressão, da síndrome do pânico que o Cris viveu? — Sem esperar que ela respondesse, Davi prosseguiu: — Desapareceu aos poucos desde que a conheceu, pois ele se interessou pela sua dificuldade, ajudou-a, retomou a vida e por isso venceu os medos. O Cristiano foi cuidar dos outros e, na verdade, cuidou de si mesmo. Hoje não toma remédios e se sente bem. Parece que nunca viveu aquele estado.

— Sou tão grata a ele! Nem imagina.

— E ele grato a você — tornou Davi.

— Preciso contar uma novidade — disse ela com sorriso engraçado. — Estou arrumando minhas coisas porque vou me mudar daqui.

O irmão olhou-a surpreso e perguntou:

— Você e o Cris vão morar juntos?

— Não. Não temos nada programado. Aliás, ele nem sabe que vou sair daqui.

— Para onde vai? — quis saber Abner.

— Ainda não sei — riu, novamente, de um jeito divertido. — Não quero viver a experiência de ser despejada. Por isso vou embora antes.

— Como assim?! — preocupou-se Davi.

— O Samuel esteve aqui e ficou bem insatisfeito, principalmente quando viu o Cláudio logo cedo na porta da cozinha. Então ele disse que essa casa seria para o meu conforto enquanto eu cuidasse do Pedro. Como o Pedro não está mais aqui...

— Ah, Não! Que absurdo!!! — indignou-se o irmão. — Vou falar com esse sujeito e...

— Não, Abner! Por favor, não faça nada — interrompeu-o.

— Como não?!

— Por favor. Estou pedindo. Para ser sincera, não quero ficar aqui. Essa casa tem toda uma história entre mim e o Samuel. Uma história que foi boa no início, mas, hoje, não é mais. O momento de me mudar, de sair daqui é agora ou vou me acomodar. — Breve instante e contou: — Já fiz doação de tudo o que comprei para o Pedro. De resto... Móveis e utensílios, não quero nada. Não vou esperar processo judicial e encarar briga na justiça. Quero que ele venda esta casa e faça bom aproveito. Sei lá o que vou fazer com a minha parte. O quanto antes, vou pegar as minhas roupas e sair daqui. Não importa se ainda não tenho para onde ir, se não tenho mais carro, se não tenho emprego devidamente arrumado, se não tenho casa, se ficarei abandonada com um filho nos braços. Nada disso importa. Vou dar um jeito. Não sou nem nunca fui uma pessoa acomodada. Vou trabalhar e conseguir o que preciso.

— Espere aí — pediu Davi concatenando as ideias. Com delicadeza para perguntar, pois pensou que ela havia se esquecido da morte de Pedro, indagou calmamente: — Você disse abandonada com um filho? Como assim?

Simone deu uma risada gostosa e iluminou-se ao contar:

— O Cris vai ser papai. Ele nem sabe. Também não sei se ele vai querer assumir o filho.

— Você está grávida?! — exclamou o irmão incrédulo.

— Hoje cedo, um teste de farmácia deu positivo, mas o Cris nem desconfia. Com tanta coisa acontecendo, eu me descuidei e... Se estiver certa, acho que, quando o Pedro se foi, eu já estava grávida e não sabia.

O irmão se levantou, abraçou-a com carinho. Davi fez o mesmo.

— Por favor, não quero que vocês dois contem a ninguém — pediu rindo. — Só disse a vocês porque não estava me aguentando.

— Simone, que bênção! Parabéns!

— Obrigada, Davi. — Breve pausa e brincou: — Então, gente! Estou sem casa, sem emprego, com um filho a caminho e nem posso dizer que tenho roupa, pois daqui algum tempo nada vai servir. Também não sei dizer se o pai vai assumir o filho — riu.

— Sem teto você não vai ficar. De jeito nenhum! — resolveu Davi, sorridente. — Aliás... Estamos muito felizes, pois no mês que vem será entregue o apartamento que compramos na planta. Lembra?

— Claro! Que bom!

— Então... Nele, com certeza, haverá um quarto todo especial para o nosso sobrinho.

— Obrigada. É bom saber que tenho tanto apoio.

— Você tem por merecer — disse o irmão.

— Ai, gente... Estou brincando... Não acho que vou ficar sem teto. Deixe-me contar para o Cristiano e decidirmos o que fazer. Com a venda desta casa, receberei metade e isso vai ajudar. Não posso negar que é um bom dinheiro. O Cláudio disse que está tudo certo para eu dar aula no próximo semestre na outra universidade onde ele leciona, mas, agora, grávida, não sei se vão me aceitar. — Riu novamente e disse: — É só torcer para o Cris não me abandonar.

— Duvido! Conheço meu irmão! Ele te adora!

— Eu sei. Estou brincando.

Nesse instante, o interfone tocou. Simone levantou e foi atender. Depois foi até o portão e retornou em companhia de seu pai.

Ela já havia avisado que Abner e Davi estavam lá antes de o senhor entrar. Mas ele não disse nada e entrou assim mesmo.

Na sala, para surpresa dos dois, ele cumprimentou o filho, estendendo-lhe a mão. E o mesmo cumprimento ofereceu a Davi.

Simone, ao ver aquele clima tranquilo, achou conveniente deixá-los à vontade a fim de que, a sós, surgisse algum assunto e eles voltassem a se falar, por isso decidiu:

432 | Schellida | Eliana Machado Coelho

— Vou preparar um café bem gostoso pra gente! — disse animada.

— Eu te ajudo! — resolveu Davi, levantando-se rápido e a seguindo como uma sombra.

Na cozinha, ela fez um jeito engraçado, sorrindo e encolhendo-se. Segurando o braço de Davi, sussurrou:

— É agora! Ou conversam...

— Ou conversam — riu o outro.

Na sala, o senhor Salvador ficou sem graça e Abner, sem assunto. Não demorou e o senhor perguntou sem jeito:

— E aquele apartamento que havia comprado? Já saiu?

— Será entregue no mês que vem — respondeu aliviado, pois notou que o pai estava com jeito amigável. — Agora vem a parte mais agradável que é a mobília e a decoração.

— Você gosta disso, né?

— Gosto sim. Aprecio coisas alegres, que dão vida, oferecem paz.

— Nunca tive jeito para decoração. Não sei nem escolher minhas roupas — riu. Alguns minutos de silêncio e comentou: — Você e o Davi também frequentam aquele centro espírita, não é mesmo?

— Nos últimos tempos, o Davi não está podendo ir muito por causa de um curso. Contudo sempre que dá, frequentamos sim. Gosto muito de lá.

O senhor silenciou. Pouco depois, ergueu o olhar, encarou o filho e decidiu dizer:

— Abner, eu sei que sou um homem rude, grosseiro. Não tenho jeito com as palavras nem com as pessoas. — Longa pausa em que o filho aguardou e prosseguiu: — Tenho aprendido um pouco e até posso dizer que melhorei meu jeito, mas ainda tenho muito para melhorar.

— O que o senhor quer dizer, pai? — perguntou com humildade, demonstrando-se receptivo.

— Quero dizer que não aprovo a vida que leva nem sua condição, mas... Caramba! Você é meu filho, droga! Eu gosto de você mesmo achando errado o que faz! Eu me orgulho de você pelo que é, pelo que faz no trabalho...

— Oh, pai! — levantou-se e foi até o homem, que também se ergueu. Abraçaram-se fortemente, por longo tempo.

O senhor tinha lágrimas nos olhos e tentou esconder o rosto quando se afastaram do carinhoso abraço e ainda disse:

— Eu não aprovo seu comportamento porque isso é estranho para mim. Só que ouvi dizer que a convivência acaba com o preconceito, por isso, se me permitir, quero participar mais da sua vida.

— Lógico, pai! Claro! Nossa!... — Encarando-o, confessou: — Hoje é o dia mais feliz da minha vida — emocionou-se e o abraçou novamente.

Enquanto isso, Simone e Davi se abraçavam e davam pulinhos de alegria.

Quando ela soltou um gritinho, ele tapou sua boca e a abraçou rindo.

Foi então que o senhor convidou o filho:

— Você e o Davi bem que podiam ir almoçar hoje lá em casa. Sua mãe não vai se importar. Ela pediu pra levar a Simone. Nem sabe que encontrei vocês dois aqui.

— Aceitamos sim! Com imenso prazer!

Sem demora, Simone se arrumou. Nem serviu o café. E todos foram para a casa do senhor Salvador, para surpresa de dona Celeste e Rúbia.

Ricardo estava lá. Ele havia comprado uma lembrancinha para Bruno e foi levá-la. Aproveitando, desabafou com Rúbia sua amargura pela viagem do filho.

Estavam perto da hora do almoço e dona Celeste, muito satisfeita, lembrou:

— Só está faltando o Cristiano e a Janaína — Virando-se para Davi, pediu com jeitinho amoroso: — Oh, filho, eu ligo convidando e você não quer ir lá buscá-los?

— Eu não! Liga para eles que eles vêm — riu, brincando.

Assim foi feito e não demorou para Cristiano e a mãe chegarem.

O senhor Salvador experimentou em sua casa a satisfação e a alegria de ter, em torno de si, pessoas amigas e verdadeiras.

Descobriu que preconceito é ignorância. Não se pode combater o inevitável. É mais fácil entender. Vive-se melhor e mais feliz com as diferenças.

∾

No início da noite, após deixar sua mãe em casa, Cristiano foi até a casa de Simone.

Ao entrar, ela preparou um café e, enquanto tomavam, contou o que Samuel havia dito a respeito da casa.

— Então foi isso.

— E você? — perguntou ele.

— Como eu disse, estou decidida. Não quero nada daqui, a não ser o valor da metade da venda desta casa. É o que me pertence.

— Está certíssima. — Afagando-lhe os cabelos, propôs: — Você vai lá pra casa. Tenho certeza de que minha mãe não vai se importar. E... Isso até regularizarmos nossa situação. Também tenho guardado metade do valor do imóvel que vendi. A outra parte eu dei à família da Vitória. Pertencia a ela. Podemos juntar com o que terá e... — olhou-a com agradável sorriso, observando sua reação.

Sorrindo com jeito mimoso, perguntou:

— Isso é um pedido ou uma proposta?

— É uma intimação! — brincou, beijando-a. — Assim que seu divórcio sair, definitivamente, vamos nos casar. Por enquanto podemos viver juntos. Não vejo razão para ficarmos esperando. Não somos crianças, sabemos o que queremos. Você concorda?

— Claro que sim. Não quero criar um filho sem pai.

Cristiano parou por longos segundos e concatenou as ideias. Olhou-a firme, enquanto seu rosto se desfez em lindo sorriso, e perguntou em meio ao riso:

— Como é que é?!

— Eu estava desconfiada. Fiz um teste de farmácia e deu positivo. Marquei consulta médica para a próxima semana. Porém, não tenho qualquer dúvida.

Ele a envolveu com carinho e beijou-a o quanto pôde. Não cabia em si tamanha felicidade.

§

A confirmação da gravidez de Simone deixou todos alegres.

Ela se mudou para a casa de dona Janaína, porém, ela e Cristiano tinham planos de conseguir um lugar só para os três, apesar da mãe do rapaz não gostar da ideia. Queria-os ali.

Simone começou a lecionar na universidade onde Cláudio lhe arrumou emprego.

Não demorou, Rúbia e Ricardo começaram a namorar e tecer planos para o futuro.

Antes mesmo do filho de Simone e Cristiano nascer, Rúbia e Ricardo se casaram e foram morar na casa dele.

Somente o senhor Salvador e dona Celeste não gostaram de Bruno ter de ir com a mãe. Eles estavam acostumados com o neto. Entretanto, todo final de semana, reuniam-se na casa dos avós.

A família aumentou. Todos estavam alegres com a chegada de Rafael, filho de Simone e Cristiano, que nasceu perfeito e saudável.

Em visita, Cláudio, o amigo fiel, comentou:

— Ele é lindo! Não é? É a cara do Cristiano.

— Lindo, fofo e maravilhoso! Graças a Deus — disse Simone sorrindo, olhando ternamente para o filho.

— Você merece ser feliz, amiga.

— Para dizer a verdade, Cláudio... Lá no fundo, eu tinha medo do Rafael nascer com algum probleminha.

— Deus é bom para quem é bom, querida. Seu filho é perfeito. — Após algum tempo, olhou para os lados a fim de garantir privacidade e contou: — Você ficou sabendo do Samuel?

— Não. O advogado me procurou e só recebi a parte que me cabia da casa e... Nunca mais o vi nem ouvi falar.

— Ele foi demitido lá da universidade e não arrumou emprego em lugar algum. Soube, pelas más-línguas, que ele começou a beber e semana passada bateu o carro. Foi feio. A Rosa, professora que dava aula na diretoria dele, foi visitá-lo. Disse que ele está irreconhecível. Vai ficar com sérias deformidades e paraplégico.

— Não brinca!

— Eu não brincaria com isso. Você me conhece. — Um instante e comentou: — É... O Samuel fugiu dos trabalhos com o próprio filho. Agora, quero ver fugir dele mesmo.

— Coitado — lamentou Simone.

A aproximação de Cristiano encerrou o assunto.

Bem mais tarde, após o amigo ir embora, Simone contou a ele o que havia acontecido.

— Você está pensando em ir visitá-lo ou quer notícias de alguma forma?

— Não, Cris. O meu tempo com ele já acabou. Se me procurarem pedindo ajuda, será diferente. Vou pensar e querer sua opinião. Do contrário... Tenho muito trabalho com este meninão aqui e com você — riu.

— Eu?! — riu. — Por acaso eu te dou algum trabalho?

— E como! Você nem imagina! — brincou, beliscando-o de leve.

O marido a beijou e abraçou com carinho.

Algumas provas que experimentamos são realmente difíceis e, no momento em que a vivemos, parece-nos impossível superá-las. No entanto, sempre somos capazes de realizar o melhor sob as bênçãos de Deus e descobrir que, quando temos fé, somos mais fortes do que nunca.

Fim.

Schellida

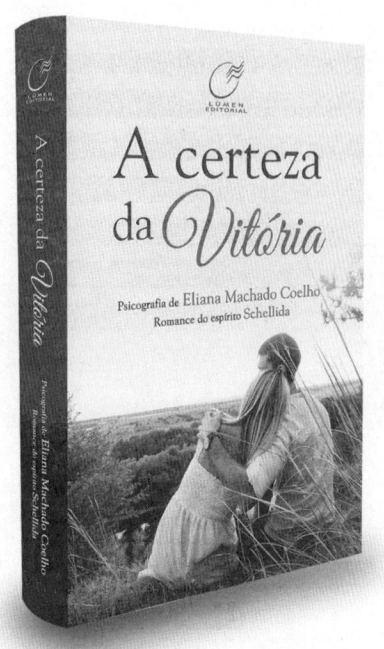

Eliana Machado Coelho & Schellida

...em romances que encantam, instruem, e emocionam...
e que podem mudar sua vida!

CORAÇÕES SEM DESTINO
Eliana Machado Coelho/Schellida
Romance | 14x21 cm | 512 páginas

Rubens era apaixonado por Lívia, noiva de seu irmão Humberto. Movido pela paixão incontrolável e pela inveja, Rubens comete um desatino: decide matar seu irmão empurrando-o sob as rodas de um trem. Depois, na espiritualidade, o próprio Humberto irá se empenhar para socorrer o irmão nas zonas inferiores.

LÚMEN
EDITORIAL

Entre em contato com nossos consultores e confira as condições
Catanduva-SP 17 3531.4444 | boanova@boanova.net | www.boanova.net